殷燕軍 著

中日媾和研究

戰後中日關係的原點

商務印書館

（本書圖片均由作者提供）

國史館檔案 外交部《中國對日政策》

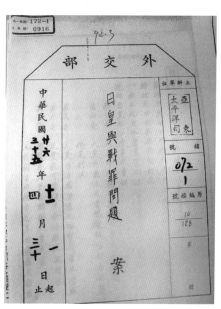

國史館檔案《日皇與戰罪問題》

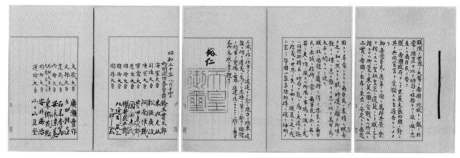

日本天皇的終戰詔書

中國報紙刊登的日本宣佈無條件投降的報道

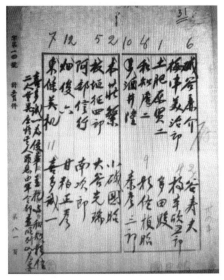

蔣介石親定日本戰犯名單

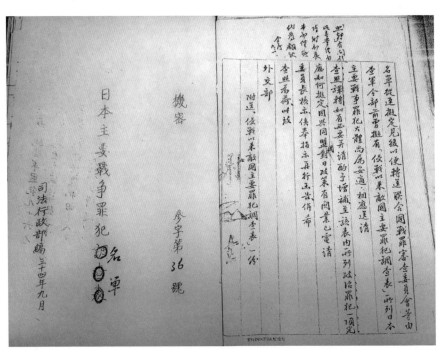

國史館檔案　機密《日本主要戰爭罪犯名單》（司法行政部編）

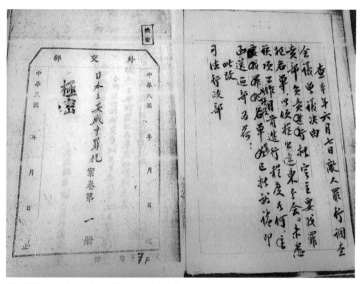

國史館檔案 機密《日本主要戰爭罪犯卷宗》第一冊

國史館檔案 外交部致東北行營熊式輝主任查尋日軍在本溪屠殺參與日軍工事施工三千人勞工案

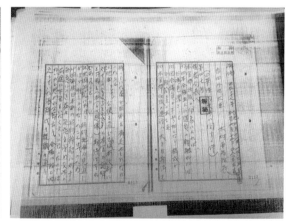

日本駐台事務所長木村四郎七致外相吉田茂"極秘"電,報告台灣島內對日方態度及氣氛。

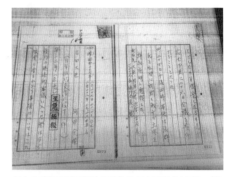

日本駐台事務所代理所長中田致外相吉田茂"至急極秘"電，報告台方要求明確條約名稱為"和平條約"

日本全權代表河田烈致總理兼外相吉田茂"大至急，極秘"電報首頁

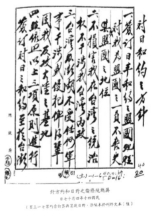

蔣介石手書對日媾和原則

目錄

序

張海鵬

　　日本關東學院大學教授殷燕軍著《中日媾和研究》，即將在香港商務印書館推出繁體字版。承著者不棄，囑我作序。殷教授學有專攻，對中日戰爭賠償問題、對近代日本政治體制問題，都有精深研究，中日媾和問題研究是在中日戰爭賠償研究之後所作的學術構思。我對此素無研究，很願意拜讀，彌補我的知識欠缺。

　　作者在他的著作中主要討論的是迄今為止中日兩國三方（中國大陸、中國台灣與日本）圍繞媾和問題，即和平條約及戰爭處理展開的政策制定，外交談判過程，釐清主要爭論和分歧問題，思考戰後中日媾和問題全過程，探討在國際法上，中日兩國之間是否應該締結和平條約，正式宣佈結束戰爭狀態、建立國際法意義上的和平，尋求最終實現兩國真誠和解的基本思路。

　　作者有關《舊金山和約》後日蔣之間"議和"研究，是我感興趣的。作者利用了豐富的檔案史料，所作研究是扎實可靠的。日本政府服從美國對華政策並從自身需要出發，與台灣當局"締約"談判長達 60 多天，日本不承認台灣"政權"代表全中國，在與台灣當局簽訂的"和平條約"中明確規定該條約只適用於台灣政權控制的地區，為日本與中國之間和平條約及解決戰爭問題留下了空間。這是所謂《吉田書簡》的基本精神。我還了解到，所謂蔣介石自願放棄戰爭賠款也不是真實的，實際上是美、日逼迫的結果。也許我是孤陋寡聞，這些歷史陳賬，在其他的研究中似乎未讀到過。我猜想，1972 年中日復交談判時，中方似乎是不知道這些歷史細節的。

　　當然，考慮中日關係問題，所謂《日台和約》是不可能有它的合法地位的，是不可能用國際法來解釋的。道理很明白，1949 年 10 月 1 日中華人民共和國成立，是一場國內大革命的結果，國民政府被徹底推翻，殘餘力量逃到（台灣習慣於用"播遷"來掩飾）台灣蝸居起來。從國際法來說，中華人民共和國完全繼承了中華民國的歷史遺產，包括土地和人民。儘管還有曾經代表過中國的一些人打着"中華民國"的旗號盤踞在中華人民共和國的一小塊土地上，而且得到了美國等國家的支持，但是從法理上說，在台灣的那股勢力已完全喪失了代表中國的權利。1971年聯合國2758號決議明確宣佈了中華人民共和國政府是中國唯一合法政府，這個決議雖然遲到了，但畢竟承認了既有事實。

從《日台條約》不是一個合法的條約來說，1972年中日復交談判時，中方不知道那些細節是完全沒有關係的。今天從學術研究的角度回顧當初《日台條約》談判的細節，對於我們重檢中日媾和還是有意義的。

1972年中日復交談判是一個特殊的歷史時期的產物。特殊在於那個既定的歷史時期，日本擔心"尼克松衝擊"把日本甩下了，有急迫感。中方因中蘇交惡，亟需改善國際關係；國內"文革"正處在困難時期。雙方都有急迫的現實需要。中方雖然提出了"復交三原則"，但是為了"照顧"日本的困難，靈活處理了三原則。這就是在《中日聯合聲明》新聞公報中未堅持表述《日台條約》是非法的、無效的、必須廢除這一原則。但是《聯合聲明》表達了"日本國政府承認中華人民共和國政府是中國的唯一合法政府"，這滿足了中國的要求，間接否定了台灣當局的"代表權"。《聯合聲明》稱："自本聲明公佈之日起，中華人民共和國和日本國之間迄今為止的不正常狀態宣告結束"，這句話留下了解釋空間。這句話沒有明確宣佈結束中日兩國之間的戰爭狀態，如果是"和約"，應該明確宣佈這一點。僅僅說"不正常狀態宣告結束"，可以理解為1949年10月以後中日之間的不正常關係。這個模糊表述，從一定意義上滿足了日本政府的要求，因為它在《日台條約》中宣佈了這一條；同時又等於間接肯定了非法的《日台條約》。

"照顧"日本政府的困難，有它當時的現實理由，不是不可以理解的。但是這又為從國際法的角度解釋"復交三原則"，解釋《中日聯合聲明》帶來了隱患。日本的困難要害在於，它既要堅持《日台條約》的實質合法性，又要面對站在面前的這個代表中國唯一合法政府的中華人民共和國的代表；它不想放棄《吉田書簡》有關台灣當局不能代表全中國，只能代表中國的那一很小的部分（儘管這一點也是不合法的。前面說過完全繼承的道理是站得住的），又想讓中國政府承認這個觀點。中方當時應該堅決否定《吉田書簡》這個觀點，不允許它在《聯合聲明》中有絲毫痕跡。

殷教授的研究告訴我們，《吉田書簡》的觀點，後來的歷屆日本政府並不是一貫堅持的，有時是反對的，有時認為《日台條約》就是與中國簽定的條約。這完全違背了《吉田書簡》的精神。可見國際法有所謂"禁止反言"的說法，在現實面前是不能落實的。日本政府不斷在"反言"。既然日本政府自己都不堅持《吉田書簡》的精神，那他還有甚麼困難呢？日本政府事實上已不存在的"困難"，中方還有必要加以"照顧"嗎？

殷教授的《中日媾和研究》還透漏一些戰時細節。這就是宣戰問題。除了"珍珠港事變"後中國政府對日宣戰外，日本政府始終未對中國宣戰。戰時日本軍政當局還不斷為是否對華宣戰進行討論，提出國際法的理由，認為宣戰是國際法的必要程序，不宣戰表示不承認戰爭狀態的存在。不存在戰爭狀態當然就沒有"戰後"，沒有"締和"問題。我認為，這些討論，在國際法上是沒有根據的。說穿了，日本軍政當局討論宣戰的國際法問題，只是一個幌子。他們根本就沒有設想所謂"戰後"問題，他們對佔領整個中國很有把握，至少佔領中國東部地區。這是甲午戰爭前後日本政治家和軍事家的理想，再早一點，是豐臣秀吉的理想。盧溝橋事變爆發，日本就狂妄地宣佈三個月佔領中國，1938 年又提出不以國民政府為對手。這些都透漏了日本軍閥們儘快佔領全中國的妄想。整個中國都佔領了，還有甚麼"戰後"問題，還需要考慮"締和"嗎？

撇開日本的野心不說，單從國際法的角度說，日本軍政當局的討論也是在強詞奪理。

我們研究中國近代史，深感近代中國對所謂國際法是軟弱無力的。帝國主義列強不把中國作為討論國際法的對象，對他們有利就祭出國際法的大旗，對他們無利，就把國際法撇在一邊。1901 年 1 月在西安行在的慈禧太后以皇帝名義發佈上諭，批准《議和大綱》時說："今茲議約，不侵我主權，不割我土地，念列邦之見諒，疾愚暴之無知"，對侵略者可謂是"感激涕零"。她把主權理解為自己的統治權，而不知道主權原則是國家的最高原則，是國際法的基本出發點。

關於宣戰問題，義和團戰爭即八國聯軍侵華戰爭，存在着與日本侵華戰爭同樣的問題。八國聯軍以 10 萬之眾，打進中國，佔領天津、北京（京師）、保定以及華北各城鎮，歷時數月之久，完全是戰爭行為，可是八國不承認他們與中國之間存在着戰爭狀態。清政府也不敢承認與八國之間存在着戰爭狀態。清政府雖然給各國駐華公使館發出了照會，似乎是"最後通牒"，但仔細看照會，不過說："現在京城拳會紛起，人情浮動"，考慮到各國使館"情形危險"，"中國實有保護難周之勢"，請各使館在 24 小時之內"前赴天津，以免疏虞"。顯然不能把這看作宣戰照會。實際上，這個照會未發生作用，各國使館人員並未到天津躲避。

沒有宣戰，就不算戰爭嗎？就不要締結和約嗎？看看國際法學者怎麼說吧。

格勞秀斯雖把宣戰作為戰爭開始的必要步驟，但往後的國際法學者有不同的說法。步倫（J.C.Bluntschli）在《公法會通》(Le droit international codifie) 認為，一國對另一國宣戰，或雖未宣戰而侵入另一國領土，或封閉另一國的海港、海岸，就是戰爭狀態的開始。阿·菲德羅斯等著《國際法》（1981 年中譯本）也有類似說法。1907 年制定的關於戰爭開始的《海牙公約》第一條"締約國承認非有預先明確的警告，或用說明理由的開戰的形勢，或用附有條件的宣戰的最後通牒的形式，彼此間不應開始敵對行為。"看起來，《海牙公約》也未把宣戰列為戰爭開始的必需要件。高野雄一《國際法》（弘文堂 1986 年改定版）認為"不存在戰爭開始的實質性要件。宣戰或最後通牒或開戰手續等問題並非行使戰爭的實體要件。"

國際法學者的意見很難約束侵略者。1900 年 6 月，列強的海軍陸戰隊 1000 人攻佔大沽炮台。7 月，1.2 萬聯軍士兵佔領天津，在天津成立軍事殖民機構。8 月，1.88 萬聯軍士兵攻下北京，在北京實施分區佔領。9 月聯軍總司令瓦德西率領 2 萬人進入北京。1900 年 12 月後，聯軍組成"討伐隊"，對北京四周保定、張家口、正定、井陘以及山東邊境進行了擴大侵略。據統計，八國聯軍在華兵力超過 10 萬。這是未經宣戰的赤裸裸的侵略戰爭行為。戰爭期間，既未宣佈斷交、撤使，也未宣佈廢約，戰爭法裏規定的這些程序一個也未履行。可是，"議和"這個程序卻沒有遺漏。議和是結束戰爭的基本步驟。中外"庚子議和"長達 8 個月。不存在戰爭狀態，為何還要議和？議和不僅是宣佈結束戰爭的必要一着，而且是勝利方攫取勝利成果的法律保障。弈劻、李鴻章報告議和情況說："竊查泰西通例，各國開戰之後，原定條約即須作廢，另立新約。臣等此次奉命議和，應分兩端：一為各國重聯舊好之總約，一為各國通商善後之分約。總約僅止商結目前戰爭，提綱挈領，條款無多。分約則通商權稅之數，往來交涉之繁，條分件繫，纖細必集，稍或疏漏，日後輒繁辯論。"清政府負責議和的官員對戰爭與議和這一套程序是清楚的，八個侵略國家對議和是抓得很緊的。

日本侵華戰爭的情形與八國聯軍侵華情形大致相同。不同的是戰爭延續時間極久，說八年可以，說十四年可以，還可以說得更長。沒有宣戰，沒有斷交，沒有撤使，只有實際的戰爭行為，只有超過百萬的日本軍人佔領大半個中國。用國際法能約束日本侵略者嗎？用國際法能約束德國、意大利侵略者嗎？用國際法能約束往後其他的侵略者嗎？

假設戰爭的結果不是日本失敗，就沒有議和的可能了。恰恰日本在戰爭中失敗了，中國是勝利一方。照國際通例，議和主動權應該在中國一方。恰在此時，中國國內出現了新政權取代舊政權的巨大變動，國際上也出現了戰後新動向。對日議和問題被敵視中國的美國掌控了，中國被排斥在對日議和之外，這是戰爭史上脫出常軌的怪現象。由此也就產生了殷教授研究中日媾和問題的興趣。

中日之間八年戰爭或者十四年戰爭，未曾按照國際法結束戰爭的程序正式締結和約，的確有許多學術問題值得探討。《日台條約》不能算中日之間的議和條約，這是毋庸置疑的。《中日聯合聲明》是復交聲明，似乎中日雙方都未承認它是中日議和條約。中日復交已近50年。兩國在度過了前幾年的難關之後，目前正處在恢復正常關係的當口。但是橫亙在中日之間的歷史認識問題，幾乎看不到消弭的跡象。中日兩國之間存在着現實利益的某些衝突，這是正常的。許多國家之間都存在類似現象，這些通過談判應該可以解決。唯有歷史認識問題，是無形的，也是有形的，比較不易解決。關於議和問題是不了了之呢，還是在某種友好的氣氛下重新探討呢？

　　也許這是野人獻曝，瞎操心呢！

2019 年 6 月 28 日

北京東廠胡同一號

未完的媾和

—— 中日和平條約考

殷燕軍

在近現代歷史上，中日兩國經歷過兩次全面戰爭，第一次是中日甲午戰爭（日本稱"日清戰爭"，1894 年 7 月 25 日－ 1895 年 4 月 17 日），從日本突襲黃海中國海軍開始，中日之間相互宣戰，到中日《馬關條約》簽署結束。第二次是十四年戰爭（1931 年 9 月 18 日－ 1945 年 9 月 9 日，日本史學界又稱"十五年戰爭"），從日本發動"九‧一八事變"侵略中國東北開始，到日本在南京簽署投降書為止。不過這次戰爭，日本從始至終沒有向中國宣戰，一直按照"事變"處理，而中日之間宣佈"戰爭狀態"則是在 1941 年 12 月 9 日，此時中日戰端早已開啟 10 年。更需要指出的是，在日本投降之後，由於東西方冷戰、中國革命、朝鮮戰爭等多種因素，中國被美國為首的西方集團排除在盟國對日媾和條約（1951 年 9 月 8 日簽署的《舊金山對日媾和條約》，簡稱《舊金山條約》或《舊金山和約》）之外。此後，在中美對抗的背景下，美國脅迫日本與台灣當局於 1952 年 4 月 28日簽署了限制適用範圍的《日本國與中華民國之間的和平條約》（以下簡稱《台日條約》或《日華條約》，原文引用均使用原稱呼—筆者註），而中國政府從來不承認這個條約的合法性和有效性。1972 年 9 月 29 日，日本為同中國建交，被迫宣佈"終了"《台日條約》。但兩國間一直沒能就媾和條約及戰爭處理（戰爭狀態、領土等等）的重大問題達成共識。在此後近半個世紀的時間裏，中日之間在媾和、戰爭處理及歷史認識問題的分歧也長期存在。

進入 21 世紀以來，中日關係長期處於不穩定狀態，儘管兩國的經貿合作及人員往來都達到了前所未有的高水平，但雙方民眾之間的不和及互不信任也達到了空前的程度。先有小泉純一郎首相（日本政府首腦正式名

稱為內閣總理大臣，本書簡稱為首相或總理）先後五次參拜靖國神社，到
2006 年 10 月安倍晉三首相的“破冰之旅”，2007 年 4 月溫家寶總理的“融
冰之旅”以及 12 月福田康夫首相的“回春之旅”等領導人互訪；後有“長
期政權”安倍內閣在對華政策上出現的波動。2018 年以來，由於國際形勢
變化，安倍政府開始修改對華政策，表態支持中國的“一帶一路”倡議，遂
有李克強總理訪日等舉措，才使兩國關係回到“正常”的軌道，同時也表明
兩國之間還需要化解“冰點”，兩國民眾還遠沒有實現真正的和解。這一癥
結的根源之一是中日兩國沒能徹底解決和平條約問題，沒就此達成的政治
及法律共識，還沒走出互不信任的怪圈。

中日關係的重要性毋庸置疑，但是光靠強調“雙方有多少發展兩國關
係的積極因素”很難解決兩國間的種種歷史與現實問題。中日關係的核心
問題是，是否敢於正視戰爭歷史及其遺留問題，是否敢於正視兩國存在巨
大分歧的現實。一個“復興中的大國”和一個“成熟的經濟大國”之間能否
相互尊重對方的利益，各自是否願意接受本該對等，過去經歷過長期對抗
和仇視，現在和將來必須長期共存的強大鄰國的問題。兩國在現實國家利
益和國民心理之間存在着巨大隔閡和反差。

對於近年來中日之間的歷史問題，日方主流社會（官方和主流媒體、
學界等）把中方的“愛國主義教育”稱為“反日教育”，認為是造成這一互
不信任狀況的主因，以便淡化、推卸日本國內歪曲侵略歷史，長期貶低、
醜化中國，導致日中關係難以良性發展的責任。中方強調歷史問題是阻礙
中日關係發展的主要障礙，但兩國間的其他現實衝突和利益分歧（如領土
問題等）更值得重視。應該指出，無論是愛國主義教育，還是靖國神社等
歷史問題，都僅僅是中日關係中被突出的、被強調的“個別問題”，即使
這些問題暫時解決或迴避不談，也很難消除中日之間的互不信任及民間的
“嫉恨情緒”。

筆者認為，解決中日間不信任途徑要建立兩國都能認可的政治及法律
基礎和共識。首先是處理戰爭與和平的法律基礎，只有在此基礎上才可能

有兩國人民間的真誠和解與互信。現實的中日關係是，在"半個世紀的戰爭"（指從 1894 到 1945）之後，又經歷了 27 年的隔絕，如今雖已實現邦交正常化 47 年，但還未實現真正意義上的和解。造成這種局面的基本原因，除了現實利益的衝突和歷史認識的差距外，中日兩國至今甚至在是否存在處理戰爭問題的和平條約（The Peace Treaty，1978 年是和平友好條約）問題上都沒有達成共識。迄今為止，中日兩國政府都承認的，結束戰爭狀態的外交文件都還沒有形成。這一結論聽起來似乎有點兒"駭人聽聞"，但筆者不能不遺憾地說，這是一個不爭的事實。人們不能不對中日兩國結束戰爭狀態與創建和平這一重大而嚴肅問題至今沒能徹底得到解決表示嚴重關切。

　　和平條約是甚麼？為甚麼中日兩國之間一定要有和平條約？這是首先要回答的問題。和平條約是兩個交戰國家間簽署的結束戰爭狀態，恢復和平，解決有關領土、賠償、戰犯等一系列戰爭問題的國際法文件。從國際法意義上說，兩個國家彼此正式（或者一方）宣戰，才使兩國正式處於戰爭狀態，而要結束戰爭，交戰雙方須通過談判簽署和平條約，正式宣佈戰爭狀態結束，解決戰爭遺留問題。媾和就是通過締結和平條約來實現和平。反之，如果兩國間沒有彼此宣戰而交戰，國際法意義上還不算戰爭，僅是武裝衝突，如 1960 年代中印衝突、中蘇邊境衝突等。而宣戰國家間如果不正式宣佈戰爭狀態結束，那麼即使兩國交戰已經停止，甚至實際上早已恢復和平，也不能說在國際法上兩國的戰爭狀態已經結束了。如日俄之間至今因領土問題而沒能簽署和平條約。所以，儘管早在 1956 年《日蘇共同宣言》中已經宣佈終止戰爭狀態，但至今還被解說為"在理論上"沒有結束戰爭狀態。所以日俄之間至今仍會圍繞和平條約問題展開談判。中日戰後長期存在的不戰不和的狀態也是如此。中日這樣兩個經過長期戰爭的國家當然應簽訂和平條約，正式宣佈結束戰爭狀態，並在此基礎上解決戰爭遺留問題，才算實現了國際法意義上的和平。中日之間迄今沒有兩國都承認的和平條約，也沒有雙方都承認的正式宣佈戰爭狀態結束的外交文件，這是一個嚴肅問題。正是由於兩國在媾和問題沒能達成共識，無法徹底解決戰爭與和平的國際法問題，才使中日歷史認識和戰爭遺留問題長期存在，才出現了"不戰不和"，兩國民眾間彼此難以和解，關係甚至需要"破冰""融冰""回春"等局面。

這種沒有和平條約，沒有宣佈戰爭狀態結束的狀況，對實現中日民眾之間真誠和解，建立真正意義上的互信都無疑有消極影響。本書的目的是要討論迄今為止中日兩國三方（中國大陸、中國台灣與日本）圍繞媾和問題，即和平條約及戰爭處理展開的政策制定、外交談判過程，釐清主要爭論和分歧問題，思考戰後中日媾和問題全過程，探討中日之間是否已經締結和平條約，正式宣佈結束戰爭狀態、建立國際法意義上的和平，尋求最終實現兩國真誠和解的基本思路。

關於本書使用的史料，戰時及戰後初期基本上以國民政府史料為中心，《台日條約》締結談判則把台灣方面公佈的史料與日本外務省公佈外交史料相對照。關於中日邦交正常化談判及友好條約談判，由於中方尚未公佈 1972 年及 1978 年兩次外交談判的史料，所以只能以日本外務省公佈的外交史料和中方相關資料、回憶錄等作為分析對象。對所有問題的最終證實，也只能等待今後中方全面公佈該時期外交史料之後才能最終完成。

書中使用的日本外務省及美國國務院的日、英文史料，由作者本人翻譯並負全部文責。原則上除引用原文外，書中出現的事件，如"九·一八事變"（日方稱"滿洲事變"）等一律使用中方稱呼。還要強調的是，1949 年 10 月以後有關史料中出現的"中華民國""國府"等稱呼，本着尊重原史料的原則照舊使用，但這與中國政治及法律現實無關。

第一章　日本侵略與戰時中國的應對

本章主要論證中日戰爭開始、宣戰及戰時中國國民政府制定的對日媾和政策。

第一節
近代史上的中日戰爭與媾和

在近現代史上，中日之間有過兩場大規模的戰爭。一是甲午戰爭，一是十四年戰爭。日本史學界一般把自 1931 年 "九・一八事變" 到 1945 年 8 月 15 日日本投降稱為 "十五年戰爭"，但在中國，則一般把自 1937 年 "七・七事變" 到日本投降作為八年全面抗日戰爭，近年則從 1931 年 "九・一八" 算起。

還有把自 1894 年 8 月 1 日（宣戰日）爆發的甲午戰爭（日本稱 "日清戰爭"，其實日本早在該年 6 月 5 日就設立戰爭大本營，7 月 25 日日本不宣而戰地在黃海偷襲中國運兵船，而在中方遭到偷襲被迫宣戰後，日方才在同日宣戰）算作起點。以此為契機，日本不斷對中國進行侵略擴張，直到到 1945 年 9 月 3 日（抗日戰爭勝利紀念日）為止。周恩來總理把此稱為 "自 1894 年以來日本軍國主義者對中國的侵略戰爭"（半個世紀侵略戰爭）。從甲午戰爭結束到 "九・一八事變"，時隔 36 年，似乎關係不大，也有《馬關條約》結束了戰爭，但實際上甲午戰爭以後日本對中國的侵略沒有停止。加之日本早在 1874 年出兵台灣，1875 年挑起江華島事件，次年訂立《江華島條約》覬覦朝鮮，1879 年吞併琉球等，均為動搖中國在東亞體制，建立日本勢力範圍及殖民地的先聲，是日本對外擴張侵略國家整體戰略組成部分，從這個意義上講，這一過程前後長達 70 年之久。

應當指出的是，1931 年的"九・一八事變"不過是 1894 年日本發動侵華戰爭的延長線，甲午戰爭、八國聯軍（日軍為主力）、日俄戰爭（以中國為主戰場）、對華"二十一條"等一系列侵略步驟都是日本半個世紀侵華戰爭的組成部分。雖然中日兩國對中日之間歷次事件、日方戰略意圖、戰爭等看法及歷史認識存在巨大分歧，但不管怎麼說，日方保守派把侵華戰爭說成"自衛"的任何說辭和藉口都經不起歷史的檢驗。

這裏有必要簡單回顧一下在近代中日關係史上有巨大影響的甲午戰爭的媾和及其和平條約《馬關條約》（日方多稱"下關條約"）問題。日本政府向在戰爭中失敗的清政府提出了極為苛刻的媾和條件，包括割讓遼東半島（後在俄、法、德三國干涉下放棄）、台灣、澎湖列島，賠償 2 億 3 千萬兩白銀等要求，不僅使中國國家財政走向破產，更加深了中國半殖民地的進程，成為中國近代史上最大的痛楚，埋下了中日兩大民族怨恨的禍根，今日的台灣問題也緣起於這場戰爭。我們不妨提及締結《馬關條約》談判的一個場面，以便理解二戰後中國作為戰勝國是如何對待戰敗的日本的，理解二戰後對日媾和的基本狀況。而前後兩次媾和的巨大反差對於理解"第二次中日媾和"和至今給中日關係帶來的心理溝壑有重要意義。

1895 年 3 月 20 日甲午戰爭媾和會議在日本山口縣下關市春帆樓舉行。談判開始，清政府代表李鴻章首先要求在媾和談判開始時雙方應停火，並極力勸說日方："亞細亞洲，我中、東兩國最為臨近，今暫時相爭，總以永好為事，如尋仇不已，則有害於華者，未必於東有益也。"[①] 然而，日本全權代表伊藤博文則提出極為苛刻的停火條件，甚至把日軍尚未到達的地區作為日軍佔領地，如大沽、天津、山海關等，並要求解除上述地區中國軍隊的武裝，將天津與山海關鐵道交日本控制，停火期間日佔領軍的費用由中方支付等等。[②] 在 24 日發生李鴻章遭日本浪人槍擊事件之後，[③]日本政府因懼怕國際輿論的譴責和列強的干預，才被迫同意"無條件"停火。

4 月 1 日，日方提出具體的媾和條件，其中包括割讓遼東半島、台灣及澎湖群島，賠償戰費3億兩庫平銀（當時中國年度財政收入僅為8000萬兩，即該項要價達到年度財政的3.5倍以上，日本國家財政的4倍以上），對日開放包括北京在內的多個口岸，並為監督中國履行媾和條件，日軍對奉天（瀋陽）、威海衛進行"保障佔領"等。面對日本的苛刻條件，清廷上下震撼。4月5日李鴻章向日本提交長篇照會，力陳割讓中國領土必將使中國國民增加對日復仇心，使未來中日合作陷入困境，中日戰爭必將引發西方列強對東亞的侵略，日本的國計民生也在很大程度上依賴中日兩國之和睦，故媾和條件應減輕。其中稱，查擬請所讓之地"必令日後兩國爭端紛紛而起，兩國子孫永成仇敵，傳之無窮矣。我輩既為兩國全權大臣，不能不為彼此臣民深謀遠慮，自應立一永遠和好互助之約，以保東方大局。""日本與中國開戰之時，令其公使佈告各國曰：我與中國打仗，所爭者朝鮮自主而已，非貪中國之土地也。日本如徒憑其一時兵力，任情需索，則中國臣民勢必嘗膽臥薪，力籌復仇，東方兩國同室操戈。"④ 然而中方的申訴被伊藤博文、陸奧宗光以國內反對為由駁回。日方提出部分讓步案：縮小遼東半島的割讓地區，但維持台灣澎湖割讓要求；將賠償金從3億兩5年還清，改為2億兩7年還清。此外，同意將北京等三地從開放口岸刪除；保障佔領地區中刪除了奉天等。此後在俄、法、德等國干預下，日本被迫還遼，但要求中國增加3000萬兩費用及150萬兩"保障佔領費"。日本學者多數按賬面上的三筆算從中國勒索了2.315億兩白銀，折合日元3.64億多，⑤ 相當於當時日本國家年財政收入的4倍有餘，但這數字並不準確。實際上日本不僅僅是得到了上述2.315億兩，還以庫平實足（銀幣純度）為由多勒索1325萬兩，以"磅虧"（秤虧補償）為由多勒索1495萬兩，加上利息等等，據中國學者戚其章估算，日本實際勒索應達庫平銀3.4億多兩，折合日元5.1億之巨。⑥

　　總之，日本以軍事力量為背景發動的對華擴張戰爭，得到的媾和條件是中國割讓的領土和巨額賠償金。實際上在李鴻章赴日談判之前，日本政府曾以中國全權代表"缺乏資格"為由而拒絕前任來使，2月17日從美國駐華大使等處確認中國全權代表（李鴻章）有割讓領土的受權後才同意接受來使。⑦也就是說李鴻章赴日之前就已經確定了將以割讓領土等為前提的媾和條件。

甲午戰爭給中日兩國帶來了完全不同的結果。日本對華發動以"國運相賭"的、"舉國體制"下的擴張戰爭而得到台澎領土及朝鮮勢力範圍，加速了日本對亞洲擴張及在東亞建立霸權的進程，並最終導致其走向軍國主義的不歸路。近代日本把對外擴張作為"不動的國策"。日本國家大發戰爭之財，並通過所謂"戰後經營"在自身尚未徹底擺脫西方列強強加的不平等條約的同時，成為軍事意義上的"帝國主義國家"。⑧也就是說，日本在自身尚未徹底擺脫"半殖民地"性質⑨的同時開始在東亞謀求霸權，取得殖民地（琉球、台灣等），並加強對朝鮮半島的控制，準備通過進一步的戰爭（對俄）吞併朝鮮，擴大對中國大陸的侵略。通過巨額賠償金，日本確立了金本位制，並建設了以八幡製鐵所等鋼鐵業為中心的重工業、軍工產業，通過國家資本與財閥資本的結合確立了日本資本主義的基礎，成為以武力壓迫鄰國的霸權國家。日本一些學者強調當時帝國主義時代的歷史條件及日本缺乏資源等理由，來為日本的帝國主義侵略辯護都顯然是站不住腳的。⑩

與之相對照，《馬關條約》是列強強加給中國不平等條約中極為苛刻的一個，它加深了中國半殖民地的進程，導致國家財政的破產和生靈塗炭、民不聊生。中國成為包括日本在內的列強弱肉強食下的最大犧牲品，同時也加速了清王朝的崩潰和民國的創生。上述戰爭與媾和歷史及結果給中日兩國民眾帶來的心理創傷是極為巨大的，也對於我們理解二戰後對日媾和的結果和意義有很大幫助。

第二節

不宣而戰的戰爭

一、九·一八事變

1931 年"九·一八事變"拉開了第二次中日戰爭的序幕。在國民政府不抵抗政策下,日軍迅速佔領東三省,並炮製偽滿洲國,把東三省變為其殖民地。日本的侵略使中國面臨國家、民族存亡的嚴重危機,但國民政府仍然堅持"安內攘外"方針,在"九·一八事變"處理上試圖依賴國際聯盟的調停,不以武力相抵抗。也就是說,日本是利用中國國內的政治局勢以及國民政府的消極抵抗政策而發動侵略戰爭,並努力擴大對華侵略戰果的。

"九·一八"之後,中日之間已處於戰爭狀態,中國各地民眾抗日運動及中日軍隊之間的武力交火和戰鬥時有發生。同時,為了轉移國際社會對日本侵略東三省的譴責,確保侵略所得的利益,日本又悍然發動上海"一·二八事變"(淞滬抗戰),擴大戰火。面對日本的侵略,中國政府開展了積極外交,向國際社會揭露日本侵略東三省的真相及其非法性,要求日本完全撤軍,並呼籲國際社會拒絕承認傀儡政權"滿洲國"。國民政府試圖通過喚起國際正義和國際法手段擊退日本的侵略。9 月 19 日(下午 6 時),中國政府向日本駐華公使重光葵提出緊急抗議,同時電令駐國聯大使立即向國聯通報日本的侵略情況。同日,中國共產黨也發表《反對日本帝國主義侵略宣言》。在接到中國代表通報後,國聯行政院主席萊勞(A.Leroux)要求中日代表做出說明。日本代表芳澤謙吉虛偽地宣稱日本政府已經採取了防止事態擴大的措施。中國代表施肇基指出該事件不是中方引起的。21日,中國政府向國聯控訴:該事件是"日本有計劃的行動"。國民政府主席蔣介石發表談話:"日本乘中國國難之際,突然佔領東北各地,此蠻橫行為實乃國際會社所僅見,吾人受如此重大侵略之侮辱,全體國人只有刻骨銘心,與政府一致共赴國難。"[11]

24 日，日本政府發表聲明宣稱"（日軍）在滿洲的行動是自衛措施"，為侵略辯護並掩蓋戰爭真相。29 日，中國政府通過日本駐華公使向日本政府發出警告："日本在從東三省撤軍前必須對在東北策動建立新政權的動向負全責。"但這些努力並不能阻止日本政府及日軍擴大對華侵略、炮製傀儡政權的步伐。在中國政府的再三催促下，12 月 10 日，國聯設立調查委員會，決定派遣李頓調查團調查"九·一八"真相。但是日本強辯侵略中國東北是"發動自衛權"，並要使其侵略合理化。甚至在 1932 年 3 月公然製造肢解中國的傀儡政權"滿洲國"。1933 年 2 月 24 日國聯以 42 票對 1 票（日本）的表決結果通過了《維護〈國聯憲章〉和〈非戰公約〉，要求日軍從東北撤出，不承認"滿洲國"的決議》，從而把日本置於侵略者的被告席上，而日本竟以退出國聯來對抗國聯決議和國際社會，以顯示其"堅決保衛"侵略成果和傀儡政權的"堅強決心"。圍繞"九·一八事變"而展開的中日外交戰雖以中國的勝利宣告結束，但日本侵略東北的現實沒有改變。此後，中國政府繼續向國際社會控訴日本佔領東三省的非法性，並繼續呼籲國際社會支持中國的抗日政策。1936 年 7 月，蔣介石在一次演說中表示，"我們決不在侵略我國領土的任何協定上簽字，絕不承認任何侵略我國主權的任何事實，如果有誰非要逼我們承認偽政權（滿洲國）就是到了我們難以容忍的最後關頭。"⑫

二、盧溝橋事變與全面戰爭

日本並不滿足於對中國東北的佔領和殖民化。"九·一八事變"後加緊侵華步伐，向華北地區擴大侵略，經過精心準備終於在 1937 年 7 月 7 日挑起盧溝橋事變，發動全面侵華戰爭。中國政府強烈譴責日本政府的侵略，在 7 月 11 日聲明中強調，"盧溝橋並非條約所允許的外國人駐軍及軍事演習的區域，日軍的行動無疑是非法的"，"政府已經命令盧溝橋守備部隊自衛抗戰，並向日本大使館提出強烈抗議，中國政府保留要求日軍立刻停止軍事行動的一切合法權利。"⑬ 7 月 17 日蔣介石在演講中強調，盧溝橋事變進展是事關中國國家命運的問題，就是最後關頭的境界。⑭ 8 月 14 日，國防最高委員會會議決定"不宣戰"的同時發表《自衛抗戰聲明書》："中國為日本無止境之侵略所逼迫，茲已不得不實行自衛，抵抗暴力。乃自九‧一八以來，日本侵奪我東四省，淞滬之役，中國東南重要商鎮，淪於兵燹；繼以熱河失守；繼於長城各口之役；屠殺焚毀之禍，擴而及於河北；又繼之以冀東偽組織之設立；察北匪軍之養成；中國領土主權，橫被侵削。……以及種種毒辣之手段，如公然販賣嗎啡……使中國社會與人種，陷入非人道之慘境。……受一於此，已足危害國家之獨立與民族之生存。吾人敢信此為任何國家任何人民所不能忍受。以迄於今，吾人敢言中國之所以出此，期於盡可能之努力，以期日本最後之覺悟而已。及至盧溝橋事變爆發，遂使中國幾微之希望歸於斷絕。""中國今日鄭重聲明，中國之領土主權，已橫受日本之侵略；國際盟約、《九國公約》、《非戰公約》，已為日本所破壞無餘。……中國決不放棄領土之任何部分，遇有侵略，惟有實行天賦之自衛權以應之。……吾人此次非僅為中國，實為世界而奮鬥；非僅為領土與主權，實為公法與正義而奮鬥。"⑮ 向全世界揭露日本的非法侵略戰爭性質，呼籲全國進行全面抗戰。中國抗戰自衛聲明再次將日本置於違反國際法的被告席上，向國際社會及國際輿論呼籲正義和支持。然而，日本卻不斷擴大侵略戰爭，"八‧二三"開始對上海發動進攻，繼而在杭州灣登陸，一路燒殺，試圖逼中國締結城下之盟，並於 1937 年 12 月 13 日攻陷中國首都南京，製造了震驚中外的南京大屠殺事件。

　　不過，就在全面抗戰爆發後，中國也沒有對日宣戰，這是由於國民政府為避免受到美國《中立法》（不捲入國際爭端，不向交戰國提供援助的法案）等的影響，也希望爭取更多的外國援助。在此期間，中國政府繼續維持着與日本的外交關係，駐日大使許世英直到 1938 年 1 月回國休假為止一直留在東京。在"近衛聲明"⑯ 之後，日本政府通告中方"中國駐日大使館館員已經不再享受外交官待遇，中國駐日外交官將被視為在日的一般中國人。"中國政府鑒於日本政府上述違反國際法，並迫害中國外交官的舉措，決定於 1938 年 6 月由參贊楊竹雲帶隊降下使館的中國國旗，關閉駐日使館，但中日沒有正式斷交。這一時期，有的中國學者稱為"准戰爭狀態"[17]，筆者認為應稱為"實際戰爭狀態"階段。

日本自發動全面侵華戰爭以來，長期將 100 萬以上軍隊投入中國戰場，在建立"舉國一致的戰爭體制"的同時，為了避免因發動戰爭而受到歐美戰略物資的禁運，日本政府也一直不向中國宣戰，而堅持稱之為"事變"，並於 1937 年 11 月 18 日修改《大本營條例》[18]，20 日將只能在戰時才能設立的戰時大本營體制，修改為"為事變的大本營"，在強化戰爭機制的同時，堅持宣稱其侵華是"自衛"。

關於宣戰在戰爭中是否是必須條件，1907 年制定的關於"戰爭開始"的《海牙第三公約》第一條規定："締約國承認非有預先明確的警告，或用說明理由的開戰的形勢，或用附有條件的宣戰的最後通牒的形式，彼此間不應開始敵對行為。"勞特派特（英）提出："雖然格勞秀斯定立了一個規則，認為開始戰爭必須宣戰，但是各國的事件表明這個規則並沒有被接受。"[19] 有中國學者認為"是否構成國際法上的戰爭，不僅取決於一定規模的武裝衝突，還要看交戰各方的'交戰意向'以及非交戰國和國際組織的反應。所謂戰爭的法律狀態，是指國際法上的戰爭，除了一定規模的武裝衝突事實以外，還有一定的法律手續和程序，必須經過宣戰或其他交戰意向表示。僅有衝突事實不構成戰爭的法律狀態。"[20]

日本學者高野雄一認為"不存在戰爭開始的實質性要件。宣戰，或最後通牒，或開戰手續等問題並非行使戰爭的實體要件。"[21] 可見國際上對"宣戰"與"開戰"手續等法律問題存在分歧。但如果雙方均不宣戰，那麼到戰後處理時，對此次武裝衝突性質及戰後處理等國際法問題必會產生嚴重問題，特別是像中日之間"十四年戰爭"的情況。

日本發動全面侵華戰爭，但不對華宣戰是其處心積慮的結果。1937 年 11 月，日本內部研討宣戰問題。外務省通商局 11 月 6 日提交的《宣戰對我經濟影響》文件稱："宣戰與美國《中立法》抵觸，導致美、英等限制對日經濟，並導致日本在華權益受制於戰爭法規。中國必將沒收公私財產，失去在華債權，喪失條約上的權益。結論：從經濟關係看宣戰對我絕對不利。"海軍省 11 月 7 日提交《關於對支宣戰利害得失之件》稱："宣戰好處有表明帝國堅定立場，戰後對支交涉滿洲、內蒙、北支（華北—筆者註）、上海等地，處理賠償其他協定時獨立根據帝國立場提出合法要求。不利之處是：與不以支那全體國民為敵的政府聲明相矛盾。有可能使人認為帝國對支有政治及領土野心致使對日空氣惡化，喪失帝國在支那權益。"陸軍省 11 月 8 日提交《對支宣戰得失》的結論就是："宣戰不可"。宣稱"（宣戰）雖可強化帝國立場，但也導致強化支那抗戰決心。宣戰後時局更難處理，如'滿洲事變'沒有宣戰，維持外交更容易處理。宣戰導致帝國治外法權、租借等條約權益喪失。"[22] 上述外務、海軍、陸軍各省向天皇及內閣提交的機密文件都說明，日本在全面擴大侵華戰爭的同時，不對華正式宣戰所包藏的政治禍心。他們試圖利用"事變態勢"繼續保持在華權益，並且可以不受戰爭法規約束地進行全面軍事侵略以及大規模非法屠殺等等違反國際法的犯罪行為。

三、"事變"與戰爭

日本政府對中國發動如此大規模的侵略戰爭竟然沒有宣戰，而是自始至終都把這一戰爭作為"事變"來處理，直到其投降為止。值得指出的是，由於日本政府不承認對華侵略是戰爭，所以在整個戰爭過程中，始終無視，甚至違反《九國公約》、《非戰公約》以及《海牙陸戰公約》等國際法規及戰爭法規，公然使用生化武器，對平民百姓燒殺搶掠、無惡不作，犯下了慘絕人寰的累累罪行，使日本軍隊及日本人的殘忍形象深深地植根於中國人民心中。如果是戰爭，對日軍的一些殘酷屠殺等行為尚可能以"戰爭的一部分"來"合法化"。但是由於沒有宣戰，日本政府也不承認對中國的侵略是戰爭，所以，日軍在別國領土上進行殺人、放火、掠奪、強姦等等無數非法暴行只能視為日本國家組織的刑事犯罪。日本政府必須對日軍在別國領土上有組織地實施大量刑事犯罪承擔所有法律的、政治的、刑事的及道義的責任。筆者認為，日本政府所發動的侵略戰爭及其諸多戰爭罪行是公然實施的國家恐怖戰爭行為，其罪責必須受到嚴屬懲罰。

有些人可能會提出"國際恐怖是現在用語，不適合當時"，"有些國家也這樣做了，所以這樣說不妥"等觀點。這是站不住腳的。因為恐怖行為在當時就已經被國際社會所公認，而且即使按照當時的國際法去衡量，在不宣戰情況下在別國領土公然進行大規模、國家組織的武力、暴力刑事犯罪責任的嚴重性更是舉世公認、不容置疑的恐怖行為。如果按照這些人所說，過去沒有的概念就不能定性的話，那麼遠東國際軍事法庭宣判東條英機以下 28 名甲級戰犯破壞和平罪等，也都是在第二次世界大戰後才形成的新的國際法概念，遠東軍事法庭的認定是否符合國際法呢？答案當然是肯定的。所以說，無論是遠東國際軍事法庭關於日本甲級戰犯破壞和平罪的認定，還是筆者提出日本國家及其軍隊在戰時進行的國家恐怖行為，國家組織的國際刑事犯罪的認定，都是根據戰爭時期日本國家及軍隊的犯罪事實和國際常識做出的，都是可以被戰後，或者今天國際社會基本準則所接受的。

實際上，日本政府及國會對日本的戰爭犯罪也不是沒有任何認識，1945 年 12 月 1 日，第 89 次日本臨時國會眾議院全體會議以多數通過了《關於戰爭責任決議》。該決議稱："現在大戰敗的結果，使我國在思想、政治、經濟、社會等所有領域面臨肇國以來前所未有的危局，當此之秋，欲為建設道義日本，為萬世開太平，應明確本次戰敗原因，追究其責任，以杜絕未來再發生不祥之事"；"本次戰爭責任包括在國際上擾亂和平而興不謀之師的開戰責任，還有在開戰後（日軍）違反國際條規而進行了殘虐行為的刑事犯罪"。不過該決議又辨稱："宣戰後根據國家命令，合法進行戰爭，挺身為國的一般國民則沒有責任。"[23] 也就說，日本國會決議認為，（對美英等，而沒有對中國）宣戰後的戰爭是合法的。換句話說，日本國會承認日本在戰時"違反國際條規而進行了殘虐行為的刑事犯罪"，但是，在整個“事變時期”，日本對中國進行的所有軍事行動及刑事犯罪行為都因沒有宣戰，而不被《陸戰公約》等國際法認可，都是非法的，有組織的刑事犯罪。戰後日本國會通過的決議也被迫承認日本國家及軍隊進行了破壞和平及違反國際法規，殘虐行為的刑事犯罪。既然如此，今天的日本政府當然有責任，有義務承擔這些非法刑事犯罪而造成的所有損失和責任，並有義務進行全面的恢復和補償。

日本政府及軍方在長達十四年的侵華戰爭中，特別在 1937 年開始的中日全面戰爭時期，所有軍事行動和暴力行為都是刑事犯罪，但因為不承認是“戰爭”，大量中國戰俘沒有得到戰俘的應有待遇，被大量屠殺，或慘無人道地殘害。在南京大屠殺、731 部隊細菌戰人體試驗等一系列駭人聽聞的刑事犯罪事件中，罹難和遇害者的很大一部分就是戰俘。1946 年 8 月 8 日的遠東特別軍事法庭（東京審判）上，原日本陸軍省軍務局長武藤章（甲級戰犯，被處以絞刑）在證詞中承認，“1938 年，中國的戰爭被公開地稱為事變，所以（政府及軍部）決定被逮捕的中國人沒有當作戰俘來處理。”[24] 日本政府不得不承認在整個“事變”中，從來沒有把中國戰俘當作俘虜對待，這既是對《海牙陸戰公約》的公然違反，也是日本國家在進行長期刑事犯罪、進行國際恐怖犯罪的罪證之一，還是日本對待中國與歐美採取雙重標準的典型例證。

1938 年 1 月日本政府宣佈：“不以國民政府為對手，這是比否認該政府更為嚴屬的（方式）。這是在國際法上創新例，旨在否定國民政府的同時，抹殺該政府”，“帝國不是以無辜的支那人民為敵。同時從不以國民政府為對手的立場出發，沒有必要宣戰。”（1938 年 1 月 18 日近衛補充聲明）同日，日本內閣書記官長（政府秘書長）風見章宣稱：“今後絕無再承認國民政府之可能性。蔣政權是脫離支那國家、人民之地方政權。所謂不為對手是比對蔣政權不承認乃至宣戰更為強硬的（措施）”，“是帝國政府表明堅決態度的體現”。[25] 這就是挑起全面侵華戰爭，製造南京大屠殺及無數刑事犯罪、戰爭犯罪後日本政府的公開宣言。日本政府所謂“不為對手比宣戰還強硬”的説法，是否應理解為日本侵華戰爭是“比宣戰的戰爭還要殘酷的戰爭”？還有必要做更認真地分析和思考。1940 年 11 月，日本政府又在南京炮製汪精衛傀偽政權，並稱其為“中華民國政府”，就使日本自己的對華宣戰變得“沒有必要”。從國際法意義上看，在中國領土上製造傀偽政權、侵略別國領土的行為屬於“非法分裂國家，陰謀和顛覆他國政府”的最高刑事犯罪。

與此同時，日本政府卻把合法的國民政府稱為“重慶政權”，並自欺欺人地繼續同這個“不以其為對手”的國民政府為作戰對手。如果沒有日軍的武力支持，日本政府及軍部製造的“滿洲國”及汪偽政權連一天都不可能存在下去，是非法的，也不被國際社會所承認，不具備任何正統性。必須指出：無論戰爭還是媾和，日本政府如果不與中國人民的正統政府為對手來進行，就都不可能被中國人民所承認，也不會被國際社會所認可。同樣，戰後日本在中日媾和問題上選擇流亡台灣的國民黨政權為對象也是同樣性質的問題，是沒有合法性的。眾所周知，戰敗後，日本政府不得不向“今後絕無再承認之可能性”的中國國民政府投降，日本自己炮製的傀偽政權則隨之土崩瓦解，充當傀偽的頭面人物作為漢奸、賣國賊而受到應有的懲罰。傀偽政權及其代表人物也都成為日本侵略中國的鐵證。

第三節
國民政府對日宣戰

中國正式對日宣戰是在 1941 年 12 月 9 日，即日本偷襲珍珠港的第二天。9 日凌晨 3 時，軍事委員會參事室主任王世傑接到日本對美開戰的報告後，便認為“這是日本切腹行動”。[26] 上午 10 時，由蔣介石（國民政府主席、國民黨總裁、軍事委員會委員長）主持中常會特別會議討論對日宣戰問題，郭泰祺（外長）、王世傑等力主應立刻對日宣戰，蔣介石於當天下午召見英、美駐華大使，表示“中國將不惜任何犧牲，決心與美、英、蘇等盟國一起全面合作，戰鬥到日本及其軸心國家完全崩敗。"⑰ 在同日舉行的最高軍事委員會會議上，蔣表示"暴日竟悍然向英美宣戰，擴大侵略戰火，我政府及人民將表明同仇敵愾，正式對日寇宣戰。"會議通過了由侍從室起草的《對日宣戰佈告》，即日向全世界公佈。當日晚 7 時半，王世傑召集中外記者，宣佈中國對日宣戰佈告，同日中國政府也同時向德、意宣戰。10 日、11 日等日，蔣介石又連續會見美、英、荷等國駐華大使及武官，連續商討對日協同作戰問題。就這樣，日本侵略戰火在中國燃燒 10 年之後，中國終於對日宣戰。中日兩國也由此正式進入戰爭狀態。不過這僅是中國政府單方面的對日宣戰，日本直到投降也沒有對華宣戰。

中國宣戰佈告如下："……中國為酷愛和平之民族，過去四年餘之神聖抗戰，原期侵略者之日本於遭受實際之懲創後，終能反省。在此時期，各友邦亦極端忍耐，冀其悔禍，俾全太平洋之和平，得以維持。不料強暴成性之日本，執迷不悟，且更悍然向我英、美諸友邦開釁，擴大其戰爭侵略行動，甘為破壞全人類和平與正義之戎首，逞其侵略無厭之野心。舉凡尊重信義之國家，咸屬忍無可忍。茲特正式對日宣戰，昭告中外，所有一切條約、協定、合同，有涉及中、日間之關係者，一律廢止，特此佈告。"⑱

通過上述對日宣戰佈告，中國政府宣佈廢除截至當時為止中日之間的所有條約、協定。從這一意義上說，第二次中日戰爭及戰後媾和，如同 1943 年 11 月公佈的《開羅宣言》那樣，具有清算自中日第一次戰爭 —— 甲午戰爭以來半個世紀戰爭的性質。

中國對日宣戰成為戰後對日媾和的基礎，另外根據 1942 年 1 月 1 日簽署的《聯合國家共同宣言》第二款規定："簽署本宣言之各國政府應合作對敵（德意日等），宣誓決不單獨停戰和單獨媾和。"然而戰後對日媾和過程中，作為主持對日媾和會議的美國為自己一國的私利，公然破壞該宣言，拒絕對日作戰主要盟國 —— 中國的與會和簽字，是嚴重違反國際法的行為，也使《舊金山對日和平條約》的合法性受到嚴重質疑。

更重要的是，國際法規定："戰爭是在交戰國之間，以兵力為中心，使用戰爭法規限制以外的所有戰爭手段,將本國意志強加給敵國的,交戰國之間被允許的無差別的法律狀態。"[29] 但是日本在 1941 年 12 月中國對日宣戰後仍然在中國戰場不斷進行大規模的燒殺搶掠"三光政策",對無防備的城市及居民進行無差別空襲和屠殺,使用化學及細菌武器等一系列違反戰爭法規的作戰方式和戰爭犯罪,為此,日本政府及日軍均被國際社會烙上破壞和平罪及違反戰爭法規罪,在戰後對日媾和過程中被嚴厲追緝法律責任。

因此,中日戰爭是在中國抵抗日本侵略,中國政府單方面對日宣戰情況下進行的。中國國民政府單方面的正式對日宣戰,具有十分重大的國際法意義,也是中日戰爭的法律依據。戰後,戰敗的日本不得不按照戰勝國中國提出的媾和條件與規則,承認中日之間有戰爭狀態(但只承認從 1941 年 12 月到 1945 年 8 月的 3 年半多為戰爭期間),並履行對華投降及媾和條件:宣佈戰爭結束,歸還侵略領土,進行戰爭賠償,懲罰戰犯,簽署和平條約等義務。

另一方面,中國對日宣戰佈告及此後的媾和條件引人注目。第一,中國的對日宣戰佈告宣稱:由於與日本進入戰爭狀態,故包括《馬關條約》在內,與日本締結的所有條約一概無效。也就是說,這次宣戰的法律效果溯及自第一次中日戰爭 —— 甲午戰爭及其結果,包括根據《馬關條約》割讓給日本的台灣、澎湖列島以及 1931 年"九·一八事變"後被日軍非法佔領的中國東北地區("滿洲國")等所有領土在內均為無效。中國的宣戰效果及媾和條件通過戰時聯合國首腦會議加以確認,並以《開羅宣言》和《波茨坦公告》等國際公約形式向世界公佈。所以,這次宣戰及此後的媾和都意味著是對"半個世紀中日戰爭"的總清算。

中國的對日宣戰佈告、戰時制定的對日媾和政策等基本上也成為戰後盟國對日佔領政策及對日媾和條件的基礎。在上述政策指導下,國民政府在戰後全面參與盟國解除日本武裝及受降簽字儀式。同時順利地主持和完成了中國戰區日本受降簽字儀式、日軍解除武裝、懲罰戰犯等與媾和相關聯的一系列手續。

第四節
中國 "大國地位" 的確認與戰後對日媾和政策的制定

　　對中國來說，抗日戰爭不僅是反侵略、反日本軍國主義的自衛戰爭，而且是事關民族生死存亡的鬥爭。如果追溯到 1840 年鴉片戰爭以來的近代史，中國肩負着不僅要向敵國日本，而且要向聯合國的盟國 —— 英、美等列強爭取恢復主權、討還失地、廢除治外法權、擺脫半殖民地狀態而徹底獨立的任務。日本學界不少人出於本國立場及情感出發，至今對中國抗戰中地位和大國地位還持懷疑或否定的態度，認為是美國硬把中國拉成 "大國"，有明顯貶低中國地位的傾向。[30] 中國在帝國主義列強的長期侵略下，的確處於弱國地位，但它在聯合國及國際反法西斯戰爭中的地位和作用是不容低估的。就是這個弱國 —— 中國 —— 單獨抵抗 "強國" 日本的侵略長達 14 年之久。中國軍隊以簡陋的裝備，頑強抵抗住了裝備精良的百萬日軍的瘋狂進攻。在全面戰爭爆發時，日本大本營曾經揚言三個月內征服中國，但在中國軍民的頑強抵抗下，這一妄想被徹底打破。正是由於中國頑強堅持抗戰，粉碎了日軍北上策應德國，進攻蘇聯的北進戰略，也極大地牽制和遲緩了日軍向東南亞 —— 英美勢力範圍 —— 大舉進攻的南下戰略。

　　與中國軍民的頑強抗戰相對照，在歐洲戰場曾經被公認為 "強國及大國" 的法國，在德軍進攻下僅幾個星期就全面敗北投降，法國全部國土被佔領。而另一個 "大國及強國" 英國依靠海峽才逃過被德軍佔領的厄運，人們對英法的 "大國" 地位及資格幾乎從未有懷疑。再如打倒德國是依靠美、蘇、英三國的共同努力才實現。對蘇聯的 "大國" 地位及資格為何沒有更多的疑問？再如戰後曾經君臨日本的麥克阿瑟將軍也是在日軍的猛烈進攻下倉惶撤出馬尼拉的，數萬美菲聯軍向日軍投降。盟國打敗日本也是依靠中、美、蘇各國的全面合作才得以實現。人們似乎對在德日攻勢下退卻的美、英、法等 "大國" 地位和資格並沒有疑問，而對中國的抗戰地位

及作用總頗有微詞。這類觀點在日、歐、美普遍存在，也是西方國家奉行雙重標準的典型事例。㉛

　　還應指出，日本加入德意日軸心國同盟，並強調"通過以處理支那事變為中心的外圍政策實施，從確保帝國所需要之資源的立場出發，對法屬印支及泰國的軍事行動，乃帝國自存自衛所採取的緊急而重要措施。"㉜把對美作戰也作為實現"大東亞共榮圈"和對華侵略的一環。藉用當時的日本首相東條英機的話說，"（如果接受美國要日本從中國撤軍的要求）支那事變的成果就將毀掉，滿洲國也處於危險，甚至朝鮮統治也會處於危機"；"如何確保北支蒙疆的不動態勢，如何確保滿洲建設的基礎，必將把禍根留給子孫，為了恢復上述事態，還得經過戰爭，如果打算回到滿洲事變前的小日本則另當別論。"㉝東條把日本對中國的侵略和對美英開戰的關係說一清二楚，把永遠霸佔中國東北作為其成為"大日本"的前提條件。為了保住"滿洲國"，為了不回到"小日本"的狀態，才決心對美英宣戰。可見日本決非被壓迫而"不得已"地對美英等宣戰，而是為保衛對中國的侵略"成果"而對美英開戰的。這也是第二次世界大戰中，德、意、日軸心國與中、美、英、蘇同盟國之間戰爭的基本格局和戰爭性質的集中體現。

第五節
中國的戰時外交

　　如前所述，"九・一八事變"後中國繼續援引《國聯盟約》、《九國公約》及《非戰公約》等國際法及公約精神，強烈譴責日本對中國進行非法侵略的行徑，同時呼籲國際社會採取積極措施制止侵略。在全面抗戰開始後更積極展開戰時外交，向國際社會控訴日本侵略中國的非法性，並呼籲援助中國抗戰，強烈要求日本立刻從中國全境撤軍。在此期間，中國政府在戰時外交中着力提倡國際正義和集體安全的新理念，在國力貧弱的情況下長期堅持了單獨抗戰、反抗侵略的基本立場。

然而，當時國際社會的"大國"並不積極響應中國反對侵略的呼籲。儘管如此，中國還是認為"實際上可能得不到國聯的援助，但是至少能得到國際社會的同情，心理上的、精神上的援助也是十分重要的。"[34] 1937年 7 月 16 日，中國在向《九國公約》締約國提出《關於盧溝橋事變真相備忘錄》中警告各國："日本破壞了《九國公約》規定的尊重中國主權和領土完整的承諾，如果對此置之不理，必將給亞洲及世界帶來嚴重後果。"[35] 要求國際社會攜手制止日本侵略。

　　中國對當時弱肉強食的國際形勢及列強對日綏靖政策的嚴酷現實並不抱太多幻想。宋子文曾經表示："我們曾被告知，諸如《國聯盟約》、華盛頓《九國公約》和《巴黎公約》等國際公約，完全能夠保護弱國免受外來侵略。我們曾寄希望於這些國際公約，天真地認為國與國之間的戰爭已經被消滅。這個幻想現在完全被打破。"[36] 駐國聯大使顧維鈞認為國聯"如果不能制止侵略，至少可以斥責侵略"，並於盧溝橋事變後首先公開譴責日本"公然破壞國際公法、條約義務和正義與人道的基本原則。"[37] 1937 年 10月 6 日的國聯決議宣佈，日本在中國的所作所為"係違反日本在《九國公約》及《巴黎非戰公約》下所負之義務"，呼籲給予中國以精神的援助，各成員國應儘量避免降低中國抗戰能力之措施，由《九國公約》締約國召開會議討論中日問題。[38] 11 月 15 日通過的《九國公約》締約國會議宣言稱："這次衝突事關 1922 年《九國公約》及 1928 年《巴黎非戰公約》的全體締約國，事關國際社會所有成員"；"因為這種暴力使國際交通中斷，國際貿易受阻，給各國人民帶來一種恐怖感和憤慨，使整個世界感到不安和憂慮。"[39] 中國再次把日本送上了違反國際法的被告席上，實際上使國際社會也承認日本是對世界和平的威脅。中國大使表示"我們堅信集體安全的原則，尋求這次會議解決問題。"[40]

　　中國政府在努力利用國際機構阻止日本侵略的同時，鑒於國聯反侵略無力的狀態，也開始考慮向美國等國提出建議"由愛好和平的國家組成聯合戰線"。這種設想與以後建立的聯合國關係密切。以下着重介紹中國對美國的抗戰外交工作。

　　1938 年 1 月 31 日，蔣介石在給羅斯福 (F.D.Roosevelt) 總統的回信中，對美國以往的支持表示感謝，同時要求美國在中國國家存亡的關鍵時期，"履行作為《九國公約》召集國的義務，採取阻止日本侵略的措施和對中國進行援助。"[41] 11 月 21 日，羅斯福總統致信蔣介石，對"在過去 15 個月裏貴國人民所經受的苦難表示同情，對中國表現的抗戰勇氣表示欽佩。並準備最慎重而同情地考慮中方的要求。"[42] 1939 年 7 月 20 日，蔣致信羅斯福呼籲美國注意維護《九國公約》、對華援助、日本侵略對亞洲的影響和歐洲戰場的形勢，要求"(1) 軍需品的對日禁運，特別是鋼鐵和石油的禁運；(2) 抵制日本產品等制裁日本的措施（使日本軍閥停止侵略）將是有利武器，也適用於國際公法。"[43] 8 月 29 日，蔣介石通過駐美大使向羅斯福強調，"美國應發揮領導責任，協調英蘇關係，通過英、美、法、蘇共同對日體制，以解決遠東問題，並防止日英同盟的再現。"[44] 9 月 2 日，美國政府表示日英同盟不可能再現，但拒絕出面協調法、英、蘇三國。3 日，蔣又命令駐美大使警告羅斯福，英法對日本妥協的事實。[45] 18 日，蔣再次訓令駐美大使要求美國採取斷然態度防止英法對日本的妥協。1940 年 7 月 1 日，中國特使宋子文就"民主集團抗戰問題"警告羅斯福，"中國單獨抗日戰爭已三年，歐洲各國卻紛紛向德國投降，特別是法國儘管有實力卻也投降了。日本侵略勢力也在發展。"對此，羅斯福總統表示"民主陣營並沒有失敗"。[46] 11 月 9 日，蔣介石把"中英美三國合作方案"交給美國駐華大使，其中提出：(1)《九國公約》門戶開放與中國主權、領土完整；(2) 反對日本試圖建設的"東亞秩序"；(3) 強調應確認"中國主權與領土完整是遠東和平和太平洋秩序的基礎"，訓令駐有關各國大使積極推動三國合作。[47] 11 月 30 日，《日汪條約》簽訂，同日國民政府催促美國等表態反對，美國宣佈大規模對華貸款以回應日本，並強調支持國民政府。[48]

　　1941 年 9 月 15 日，鑒於國民政府高度關注美日談判，美國向中國說明："美國對日政治、經濟政策將根據中國及太平洋地區形勢發展而定，其中包括對日本與希特勒征服世界計劃的明確態度。"[49] 11 月 24 日，國民政府警告美國國務卿赫爾 (Cordell Hull)，"在日本侵略軍撤退之前，任何對日制裁的變更都可能導致中國抗戰的崩潰，這樣事後再援助也沒有意義"；"對日談判中絕對不能妥協"。[50]

從上述中美交涉可以看出，在對日抗戰的關鍵時期，國民政府積極對美國政府開展工作，呼籲繼續"對日制裁和民主陣營的團結"。這些思想對日後聯合國的形成起到了積極作用，至少給聯合國構想以重要的啟示。

國民政府的積極戰時外交也成為確立中國"大國地位"的重要基礎。中國的大國地位至少有幾點作基礎：(1) 中國在亞洲堅持抗戰的立場（與三分之二以上的日軍戰鬥）；(2) 首先呼籲國際社會加強民主陣營的團結；(3) 在強調亞洲戰場與歐洲戰場的整體性（對軸心國陣營）意義上說，中國作為聯合國大國地位是當之無愧的，也是中國抗日的必然結果。美、英、蘇等為了世界反法西斯戰爭的勝利也不得不接受中國大國地位的現實。1941 年 12 月 7 日，日本偷襲美國珍珠港，太平洋戰爭爆發。隨後，羅斯福總統向蔣介石委員長建議成立聯合國中國戰區，並邀請蔣擔任中國戰區最高統帥，"負責現在、將來在中國境內所有聯合國軍的指揮"。[51] 蔣介石答覆表示接受。

<h3 style="text-align:center">第六節
中國對日媾和條件制定與開羅會議及宣言</h3>

開羅會議是中國戰時外交的高潮。二戰期間，聯合國之間舉行過多次首腦會議，就對軸心國作戰戰略及戰後國際格局等交換意見、制定政策。然而其中就日本問題專門討論、做出決定的只有開羅會議一次。而且開羅會議及其《開羅宣言》被認為是大戰中對軸心國政策，特別是對日政策最重要的決定。在開羅會議期間舉行的中美首腦會議上，中國提出了使日本軍國主義解體，收復失地及日本對華戰爭賠償等媾和條件，同時對日本國

體 —— 天皇制問題上表現出靈活態度。

　　根據國民政府的史料，中國政府在抗戰早期就開始準備戰後對日侵略的懲罰政策。為了開羅會議，由軍事委員會參事室、國防軍事委員會秘書廳、聯合國中國戰區參謀長史迪威（J.W.Stilwell）共準備了三份對日政策文件，在開羅會議的幾個不同場合提出，其中軍事委員會參事室為中美首腦會議準備的政策提要最為重要，內容涉及政治、軍事、經濟和戰後處理等諸多問題，不僅成為中國戰後對日政策的基本原則，也成為盟國（聯合國）整個戰後對日政策的基礎。在這裏作詳細介紹。

《軍事委員會參事室草案》
民國 32 年 11 月（日期不詳）

（一）中國戰後對日政策案的準備

　　對日反攻戰略及討論關於遠東各問題之機構（由軍事當局準備）。

（二）日本無條件投降時應接受之條款

　　關於此問題，似應詢問意國已接受，或應接受之政治、經濟及財政條款（軍事條款業經公佈），以及莫斯科會議商議德國投降時所應接受之條款。日前簽呈關於日本之條款共 25 條，茲將其主要原則開列於左，以備酌量提出商討。

　　1、關於軍事者：

　　　　（1）日本一切軍艦與商船、飛機、軍器以及作戰物質應即聽候聯合國處置。其中一部分應交與中國。

　　　　（2）日本應自其在“九‧一八”起所佔領之中國及其他聯合國之地區撤退，其全部陸、海、空軍部隊未撤退前，日本應負責保存其佔領地區內一切公私財產（包括交通運輸制度在內），並不得加以毀壞。

　　　　（3）聯合國指定日本若干地點派兵駐紮，以保證本文件及和約各條款之切實實行。

(4) 日本應完全解除武裝。

2、關於政治者：

(5) 日本應依照聯合國指定之名單，將其戰事犯及各地偽組織官吏交付聯合國聽候審判。

(6) 日本應將以下所列歸還中國：

A. 旅順、大連（兩地一切公私財產及建設一併無償交予中國）。

B. 南滿鐵路與中東鐵路（無償交還中國）。

C. 台灣及澎湖列島（兩處一切公私財產及建設一併無償交還中國）。

D. 琉球羣島（或劃歸國際管理或劃歸非武裝區域）。

(7) 承認朝鮮獨立。

(8) 日本應解散其國內一切從事侵略之團體，並取締一切侵略主義之思想教育。

3、關於經濟者：

(9) 日本應將其文武人員，或私人所運走之一切金銀貨鈔、有價證券、重要書籍、公文及其他有歷史性之物品，分別歸還聯合國。

(10) 日本應賠償中國自"九·一八"起一切公私損失。

(11) 聯合國應成立一監督委員會，以保證日本切實履行本文件所列各條款。

（三）戰後重要問題

1、維持世界和平：戰事結束後現有之聯合國團體仍應繼續存在，而以中、美、英、蘇為主席團，擔負維持世界和平之責，至普遍集體安全制度成立時為止。

2、國際經濟合作：在原則上可予贊同，並表示歡迎外資。

3、美方可能提出之問題：

(1) 關於二萬萬美元黃金運用之辦法（由財政當局準備簡明答案）。

(2) 關於我國戰時經濟狀況，例如物價、通貨、預算等問題（由財政當局及其他有關機關準備簡明答案）。

(3) 中共問題：似可將中國共產黨之妨害抗戰及政府一貫之寬大政策略為說明。

4、英方可能提出之問題：

(1) 西藏問題：本年八月間，宋部長與英外相艾登曾在倫敦談及此問題，雙方意見相去甚遠，似以留待日後解決為宜。

(2) 九龍、香港問題：九龍為租借地，歸還中國固屬毫無疑義，惟在英方視之，九龍與香港屬一問題，而香港為割讓地，其法律上地位與九龍不同，似以留待日後解決為宜。

5、英、美雙方可能提出之問題：

(1) 國際金融平準基金問題；

(2) 國際銀行問題；

(3) 國際民用空航問題。以上三問題在原則上可予贊同，惟詳細辦法似應保留從長計議。[52]

蔣介石認為中、美、英合作原則早已確定，所待討論者，一為調整對日作戰，二為確定對日懲處之辦法。因此蔣氏決定，凡為清算日本侵略行為，及足以明顯表現中國六年來之作戰目的者，均在此次會議中與英美達成確切諒解，並昭示於天下。至於其他問題，則僅求意見之交換，提出節略，送備參考已足。[53]

最終四項政治案在中美首腦會談中提出，其中政治方面：

A. 聯合國未設置前，中、美、英、蘇四國設立四國機構，以討論莫斯科宣言之實行；四國機構應負籌設聯合國總機構之責。

B. 為維護過渡時期國際安全，應設置中、美、英、蘇四國國際軍事技術委員會，應普設國際海空軍軍事根據地，地點由專家選擇，須取得主權國家之同意。

C. 德國問題（略）。

D. 遠東問題：甲，遠東委員會設置問題。中國認為中、美、英三國應設置遠東委員會，考慮一切因遠東戰事引起之問題，歡迎蘇聯參加。乙，統一指揮作戰問題（略）。丙，佔領地（敵領土）及解放區問題，由佔領軍暫負軍事及行政之責。丁，對日處置問題，應依以下四點：（a）由中、美、英三國議定處置日本之基本原則，與懲罰日本戰犯禍首及暴行負責人之辦法，如莫斯科會議懲治意、德之辦法。（b）中、美、英三國應約定承認朝鮮戰後重建自由獨立，並歡迎蘇聯隨時參加。（c）日本於"九‧一八"後，自中國侵略之領土（包括旅大租借地）及台灣澎湖歸還中國。（d）太平洋方面之其他領土處置問題由三國議定若干原則。戊，日本在華之公私產業以及日本之商船，應完全由中國政府接受，以補償中國政府及私人所受損失之一部。為維持戰後遠東之和平計，戰爭停止後，日本殘存之軍艦、軍械與飛機，應交由中、美、英聯合參謀會議或遠東委員會處置之。[54]

11 月 23 日，上午由王寵惠[55] 等將中國上述政治提案概括為四部分要點，在徵得蔣介石同意後，翻譯成英語再"面呈委座"，在當日晚中美首腦會議上提出。首腦會談後又以"委員長意見"遞交美方。[56]

值得注意的是，中方上述對日政策主張正式提交美方，原案在中美首腦會談中取得共識，並成為戰後聯合國對日佔領政策的基礎。實際上中國把在開羅中美首腦會談中的議題完全集中在政治問題及對日媾和原則上等重要方面。

1943 年 11 月 23 日晚 8 時開始的中美首腦會談在蔣介石與羅斯福之間舉行，雙方就以下問題進行討論。

（1）戰後中國在國際社會的地位問題。中國作為四大國之一負責維護國際社會秩序。

（2）羅斯福詢問中方關於天皇制問題的意見，蔣介石表示"國體問題宜由日本人民自己解決，以免構成民族間永久之錯誤。"

（3）對美方提出的中國在戰後應該在對日佔領中充當領導地位的邀請，蔣介石表示，中國目前還不能承擔如此重任，還是應該由美國擔任，而中國願意負責輔助作用。

（4）關於賠償問題，蔣介石建議，戰後日本對華戰爭賠償應該以支付現存工業機械、設備、軍艦、商船、鐵道車輛等實物為主，羅斯福表示同意。

（5）關於領土問題，除了東北四省、台灣澎湖以及遼東半島的旅順、大連兩港歸還中國外，羅斯福詢問中國對琉球羣島的看法。對此蔣介石表示，戰後中國將同美國一起參與琉球佔領，或者參加國際機構對琉球的管理。此外兩國首腦還就戰後雙方軍事合作、對華經濟援助、朝鮮、越南、泰國等問題交換意見，取得廣泛共識。是晚會談，至為圓滿。⑤⑦

中美一致同意下列各點：（1）日本掠取中國之土地，應歸還中國；（2）日本所強佔之太平洋島嶼，應永久予以剝奪；（3）戰後朝鮮應由中美兩國協助其獲得自由與獨立；（4）戰後日本在華公私產業，應由中國接收。⑤⑧

從會談記錄看，中美首腦在領土、賠償等問題的決定在日後公佈，而對天皇制存廢、戰後對日佔領中中國作用等涉及中國人民感情的敏感問題的討論，特別是蔣氏的表態，因可能遭到中國人民的反感，所以國民政府擔心民意反彈，而作為絕密內容沒有立刻公佈。24 日，王寵惠發現在美方起草的《開羅宣言草案》中依然有廢除天皇制的內容，經呈蔣介石轉請修正，此議始定。⑤⑨ 而關於賠償內容則是由中方提出的。中美兩國在開羅會談中都各自有準備，中方着重戰後對日處理，特別是領土和賠償問題，而美方則提出了天皇制、琉球問題以及太平洋島嶼問題，雙方坦率交換意見。

如果把開羅中美首腦會談達成共識的各項原則與事後《波茨坦公告》相對照，不難看出兩者的內容十分類似。1945 年 8 月 10 日，針對日本政府"以維護國體為前提接受《波茨坦公告》"的要求，美國國務卿貝爾納斯（J.F.Byrnes）回覆表示"日本國的最終政治形態，戰後應根據《波茨坦公告》，由日本國民自行決定。"這同開羅中美首腦會議時蔣介石提出的"國體問題應由日本人民自己決定"（Should be left for the Japanese people themselves to decide after the war.）內容相同。8月10日，美國總統杜魯門（Harry S.Truman）就日本以"維護國體"為條件接受《波茨坦公告》問題徵求中方意見，蔣介石立刻答覆同意，並強調"這正是幾年來我一直堅持的觀點"。⑩

在開羅會議三國代表討論《開羅宣言》時，英方提出"對於日本其他佔領地區既皆未說明歸還何國，獨對滿洲台澎，聲明歸還中國，似不一律。王寵惠立即表示中國不能贊成，世人皆知此次世界大戰，由日本侵略中國東北而起，若如此含糊，只說日本應該放棄而不說應歸何國，則中國人民以至世界人民，皆將疑惑不解"，主張維持美國原案。美代表贊成中方的意見，並加入"日本以武力或侵略野心所征服之土地，一概須使其脫離日本掌握"一段。英方還提出"使朝鮮自由獨立"一段改為"使朝鮮脫離日本之統治"。王寵惠亦表示不贊成，謂"朝鮮原由日本侵略吞併，而日本之大陸政策，即由吞併朝鮮而開始，僅言脫離將為遠東將來留下重大之問題，此點自中國及遠東觀之，乃極重要。"英方堅持朝鮮問題英內閣沒有討論，現決定"殊為不宜"，且蘇聯態度宜顧及。美方則認為此點與蘇聯無關，不必與其商量。討論結果，維持原案"三大國稔知朝鮮人民所受之奴隸待遇，決定在相當時期使朝鮮自由獨立。"⑪ 開羅會議達成了聯合國戰後對日政策及處理的政治原則，強調進行這次戰爭之目的"在制止及懲罰日本之侵略"，明確了對日作戰的目的和對日處理原則，奠定了聯合國對日佔領和媾和的基礎，而且《開羅宣言》的各主要條款基本上被完全履行。

中國在1943年7月就已經開始單獨制定綜合的、詳細的戰後對日處理政策方案，而美國雖作為戰後對日佔領的主要國家，其對日政策的制定卻尚未形成。美國正式制定對日政策是在1944年以後開始的，美國國務院的對日處理原案也是在1944年以後。⑫

1944年8月21日至10月7日舉行的敦巴敦橡樹園會議是決定戰後

聯合國機構的重要會議。由於蘇聯以《蘇日中立條約》為由，反對與中國代表共同開會，中國只參加了第二階段會議（9 月 29 日—10 月 7 日，中、美、英三國）。儘管在一些人看來這是由於中國影響力下降的結果，但實際上無法否認由於中國的積極參加，仍然對會議發揮了重要的作用。中國代表認為會議第一階段由美、英、蘇達成的協議並沒有不能接受的內容，同時就中國特別關注的，且第一階段會議協議尚還不足的問題提出 14 點修改意見，特別就其中最重要的問題提出七點建議。與英、蘇的消極態度相比，羅斯福對駐美大使顧維鈞表示，"在亞洲地區有中國這樣強有力的盟國存在，美國就能夠全力關注歐洲和平問題"，既強調中國抗戰的重要性，又再次明確對中國的支持立場。[63]

與開羅會議後美國的對華政策出現倒退的說法不同，敦巴頓會議奠定了中國"大國地位"的基礎，在戰後聯合國框架下，中國作為聯合國安理會常任理事國和四大召集國與美、英、蘇一起共同主持了舊金山會議（聯合國成立大會）。

在《開羅宣言》公佈後的 12 月 8 日，日本首相東條英機宣稱："最近的開羅會議，美英領導人擅自談論處理東亞問題，放言把帝國置於三等國家地位。這些不過是他們在戰爭中疲勞，對前途不安，並掩蓋當前的失敗焦躁而說的夢話，實在可笑。"[64] 日本各家報紙也都追隨政府及軍部的表態，大力開展政治宣傳，而對《開羅宣言》規定的具體內容則不敢涉及。

東京《朝日新聞》（12 月 2 日）以"開羅會談 —— 敵人傲慢的決議"為大標題，以"掩蓋戰局不利，利用蔣氏挑樑"為副標題宣傳開羅會談"以對日方針為中心，大力宣傳無條件投降，通過了處理日本本土的侮辱性決議，試圖陷帝國於三流國家"；"公報的概要：（1）美英兩國及重慶政權為日軍無條件投降而共同作戰；（2）三國戰爭目的是陷日本於三等國地位"。

東京《每日新聞》在 12 月 3 日頭版中心位置刊登題目為"把日本從地上抹殺掉 —— 無恥的開羅會議"文章稱："堅決回擊！粉碎這種企圖和謀略只能用實力回答"；"戰後對日處理不僅是要把迄今日本一億（當時日本

人口只有七千萬，號稱一億——筆者註）國民靠血汗取得的巨大成果在一夜之間化為泡沫，而且明確否定了日本的獨立和生存……莫斯科會議以來被列為四大強國而自我陶醉的重慶政權所表現出的自信才是滑稽之談。要粉粹敵人的謀略只有靠實力去回答！"

　　日方的上述反應以"不以為對手"的"重慶政權"為攻擊重點，強調侵略戰爭的正當性，而對《開羅宣言》中公佈的聯合國將剝奪日本侵略領土，恢復失地的具體內容諱莫如深，日本政府及媒體則認為是"把日本置於三等國地位"的標誌，這種認識是意味深長的。

第七節
戰時國民政府關於戰後對日媾和條件的設定與政策實施

一、戰爭犯罪的追緝

　　國民政府很早就開始向國際社會控訴日本違反國際法的犯罪行為，要求國際社會向日本施加壓力，以制止侵略和犯罪。1942 年 7 月 3 日制定了《懲治戰爭犯罪之擬議》，其中明確把一般戰爭犯罪和戰爭的罪魁禍首區分開來，"戰爭犯罪是指軍隊指揮官，或統帥者，或者士兵在中國作戰期間，違反國際公法或戰爭法規的行為。所謂戰爭罪魁是指直接挑起戰爭的責任者。"此後又將其區分為甲、乙、丙級戰犯。[65] 1943 年 7 月 4 日，行政院秘書處向軍委會參事室主任王世傑提議，設立"敵軍罪行調查委員會"，據此"戰爭開始以來，日本陸海軍之侵略使用禁止使用的武器，甚至對平民進行殺害、掠奪、強姦等，罪惡極大。這些犯罪違反了《海牙陸戰公約》，應使其負不法犯罪之責任。國際法專家一致認為受害國有權處罰這些犯罪。為此成立敵軍罪行調查委員會。"並提議對日軍非法使用化學武器等犯罪行為進行調查。[66] 根據上述提案，外交部把歐洲各國對德國處罰辦法的相關資料集中到亞東司，作為將來成立聯合國戰爭犯罪調查委員會參考，同時指示要靜觀倫敦盟國關於戰爭犯罪問題的討論結果再作定奪。[67]

司法行政部從 1941 年就開始對敵（日）軍罪行的調查，1942 年開始研究整理，並編輯了《日軍在華暴行錄》，相關機構也從 1942 年開始進行定期的調查工作。1943 年 3 月，為了更詳細調查日軍犯罪行為，製作了《日寇在華暴行調查票》，蔣介石命令各戰區司令官以及各省政府根據事實報告。[68] 其中必須調查的項目包括：（1）殺戮，系統的恐怖行為；（2）強姦；（3）脅迫婦女從娼；（4）在敵佔領區強行勞工；（5）掠奪；（6）集體體罰；（7）對未設防城市以及非軍事目標的空襲；（8）未經警告地襲擊商船；（9）故意對醫院以及其他慈善教育文化設施的空襲；（10）違反紅十字會及其他規則的行為；（11）使用毒氣；（12）散佈病毒細菌；（13）對俘虜及傷病軍人的傷害；（14）向水井投毒；（15）其他違反國際作戰法規以及其他違反人道主義行為。調查方法：將犯罪者或命令者的名氏、年齡、階級以及所屬部隊番號、長官姓名、犯罪場所及時間，被害者的姓名、住所以及所屬村長或部隊番號、被害狀況及損失額等應正確詳細報告。[69] 該報告書的編製表明，國民政府從戰時就掌握日軍在作戰中非法使用毒氣武器、細菌武器等違反國際法的罪狀，有意識地調查日軍違反國際法行為，以備戰後追緝日本戰爭犯罪的責任。

1943 年 9 月 9 日，外交部、軍政部及司法部聯名向行政院長蔣介石、副院長孔祥熙報告懲辦戰犯工作。根據 25 日《辦理關於調查並懲罰罪行工作節略》記載："1941 年調查開始以來，南京大屠殺事件等敵軍罪行調查，已收集查明向井敏明、野田毅等四名戰爭犯罪者，實施暴行部隊長板垣征四郎、松井石根等五名的具體犯罪情況。"[70] 經蔣介石批准，12 月 15 日行政院訓令（仁捌字第 27563 號令）公佈《敵人罪行調查委員會組織規程》，28 日，通告駐聯合國戰罪調查委員會所在國英國大使顧維鈞。

調查委員會（主任委員王正廷，前外長）於 1944 年 2 月 3 日正式開始業務工作。根據同年 12 月 23 日給駐英大使的外交部電報稱："委員會成立後通過不懈的積極工作，已經制定了敵人罪行調查辦法、敵人罪行調查表、填表須知、受害者具結格式（調查表—筆者註）、證人具結格式、具結須知、敵人罪行種類表等，調查期間追溯到 1931 年'九・一八'以來。截至本年 10 月底已經收到 2297 件報告，11 月到現在又收到數百件。主要為殺戮、放火、強姦、掠奪等。"⑦

開羅會談之前，同盟國於 1943 年 10 月開始醞釀設立戰爭犯罪調查委員會，為此相關的準備會議於 10 月 20 日在倫敦英國外交部召開。根據國民政府《同盟國及自治領代表準備成立聯合國調查戰爭犯罪委員會議記錄》，出席者包括中、美、英三國代表，其他盟國也派代表參加，駐英大使顧維鈞代表中國參加。中國大使表示完全贊成成立委員會，同時指出，在調查時間問題上，"中國保留意見，因為中國遭受敵國侵略的時期比其他盟國早得多。"⑫ 1944 年 12 月 1 日，駐英大使館送來《聯合國戰爭犯罪法院公約草案》，草案由 29 條構成。法院設立的目的："甲，違反戰爭法規及慣例的犯罪嫌疑人的審判和懲罰。乙，該法院審判權限包括任何等級或職務者，凡違反戰爭法規，或故意違反、命令、構成、協助、唆使、煽動他人，或者不盡自身職責的法規違反者。丙，上述審判權限包括武裝部隊人員、文官、或者其他犯罪人員、任何政治團體的授權，或該國家或政治團體的授權者，或上述違法行為的合作者。"⑬

根據 1945 年 6 月 7 日"敵人罪行調查會"的決議，應由司法行政部負責制定主要戰爭犯罪人名單，其他各部應合作提出有關資料。8 月 3 日，駐英大使顧維鈞來電，在聯合國戰犯審查委員會討論過程中，我國的應對過於遲緩，"應迅速提出日本主要戰爭罪犯名單"，"戰爭不久就將結束，戰犯處理具有很強緊迫性。"⑭

從上述一系列行動可以看出，國民政府從戰時就開展了對日軍戰爭犯罪的調查和戰犯處罰辦法的制定，並在比照聯合國各國的戰犯政策的同時，扎扎實實地進行了準備工作。

二、戰爭賠償問題

1943 年 11 月 4 日，駐蘇大使館報告了《納粹德國及同盟國賠償損失問題案》，蔣介石立刻命令軍事委員會參事室進行研究、分析。11 月 17 日，在參加開羅會議出發前，蔣氏又命令"行政院，或國防最高委員會設立機構，立刻進行關於所有國家及社會公私資產損失的分類調查、統計。"

　　關於戰時國民政府對日索賠政策的制定等詳細情況，可參閱拙著《中日戰爭賠償問題》。

註　釋　【End notes】

① 雷祿慶編《李鴻章年譜》，台灣商務印書館，1977 年，515 頁。

② [日] 藤村道生《日清戰爭》，岩波書店，1973 年，159 頁。

③ 24 日談判結束後，在回住所的路上，李鴻章遭到日本浪人小山豐太郎的槍擊，致使臉部受傷。該事件使日本朝野及國際社會震驚。明治天皇派遣御醫治療，以緩解國際批判。

④ 王蕓生《六十年來中國與日本》第二卷，三聯出版社，1980 年，256-263 頁。原出處，李鴻章《與伊藤陸奧往來照會》原刻本，8-16 頁。

⑤ 高橋誠〈日清戦争賠償金の研究〉，《経済誌林》第 23 卷，1955 年。

⑥ 戚其章《國際法視角下的甲午戰爭》，人民出版社，2001 年，391 頁。

⑦ 陸奧宗光《蹇蹇錄》，（日）岩波書店，1980 年。

⑧ 詳參殷燕軍著《近代日本政治體制》，中國社會科學文獻出版社，2006 年。

⑨ 詳參殷燕軍著《近代日本政治體制》，中國社會科學文獻出版社，2006 年。

⑩ 如加藤洋子《近代日本》，東京大學等。

⑪ 《中央日報》，1931 年 9 月 22 日。

⑫ 中國國民黨中央委員會黨史委員會編印《中華民國重要史料初編》緒編第三卷（台灣），1981 年，666 頁。

⑬ 《大公報》，1937 年 7 月 12 日。

⑭ 李廣民《準戰爭狀態研究》中國社會科學文獻出版社，2003 年。原出處《文匯年刊》，1939 年 5 月。

⑮ 中國第二歷史檔案館編《中華民國史檔案資料彙編》第 5 輯第 2 編《外交》，江蘇古籍出版社，1997 年，第 25~27 頁。

⑯ 1938 年 1 月，日本首相近衛文麿發表"今後不以國民政府為對手"聲明。

⑰ 參照李廣民《準戰爭狀態研究》。

⑱ 1937 年（昭和 12 年）11 月 18 日日本軍令第 1 號 "大本営令"。

⑲ 勞特派特《奧本海國際法》下卷第一分冊，213-215 頁。同書 215 頁註釋："英國因種種原因不認為 1937 年中日衝突構成戰爭。這也是美國對中日衝突的態度"。

⑳ 端木正主編《國際法》，北京大學出版社，1989 年，443 頁。

㉑（日）高野雄一《國際法》下卷，弘文堂，1986 年改定版，316 頁。

㉒ 木戶日記研究會編《木戶幸一關係文書》，東京大學出版會，1966 年，296-319 頁。

㉓《日本史料與現代》，岩波書店，1997 年，200~201 頁。原出處：（日）《官報》"號外"，1945 年 12 月 2 日（第 89 次帝國議會眾議院議事錄第 5 號）。

㉔ 李洙任、田中宏《全球化時代的日本社會與國籍》，（日）明石書店，2007 年，171 頁。

㉕ 竹內實編《日中國交基本文獻集》下卷，蒼蒼社，1993 年，65 頁。

㉖《王世傑日記》第三冊（1941 年 12 月 9 日），台北中研院近代史研究所，1990 年，201 頁。

㉗ 中國國民黨中央委員會編《中華民國重要史料初編—對日抗戰時期》第三編《戰時外交》，1981 年，41 頁。

㉘ 中國人民大學歷史系編《第二次世界大戰史料選輯（1931—1945)》，人民大學出版社，1986 年，230—231 頁。

㉙ 高野雄一《國際法概論》（戰爭法規）下卷，弘文館，1989 年，439 頁。

㉚ 例如：西村成雄《中國外交與聯合國之成立》《中國外交と國連の成立》（法律文化社，2004 年）、《20 世紀の中のアジア・太平洋戰爭》（岩波講座 8，岩波書店，2006 年）等等。

㉛ 當然日本學者也有承認日本主要是敗給中國的。如明治大學特任教授纐纈厚《侵略と植民地支配の歷史的を直視し、アジアに平和を作る集い》發言，2018 年 7 月 5 日。

㉜ 1941 年 1 月 31 日大本營政府聯絡會議決定 "對法印泰施策綱要"。原出處：五味川純平《御前會議》，文藝春秋，1988 年，21~22 頁。

㉝ 同註 ㉜，159—160 頁。

㉞ 外交問題研究會《盧溝橋事變前後的中日外交關係》，台北，1964 年，348 頁。

㉟ 陳雁《抗日戰爭時期中國外交制度研究》，復旦大學出版社，2002 年，154 頁。

㊱ 同註 ㉟，326 頁。原出處《宋子文思想研究》，266 頁。

㊲《顧維鈞回憶錄》第 2 卷，中華書局，1989 年，第 502 頁。

㊳ 同註 ㊲，427 頁。

㊴ 陳雁前引書，原出處：USA Dept. of States, Foreign Relations of the United Stats(FRUS), Japan(1931~1941), pp.410~412.

㊵ 陶文釗《抗日戰爭時期中國的對外關係》，中共黨史出版社，1995 年，59 頁。

㊶ 中國國民黨中央委員會黨史委員會編印《戰時外交》第一卷（台北），78~79 頁。

㊷〈外長王寵惠呈蔣委員長轉陳胡大使報告羅斯福總統返信〉，前引《戰時外交》第一卷，88 頁。

㊸〈蔣委員長致羅斯福總統函〉，前引《戰時外交》第一卷，82~83 頁。

㊹〈蔣委員長致駐美大使囑面陳羅斯福總統〉，前引《戰時外交》第一卷，86~87 頁。

㊺〈蔣委員長致駐美大使囑面告羅斯福總統說明英、法與日妥協乃事實請予為警告電〉，前引《戰時外交》第一卷，88 頁。

㊻〈駐美代表宋子文呈蔣委員長報告謁羅斯福總統電〉，前引《戰時外交》第一卷，86~87 頁。

㊼〈蔣委員長致宋子文告知中英美三國合作方案〉，前引《戰時外交》第一卷，111~112 頁。

㊽〈胡適大使呈蔣委員長美對華貸款發表並繼續承認國民政府電〉，前引《戰時外交》第一卷，1~122 頁。

㊾〈外交部呈蔣委員長高斯大使答覆關於美日談判我方所尋各點之報告〉，前引《戰時外交》第一卷，146~147 頁。

㊿〈蔣委員長致駐美大使囑傳告赫爾國務卿日本侵華軍隊撤退問題未得到解決之前美對日經濟封鎖不可放鬆電〉，前引《戰時外交》第一卷，149 頁。

(51)《總統蔣公大事長編》卷四，台北，1978 年，790 頁。

(52)《戰時外交》（三）台北，498~501 頁。

(53) 梁敬錞《開羅會議》（中美關係叢書），台灣商務印書館，1978 年第四版，107 頁。

(54) 同註 (53)，108~111 頁。

(55) 王寵惠（1881~1958），美國耶魯大學法學博士，國民黨元老，時任軍事委員會秘書長，先後擔任外交部長、司法部長、海牙國際法院法官等職。

(56)《國防最高委員會秘書長王寵惠自重慶呈蔣委員長關於開羅會議日誌》（民國 32 年 11 月，原件日期不詳），《戰時外交》（三），508~525 頁。

(57) FRUS: Conferences at Cairo and Tehran, 1943, pp.322~25. 從美國國務院記錄看，關於開羅會議及德黑蘭會議，美方只有一些低水平會議的正式紀錄 (There are references to a Considerable number of international discussion at lower levels at all three Conferences, in which Americans participated but for which there are no official American minutes or notes whatever)。開羅首腦會談的紀錄是 1956 年美方通過台灣駐美“大使”董顯光（Holling Tong）要求台灣方面提供的。開羅及德黑蘭會議是戰時召開的，國務卿沒有出席，所以美國國務院這部分的會議記錄不完備也就不奇怪了。上述說明參照 FRUS, 1943, Introduction XV.

(58) FRUS: Conferences at Cairo and Tehran, 1943, p.323.

(59) 同註 ㊳，111~112 頁。

(60) FRUS: 1945, Vol.VII, p.493.

㉑ 同註 ㊲，143~145 頁。

㉒ 原朗《日本財政史・總說・賠償／終戰處理》，（日）東洋經濟新報社，1976 年，158 頁。

㉓ 《顧維鈞回憶錄》第五卷，413 頁。

㉔ 《朝日新聞》，1943 年 12 月 9 日。

㉕ 《懲治戰爭犯罪之擬議》，外交部（亞東太平洋司）《處理戰犯政策案》，台灣國史館史料卷號 073/2，第 4 頁。

㉖ 《組織敵軍罪行調查委員會節略》《成立敵軍罪行調查委員會案》，國史館史料 072/4，統一編號 172-1，卷號 0888，9~10 頁。

㉗ 同註 ㊲，11~12 頁。

㉘ 同註 ㊲，12~13 頁。

㉙ 同註 ㊲，15~17 頁。

㉚ 《辦理關於調查並懲罰罪行工作節略》，前引國史館史料 073/4，34~36 頁。

㉛ 《電知敵人罪行調查委員會工作概況》，外交部亞東司 33 字第 175 號，前引國史館史料 073/4，72~74 頁。

㉜ 《中華民國重要史料初編：對日抗戰時期第二篇：作戰經過》（四），外交部檔案 459~467 頁。

㉝ 同註 ㊽，472~478 頁。

㉞ 《日本主要戰爭犯罪名單案》，國史館史料 073/5，統一編號 172/1，8 頁。

第二章　日本投降與媾和條件的實施

　　如第一章所論證的，戰時中美之間已經就戰後對日政策的基本方針達成協議。雙方在開羅會議上對日本佔領、領土、懲罰戰犯、賠償等一系列問題有廣泛共識，並被此後的《波茨坦公告》所繼承。《開羅宣言》宣佈三大盟國此次進行戰爭的目的"在制止及懲罰日本之侵略，三國之宗旨，在剝奪日本 1914 年第一次世界大戰開始後，在太平洋上所奪得或佔領之一切島嶼，及使日本在中國所竊取之領土，如東北四省、台灣、澎湖列島等歸還中華民國"；"其他日本以武力或貪婪所掠取之領土，亦將日本驅逐出境。三大盟國將繼續堅忍進行其重大而長期之戰鬥，以獲得日本無條件之投降。"1945 年 7 月 26 日發表的《波茨坦公告》在敦促日本無條件投降的同時，明確了戰後對日基本政策："欺騙及錯誤領導日本人民，使其妄欲征服世界者之威權及勢力，必須永遠剷除，蓋吾人堅持，非將負責之窮兵黷武主義逐出世界，則和平安全及正義秩序，勢不可能。七、對日佔領（略）。八、《開羅宣言》之條件，必須實施，而日本之主權，必將限於本州、北海道、九州、四國，及吾人所決定其他小島之內。九、日本軍隊完全解除武裝以後，將被允許返回家園，得有和平及生產和生活之機會。十、吾人對於戰爭犯罪，包括虐待吾人俘虜者在內，將處以嚴厲法律之裁判。十一、日本將被許維持其經濟所必須及可以公正實物賠償之工業，但可以使其重新武裝作戰之工業，不在其內。十三、吾人警告日本政府，立刻宣佈所有日本武裝部隊，無條件投降，除此一途，日本即將迅速完全毀滅。"

　　在接到《波茨坦公告》後，昭和天皇裕仁終於在 8 月 10 日御前會議上，表明接受的意向，日本政府提出："日本政府基於明白之諒解，接受《波茨坦公告》。此項諒解為：（《波茨坦公告》所有條款）並不包含變更日本天皇主權之意圖。"[①] 同日，聯合國答覆日本政府稱："天皇以及日本政府之國家統治權限，將置於為實行投降條款而認為有採取必要措施的聯合國軍最高統帥之轄下"；"日本政府之最終形態，將根據《波茨坦公告》，由日本人民所表明的自由意志決定。"這裏並沒有對日本政府提出的"諒解"或者說"條件"給予認可，日本政府不得不接受《波茨坦公告》而無條件投降。②

　　戰後聯合國的對日政策通過《日本投降後美國對日方針》(the United States Initial Post-Surrender Policy for Japan,1945 年 9 月 22 日) 而得到貫徹，又經過遠東委員會（FEC， 1947 年 7 月 11 日）的最終確認。關於盟國對日佔領，在日本及各國有大量研究，在此省略。但有幾點要再次確認，其一是盟國對日佔領的基本特點，不是按照過去戰爭中先停戰然後媾和的程序，而是通過佔領和間接統治的方式，向日本政府發佈指令，解除日軍武裝、實施佔領與管理、對戰犯的審判和處罰、實現非軍事化目標和各項政治、經濟及文化改革。其二是由於各主要盟國國內的情況，③ 對日佔領最終成為美國獨家佔領，所以對日政策的具體實施主要是根據美國政府對盟軍總部（GHQ）作出指令實現的。這一指令主要包括以下幾點：一、美國對日政策的最終目標是：（1）使日本不再成為美國及世界和平的威脅；（2）在日本建立支持美國佔領目的的、民主的、和平的政府，但是不強迫建立違背日本國民意志的政治形態；（3）日本的領土限制在《開羅宣言》以及美國參加的其他協定範圍內；（4）日本應完全解除武裝，實現非軍事化，徹底掃清軍國主義在所有領域的影響，應抑制軍國主義、侵略主義的精神；（5）尊重個人的自由，宗教信仰、集會、言論、出版自由等基本人權，鼓勵民主代表組織的制度；（6）允許日本國民為維持平時經濟必要範圍內的經濟自立。二、聯合國權限（略）。三、政治：（1）解除武裝及非軍事化，應立即果斷地施行解除武裝和非軍事化。不承認日本繼續保有陸海空軍、秘密警察組織、民間航空。大本營、政府及陸海軍之高級官員、激進的國家主義和軍國主義組織領袖、軍國主義、好戰的國家主義推進者等須等待將來拘禁，應開除公職，並解散激進的國家主義、軍國主義相關組織；（2）

逮捕戰爭犯罪人交付審判，判處有罪時予以處罰；（3）鼓勵民主主義政黨的發展；廢除一切以人種、國籍、政治見解為由進行差別待遇的法律；釋放以政治理由關押的政治犯；必須改革司法制度、警察制度，以保護自由和人權。四、經濟：（1）經濟的非軍事化；（2）經濟的民主化；（3）重新開始和平的經濟活動；（4）賠償——日本必須服從聯合國決定，把《開羅宣言》等規定的本國領土以外的財產交給聯合國；凡不屬於和平經濟和佔領軍補給所必需的物資及現存設備、設施交付聯合國；日本掠奪的別國財產必須完全迅速歸還。

如果把上述美國對日方針和開羅會議中方提出的處理方案作一對照，就不難看出，兩者十分一致。也是《波茨坦公告》基本原則。本章以上述對日佔領政策為背景，着重論證戰後初期，中國戰區進行的媾和條件的實施狀況。

第一節
國民政府的戰後對日政策

日本長達十五年的侵略和掠奪，給中國造成的人員和財產損失史無前例，給中華民族帶來的傷痛刻骨銘心。在中國人民抗日戰爭勝利紀念館展廳裏，記錄的從盧溝橋事變開始的八年抗日戰爭期間，中國軍民傷亡人數如下：

死亡	9,325,000 人
輕重傷	9,470,000 人
下落不明者	2,890,000 人
合計	21,685,000 人

（上述統計不包括 1931 年 "九‧一八事變" 以後在遼寧省、吉林省、黑龍江省、熱河省以及台灣省的死傷人數。）

此外，這八年中，全國流離失所的人口達到一億人，按當時全國人口總數約四億人計算，佔到四分之一。中國直接公私損失達 313 億美元以上（按照 1937 年 6 月匯率換算，1937 年日本的國家一般財政支出總額為 7.7 億美元）[④]，間接經濟損失達到 200 億美元。僅上述損失就相當於日本當時約 67 年的國家預算總和！中國為對日抗戰還大量對外舉債。連美國對日媾和大使杜勒斯也承認中國有 500 億美元對日索賠要求權利。[⑤] 戰後中國接收和清理了日本在中國境內之資產，總值約 3.5 億美元，在中國東北各省的日本資產均被蘇軍先行搬運殆盡，中國所接收者僅及五分之一。[⑥] 根據中華民國駐日代表團日本賠償及歸還物資接收委員會主任委員吳半農所稱：＂戰時所加於我國之損害不下 620 億美金之鉅，生命及無形財產之損失猶不在其內。此一債務，凡我中華民族，無人能忘。＂[⑦] 另外，1995 年 5 月中國國家主席在莫斯科舉行的紀念反法西斯戰爭勝利 50 周年大會上指出，日本侵略中國，造成中國多達 3500 萬人傷亡，和 3000 億美元以上的物質損失。

一、國民政府的對日媾和條件和基本原則

　　鑒於中國所遭受的慘痛經歷，戰後中國的對日政策把警惕日本軍國主義的再起，不使日本侵略重演作為中心課題，各項政策都是圍繞這一中心任務展開的。1945 年 8 月 12 日，在日本投降前三天，中國國防軍事委員會制定了《處理日本問題意見書 —— 國防軍事委員會審定參考資料》[⑧] 作為中國對日處理及媾和條件加以實施和貫徹。

　　甲·關於原則者

　　（1）基本原則：處理日本問題，應依照《波茨坦宣言》及盟邦共同決定之管制日本原則，與夫總裁（蔣介石）（民國）三十四年八月十四日廣播之指示，重新改造日本，使之真能實現民主，愛好和平，了解中國及盟邦，而能與世界愛好和平之國家合作。

　　（2）政治問題：a 日本天皇及整個皇權制度之存廢問題，在原則上應依同盟國共同意見辦理。先從修改其憲法入手，將天皇大權交還於日本人

民；其有違反民主精神者，則應予以廢除。b日本之神權與武士道為其侵略之源泉，應從其思想及組織兩方面予以根除。c日本軍事制度及組織，除依照《波茨坦宣言》加以廢除外，其警察制度，亦為其政府奴役人民，鉗制人民思想及生活之工具，應徹底予以改造。d扶植日本有志於自由民主之人士，建設一和平民主自由之國家。

（3）經濟問題：a日本工業除同盟國許可其繼續存在之和平工業外，其餘設備應設法向同盟國交涉，移交我國，作為賠償之一部分。b日本航運業及對外貿易為其經濟侵略之動脈，應予以合理之調查及限制。c日本土地制度亦為養成人民盲目服從及對外侵略之主因，應徹底予以改革。d徵用日本在華戰俘，以加速收復區工礦業及交通復原之進行。

（4）教育問題：a日本專科以上學校應徹底調查其科目內容，予以合理之改革或廢除。b日本中小學校各種教科書，尤以公民、國文及史地等教材，實為鼓勵侵略及養成民族優越感之工具，應徹底予以改造。c日本各大中學之軍事訓練與軍事管理，應徹底廢除。各小學校之體育訓練及遊戲運動，亦應徹底改正。d日本各級軍事學校及公私團體之含有軍事意義者，應一律予以廢止。e日本維新（明治維新）以來所出版之社會科學書籍，特別關於本國史、東洋史等，多為扭曲事實、培養迷信及鼓勵侵略之工具，應分別查禁或改正。f日本電影、戲劇、雜誌、報章等社會教育工具，亦應循民主和平之反神權主義之方針，徹底改正。g我國對於所有日本在華戰俘，應加以訓練及文化薰陶，以改造其思想。

（5）法律問題：a日本法律多含反民主與侵略性之條款，應分別修正或刪除，我國對於此項問題應多提供意見。b日本長子繼承制，迫使非長子者向外發展，無異鼓勵侵略，應予矯正。

乙·關於機構者

（1）對於"盟國遠東委員會"，政府應選派深切了解日本而具有國際聲譽之大員，及研究日本問題之各項專家出席參與。

（2）如將來設立"管制日本委員會"，或者類似機構時，除其中負實際管制責任之各種小組委員會，我國應有代表普遍參加外，關於管制教育文化方面之小組委員會，我國尤須特別注意。

（3）今後一切對日工作，應以政治、外交、文化、學術等機構團體之名義行之，其名稱及方式，應盡量避免引起日人之反感。

（4）政府對於研究日本問題之民間團體，應擴大組織，並加強其工作。

（5）政府應設法培植及獎勵日本問題專家之養成。

中國上述對日政策的決定比美國戰後對日方針出台還要早，是中國對日政策的具體體現。更值得注意的是，對於天皇制問題，國民政府並沒有感情用事，而是採取了十分審慎的態度，基本上按照開羅中美首腦會談達成的共識去處理，強調天皇制的未來應由日本人民決定，並不堅持廢除天皇制。

對於賠償政策，也基本上按照開羅會談達成以實物賠償為中心的協議，明確提出《波茨坦公告》規定的和平工業以外，要求將日本本土的軍需設備移交中國，徵用在華日本俘虜，以迅速恢復交通等主張。還有，在戰後初期，國民政府就十分注重在軍事力量上清除日本軍國主義勢力，同時提出對日本教育體制的改造，對教科書及武士道精神的矯正等重要政策。還在土地制度、家庭中的長子繼承制度等日本社會結構與侵略擴張政策聯繫在一起加以改造。並強調在"對日管理委員會"中設立教育管理小組委員會的主張。也就是說，國民政府在日本教育問題、教科書問題、社會傳統，思想、價值觀等與軍國主義相關聯的意識形態體制上十分重視，與今天中國政府在歷史、教科書等問題的對日政策如出一轍。[⑨] 的確，中國的對日政策比美國的嚴厲。這是與近代史上中日之間的戰爭經歷，中國人民受日本侵略程度以及甲午戰爭後日本政府的苛刻媾和條件等因素分不開的，而且與中國的實際損失、與日本對中國的苛刻"和平"條件相比，中國的對日政策可以說是十分寬大的。

另一方面，蔣介石在戰後初期便提出寬大政策，他在 1945 年 8 月 15 日發表的《告全國軍民及世界人士書》（"以德報怨"演說）是對日政策的重要宣示："我們同胞須知'不念舊惡'及'與人為善'為我民族傳統至高至貴的德性。我們一貫聲言,只認日本黷武的軍閥為敵,不以日本的人民為敵。今天敵軍已被我們盟邦共同打倒了,我們當然要嚴密責成他忠實履行所有的投降條款,但是我們並不要企圖報復,更不可對敵國無辜人民加以侮辱,我們只有對他們為他的納粹軍閥所愚弄所驅迫而表示憐憫,使他們能自拔於錯誤與罪惡。要知道,如果以暴行來答覆敵人從前的暴行,以奴辱來答覆他們從前錯誤的優越感,則冤冤相報,永無終止,決不是我們仁義之師的目的。"[10] 不過此時,蔣還有藉助日軍阻止中共勢力接收敵佔區,並控制自己尚未到達的地區,填補日軍投降後的"真空"的目的。對此,蔣介石在 1946 年 12 月 31 日的日記中寫道:"去年日本投降後,由於我馬上發表演説,説明不進行報復,使敵偽能夠安心投降,沒有受共產黨宣傳的影響。"[11]

第二節
中國戰區日本受降及解除武裝

隨着日本的無條件投降,中國政府迅速開始進行受降準備和日軍解除武裝的工作。

一、在南京的日軍投降與受降儀式

1945 年 9 月 2 日在東京灣美軍艦密蘇里號舉行盟軍接受日本投降儀式之後,9 月 9 日上午 9 時,在南京陸軍總司令部大禮堂莊嚴地舉行了中國戰區日軍投降與受降儀式。"支那派遣軍總司令官"岡村寧次在降書上簽字畫押後,提交給中國陸軍總司令何應欽;何在簽字畫押後,將其中一份交還日方,同時,何應欽將中國戰區最高統帥蔣介石的第一號命令及領受證交給岡村寧次,岡村在領受證上簽字返還後,日方全體退席。整個儀式大約進行了 20 分鐘完畢。何應欽即席向全國廣播:"敬告全國同胞及世界人士，中國戰區日軍投降簽字已於本日上午 9 時在南京順利完成。這是中國歷史上最有意義的一個日子，這是八年抗戰艱苦奮鬥的結果，東亞及世界人類和平與繁榮，亦從此開一新的紀元。"⑫

蔣介石的第一號命令內容包括："甲，日本帝國政府及大本營，已令日本陸海空軍全部向聯合國作無條件之投降。乙，在中國境內（東三省除外）台灣以及越南北緯 16 度以北地區一切日本陸海空軍及輔助部隊，向本委員長無條件投降。凡此投降之日本部隊，受本委員長之節制，其行動須受本委員長或中國陸軍總司令，陸軍一級上將何應欽之指揮。丙，投降之日本陸海空軍即刻停止一切敵對行為，暫留原地靜待命令，以所有一切武器、彈藥、裝具、器材、物資、交通通信，及其他作戰有關之工具案卷，及一切屬於日本陸海空軍之資產等，予以暫時保管，不加損壞，待命繳納於本委員長或何應欽上將所指定部隊長官或政府機構之代表。丁，凡在上述地區，所有日軍之航空器、艦艇及船舶，除本委員長於第一號告諭中所宣示者外，其他一律恢復非動員狀態停留現地，不得加以損壞。戊，日本部隊及附屬部隊之軍官，須保證所屬嚴守紀律及秩序，且須負責嚴密監視其部下，不得有傷害及騷擾人民，並劫掠或毀損有關文化之公私文物及一切公私資產。日軍及日軍控制下之一切文武官員及人員，須立刻敬謹服從，對於本命令或此後之命令所規定之各項，倘有遲延或不能施行，或經本委員長或何應欽上將認為有妨礙盟軍情事，將立刻嚴懲違法者及其負責之軍官。"⑬

二、日軍的解除武裝

根據投降書，以及同日中方頒佈的《軍字第一號命令》，岡村寧次立即被解除"支那派遣軍總司令官"的職務，改稱"中國戰區日本官兵善後總聯絡部長"，其麾下 128 萬日軍（不包括中國東北地區日軍）被中國軍隊解除武裝。當時日軍在中國各地的基本配置如下：華北：266,244 人；華中：（第六方面軍）290,367 人；第 6、13 軍團（南京、上海）330,397 人；第

23 軍團（廣東）137,396 人；第 38 軍團（越南）29,815 人；第 10 方面軍（台灣）169,031 人。[14] 到 1945 年 9 月為止，在中國的日軍數量（包括 "關東軍"），時常保持在 200 萬人以上。而當時日本 "本土決戰" 的總兵力不過 278 萬人[15]，日本的侵華程度以及中國戰場在日本國家戰略中的重要地位就可想而知了。此外，不算中國東北地區，在中國本土的日本民間人員也達到 779,874 人[16]。如此眾多的日本人回國，其困難程度是可想而知的。

根據中國政府的報告，從 1945 年 9 月 11 日開始的日本投降與解除武裝過程總體來說比較順利，不過在共產黨控制的地區發生了一些問題。"極少數日軍被共產黨部隊包圍而被解除武裝"，但絕大多數日軍向國軍投降並解除武裝。到 1946 年 4 月，日軍的投降與解除武裝基本完畢，繳獲的武器、車輛、飛機及船舶等如下：

（1）主要武器：步槍 685,817 支；手槍 60,377 支；各式火炮 12,446 門。

（2）彈藥：步槍子彈 180,994,000 發；手槍子彈 2,035,000 發；各式炮彈 2,070,000 發。

（3）主要車輛：坦克 383 輛；裝甲車 151 輛；卡車 15,785 輛。

（4）馬：74,159 匹。

（5）主要航空器材：各式飛機 1,068 架（其中可使用的 291 架，可修理的 626 架，不能使用的 151 架）；炸彈 6,000 噸；飛機用汽油 10,000 噸。

6）主要艦艇：各型艦艇船舶 54,600 艘（平均噸數 50 噸）；軍艦 19 艘（各 90 噸到 1,100 噸，僅 3 艘可使用）；驅逐艦 7 艘（各約 100 噸，6 艘可使用）；魚雷艇 6 艘（15 噸、25 噸各 3 艘，均可使用）；小型潛水艇 3 艘（各 50 噸以內，2 艘可使用）；小型軍艦 200 艘（各 8—25 噸，大部分不可使用）；其他多為不能使用之小型船隻。

根據該報告書，在中國東北的關東軍共 52 個師團，幾乎都以完整編制向蘇軍投降，被蘇軍解除武裝，所有武器被蘇軍接收。其中一部分交給共軍。[17]

表 1 日本陸軍兵力在各地的配置表

(單位：1000 人)

	1941 年	%	1942 年	%	1943 年	%	1944 年	%	1945 年	%
日本本土	565	27	500	21	700	24	1210	30	2780	43
中國	680	32	680	29	680	23	800	20	1200	19
滿洲（中國東北）	700	33	700	29	600	21	460	11	780	12
南方	155	7	500	21	920	32	1630	40	1640	26
合計	2100	99	2380	100	2900	100	4100	101	6400	100

朝鮮、台灣兵力包括在日本本土兵力之中。吉田裕《日本人的戰爭觀》，岩波書店，2005 年，114 頁。原出處：大江志乃夫《支那事變大東亞戰爭間動員概史》，不二出版，1988 年。

表 2 臨時軍事費地域別年度別支出總額（不算日本本土）

(單位：100 萬日元)

	1941 年	%	1942 年	%	1943 年	%	1944 年	%	1945 年	%	合計
朝鮮	223	8	239	5	231	2	605	1	1435	11	2733
台灣	120	4	128	3	280	3	558	1	1404	11	2510
滿洲（中國東北）	1200	41	1406	30	1662	17	2294	5	1711	14	8273
中國	1062	36	1512	32	4302	44	27828	64	6837	54	41541
南方	321	11	1374	29	3328	34	12166	28	1237	10	18426
合計	2926	100	4659	99	9803	100	43451	99	12624	100	73483

吉田裕《日本人的戰爭觀》，岩波書店，2005 年，114 頁。原出處：日本大藏省昭和財政史編輯室編《昭和財政史 4》，東洋經濟新報社，1955 年。

　　從上述日方的兩個統計表中也不難看出，戰時日本對中國侵略的程度以及在整個日本對外戰爭中所佔的比重。到 1942 年為止，僅中國東北的日軍就比其在本土的都多；如果加上中國全境的日軍，到 1944 年其總數都比日本本土的多。這些數字和事實徹底否定了日本"只是對歐美開戰"的謊言。日本的對外侵略戰爭,包括 1941 年 12 月對美英宣戰之後,也基本上是以對中國的侵略戰爭為中心的。

第三節
收復失地

日本無條件投降後,在逐步從佔領地區撤退的同時,也被迫放棄自甲午戰爭以來奪取的鄰國領土:如台灣、澎湖羣島,朝鮮等。這一事實表明,這次戰爭處理不僅是第二次大戰的結果,也意味着對明治維新以來日本對外擴張戰爭的總體清算,或者說是中日之間自"甲午戰爭以來半個世紀戰爭"的總決算。

一、台灣及澎湖羣島的光復

1945 年 10 月 25 日,台灣地區光復及台灣日軍投降儀式在台灣公會堂舉行。受降主官陳儀代表中國政府及中國戰區最高統帥蔣介石,在美英等盟國代表的陪同下,從日本駐台總督兼台灣軍司令官安藤利吉手中接過降書,鄭重宣佈"台灣、澎湖從即日起回到祖國 —— 中國的版圖,台灣光復了!"向世界宣告,長達半個世紀的日本對台灣的殖民統治的結束,中國恢復對台灣行使主權。與此相關聯,1950 年 1 月 5 日美國總統杜魯門表示,"在《開羅宣言》中規定台灣等被日本盜取的領土歸還中華民國。該宣言的條款在日本投降時也被日本接受。根據宣言的原則,台灣已向中國戰區最高統帥投降……美國沒有奪取台灣及其他中國領土的意圖,目前美國沒有從台灣取得特權的打算,也沒有將其作為軍事基地的意圖,也沒有使用軍隊干涉現狀的打算。"也就是說,中華人民共和國成立以後,美國也承認台灣在中國主權之下,並公開聲明不干涉台灣事務。關於台灣問題,本書還將在以後的各章節中具體分析。

二、中國東北（滿洲）地區的收復失地

隨着蘇聯對日宣戰及蘇軍迅速進入中國東北，號稱 100 萬之眾的 "關東軍" 迅速潰退瓦解，傀儡政權 "滿洲國" 也同時崩潰。中國東北地區自1895 年甲午戰爭和 1905 年日俄戰爭後，逐步成為日本的勢力範圍，1931年 "九·一八事變" 以後，完全被日軍佔領並成為事實上的日本殖民地，日軍的瓦解也意味着中國東北徹底結束了日本的統治。戰後，根據《開羅宣言》、《雅爾塔協議》及《波茨坦公告》等條款，中國收復東北。隨着1946 年 4 月蘇軍從東北的全部撤出，中國政府在時隔十五年之後完全恢復對東北地區行使主權。

在此期間，中國政府與蘇聯政府、蘇聯駐軍之間就東北接收及恢復主權展開了激烈的外交戰。根據中蘇協定，到 1946 年 2 月 1 日為止，蘇軍應撤軍完畢，但是蘇聯方面故意拖延，直到 5 月 2 日，才正式通知中方撤退完畢。根據國民政府的資料，國民政府在內政及外交各方面強烈譴責蘇聯的做法：(1) 蘇聯違反《中蘇同盟條約》(1945 年 8 月) 和《雅爾塔協定》，阻礙國軍對東北，特別是對長春等大城市的接收工作。(2) 蘇聯方面以 "戰利品" 為名，將日本在東北的資產，特別是工業設施全部搬走。這些工業設備應該作為賠償品由中國政府接收。中國政府有足夠的證據說明這些工業設備絕非 "戰利品"，也決不承認蘇聯所稱的 "戰利品" 的說詞。(3) 蘇聯在營口等幾處重要地區協助中共軍隊接收，協助武裝中共，並 "勾結中共一起在中國境內作亂"。[⑱] 蘇軍撤退後，國共雙方圍繞東北展開激烈角逐。

三、共產黨地區的受降問題

1945 年 8 月 10 日、11 日，八路軍（第 18 集團軍）以總司令朱德的名義，通過有關部隊向所在地區的日偽軍發出最後通牒，命令日偽軍在限定日期內向八路軍、新四軍投降。在 8 月 11 日的國防軍事委員會會議上，通過《中央對日本請求投降之決定暨有關受降及淪陷區各問題決議案》，確定日本投降的受降日期、地點及接收人員全權授權軍事委員會決定。同

日，蔣介石電令朱德"中央對敵軍投降事宜有統一決定"，"第 18 集團軍在原地駐防待命"。實際上把第 18 集團軍完全排除在日本投降及接收工作之外。13 日及 16 日，朱德兩度致電蔣介石，拒絕蔣的"原地駐防待命"的指令，提出已經由解放區部隊保衛的日偽軍應由第 18 集團軍負責接收的解決方案。15 日，朱德電令岡村寧次服從八路軍命令立刻投降。同日又致電美、蘇、英三國政府，"國民黨政府不能代表解放區和淪陷區。解放區、淪陷區的所有抗日部隊有權在延安總部的指揮下，根據《波茨坦宣言》參與日軍投降及解除武裝之事宜。""（日本投降）相關條約和協定，凡有關解放區、淪陷區的均須得到我方同意。"22 日，國民政府發佈的《中字第二號備忘錄》指令日軍："必須阻止非指定接收部隊對城市地區的佔領，如有違反將予以處罰。"[19] 其結果導致被共產黨軍隊解除武裝的日軍十分有限。[20] 在日軍投降接收及解除武裝問題上，國共兩黨的矛盾在以後的內戰中進一步發展。

<h2 style="text-align:center">第四節
戰爭罪犯的追緝和傀儡政權的處罰</h2>

一、提出戰犯名單

對日本戰犯審判的詳細情況請參照已有研究，[21] 不過由於懲罰戰犯是對日媾和的重要條件之一，因此這裏僅就中國對日本戰犯處罰情況做一些交代。如前所述，中國政府從戰時就開始研討追緝日本戰爭犯罪者的犯罪責任，開羅會議以後開始建立相關機構並開始制定具體政策，但是中國方面並非開始就掌握所有戰犯的情況，特別是不少罪犯暗中參與對華侵略陰謀並消滅罪證的就很難被中國掌握，例如 1928 年暗殺張作霖事件的主犯河本大作等。

1945 年 7 月 19 日，日本投降已是時間問題之時，國民政府外交部催促司法行政部"根據本年 6 月 6 日'敵人罪行調查會議'決定，儘早編製主要戰犯名單提交遠東分會。"⑫ 司法行政部根據《外交東 34 字第 6613 號公函》的要求，迅速準備提交日本主要戰爭罪犯名單。8 月 4 日外交部的電報再次催促"駐英顧（維鈞）大使來電稱聯合國戰爭犯罪審查委員會將在兩周內召開討論戰犯會議，要求儘快提出中方追緝的戰犯名單。"⑬ 8 月 30 日司法行政部提交了《日本主要戰爭罪犯（名單）》（參字第 36 號）。⑭其中第一批是日本陸軍主要戰犯 96 名，均為中將軍銜師團長以上，參與策劃及指揮對華侵略戰爭的戰爭責任者。第二批則是以日本海軍為中心的主要戰犯 34 名（中將以上），第三批是以政治家為中心的戰犯共 48 名，三批合計 178 名，並註釋稱第四批以後的名單正在編輯中。其中列第一批第一位的是本莊繁（大將，挑起"九・一八事變"的日軍總指揮、關東軍司令），第二位是土肥原賢二（大將，策劃"九・一八事變"的奉天特務機關長，誘拐清廢帝溥儀去東北，炮製偽滿洲國的禍首）。第二批第一位是近藤信竹（大將，中國方面艦隊司令）（外交部註釋：待蔣主席批示）。第三批戰爭罪犯中排在第一位的是近衛文麿（"七・七事變"時的總理），其他也是戰時擔任過總理、外長等職務的政府主要成員。東條英機僅被排在第 18 位。名單不僅是名字，還專門列出每個戰犯的具體罪狀及說明。如近衛的罪狀有："戰時始終處於最高領導地位，挑起中日戰爭和世界大戰的禍首"等七條。有諷刺意義的是，名單中還有 1952 年參與締結《日本國與中華民國之間的和平條約》（《台日條約》）的日方全權代表河田烈，排第 28 位，罪狀是"財長、拓殖大臣（1931 年）任內，在財政方面協助軍部的侵華戰爭，策劃在經濟上對'大東亞共榮圈'中的中國及南亞的統治"；岸信介（"九・一八事變"參與者，以甲級戰犯罪名被逮捕，後被開除公職，1957~1960年任內閣總理）排第 40 位；賀屋興宣（財政大臣，甲級戰犯，被判終身監禁）第 7 位；芳澤謙吉第 38 位（"九・一八時"外長，1952 年後任駐台"大使"）等等戰後"台灣幫"的重要人物。在陸軍名單中，有 23 名戰犯的罪狀有"使用化學武器及細菌武器"的記錄，體現了當時國民政府準備對嚴重違反《海牙陸戰公約》等國際法的戰爭犯罪負責人給予處罰的政治姿態。

另外，從上述名單可以了解到，與日方研究中認為國民政府在提出戰犯名單時表現消極的説法 [25] 形成對照，在聯合國盟國中，國民政府是最早編製並提出日本戰犯名單的，提出的戰犯數量也是最多的（一次就提出 178 名主要戰犯）。同時要求聯合國，特別是向負責對日佔領的 GHQ 美軍當局提出儘快逮捕戰犯嫌疑人。根據台灣 "國史館" 史料，關於戰犯名單的制定過程有如下記載，"本年（1945 年）6 月 7 日會議，根據軍令部提出的戰犯名單，列舉了 100 名日軍陸軍戰犯名單，其中遠東分會（中國國內的組織機構）批准了 88 名。"9 月 11 日，在政府內部的關於戰犯問題的聯席會議上，制定了認定日本戰犯的原則：(1) 挑起及發動戰爭的罪魁禍首及侵略戰爭的領導人；(2) 在經濟及外交方面協助推動侵略戰爭的負責人；(3) 主張並煽動侵略思想的主要人物（思想犯需要具體證據）。會議同時確定應把認定戰犯的時期從 1931 年 "九‧一八事變" 算起。戰犯應分為兩類，其一是對整個侵略戰爭負有責任的戰爭罪魁禍首（Major Criminal），將送交國際軍事法庭；其二是在本國犯罪的戰犯（Key Criminal, 重要戰犯），交本國軍事法院審判。[26] 9 月 20 日的會議又決定，除上次會議決定的認定戰犯原則外，着重以下原則：(1) 發動 "九‧一八事變" 的軍政負責人及製造傀儡政權者；(2) 盧溝橋事變發動者及偽寧（汪精衛政權）、偽蒙政權製造者；(3) 在新聞雜誌上一貫主張侵略主義者；(4) 從政治上考慮，即使是已經確認死亡的也應列入戰犯名單。同時，會議決定一周內將戰犯名單提交蔣介石委員長。9 月 25 日確定了 48 名政治領導罪犯名單提交蔣介石裁定。[27]

戰後初期，國民政府內部由軍政部、外交部、司法部、行政院秘書處、聯合國戰犯審查委員會遠東及太平洋分會組成的 "戰爭罪犯處理委員會"，作為決定對日本戰爭罪犯的處理政策及辦理逮捕等具體事宜的機構。該委員會以每周一次的頻率召開常會，研究討論具體的政策、戰犯審查及逮捕、起訴等實際事務。其主任委員由國防部次長擔任，各有關部門由處長級幹部參加。[28]

另外根據中國國民黨中央委員會黨史委員會史料，1945 年 10 月 13 日，國民政府主席蔣介石親自對起草好的主要日本戰犯名單，根據其戰爭犯罪程度確定順序。原來的戰犯順序是：1 磯谷廉介、2 谷壽夫、3 梅津美治郎、4 橋本欣五郎、5 土肥原賢二、6 多田駿、7 和知鷹二、8 影佐禎昭 ㉙、9 酒井隆 ㉚、10 秦彥三郎、11 本莊繁、12 小磯國昭、14 板垣征四郎、15 大谷光瑞 ㉛、16 阿部信行、17 南次郎、18 畑俊六、19 甘粕正彥、20 東條英機、21 喜多誠一……蔣氏用紅筆將順序做出改動，改動後的順序是：1 土肥原賢二、2 本莊繁、3 谷壽夫、4 橋本欣五郎、5 板垣征四郎、6 磯谷廉介、7 東條英機、8 和知鷹二、9 影佐禎昭、10 酒井隆、11 喜多誠一、12 畑俊六……此外，蔣還親自批註："喜多誠一為侵華主犯，和知、影佐二人無異，應將二人罪惡由軍令部查明列入為要。"根據史料註釋，"蔣委員長親自將大谷光瑞、甘粕正彥從名單中刪除。"㉜從上述戰犯順序的改動可以看出，蔣氏最重視的是侵略中國陰謀的策劃者，特別是以分裂、肢解中國為主要目標的日本特務、參謀、軍閥等。

　　例如：排名第一的土肥原賢二是日軍最著名的"中國通"，"九·一八"時期任"奉天特務機關長"參與策劃事變，事變後又策動清廢帝溥儀去東北建立傀儡政權，是策劃分裂肢解中國的核心人物。第二位的本莊繁是"九·一八"時期關東軍司令，侵略中國東北的罪魁禍首。第三位的谷壽夫是臭名昭著的南京大屠殺的指揮者之一。而第四位的橋本欣五郎、第六位的磯谷廉介、第八位的和知鷹二、第九位的影佐禎昭、第十位的酒井隆、第十一位的喜多誠一等都屬於日軍內部"少壯將校"，軍銜最高升至中將，並不被一般中國百姓所了解，但他們都是製造傀儡政權、策劃分裂肢解中國的日軍特務及軍部參謀，是策劃侵華的核心人物，此類人物受到中國當局的特別關注。

　　與此相反，日後被遠東國際特別軍事法庭列為首席甲級戰犯的東條英機，在蔣的名單中僅列第七位。有些戰犯因在東京遠東軍事法庭受審，所以沒有再強調提出，如梅津美治郎（日軍參謀總長，"何梅協定"炮製者，侵華戰犯）等。國民政府的戰犯處罰原則特別重視以下各點，特別為世人周知："(1) 懲罰日本軍閥窮兵黷武之錯誤；(2) 日本軍閥對此次戰爭應負之責任；(3) 盟軍為正義和平作戰之意義；(4) 三民主義之偉大；(5)《聯合國憲章》及民主政治思想；(6) 揭露日方偽造之神權歷史，而授以實在史實，各求不枉不縱，在正義公理與民族情誼兼顧下，建立中日兩國及世界永久和平之基礎。"[33]

1945 年 10 月（無具體日期），外交部正式提出《日本特別首要戰爭罪犯名單》，"謹將日本軍閥中主張並實行侵略最力，及對在華屠殺暴行應負重大責任者，先行開列名單，擬請分別轉告麥克阿瑟將軍總部及蒙巴頓將軍東南亞總部，迅即予以逮捕，聽候懲處：(1) 東條英機、(2) 土肥原賢二（以上二人已逮捕）；(3) 本莊繁（已自殺）；(4) 板垣征四郎（'九・一八' 時關東軍參謀，後任偽滿軍政部最高顧問、關東軍參謀長等，為侵略東北之主犯，'七・七' 後率師在太原、徐州等地屠殺我民眾無數等）；(5) 小磯國昭（1932 年陸軍次官任內，參與征服我國之謀議；關東軍參謀長任內發動長城各役；滿洲移民理事長任內力主向我東北移民，1944 年任首相努力侵華）；(6) 荒木貞夫（教育總監本部長任內發生 '九・一八'，同年 12 月任陸相，鼓吹皇道精神、發動 '一・二八' 及長城戰役）；(7) 松井石根（南京大屠殺指揮者，為侵華亞細亞協會提倡者）；(8) 谷壽夫；(9) 影佐禎昭（主持在華特務工作，'七・七' 後挾汪逆出奔，卵翼偽寧並參與日汪密約，後任汪偽政權的最高軍事顧問）。以上計九名。"[34] 11 月 6 日，戰爭罪犯處理委員會決定，"經蔣委員長批准，以戰爭罪犯處理委員會名義逮捕第一批日本戰犯 127 名。"[35]

國民政府考慮到聯合國及盟軍逮捕甲級戰犯的具體情況，把東條英機列為首犯，但仍把直接參與陰謀策劃侵華及製造大屠殺慘案等軍閥及軍國主義分子作為主要戰犯，加以逮捕及嚴懲。同時，為了確保戰後日本投降及解除武裝的順利進行，對侵華日軍主官的逮捕則十分謹慎。1945 年 12 月 25 日，戰犯處理委員會第七次會議提出的《戰爭犯罪處理辦法》第一條規定"日本戰犯的逮捕須待日軍解除武裝之後，在確保受降順利進行以及地方治安穩定的前提下進行"；第二條規定"對負有執行投降命令責任的戰犯應於受降任務結束後進行"。這些規定顯然是擔心因逮捕日軍主官而引起日軍的兵變或不合作。

1946 年 8 月 26 日，國防部向國防最高委員會提出《戰犯審判辦法》，因在審判已逮捕的戰犯嫌疑人時尚沒有相關法律和量刑基準可依據，與司法部、外交部、行政院秘書處一起制定本辦法，並已徵求專家意見，提請審批，以便實施。第一條，對戰犯的審判及處罰除遵守國際法外，應依照本辦法以及《中華民國刑法》等的規定。第三條，凡有以下各項之一者屬於戰犯。外國軍人或非軍人：(1) 違反國際條約、國際公約及國際保障，策劃、陰謀、準備發動或支持對中華民國的侵略及不法戰爭者；(2) 違反戰爭法規和慣例，直接或間接實施暴行者；(3) 陰謀排斥、毀滅、奴役中華民族，利用特殊勢力，從事殺害、飢餓、消滅、奴役、流放、麻痺或思想控制、強制使用或散佈毒品、脅迫、強迫使用毒品，故意試圖消滅中國人民的生殖能力，以政治、人種或宗教等理由進行迫害、及其他非人道犯罪者；(4) 除上述三項外，觸犯《中華民國刑法》，應受懲罰的行為。第四條，謀殺、虐殺等為恐怖行為，非法軍事佔領、對平民的酷刑、強制賣春、拷問、掠奪、使用毒氣、虐待俘虜、破壞醫院等，共 38 類作為戰爭犯罪處罰的對象。[36]

如果把中國提出的戰犯名單與遠東特別軍事法庭的 27 名戰犯相對照就不難發現，中方名單中沒有的只有岡敬純、佐藤賢了（均為終身監禁）。這一名單與實際判決的戰犯十分接近也絕非偶然。中方將戰犯名單於 1945 年 10 月提交駐日盟軍總部 (GHQ)，強烈要求協助逮捕和懲罰。應該說中國在追究日本戰犯的戰爭責任，懲罰犯罪及配合遠東特別軍事法庭的工作等方面都發揮了重要作用。對一些已經在東京特別軍事法庭審理的、與中國關係密切的戰犯，如土肥原賢二、板垣征四郎等人則嚴密注視東京審判的結果，隨時準備要求引渡。[37]

同時在中國國內，嚴厲追究乙、丙級（破壞人道罪、違反戰爭法規罪等的戰爭指揮者、執行者）戰犯的戰爭責任。根據 1947 年度戰犯處理委員會的報告，全國各地的軍事法庭審理戰犯情況如下：

機關名稱	國防部軍事法庭	東北行轅軍事法庭	武漢行轅軍事法庭	廣州行轅軍事法庭	陸軍總司令部徐州綏靖公署	國防部上海軍事法庭	國防部第二綏靖區司令部軍事法庭	太原綏靖公署軍事法庭	保定綏靖公署軍事法庭	台灣全省警備司令部軍事法庭	總計
積累拘留原始人數	63	329	232	961	81	316	137	15	180	121	2435
審結 不受理		13	17								30
審結 不起訴	56	197	75	101	46	20	40		57	69	661
審結 無罪	18	72	91	39	3	12	8	4	23	13	283
審結 有罪 有期徒刑	12	23	18	37	11	12	5	2	20	27	167
審結 有罪 無期徒刑	10	4	5	10		3	1	3	2		41
審結 有罪 死刑	6	9	5	38	8	4	9	2	28	1	110
小計	102	318	211	225	71	51	63	11	130	110	1292
非戰犯（已遣返）		11		694	20	68	74		10	11	878
未結案現有人數	144		21	9				4	40		218
備考	核中，內中 13 名未列入。			核中，其中 33 名未列入。			該庭已奉令於本年 8 月 30 日撤銷。				

出處：中國國民黨中央委員會黨史委員會編印《中華民國重要史料初編──對日抗戰時期》作戰經過（四），1981 年，452~453 頁。

上述表中可以看出，最終在中國戰區被判處死刑的乙、丙級日本戰犯為 110 人，加上有期、無期判刑者共計 318 人。

國民政府最高領導人蔣介石等對戰犯處罰問題十分重視，直接過問在中國進行的乙、丙級戰犯的追究、審判及處罰過程，1947 年 3 月 28 日到

1948 年 12 月 22 日，親自批准了對包括南京大屠殺主犯谷壽夫為首，23
件共 26 名乙、丙級戰犯的處罰決定。例如對酒井隆的追究，在 1946 年 9
月 10 日的第 41 次戰犯處理委員會常會上報告，駐日盟軍總部要求傳喚已
在中國被逮捕的酒井隆去遠東特別軍事法庭作證。對此，常會決定"酒井
送回日本對我們處罰其罪行不利（擔心酒井就此不能回中國接受處罰—筆
者註），為此要求迅速處決酒井，請示蔣主席批准。" 9 月 17 日第 42 次常
會上報告，蔣對酒井案批示："克日執行"。酒井已於 9 月 13 日下午在南
京執行死刑。[38]

　　根據 1947 年度戰犯處理委員會的工作報告（1947 年 12 月 25 日），
本着"仁愛寬大"政策、重在教育的精神對戰犯進行審判，全國各地軍事
法庭共受理各種案件 1523 件，已經完成對 2388 人的審判，還有 1045 件
尚未判決。到 1947 年底判處死刑者 110 名，無期徒刑者 41 名，有期徒刑
167 名，無罪 283 名，不起訴 661 名，不受理 30 名。已經認定不是戰犯釋
放回國的日本人 878 名，預計到 1948 年底所有戰犯審判工作結束。[39] 另
根據 1948 年 1 月 22 日至 24 日編製的《對日和約處理戰犯業務報告》，"在
（蔣）主席訓示的寬大政策之下，本着兩個原則，對（1）罪惡重大，（2）證
據確鑿者，委員會決定：（1）對於直接犯罪並且情節惡劣者不考慮人數（均
予處罰），（2）對於間接責任者的量刑則應該斟酌。"[40]

　　鑒於戰時的特殊情況，對於戰犯，特別是乙、丙級戰犯的具體罪證，
包括犯罪者本人姓名都很難取證，對於被害者來說，也不可能掌握，加上
犯罪者毀滅罪證的工作使調查和取證遇到很大困難。為此，在全國各地展
開受害者直接對戰犯的揭發和指認工作。例如，1946 年 9 月 20 日，上海
蒙難同志會的王微君等 100 多名受害者在戰俘管理所對 200 餘名戰犯嫌疑
人進行了四個小時的當面指認，結果甲斐明義等 26 名被指認有目擊現行
犯罪，在軍事法庭接受調查。[41]

二、對關鍵人物的處理

中國民眾十分關注的是對昭和天皇裕仁的戰爭責任追究問題。日本的軍隊被稱為"皇軍"（天皇的軍隊），日軍在中國犯下的罪行當然不能說與天皇無關。國民政府在戰時就已經開始研討該問題。1937 年 1 月的內部文件表示，"（天皇是）欺騙日本人民，政府世界的最高權威和勢力。同時是一切封建勢力的根源，是和平民主的障礙，應首先廢黜。其具體辦法是，第一，應該根據第一次世界大戰後巴黎和會決議德國威廉二世應接受國際法庭審判的先例，天皇裕仁接受遠東軍事法庭審判，以承擔戰爭責任，接受處罰（此點應根據形勢發展而定，並不一定堅持）；第二，對日本的國體應根據民主原理，修改其憲法，廢除天皇制為總統制（此點應努力爭取）；第三，按照英國的虛君制（Figure Head），改稱國王並通過修改憲法，廢止天皇的所有權限（在第二種方案不能實現時，按此遷就）。"[42] 該史料沒有作者及具體時間，但是至少可以了解國民政府內部認真研究追究昭和天皇戰爭責任及廢止天皇制問題，將日本的天皇制改為總統制等具體方案，即使在不得不保留天皇制時也應該力爭由絕對天皇制改為虛君制。在另一份《天皇制度存廢問題—廢除理由》（無日期）中，援引了日共野坂參三的話，"天皇制有兩個作用，（1）日本獨裁政治機構是依賴天皇制的存在才擁有絕對權力的；（2）不廢除日本的封建神秘主義和軍國主義精神基礎，日本的政治民主及東亞的穩定與世界和平就不能得到保障。"[43]

1946 年 4 月外交部編寫的《日皇裕仁對於侵略戰爭應負的責任之說帖》（作者林建民）表示"對照日本帝國憲法各項，天皇總攬日本統治權。無論這一總攬的事實是否是一部分，天皇均有總攬侵略戰爭各種行為的責任；根據立法及行政命令裁可權批准和頒佈有關部門侵略戰爭的法令的責任；以及從日軍統帥權到派遣軍隊（無論是無作為還是默認）的責任；有包括指導戰爭及締結條約、宣戰和媾和權，到領導日本人民從事侵略戰爭的各項詔書，締結德意日三國同盟，發動珍珠灣攻擊等的責任。結論是，根據遠東委員會在 1946 年 4 月 3 日決定的戰犯政策第 A 項的規定‘策劃、準備及發動、從事侵略戰爭，或違反國際條約的任何一項者’，應該制裁日皇裕仁。”[44] 但是在 12 月 25 日第七次戰犯處理委員會常會記錄中，決定對福建省林森縣議會《應將日本天皇作為戰犯處理案》只有“暫從緩議”的記錄而沒有任何說明。

國民政府最高當局對日本天皇的處理問題始終抱謹慎態度。其中以 1943 年 11 月開羅會議以及關於日本接受《波茨坦公告》時蔣介石的表態最具代表性，即按照“由日本人民的意志決定”的方針進行，並不要求對昭和天皇本人的起訴。1945 年 11 月 8 日，駐美大使魏道明曾電訊外交部，“據 6 日《紐約時報》報道，我國向麥克阿瑟將軍提出了 300 名日本戰犯的名單，其中日本天皇排第一位，引起廣泛矚目，請予確認。”[45] 對此，外交部於 10 日電告“我國沒有向麥克阿瑟將軍提交包括日本天皇在內的名單”。[46] 從國民政府公佈的日本戰犯名單等史料中也沒有出現天皇裕仁的名字。同時，為甚麼不把昭和天皇作為戰犯的說明以及最高當局的決策過程等的記錄均未發現。

第二個被世人注目的是岡村寧次。身為“支那派遣軍總司令”的岡村作為侵略中國的最高指揮官當然應該作為甲級戰犯追究責任，這也是中國民眾所強烈要求並廣泛關注的問題。然而，國民黨政府雖然形式上起訴了岡村，但宣告其“無罪”並釋放回國。根據“國史館”史料，對岡村寧次的逮捕及處理過程有如下記錄。1945 年 9 月（日期不詳），陸軍總司令何應欽密電國防委員會秘書長王寵惠和外交部長王世傑，“在確定公佈日本戰犯名單之前，請事先通報陸軍總司令部。”對其理由，何解釋稱“目前我國內有 109 萬日軍，如果突然把岡村列入名單並予公佈恐怕會影響日軍的解除武裝的工作。”[47] 9 月 24 日，外交部次長致電王寵惠，再次提出“在涉及岡村問題時，事先通知陸軍總司令”，並同時通知軍令部和司法行政部。[48] 其結果，為順利解除日軍武裝，沒有將岡村作為戰犯逮捕。當然，屬於類似情況的不僅是岡村一人，比如對台灣總督兼總司令安藤利吉，“為使其擔負日軍投降之任，對安藤利吉作為戰犯的名單暫緩提出。"[49] 1946年 4 月安藤利吉被國民政府逮捕，後於獄中自殺身亡。

　　1945 年 11 月，盟軍總部要求引渡岡村去東京特別軍事法庭出庭作證。對此，戰犯處理委員會決定應該由外交部出面配合，在出庭後再押解回我國處理。但國防部意見表示，岡村負責的日軍解除武裝工作尚未完成，而且本人有病，不宜引渡。[50] 結果，經蔣介石批准後，岡村一度被引渡去東京作證[51] 後重回中國。12 月，從東北方面傳來中央通訊社消息，中國提出的 1300 餘名戰犯名單中有岡村寧次，而國民政府內部則表示："政府沒有發表過類似新聞，這肯定是奸匪煽動日軍的陰謀。"[52] 1946 年 7月 30 日的第 35 次常會上宣佈"岡村寧次在這次投降解除武裝及俘虜送還過程中嚴格執行了中央的所有命令，應從輕處理案得到主席的批准，但國際軍事法庭是否接受審判還需研究。"會議決議："岡村案還是應該提交軍事法庭，依照法律審理，然後主席提出按照《訓令時期約法》第 68 條之規定，由國民政府提出大赦、特赦及減刑等方案。"[53] 不過在此後舉行的第36 次常會上，又提出"（35 次常會提出的岡村特赦）決議在國際及法律上可能有不適當之處須重新討論"，"向主席提議讓軍事法庭對岡村案予以酌情量刑"。[54] 到了這個階段，實際上岡村的處理就已經基本確定，即雖然仍然提交軍事法庭，但是將受到減刑並免罪。

　　不僅如此，從"國史館"史料看，岡村不僅自己被免罪，而且還向國民政府為其他戰犯說情減免處罰。1947 年 6 月徐州軍事法庭報告"礦警齊藤弼州作為殺害平民的共犯被判處無期徒刑。岡村向我表示在我方接受該礦時，該犯為保護煤礦有功，懇請本案在其他法庭再審"，[55] 對另外的犯人被押解東京受審時，岡村提出"希望派飛機，給予照顧"等[56]。也就是說，岡村戰後在中國，不僅受到特殊關照"逍遙法外"，而且還處於對處罰戰犯能提出意見等的地位。

　　戰後中國共產黨及社會各界強烈要求追究岡村寧次的戰爭責任，但是岡村的最後處理結果是，在軍事法庭受到形式上的起訴，但被宣告無罪，

1949 年 1 月被遣送回國。[57] 此後，岡村竟成為蔣介石的顧問，在解放戰爭中幫助蔣介石集團發動戰爭，並在麥克阿瑟的支持下，與國民政府派駐東京的駐日代表團第一組（軍事）保持密切聯繫，糾集原日本軍人參與蔣的反共作戰，表明美日蔣之間的勾結。[58] 1950 年代，蔣介石集團準備"反攻大陸"時期，岡村繼續幫助組織前日本軍人組成"白團"，參與訓練台灣軍隊，對抗中國大陸對台灣的解放。[59]

再一個引人矚目的是河本大作。河本是 1928 年 6 月暗殺張作霖，策劃陰謀肢解中國東北的罪魁禍首。但是當時事件被日方內部處理，中方一直不了解內情。1946 年 7 月 5 日，在遠東特別軍事法庭，曾經駐北京、上海的日本副武官田中隆吉作證揭露，"河本大作大佐為阻止南京政府對東北三省主權的控制，實施了暗殺張作霖事件。河本現在中國山西省。"根據上述證詞，國民政府才了解到張作霖事件的真相。為此，7 月 10 日的戰犯處理委員會決定"河本應指名為戰犯，迅速去山西搜查逮捕，赴（南）京歸案。"[60] 但 12 月 13 日的第 80 次常會報告稱，河本現已改名潛伏山西，在西北實業公司任顧問。"本案已經多次向閻（錫山）主任要求將河本逮捕並押解南京，再三被其找藉口拒絕。"[61] 考慮到戰後閻錫山與日軍山西派遣軍司令澄田睞四郎簽定反共軍事協定，並聘請澄田擔任第二戰區顧問等情節，[62] 閻錫山對河本的庇護也就不奇怪了。河本雖然躲過了國民政府的追究，但 1949 年山西解放，河本被解放軍逮捕，1955 年在太原市的戰犯管理所病故。[63]

三、要求引渡戰犯及其處罰

中國政府特別關注一些在中國製造大案要案的重要戰犯引渡工作。例如十分重視對南京大屠殺，陰謀策劃分裂肢解中國，炮製傀儡政權等要犯的追緝，多次向盟軍總司令部要求引渡松井石根、影佐禎昭等要犯。根據 1947 年 7 月 30 日國防部的電報，依照戰犯處理委員會決議，先後向盟總要求引渡 51 名戰犯。[64] 如 1946 年 5 月 2 日、8 月 13 日、8 月 28 日外交部三度以《東京日日新聞》的照片為證據，催促駐日盟軍總部迅速逮捕並引渡南京大屠殺中進行殺人比賽的野田毅、向井敏明二人。二人於同年10 月 28 日被引渡到中國，12 月 18 日在南京軍事法庭接受審判。[65] 被告人宣稱："這不過是為了回國後能被視為英雄，找結婚對象容易才向記者説的玩笑話"，企圖否認自己參與大屠殺的事實。[66] 軍事法庭認為："《東京日日新聞》是日本的重要新聞，戰時日本政府嚴格控制輿論，沒有理由刊登毫無根據的內容，中方也有充分證據"；"殺人競賽是極為殘暴的野獸行為，以此作為博得女性歡心也是人類歷史上前所未聞"；"被告人連續殺害俘虜及非戰鬥人員，違反《海牙陸戰公約》及《日內瓦戰俘待遇公約》，犯下戰爭罪及人道罪，為此兩被告均判處死刑"，[67] 1948 年 1 月執行。同年9 月南京市臨時議會決議要求政府引渡松井石根，外交部報告："目前松井正在遠東軍事法庭接受審判，時期不宜，待遠東軍事法庭審判結果，必要時提出引渡要求"，"本案記錄在案"。[68] 最後松井石根被遠東特別軍事法庭宣判死刑，中國就沒有繼續追究。

此外，還有對於台灣籍戰犯的追究問題。1946 年 2 月 13 日，戰犯處理委員會第 14 次常會決定"抗戰時期台灣籍的，有戰爭犯罪者交戰犯軍事法庭審。"[69] 3 月 12 日第 18 次常會又決定《日本統治下日本軍憲對台灣人民實施的暴行事件不適用於敵人罪行調查辦法》。[70] 1948 年 1 月 27 日，戰犯處理委員會第 82 次常會再次確認，《對台灣籍處理原則適用於戰犯條例》。[71] 但是在 3 月 15 日第 84 次常會上，根據 3 月 1 日戰犯監獄電報報告，台灣籍戰犯 22 人聯名提出"聲情書"，指出"台灣 50 年來在敵人統治下，台灣籍人民受盡痛苦等情節，受日本人驅使才犯下罪行。前日憲法日對漢奸還實行了特赦，懇請考慮當時日本統治台灣的情節，將台灣籍戰犯列入特赦範圍"，常會決定"存查"。[72]

四、中華人民共和國成立後對日本戰犯的處理問題

中共對日本戰犯的處理主要是在 1949 年後全面開始的。其中主要的

是從蘇聯引渡來的 969 名戰犯嫌疑人，拘押在撫順戰犯管理所。還有在國共內戰中因協助國民黨軍隊而成為解放軍俘虜的 140 名日本戰犯，被看押在太原戰犯管理所。這些戰犯，除 45 人在押期間死亡外，大多於 1956 年被特赦，釋放回國。其中一部分人回日本後組成“中國歸還者聯盟”，積極從事反戰運動。(73)

根據最近公佈的前蘇聯外交史料，1949 年 11 月，蘇聯向中國政府提出將關押的數百名日本戰犯引渡給中國政府，他們在中國犯下的罪行應在中國受審。中國政府沒有立刻答覆。1949 年 12 月至 1950 年 2 月毛澤東訪蘇時，蘇聯方面再次就此詢問中方的意向，毛澤東表示：“這些戰犯本應引渡到中國，但是中國目前正在與國民黨殘餘勢力進行戰鬥，法律也還不完備，還沒有準備好對戰犯的審判工作。”1950 年 1 月 6 日，毛澤東在會見蘇聯外長維辛斯基時表示：“總體來說，毫無疑問日本戰犯應該引渡給中國，接受審判。中方的司法手續等準備大概要到 1951 年上半年，或者下半年才能完成，所以希望蘇聯方面暫時將這批日本戰犯拘留在蘇聯，1950 年下半年以後中國有可能接收他們。”對此，蘇聯提議“在形式上將這批戰犯引渡給中國，而事實上暫時將其留在蘇聯境內。”毛表示贊成，並稱“這是一個完美的建議”。(74)

2006 年 5 月 10 日中國外交部公開的 1956~1960 年的部分史料中，有 1956 年 7 月 15 日《中華人民共和國最高人民檢察院（對日本戰犯）免於起訴決定書》，其中說明“對於戰爭期間有戰爭犯罪行為的日本戰犯免予起訴的理由是，鑒於日本投降後 10 餘年來形勢的變化，近年來中日兩國人民友好關係的發展，這些戰犯在押期間確有悔過的意思，並非主要戰犯，最高人民檢察院根據中國政府的有關政策及寬大政策，決定對小羽根建治等 328 名日本戰犯免予起訴，予以釋放。”據統計，中國最高人民檢察院先後三次宣佈對 1017 名日本戰犯實施免予起訴，予以釋放的決定。(75)

考慮到日本侵略給中國造成的重大人員傷亡及物質損失，中國政府對日本戰犯政策是十分寬大的，此點日方也承認，而且中國戰區關押的日本戰犯待遇甚至好於在東京由美軍關押的戰犯。1947 年 5 月 30 日，由"南京日本官兵善後總聯絡班班長岡村寧次"致國防部總參謀長陳誠的《全體（日本戰犯）對上海戰犯管理所管理人員表示感謝之報告》中稱，"在上海戰犯拘留所的約 200 名人員在向本人報告中，一致對現所長及以下所有管理人員表示衷心感謝。現任所長及所有管理人員富有仁慈之心，維持正常的起居，對衛生給養給與充分之愛護關照。最近從日本內地巢鴨美軍拘留所轉送來的人員也都對能來中國拘留而高興。"⑦⑥ 這說明比起關押甲級戰犯的東京巢鴨美軍拘留所來說，上海戰犯管理所的待遇更好。

還值得一提的是，對日本甲級戰犯的追究，包括了戰時政府首腦在內的重要相關人員，並做出了相應的有罪判決，與盟國對納粹德國戰犯審判的紐倫堡軍事審判對比來看，受到處罰的戰爭負責人的層次並不低，判處極刑及終身監禁等的人數也大致一致。⑦⑦

五、傀儡政權及其漢奸的處理

自"九・一八事變"開始，日本在中國東北及其他軍事佔領區不斷建立傀儡政權，試圖徹底肢解和分裂中國，以實現其永久霸佔中國，控制亞洲的戰略構想。"滿洲國"就是這些傀儡政權中的"傑作"，也是日本試圖在中國實行新型殖民統治的集大成之作。作為與日本媾和的條件之一，這裏對傀儡政權的處理作一簡單敘述。

1937 年 8 月 23 日，國民政府軍事委員會制定了《懲治漢奸條例》，12 月 10 日又增加了沒收財產等項，1938 年 8 月 15 日進一步公佈了懲治漢奸的 19 條條例。逮捕漢奸的範圍包括：偽政權文武機關正副主官；職務雖低，但罪行深重者等。蔣介石親自批示，對漢奸的逮捕情況及懲治不得隨意公佈，需得到其親自批准。⑦⑧

傀儡政權是日本政府及軍部在中國領土上炮製的偽組織，不但中國政府及人民不可能承認，整個國際社會也從來不承認這些傀儡政權有任何合法性。隨着日本無條件投降，這些傀儡政權也立刻土崩瓦解。汪偽政權在日本投降的第二天——8月16日，被迫宣稱該政權"在汪精衛領導下曾向國內外宣示實現和平，然而成立六年來，未能實現上述目的，而宣告解散。"汪偽政權負責人作為中華民族的敗類，被根據《懲治漢奸條例》加以處罰。

日本政府對如何處理這些"協力政權"（日方稱呼）首腦也下了一些功夫。1945年8月12日，也就是日本投降前三天，日本駐"汪偽"大使谷正之[77]致東鄉茂德外長《關於陳公博等大東亞諸國要人保護之件》的電報中稱："12日敵方尚未答覆（日本接受《波茨坦公告》而投降一事），事態會如何發展尚不明瞭，但在考慮恢復和平之時，帝國應重視與國府（汪偽）間同甘共苦之關係，從信義出發努力對其政府要人實施保護，例如對希望渡日者儘量以所有手段提供便利等。"[80]對此，東鄉外長於14日覆電訓令："如果要人及家族本人希望，盡可能在情況允許限度內對去內地（日本國內）提供便利。"[81]22日，谷正之會見陳公博，並向外務省報告稱"上海、南京地區玉石混淆，吳越同舟事態極為複雜，二、三日來能明顯看出陳公博的焦慮苦心。"[82]23日，陳公博拜訪谷正之稱："經過種種考慮，決定順從貴方好意赴日本。"谷正之報告"將根據飛機情況今明兩日內安排陳公博赴日"。[83]25日10時，陳公博一行在日本鳥取縣米子着陸，當夜在米子市政府的斡旋下在米子市內的水交社下榻，26日又轉移到淺津溫泉的旅館"望湖樓"。日本外務省將陳一行稱為"東山商店一行"，並於9月1日將其轉移至京都，8日轉入金閣寺隱藏起來。[84]

9月9日，中國戰區舉行日本投降受降儀式，同日何應欽命令岡村寧次立即將陳公博送還中國，"查陳公博等對中華民國犯下叛國罪，本人通知貴官並傳達日本政府，應立即將陳逮捕並押解送南京本總司令部歸案。"[85]10月13日，日本政府被迫將陳公博押解送回中國。陳在獄中曾極力為其背叛祖國的行為辯解，但1946年4月12日在蘇州進行的漢奸審判中，陳公博依然被判處死刑，6月3日處死。判決書主文稱："鑒於陳公博通敵賣國，圖謀對抗祖國，判處其死刑，剝奪公民權利終身，除家屬必需之生活費外沒收全部財產。"⑧ 包括陳公博在內，國民政府決定對幾個傀儡政權首要分子一律判處死刑，汪偽政權的"省長"亦判處死刑，"部長"判處無期徒刑，次長以下則分別判處 7 至 15 年有期徒刑。⑧ 不過對於那些服從國民政府指令，率偽軍部隊投降者可以予免罪。

對待"滿洲國"首腦人物則有些不同，這與這批傀儡人物先被蘇聯逮捕，並移交給中華人民共和國政府有關。據"滿洲國皇帝"愛新覺羅·溥儀的回憶錄記載，1945 年 8 月 9 日清晨，關東軍司令山田乙三及參謀長秦彥三郎通告溥儀，蘇聯已對日宣戰，10 日關東軍決定將偽滿"國都"移至通化，通知溥儀當天出發轉移。15 日日本無條件投降當天，溥儀立刻簽署"退位詔書"，"滿洲國"就此崩潰，溥儀開始做逃往日本的準備，但被蘇聯逮捕。1946 年 8 月，溥儀作為證人在遠東軍事法庭出庭作證，揭露日本炮製偽"滿洲國"陰謀內幕。溥儀本人在 1959 年 12 月被中央人民政府特赦。"滿洲國"的"部長"等要人則以叛國罪被判處 10 年以上有期徒刑。⑧

根據國民政府司法部統計各省法院審判漢奸的報告，1944 年 11 月至 1947 年 10 月底，全國共審理漢奸案件 45679 件，30185 人被起訴，20055 人被免予起訴，另有 23323 人被處理。整個審判結果，死刑 369 人，無期徒刑 979 人，有期徒刑 13570 人，罰款 14 人，無罪釋放 5822 人，其他 10654 人。其中繆斌、陳公博、梁鴻志等 25 名主要漢奸被處死。⑧

第五節
賠 償

關於賠償問題，筆者在《中日戰爭賠償問題》（日文）中有詳細論證，這裏擬省略，不過作為中日媾和的重要組成部分，想就幾個主要問題作出交代。

一、中國的對日索賠政策

國民政府在戰時就已經開始制定要求日本賠償戰爭損失的政策和計

劃。1943 年 3 月 14 日，國民政府制定了《處理敵產委員會組織規程》和《淪陷區敵國資產處理辦法》，同年 12 月 7 日制定《敵產處理條例》；1944 年 1 月 7 日，設立《敵產處理條例實施細則》。上述法律條例的制定作為戰後接受日本資產的法律依據。

1945 年 9 月 2 日，國民政府通告美、蘇、英三國，沒收日本在華全部公私財產。國民政府把日本在華資產分為三類：第一類是土地、礦山、不動產等，日本以武力手段從中國掠奪的資產全部沒收，歸於國有；第二類是武器及軍需品等，作為戰利品接收；第三類是其他日本公私資產等，予以財產沒收，作為日本賠償的一部分。上述措施與其他盟國基本相同。這樣接收的日本資產按照美元計算大約 20 億美元左右，如果包括東北及台灣的日本資產，總共達到 38.6 億美元。[90] 上述日本在華資產的估計是按照《接收國內日本產業作為賠償吾國損失之一部專案記賬原則案》及《接收國內日本產業賠償我國損失記賬辦法》[91] 來計算的。其中關於東北地區的日本資產，由於蘇軍將日本在中國東北各省的主要工業設備悉數拆運蘇聯，[92] 中國政府接收到的不及五分之一。[93]

國民政府在研究日本賠償時認為，鑒於日本對中國侵略時間之長，中國受害之重，在整個盟國當中，中國應得到日本對盟國賠償總額的 50% 以上。[94] "日本對我賠償應以實物為主，而以賠款為副。中國受日本蹂躪最久，受害區域最廣，公私財產損失最大，人口傷亡最多，故對日本索取各項賠償有優先權。"[95]

對於日本在華資產，國民政府提出："原則上贊同作為日本賠償的一部分，但是在日本侵華期間，考慮到日本的政治壓迫和經濟榨取等情節，以下幾種情況的日本資產只能被看作侵略的結果，應無條件歸還中國，不應作為賠償的對象。（1）日本佔領後所有權才轉移到日方的；（2）日本在中國佔領區使用中國勞工、資源及資本從事的事業；（3）佔領區內用於出口的日本物資。按照中國推算，整個在華資產的 75% 屬於侵略資產，不能承認為賠償品。"[96] 根據美國的調查，日本在海外的資產大約 30 億美元。^⑨ 而日本政府自己的統計，日本在海外的資產卻達到 236.81 億美元（按 1 美元 =16.03 日元計算，約 3794.99 億日元），也就是説日本政府自己的統計數字是中美等國統計數字的七倍以上，差距之大令人對日本的數字產生疑問。

特別需要指出的是，在日本資產統計上，日本與中美之間出現巨大差異的重要原因是如何評估日本侵華期間在華日本資產。其中很大一部分是在日軍炮火下，日本人用武力及威脅強買強賣，甚至掠奪中國而來的，當然不能計算在內。日本人在戰時投資的部分，也有很多屬於掠奪中國人之後的再生產，對其評估也必然大打折扣。不過，也應明確，日本並非"沒有"對中國的戰爭賠償，這些戰前及戰時日本在華資產被全部沒收，其中一部分作為賠償也是事實。

中國駐日代表團日本賠償及歸還物資接收委員會研究呈報國內："主張日本海外之資產應就其性質分為和平投資與經濟榨取兩類；其在我國之資產完全屬於後者，應依據國際作戰法之原則予以沒收，不應抵充賠償。"^⑱

二、鮑萊賠償計劃

1945 年 10 月 31 日，美國總統任命鮑萊（Edwin W. Pauley）出任聯合國賠償委員會美國大使。鮑萊曾經率領賠償調查團在日本、中國等地進行了全面的調查工作，在重慶曾經與包括蔣介石在內的國民政府主要官員就日本賠償問題交換意見，經過與盟軍總部的合作，根據詳細的資料對日本經濟進行全面評估，並以此制定了日本賠償計劃。12 月 6 日，日美開戰紀念日前，鮑萊發表了《鮑萊中間賠償報告》。宣稱"聯合國在日本承擔雙重義務。第一是使日本軍國主義不可能東山再起；第二保持日本經濟穩定並使其沿着民主主義的道路發展。"強調中間賠償計劃的重點是"將日本國內剩餘的工業生產設備拆除，拆除剩餘工業設備以便消滅軍國主義。"國民政府評價鮑萊中間賠償計劃是"立論嚴密，拆除計劃亦屬合理。"^⑲ 1946

年初，遠東委員會確認了中間報告計劃，並準備實施，然而由於各國在要求日本賠償的分配比例問題上長期爭論不休，延遲了日本賠償計劃的實施。

據賠償委員會主任委員吳半農的回憶，"美國主導的日本賠償有兩個特點：(1) 盟國不向日索取賠款，而只令其以工業設備和實物充賠；(2) 盟國向日索取賠償設備時，必須顧到使日本在戰後能夠維持一個合理的平時經濟生活水平。"[100] 這就使中國人通常認為的這次戰爭給中國造成了重大傷亡與巨大物質損失，日本必須為此負起全部責任，應像當年《馬關條約》那樣，必須對中國進行賠款有相當大的差異。

三、中間賠償計劃 30% 的先期實施

中國是日本侵略的最大受害國，對日本賠償也格外關注，既希望通過對日本國內工業設備的拆遷用於國內恢復經濟，彌補戰爭損失，又要求通過拆除軍工企業的設備等達到阻止日本軍國主義東山再起的目的。然而，由於各國之間對日本賠償分配方案在短期內難以達成一致，國民政府通過外交途徑再三催促駐日盟軍總部及美國政府"不必等待遠東委員會的最終決定"，按照遠東委員會的規程，要求美國發出中間指令，以早日實施先期拆遷。同時為了防止美國拒絕中國的提案，中方還以在遠東委員會對美國期待早日確定日本工業水平案行使否決權相要挾，來推動美國政府先就鮑萊中間賠償計劃的 30% 實施先期拆除，以便儘早補償中國等主要日本侵略受害國的損失並有利於有關國家的經濟恢復。對於中國政府的要求，美國政府開始對發佈中間指令並不積極，但是通過確定日本賠償，可以早日決定日本平時經濟水平，以穩定日本經濟，減輕對日佔領費用等，最終同意在 1946 年 12 月 6 日發佈中間賠償 30% 的先期拆遷計劃。

實施中間賠償計劃 30% 拆遷中，中國得到了拆遷設備的 15%，菲律賓、印尼（荷蘭領）、緬甸（英國領）等三國各得 5%。這些拆遷賠償設備自 1947 年開始到 1949 年 5 月（美國單方面宣佈終止中間賠償的拆除計劃）共分三批運往中國，其中前兩批運抵大陸，第三批被運往台灣，拆遷的日

本設備總額 4000 多萬美元。[⑩]

四、歸還被劫物資

另據中華民國駐日代表團日本賠償及歸還物資接收委員會主任委員吳半農[⑩]主筆《在日辦理賠償歸還工作綜述》稱，到 1949 年 9 月底止，核定日本歸還我國之劫物大別之可分為（1）書籍：158873 冊，180964 美金；（2）古物：2000 件，110891 美金；（3）貨幣：11083 噸，5246356 美金；（4）整廠機械設備：兩廠，4420000 美金；（5）計件機器：2545 又 1 套，2238202 美金；（6）車輛：18 輛，18830 美金；（7）船舶：20676 噸（12 艘），2162657 美金；（8）工業原料：2335809.28 美金；（9）貴金屬：17594.709 公斤，404503.36 美金；（10）雜項 436.92 美金。此等物品大部分皆於接收時經過盟總估計價值，其未經盟總估價者則由本會估計。十類歸還物資共約值美 18131920.64 美金。[⑩]

第 六 節

對 日 媾 和 的 早 期 研 討

戰後國民政府反復研討對日媾和問題。1947 年 9 月 4 日召開第一次"對日媾和問題審議會談話會"。會議由外長王世傑主持，王外長發言：關於日本投降後的對日政策，遠東委員會經過一年多的討論終於在今年 6 月通過了決定。這一決定雖然對日基本政策，對今後的和平條約並沒有約束力，但會有很大影響。目前急需大家研究的問題有如下幾點，第一，領土問題，與德國的領土問題相比，比較簡單。日本的領土已經經過《開羅宣言》和波茨坦會議確定。基本政策就是確定日本領土在本州、北海道、九州、四國以及附近的若干島嶼。將來對於一些小島不免出現爭議，但大體上已經確定。遺留問題是：（1）千島羣島南部各島；（2）琉球，特別是沖繩島；（3）小笠原羣島等及附近若干島嶼；（4）對馬島等。從歷史上看，琉球對中日兩國都有從屬關係，該島總人口 50 萬到 80 萬，1881 年日本曾經向我國提出琉球分割案，但我方沒有接受。目前琉球問題有三種選擇：(1) 是否對琉球部分或全面領土要求；(2) 共同管理；(3) 國際托管等。其次，賠償問題比較複雜。我國在這次戰爭中損失大約 580 億美元，人員死亡上，即使排除間接死亡，也達到 1000 萬人。賠償的內容大體如下：(1) 日本海外資產。接收在我國國內的日本資產作為賠償的一部分；(2) 日本國內資產，我國得到配額比其他盟國高，其次大概是美國、蘇聯等。我國要求日本賠償總額的 40%，最終大概能得到 30%。政府決定在不使日本經濟侵略復活的前提下，對日應實施軍事方面嚴格，政治上緩和的政策，經濟上也考慮實行比較緩和的政策。最近在報上就賠償問題批評政府，我國掌握否決權，所以在要求增加賠償配額方面大概問題不大。

莫德惠（國民參政會主席團主席）：經濟問題不必斤斤計較，但有一點必須嚴格，日本人的思想教育問題。

王外長：在媾和條約起草上我們擁有否決權，所以我方的主張比較容易實現，不難達到目的。我方也不必追隨美國政策，需要一定的自我主張。

陳立夫：對日政策第一是，除對日管理政策外，中方不要求特別增加內容；第二是應該賠償中國的，中國提出不必減免，不必取悅日本。

胡適：我們不採取對日報復政策，但是必須徹底消除日本的侵略要素，剝奪其殖民地，使其不可能再進行經濟侵略。其中解除軍備，防止其再次侵略最為重要。

9 月 19 日第二次對日和平條約審議會談話會，先是主席報告，還有琉球和千島問題。關於琉球，有三個方法：(1) 中國管理；(2) 美國管理；(3) 中國管理，但美國可以作為軍事基地使用。在賠償問題上，我國損失太大，所以決定要求日本賠償總額的 50%，主要原則是除了有危險的日本工業以外，允許日本保留若干工業。也就是說，可以一部分生產品作為賠償。維持日本最低工業水平，以避免其生活受到過分壓制而鋌而走險。

吳鼎昌：天皇制是萬惡之源。不廢除天皇制，就不可能消除日本的威脅。雖然決定了其存廢由日本人民決定，但是天皇的"天"字有神道的意思和迷信的力量，也是麻痺日本人進行侵略的根源。應該向西方人說明"天"所有的魔力，改稱國王。

張慶楨：贊成。所有軍國主義的心理、思想及制度，在中小學校及新聞等機構都應該驅逐此類思想。對中小學的教科書應該嚴格審查。

萬汕：賠償有三個意義。（1）賠償損失；（2）懲罰侵略；（3）復興的需要。我們應該要求賠償總額的 50%，至少應該像鮑萊（主張的）那樣得到 40%，30% 絕對是太少了。

于樹德：1946 年 1 月 29 日 GHQ 指令規定日本的行政權限於四道，此後又逐步擴大了，我們應該堅持 GHQ 的這一指令。小笠原羣島的軍事地位很重要，位於能夠覬覦琉球的位置，不應該屬於日本。還應該要求現金賠償，因為歷史上我國與日本的戰爭後日本每次都向中國索要賠款。

劉士篤：琉球雖沒有必要成為中國領土，但是必須由中國管理。將來讓其獨立，或者使其成為自治領。

9 月 30 日第三次談話會上討論的主要內容有：

張君勵：不能理解土肥原及大島（浩）怎麼還沒有受到處罰。

黃正銘（外交部司長）：土肥原目前正在遠東軍事法庭受審。

葉公超：（外交部次長）：遠東軍事法庭要求證據，但是土肥原的案子提出證據很難。在中國三歲的孩子都知道土肥原有罪，但是證據很少。

胡健中：土肥原在受審也就算了，為甚麼岡村寧次還不起訴？

黃正銘：遠東軍事法庭三次要求引渡岡村，但是國防部都沒有同意。

王蕓生：關於領土問題遵照《開羅宣言》和《波茨坦宣言》就可以了，琉球應該托管。我們也應該要求一部分管理權，但不必要求琉球的所有權。我們對戰犯的追究太鬆。還有特別要注意人事問題，決不能使用漢奸。⑩

從上述談話會的議論可以看出，在 1947 年 9 月，國民政府因為在聯合國安理會及遠東委員會擁有否決權，在對日媾和會議時，有很大信心可以實現要求的目標。政府內部在天皇制、領土、賠償等一系列問題上都表現出強硬的態度。對於戰犯處罰，在政府內部也對岡村寧次長期不被起訴表示不滿。另一方面，從重視現實及未來中日關係大局着眼，提出教育、思想等問題。儘管當時東西方冷戰和美國全球戰略調整等情況已經開始，只要能保證日本不再成為中國的威脅，也在思考對日政策的部分緩和。

第七節
美國對日政策變化及國民政府的反應

1947 年以後，隨着東西方冷戰的發展，美國的對日佔領政策開始不斷向緩和方向調整。國民政府也被迫調整政策，在與美國保持大體一致的同時，對美國加速緩和對日政策，特別是減少賠償等表示"震驚"和"憤慨"，反復向美國提出抗議和交涉，要求繼續實施中間賠償計劃。1947 年以後，美國不斷派調查團去日本調查，旨在進一步緩和其索賠拆遷政策，中國駐日代表團則不斷向調查團陳述中國戰時損失和賠償設備對中國經濟復興的必要性。例如，中國駐日代表團在 "Comments on Strike-Report" 發表後，向國際機構、駐日美國當局及各國使節團發出聲明，反駁其要求緩和日本軍工設備拆遷政策的主張。此後美國《約翰斯通調查報告》進一步要求減少日本賠償，中國駐日代表團賠償委員會主委吳半農發表聲明稱："該報告不能不被認為是無視各盟國意見的單方面行動"。[103]

1948 年 10 月 1 日，中國外長王世傑在關於日本經濟水平討論的電報中稱："鮑萊報告在關於日本工業問題上還相當嚴格，而因我國主張更嚴格的限制，導致遠東委員會沒能達成共識，但是現在遠東委員會很多國家都希望在鮑萊計劃的基礎上達成共識。考慮到以鮑萊案為基礎比較公正，準備經總統批准後，電告顧大使按接受鮑萊案執行。"[104]

根據這個電報可以了解，在美國對日政策不斷緩和的 1948 年 10 月，國民政府才開始考慮接受 1946 年鮑萊制定的較嚴格的日本賠償計劃，並希望以此為基礎在遠東委員會達成協議，但已為時太晚。1949 年 5 月美國政府根據國家安全會議的政策（NSC13/3，1949 年 5 月），決定由遠東委員會美國代表麥考依（Franc R. Mccoy）將軍宣佈中止中間賠償 30% 先期拆遷計劃，致使日本賠償計劃在事實上被迫停止。國民政府儘管有緩和對日政策的精神準備，但是並沒有設想要全面停止，為此不斷向美國提出抗議。

在國民黨政權行將崩潰之前，國民政府並沒有改變要求日本賠償的基本政策，並認為日本進行戰爭賠償是補償戰爭受害國損失，削弱日本戰爭潛力，防止日本軍國主義再起的重要組成部分。同時，批判美國提出的中止賠償計劃的種種藉口。強調拖延日本賠償的責任並非遠東委員會沒做決定，而是美國自己的消極態度造成的。中國駐日代表團發表聲明，繼續對日本軍國主義復活的可能性保有強烈警惕，並強調為了持久和平和正義而應該繼續實施日本賠償計劃，批判美國的"機會主義"。國民政府關於要求日本戰爭賠償的上述政策主張及聲明在對日政策發生變化的過程中也是很有代表性的。

註　釋　【End notes】

① 《駐瑞典大使謝維麟自斯德哥爾摩轉達日本接受〈波茨坦宣言〉》（民國 34 年 8 月 10 日），中國國民黨中央委員會黨史委員會編《中華民國重要史料初編 —— 對日抗戰時期》第二編《作戰經過（三）》，台北，1981 年，606~607 頁。

② 日本國內的一些學者認為日本提出了條件，所以不是無條件投降。實際上聯合國並沒有明確接受日本提出的"諒解"條件，而日本政府還是不得不接受《波茨坦公告》 —— 促日向盟國無條件投降之最後通牒。從這個過程以及戰後日本國體和天皇政治權利根本變更的現實看，只能認定日本是無條件投降。

③ 中國由於內戰最終沒有派兵參加，英國則由於國內經濟等問題也沒有參加共同佔領。蘇聯雖然提出參加，但是美國以中英沒有參加等為由，拒絕了蘇聯的要求。

④ 《中國對日要求賠償的説帖》，《作戰經過（四）》，56~61 頁。

⑤ 參照《顧維鈞回憶錄》第九卷。

⑥ 同註 ④，46 頁。

⑦ 吳半農《在日辦理賠償歸還工作綜述》(民國 38 年 9 月)，中華民國駐日代表團日本賠償及歸還物資接收委員會編印，參照序言，1 頁。

⑧ 《處理日本問題意見書 —— 國防軍事委員會審定參考資料》，中國國民黨中央委員會黨史委員會編《中華民國重要史料初編 —— 對日抗戰時期》《戰後中國 (四)》，1981 年，636~640 頁。

⑨ 日本保守勢力總是把中國政府在教科書、靖國神社問題的立場與共產黨等意識形態問題放在一起，似乎如是其他政黨執政就不會"拘泥"歷史問題，以便為自己錯誤的歷史認識開脫。但現實是，無論現在韓國政府，還是當時的國民政府在這些問題上的態度都是一樣的。

⑩ 《抗戰勝利蔣委員長告全國軍民及世界人士書》，《作戰經過 (三)》，610~611 頁。

⑪ 周為號《透視所謂"以德報怨" —— 終戰前後蔣介石對日政策》，中國人民大學資料中心《中國現代史》，1991 年 5 月，207~209 頁。

⑫ 《作戰經過 (三)》，706 頁。

⑬ 《作戰經過 (三)》，655~658 頁。

⑭ 《作戰經過 (三)》，707 頁。

⑮ 吉田裕《日本人的戰爭觀》，岩波現代文庫，2005 年，114 頁。原出處：大江志乃夫《支那事變大東亞戰爭間動員概史》，不二出版，1988 年。

⑯ 《中國戰區日、韓、台俘僑數目統計表》(民國 34 年 9 月 4 日)，《作戰經過 (三)》，715 頁。

⑰ 《中國戰區受降概要》，《作戰經過 (三)》，709~710 頁。

⑱ 關於東北接收及恢復主權一節，請參照《中華民國重要史料》《戰後中國 (一)》。

⑲ 胡菊蓉《中國戰區受降始末》，中國文史出版社，1991 年，189 頁。

⑳ 具體請參照《中共之反受降行動》，《戰後中國》(二)，283~308 頁。

㉑ 如宋志勇〈戰後中國的日本戰犯審判〉《戰爭責任研究》(第 30 號，2000 年)，伊香俊哉〈中國國民政府對日本戰犯處罰方針〉《戰爭責任研究》(第 32 號，2001 年)，林博史《乙丙級戰犯審判》，岩波書店，2005 年，等等。

㉒ 國史館公開史料《日本主要戰爭罪犯名單案》(台灣) (統一編號 172~1，卷編號 0884)。

㉓ 國史館公開史料《東字第 191 號密公函》，7 頁。

㉔ 國史館公開史料《民國 34 年 8 月 30 日司法行政部公函》(參) 字第 2716 號，8~58 頁。

㉕ 2006 年 5 月 11 日筆者與東京審判研究專家粟屋憲太郎的談話。

㉖ 國史館公開史料《擬定日本主要戰爭罪犯會議記錄》，外交部亞東司 34 字第 190 號，77~93 頁。

㉗ 國史館公開史料《擬定日本主要戰爭罪犯第二次會議記錄》，外交部亞東司 34 字第 190 號，110~114 頁。

㉘ 詳細情況請參照國史館公開史料《戰爭罪犯處理委員會會議記錄》第 1—5 冊。

㉙ 影佐禎昭：陸軍中將，長期對中國進行諜報工作，策動汪精衛叛變，並任汪偽軍事顧問。

㉚ 酒井隆：陸軍中將，張家口特務機關長，參與內蒙古分裂，指揮進攻香港（第 23 軍團司令），1945 年 2 月在北京設立酒井機關，繼續分裂中國活動。1946 年 9 月被南京軍事法庭判死刑。

㉛ 大谷光瑞：日本淨土真宗本願寺派第 22 世門主，伯爵。曾任近衛文麿內閣、小磯國昭 / 米內光政內閣的參議、顧問等職。

㉜ 《戰犯的處理》，《作戰經過（四）》，395 頁，417 頁。

㉝ 《作戰經過（四）》，393 頁。

㉞ 《作戰經過（四）》，418~419 頁。

㉟ 國史館史料《戰爭罪犯處理委員會會議記錄》第一冊，卷宗 172-1，編號 0895，4 頁。

㊱ 《作戰經過（四）》，408~411 頁。

㊲ 國史館藏，外交部《戰犯業務報告》1947 年 5 月 30 日。

㊳ 國史館史料《戰犯處理委員會會議記錄》第二冊，40~45 頁。

㊴ 《作戰經過（四）》，451 頁。

㊵ 國史館史料《對日和約處理戰犯業務報告》卷 073/10/40，1~4 頁。

㊶ 國史館史料《戰爭罪犯處理委員會會議記錄》第二冊，56 頁。

㊷ 《日皇與戰罪問題》，國史館卷宗 072-1，卷編號 0916（整卷史料的時期為 1937 年 7 月 11 日到 1946 年 4 月 30 日），2 頁。原文未公開首頁和作者姓名。從文章的內容看，包括了聯合國及遠東委員會等內容，所以可以判斷該文章應是 1942 年以後或戰後初期。

㊸ 國史館史料《天皇制度存廢問題》，卷宗 072-1，4 頁。

㊹ 國史館史料《日皇裕仁對於侵略戰爭應負的責任之說貼》（機密），卷宗 072-1，卷編號 0916。

㊺ 國史館史料《日本主要戰犯名單》第 418 號電，176 頁。

㊻ 國史館史料《日本主要戰犯名單》外交部致駐美魏大使電，179 頁。

㊼ 國史館史料《外交部（民國）34 年 1097 號電（無線 0142 電申元午機印）》，卷宗 075-5，171 頁。

㊽ 同註 ㊵，國史館史料《外交部（民國）34 年 9 月 24 日電〈關於日本戰犯名單核定發表前請先通知中國陸軍總司令部〉》，175~176 頁。

㊾ 國史館史料《戰犯處理委員會會議記錄》第一冊，第 3 次常會（1945 年 11 月 27 日），15 頁。

㊿ 國史館史料《戰犯處理委員會會議記錄》1946 年 11 月 26 日，第 53 次常會，94 頁。

(51) 國史館史料《戰犯處理委員會會議記錄》第四冊，1946 年 12 月 12 日 [報告]，133~134 頁。

(52) 國史館史料《戰犯處理委員會會議記錄》第三冊，第 6 次常會，25 頁。

(53) 國史館史料《戰犯處理委員會會議記錄》1946 年 7 月 30 日，第 35 次常會，5 頁。

(54) 國史館史料《戰犯處理委員會會議記錄》1946 年 8 月 6 日，第 36 次常會，11 頁。

(55) 國史館史料《戰犯處理委員會》第四冊，第 67 次常會，卷宗 073-14，46 頁。

(56) 詳情請參照稻葉正夫編《岡村寧次大將資料．戰場回憶篇》，原書房，1970 年。

(57) 根據岡村寧次本人回憶："根據我的戰爭經歷，特別是最後處於最高指揮地位，戰後初期我就有成為戰犯並被處以極刑的精神準備"，"然而實際上指定我為戰犯的當時還只是一地方政權的中國共產黨"。前引《岡村寧次大將資料．戰場回憶篇》，110 頁。

(58)《對日和約問題史料》，人民出版社，1951 年，356 頁。

(59) 岡村在回憶中表示："國民黨在完成防止日本帝國主義侵略的歷史使命之後，其革命成功卻被中共所佔有，現在居然到了依靠美國庇護在台灣島殘喘的地步，作為造成這一原因的日本人之一分子，深感同情蔣總統，也對其老而不屈堅持反攻大陸之志深感悲壯。""另一方面，對於蔣介石不斷的加害，毛澤東卻表現出異常的忍耐和堅韌精神，並準備同其聯合（抗日）。更何況在西安事變後救了不斷圍剿自己的蔣介石的性命，並主動成為蔣領導下的統一戰線的成員，真不愧是有膽識的人"。岡村寧次等編《建軍之一考察》，自由亞洲社，1956 年，91~92 頁。

(60) 國史館史料《戰犯處理委員會會議記錄》第四冊，卷宗新期第 144 號，4~5 頁。

(61) 國史館史料《戰犯處理委員會會議記錄》第四冊，第 80 次常會，118 頁。

(62) 何東等編《中國革命史人物詞典》"閻錫山"項，北京出版社，1991 年，693 頁。

(63)《日本人名辭典》"河本大作"項。

(64)《致駐日代表團電》，國史館史料《向盟方要求引渡戰犯》卷宗 172-1，東字第 1462 號。

(65) 國史館史料《向盟方要求引渡戰犯》案卷 0878，東 36 字第 498 號。

(66)《旁聽公審日戰犯野田等四名報告》，國史館史料《向盟方要求引渡戰犯》。

(67) 胡菊蓉《中外軍事法庭審判日本戰犯》，南開大學出版社，1988 年，159~166 頁。

(68)《戰犯松井石根案》，國史館史料《向盟方要求引渡戰犯》總號第 4 號，卷號 83 號。

(69) 國史館史料《戰犯處理委員會會議記錄》第 14 次常會（1946 年 2 月 13 日），72 頁。

(70) 國史館史料《戰犯處理委員會會議記錄》第 18 次常會（1946 年 3 月 12 日），106 頁。

(71) 國史館史料《戰犯處理委員會會議記錄》第 82 次常會（1948 年 1 月 27 日），129 頁。

(72) 國史館史料《戰犯處理委員會會議記錄》第 84 次常會（1948 年 3 月 15 日），143 頁。

(73) 參照林博史《BC 級戰犯裁判》，（日）岩波書店，2005 年等。

㉔ 《維辛斯基日記》，中國社會科學院《蘇聯歷史史料集》課題組，1997 年 8 月。

㉕ 2006 年 5 月 10 日, www.163.com（網易）。

㉖ 國史館史料《在押戰犯生活調查》，外交部亞東司收文，東 36 號，第 2046 號。

㉗ 紐倫堡審判（1945 年 11 月 20 日~1946 年 10 月 1 日）中，以戈林（H. W. Goering）為首共 22 名被告，其中 12 人判處絞刑，3 人終身監禁，4 人為 10~20 年有期徒刑，3 人無罪釋放。東京審判（1946 年 5 月 3 日~1948 年 11 月 12 日）以東條英機為首，共 28 名被告（其中松岡洋右、永野修身結審前病故，大川周明犯神經病免予起訴），其中東條英機等 7 人絞刑，梅津美治郎等 16 人終身監禁，東鄉茂德 20 年、重光葵 7 年有期徒刑。

㉘ 南京文史資料委員會編《中國戰區受降始末》，中國文史出版社，1991 年，174~175 頁。

㉙ 谷正之，日本外交官，1930 年任亞洲局長，後任 "日本駐滿洲國大使"，1943 年任駐汪偽 "大使"，1954 年後任外務省顧問，1956~1957 年任駐美國大使。

㉚ 江藤淳編《佔領史錄》(2) 停戰と外交権停止，講談社學術文庫，1989 年，229~230 頁。

㉛ 同註 ㉚，231 頁。

㉜ 同註 ㉚，235~236 頁。

㉝ 同註 ㉚，236~237 頁。

㉞ 同註 ㉚，243~244 頁, 250~251 頁。

㉟ 同註 ㉚，248 頁。

㊱ 劉傑《漢奸審判》，(日) 講談社，2002 年，202 頁。

㊲ 朱金元等《汪偽受審實記》，浙江人民出版社，1988 年。

㊳ 根據 "偽滿洲國皇宮博物館"（長春）展覽。

㊴ 前引《中國戰區受降始末》，176~177 頁。

㊵ 詳細情況請參照筆者〈戰時日本在華資產的推算〉，《一橋論叢》第 114 卷第 2 號，1995 年 8 月，另外中國方面的數字請參照《作戰經過 (四)》，205~214 頁。

㊶ 《作戰經過 (四)》，214~416 頁。

㊷ 《作戰經過 (四)》，46 頁。

㊸ 台灣外交問題研究會《日本投降與我國對日態度及對俄交涉》，1966 年，308 頁。

㊹ 《國防最高委員會國際問題討論會第 58 次會議記錄》（會議主席王寵惠），1945 年 1 月 3 日，《作戰經過 (四)》，9 頁。

㊺ 《關於索取賠償與歸還劫物之基本原則及進行辦法》，《作戰經過 (四)》，18~19 頁。

㊻ 岡野鑒記《日本賠償論》，東洋經濟新報社，1958 年，173 頁。

㊼ 同註 ㊻，70 頁。

㊽ 吳半農主編《在日辦理賠償歸還工作綜述》，中華民國駐日代表團日本賠償及歸還物資接

收委員會編印，1949 年 9 月，86 頁。

⑲ 詳細參照前引《作戰經過（四）》。

⑳ 吳半農《有關日本賠償歸還工作的一些史實》，《文史資料選輯》總 72~74（合訂本）第 25 冊，中國文史出版社，1979 年，221~222 頁。

㉑ 詳細請參照殷燕軍《中日戰爭賠償問題》，（日）御茶水書房，1996 年。

㉒ 吳半農：行政院經濟部統計長，駐日代表團第三組組長（中央研究院社科研究所研究員）。

㉓ 同註 ⑱，94~95 頁。

㉔ 中國第二歷史檔案館《民國檔案》總第 30 卷，1992 年 4 月號，34~42 頁。

㉕ 參照中華民國駐日代表團日本賠償及歸還物資接收委員會《在日辦理賠償歸還工作報告》（台），1949 年 9 月。

㉖ 《作戰經過（四）》，322 頁。

第三章 只適用於台灣地區的"和平條約"

《聯合國家宣言》（1942 年 1 月 1 日）規定所有盟國不得單獨與敵國媾和，表示將一直戰鬥到軸心國完全投降為止。但是戰後美國以東西方冷戰及朝鮮戰爭為由，違反自己在宣言中的承諾，拒絕主要盟國——中國參加對日媾和會議，作為對日和會主持國，美國的做法顯然不是負責任的大國的應有行為，或者說是對自己應負國際責任和義務的怠慢。同時，中國自身尚未完全統一的情況也給美國以口實。

第一節
中國政府的正統性問題

一、中華人民共和國的成立及其意義

1949 年 10 月 1 日成立的中華人民共和國結束了中國國內政治混亂和分裂局面，使亞太國際政治格局發生了重大變化。中華人民共和國政府取代了中華民國政府對中國的統治，並繼承了中華民國政府曾經代表中國的所有主權、權利及權源，擁有包括台灣、澎湖羣島在內的全中國的主權。其結果是，從 1949 年 10 月 1 日開始，中華民國已成為歷史，它失去了代表中國政府的正統性。不過在自 1945 年 10 月 25 日就回歸中國的台灣地區，國民黨統治集團依然使用"中華民國"名義進行了長期的軍事統治。其統治在很大程度上依賴外國勢力的支持，特別是美國對中國主權的干涉及對台灣當局的武力保護。當時台灣的基本狀況是沒有美國的軍事保護，政權已難以維持，因此很難說是能"自主維持的政權"。台灣海峽間的兩岸關係至今還不能說已完全結束了內戰的狀態。從這個意義上說，台灣當局對台灣地區的統治與國際法上所說的對一個地區的有效統治有很大區別，

其政權的有效性和正統性首先被中國民眾否定。另外，與意識形態上的好惡無關，從國家主權繼承的觀點出發，不承認一國主權的分裂性享有，1949 年 10 月成立的中華人民共和國政府完全繼承，並擁有了中華民國政府曾經代表的所有中國主權。

關於中華人民共和國繼承了所有中國主權的問題，著名歷史學家張海鵬先生曾詳細論證了"中華人民共和國全面繼承了中華民國的遺產"這一問題並指出："主權國家的繼承均是完全繼承。中華人民共和國成立，不僅宣佈中華民國法統的終結，也宣佈它繼承中華民國的全部遺產，包括土地和人民。獨立國家的主權不容分割是國際法原則，也是主權國家的立國準則。（而所謂'不完全繼承'的提法，不僅在邏輯上，而且在法理上是矛盾的。）由於外國干涉而台灣尚未回歸，是全面繼承手續目前尚在完成的過程中。也說明兩岸之間內戰時期的關係尚未最後結束。"[1] 中華人民共和國政府的全面繼承也意味着失去法統及政權正統性的台灣當局與任何外國簽訂的"條約"或"協定"均不能代表中國，不具備代表中國的國際法要件。

在論及政府代表性和正統性問題時，首先必須尊重該國人民的意志。中華人民共和國政府自 1949 年 10 月 1 日開始對中國本土 —— 全中國97% 以上的領土實行有效統治，並得到中國民眾的支持，受到國際社會絕大多數國家的承認，是中國的唯一合法政府，其有效性及合法性不容置疑。而對台灣當局的性質，中國政府認為是"事實上在中國領土上的一個地方當局"（In reality, has always remained only a local authority in Chinese territory）。[2] 包括美日在內的世界絕大多數國家都不把台灣視為國家，只算作地區。也就是説，自稱"中華民國"的台灣當局沒有代表中國的實際狀態、民眾支持及國際承認，不可能被視為代表全中國的國家。

在冷戰時期，美國從其世界戰略及反共立場出發，把中國被共產黨統治稱為"喪失中國"（1949 年 4 月中國白皮書），而美國對中國內政的介入政策與不干涉內政等一系列國際關係的基本準則是背道而馳的，也可以認定是美國對中國主權的公然侵犯。美國、日本等國家為利用中國尚未完全統一的局面撈取好處，牽制中國而支持在台灣的地方反政府勢力，並承認其繼續使用的“中華民國”的名義，與其“締約”。不過即使是美國、日本等國家也不承認台灣當局（中華民國）代表中國，不承認其對中國大陸的統治。日、美通過《台日條約》和《台美防禦條約》，將台灣當局統治限制在其實際統治的地區，專門制定了“條約只適用於台灣地區”的適用範圍條款。表面上，美國在“防衛台灣”，但在實際上則通過限制條款，避免自己捲入中國的內戰。這本身就是美日不承認台灣當局對全中國有代表性和否定台灣對中國統治的現實表現。同時可以認為，當時美日兩國政府都想為最終與中國政府建立關係留下餘地。

順便要指出的是，日本一些人強調《開羅宣言》中“台灣澎湖歸還中華民國”，而不是中華人民共和國，由此想證明“中華民國”（台灣當局）的正統性，也就是説要把“中華民國”與中華人民共和國區別開來，就是不想承認台灣必須歸還中國的基本事實，這顯然是本末倒置的。

第一，無論是中華民國，或者是中華人民共和國都是代表中國的名稱，在戰後初期由於《開羅宣言》和《波茨坦公告》已經順利履行，所以台灣地區也已經歸還中國，由當時代表中國的中華民國政府接收。

第二，《開羅宣言》中規定日本必須歸還中國的領土，不僅有台灣澎湖，還有東北地區。東北地區在戰後也被中華民國接收。按照日本一些學者或台獨者的邏輯，中國東北地區也只能歸還台灣當局了。

第三，從 1949 年 10 月 1 日開始，中華人民共和國已經取代“中華民國”成為中國的唯一合法政府是不爭的事實。一個被中國人民推翻的勢力，依靠外國的幫助，利用國內某個地理條件（海峽）而暫時生存下來，實際上控制的地區只有全國 3%，人口 2% 的舊政權。由於其已經失去對中國絕大多數地區和人口的控制而失去代表中國的資格，擁有全中國主權的只能是實際控制中國，得到絕大多數人民支持的中華人民共和國政府。

第四，成為地方當局的台灣政權在長期堅持“代表中國”主張的同時，強調台灣是中國領土不可分割的一部分。也就是説無論主義和主張如何，台灣海峽兩岸長期保持着台灣是中國一部分的共識。

第五，新生政權的成立也同時更改國名，這種情況在世界上並不少見。1947 年 5 月 3 日新日本憲法實施，"大日本帝國"憲法被廢除，大日本帝國改名日本國。日本國繼承了大日本帝國所有的主權、權利及權源。1991 年蘇聯解體之後，俄國也同樣繼承了前蘇聯的所有主權。國際社會認為"大日本帝國"和日本國，蘇聯和俄國是同一個國家。如果一定要堅持前一個國名的話，那麼中、美、英等盟國是對大日本帝國開戰的，日本國不改回到大日本帝國去就不能媾和了。

的確，以"中華民國"名義的政治勢力還佔據着中國領土的很小一部分地區，不過按照國際法只承認有完全主權國家的原理和主權不可分割原理，[③] 考慮到中國的現狀，只能是中華人民共和國政府是代表中國的唯一合法政府。特別是考慮到"中華民國"是在外國勢力支持下才能勉強支撐的基本特徵，也無法使人承認其有任何"代表中國"的合法性和有效性了。到 1971 年為止，因為意識形態及冷戰等理由，美國及其追隨者日本等承認過台灣政權，並支持其非法佔據在聯合國的中國席位，但這並不能改變"中華民國"早在 1949 年就已被中國人民所否定，中華人民共和國政府才是中國唯一合法政府的基本事實。1960 年代後期，國際上不少國家逐步擺脫美國的控制、干涉，不再遵從美國指揮棒，使"承認"台灣當局的國家數量驟減，而且即使是當時承認"台灣當局"的國家，也有不少是礙於美國壓力，也不能說就是承認其代表中國了，這實際上是兩個問題。更滑稽的是，在美國與台灣斷交 40 年後的 2018 年，美國政府某些人還在對一些與台灣斷交的國家施加壓力，還在利用台灣牌牽制中國。

二、東亞國際形勢的變化

在中國，國民黨政權的崩潰也意味着美國亞洲政策的失敗。其結果是美國被迫改變把中國作為亞洲最大親美國家的政策，轉為扶植日本，並使其成為美國在遠東地區的最大的戰略支撐點。1950 年 2 月《中蘇友好同盟互助條約》簽署以及 6 月朝鮮戰爭爆發等一系列事件，被美國看作是共產主義陣營的進攻與挑戰。面對"共產主義的威脅"，美國公然介入朝鮮內戰，並向台灣海峽派遣第七艦隊支持台灣政權，試圖阻止中國統一，以利用台灣局勢牽制中國。美國在朝鮮的參戰，使本來的內戰發展為國際戰爭。在美國介入，並直接威脅到中國安全的形勢下，中國接受朝鮮民主主義人民共和國的邀請，於 10 月 25 日派志願軍赴朝參戰，朝鮮戰爭從而升級為中美間的戰爭。

在這個時期，在東西方冷戰升級、中美在朝鮮直接對抗等形勢影響下，國際社會在承認中國問題上出現分裂，以蘇聯為中心的社會主義陣營承認中華人民共和國，而以美國為首的西方主要國家"承認"台灣政權。不過連美國最親近的盟友英國也不聽美國指揮，快速承認中華人民共和國。為了牽制、封鎖中國，美國利用其對日單獨佔領及主持對日媾和的地位，擅自把聯合國對日媾和作為其全球戰略和對抗中國的一部分，使本來應是結束戰爭、恢復和平的對日媾和變為東西方冷戰的戰場。

1951 年 9 月在美國舊金山市召開對日媾和會議，48 個國家與日本簽訂和平條約，該條約於 1952 年 4 月 28 日生效。對日媾和會議最大的問題，也是飽受非議的是，日本侵華戰爭及太平洋戰爭的主戰場，聯合國主要成員的中國被美國排斥在對日和會之外，在蘇聯、英國等多數國家反對下，美國也沒能邀請其"承認"的"中華民國"（台灣政權）與會。毫無疑問，美國拒絕中國代表與會是在濫用職權，也是不履行國際義務的非法行為。正因如此，使舊金山對日和會的正當性和合法性也受到質疑，[④] 根據《聯合國家宣言》規定，任何盟國都不得單獨對軸心國媾和。美國的行為是對上述規定的公然踐踏。

同時，美、英之間圍繞中國參會問題也產生對立。1951 年 6 月 7 日，杜勒斯（John.F.Dulles，美國對日媾和大使）與莫理森（Herbert Morrison，英外交大臣）之間達成妥協，決定不邀請中國代表參加和會，而"與'哪個中國政府'媾和由獨立後的日本決定"，出現了由戰敗國選擇戰勝國這一世界史上前所未聞的怪事。顯然美英的這一私下交易非法剝奪了中國的合法權利。不過，杜勒斯對台灣政權駐美"大使"顧維鈞宣稱"要在邀請台灣和對日媾和之間做出選擇的話，美國當然會選擇後者"，[⑤] 也就是說保護台灣地位不過是第二位的問題。關於拒絕中國參加對日和會的問題已有很多研究，[⑥] 這裏擬予省略。

第 二 節

日 方 對 媾 和 問 題 的 探 討 及 其 早 期 對 華 政 策

1949 年 10 月中華人民共和國成立時，正是對日媾和問題開始議論的時期，日本政府對媾和問題進行了全面研究。從日本外務省史料看，1949年底，外務省預測到在日益嚴峻的國際局勢下難以全面媾和，表達對中共"恐怖感"，分析"中華民國"在對日媾和問題上影響下降以及難以全面媾和情況下對日本的利弊等，並準備進行片面媾和（即不是同所有交戰國媾和一筆者註）。

在 11 月 26 日外務省條約局提出的政策文件《多數媾和（majority peace）的利弊得失及日本應採取的方針》[⑦] 中指出：（一）與大多數國家之間儘早實現和平，可能的話，當然是希望實現全面媾和，但是在近期內難以實現，而多數媾和的話，只要是美國有決心任何時候都可能實現。由此可以得到與多數國家實現和平，迅速結束佔領的好處。多數媾和的好處如下：(1) 能夠確保大多數國家帶來的安全。(2) 使政治決策（無美國介入一筆者註）簡單化、明朗化，提高國民的自立心和自尊心。(3) 廣泛地恢復外交關係和各種對外活動的自由度。（二）經濟上的利益：(1) 對外經濟活動能廣泛地得到恢復，並能確保通商方面的最惠國待遇。(2) 能期待貿易有較大發展，特別是除了蘇聯及中共地區之外，與其他地區的貿易可以排除不利的條件。(3) 可以消除很多因賠償不能確定而出現的生產方面的障礙。(4) 可以使過去對產業水準和結構的限制得到寬大。(5) 可以緩和對海運方面的限制。（6）可以參加各種國際經濟機構。（7）可以節減因佔領軍而產生的公私費用。（8）可以減少涉外關係的許多懸案，減少經濟交流中的障礙。

多數媾和產生的不利問題：與蘇聯及人民中國的關係。（一）與蘇聯（及中共）的戰爭狀態依然持續，政治關係也比現在多少會惡化一些。還會因此而出現若干障礙，但是最終在美國的支持下不會出現無法處理的障礙或危險。現在除蘇聯佔領的地區以外，在法律上分擔佔領區的聯合國之間的協定，投降書及（GHQ）指令第一號等相關事項可能不能實施。總之，與蘇聯保護利益的途徑完全喪失，只能依賴美國或者中立國家處理，（對蘇）種種要求難以實現。（1）在蘇聯及中共地區被扣留人員回國問題的解決，取決於美蘇關係，總之明年以後，估計將變得困難。即使是多數媾和情況也將差不多。（2）根據指令被限制的漁業地區即使在媾和後得到解除，但作為實際問題，在北洋漁業，在中國沿岸的漁業將受到極大制約，將頻繁發生漁船被扣，漁民被捕等問題。對其他船隻也會出現故意刁難、尋事等問題。（3）在日華僑的最終地位無法確定，一般華僑業務、送還、取締偷運等問題都成為不能解決的遺留問題。（4）與蘇聯及中共之間的貿易將出現不利的情況，但中共從經濟建設需要出發，一定程度的直接或間接貿易將繼續被維持。（5）由國際共產主義引起的赤化、擾亂治安、反美宣傳會加劇，更露骨，不過我方可以通過強化治安加以抑制。（二）國家安全問題上不能得到蘇聯及中共的保障。（三）加入美國陣營的結果，我方在外交政策上的靈活性較少，期望的中立政策在現實上受到很大制約。媾和條約及其相關的決定在確定性方面大概不會被含混或不能緩和，其中大部分會確定。（四）加入聯合國的可能性完全喪失。（五）領土問題的全面解決變得不可能。（六）賠償問題的全面解決變得不可能。

從上述文件可以看出，在 1949 年中國革命勝利時期，日本政府就開始以排除中蘇，或者以中蘇拒絕參加媾和會議為前提，對多數媾和進行了全面分析，從結論來說，就是準備接受與中蘇對立的片面媾和方案。並認為在經濟方面與中國關係造成的貿易斷絕並不一定削弱日本的地位，十分清楚地認識到中日貿易不可能恢復到戰前的水平。同時也對不可能加入聯合國、領土及賠償問題不能得到徹底解決做好了精神準備。應該說，外務省內部對媾和問題的認識是十分現實的。

儘管如此，由於媾和可以使日本得到更多的實惠，如作為現實問題，在片面媾和情況下，對外安全及治安可以保障，蘇聯（及中共）不參加可以使一些對日本不利的條款（如追究戰犯責任、對商船隊、賠償及產業水平的限制等等）不寫入條約。認為片面媾和的好處是比全面媾和還要寬大，所以日本政府準備接受片面媾和的方案。

從上述基本認識出發，日本在選擇中國媾和的問題上，也積極考慮選擇台灣政權的主要理由是可以爭取在條約內容上得到更多好處。再從意識形態角度考慮，中蘇不參加的片面對日媾和，可能使日本期待在賠償等問題上爭取到"無賠償"或者是寬大的賠償政策。

比較這些有利和不利條件，不利的部分通過得到美國的支援並非不能克服，而有利的部分是基本的和比較現實的，而且可以彌補不利的部分。因此，日本採取的方針是，（一）應該認識到現實的國際客觀形勢，實現多數媾和是現實的。應依此為目標，為順利實現多數媾和誘導輿論朝此方向發展。（二）首相在國會演說或辯論中表明，聯合國方面基本已經明確，美英方面希望知道我們的真實想法，所以有必要不失時機地坦率表明政府在媾和問題上的態度：（1）我方希望儘早與各國恢復和平關係，我國國民自立心在不斷提高，希望以此促進經濟自立，為世界政治、經濟關係的正常化及繁榮做出貢獻。（2）早日實現多數媾和可以促使日本人增強奮鬥信心，促進日本經濟的自立，結果可以減輕美國納稅人的負擔（美國對日佔領費用一筆者註）。（3）對我國來說，決心依賴美國來保障安全，但出於與蘇聯、中共關係考慮及和平憲法的原因，所以希望在國家安全問題上與上述國家能協調關係。並希望為日後蘇聯、中國容易參加對日媾和條約打開道路。（4）關於賠償、產業結構問題，希望通過多數媾和使賠償及產業水平等問題得到最終解決，以便消除產業上的不安。（5）啟發輿論認識多數媾和是迫不得已的，以防止國家輿論的分裂，但是因為還有對蘇聯、中共等問題，在公開場合，只表態多數媾和是將來全面媾和的一步即可。

在中國革命勝利，亞洲局勢發生深刻變化，美國對日媾和的最終政策尚未確定時期，日本外務省條約局提出的上述媾和分析很有代表性。日本政府內部已經決定"對美一邊倒"，在安全政策上完全依賴美國，並認為多數媾和也不會出現無法對付的障礙和危險。為早日實現片面媾和，開始積極向美國政府做工作。在 1949 年底，中蘇條約尚未簽訂之前，日本政府就已經傾向於片面媾和，並準備好在中國不參加媾和會議情況下的對策。説明日後《吉田書簡》中強調的"中蘇同盟條約"是日中關係的障礙不過是個藉口。而吉田雖然"在公開場合宣稱多數媾和是全面媾和的一步"，但實際上已有"無法全面媾和"的精神準備。

在海外資產問題上，日本政府出於為其殖民地政策辯護的立場，強調在殖民地及佔領區日本財產的權利，要求減輕賠償負擔。在"關於割讓地經濟財政處理事項的陳述"⑧中，日本稱"這次大戰的結果，放棄了朝鮮、台灣、樺太（庫頁島）、關東州（中國東北遼東半島）等。這些地區的面積相當於舊日本國土的 43.5%，人口相當於舊日本總人口的 29.2%……首先想指出，日本對這些地區的施政不應被認為是所謂殖民地的政治剝削……應該説日本對這些地區實際上是'付出為主'……日本取得這些地區是以當時國際法、國際慣例普遍認可的方式進行的……所以説將此看作為國際犯罪行為的取得，並以懲罰意圖為背景，日本對上述地區進行處理的指導原則，不能誠服。"也就是説，日本政府對聯合國關於日本殖民地統治的懲罰，以及《開羅宣言》關於日本奪取上述地區的性質的認定都表示不滿和反對。這裏日本與被侵略國家之間認識上的巨大差異十分明顯。

關於戰爭責任問題，日本政府明確反對將侵略戰爭責任寫入媾和條約，結果使戰爭責任及歷史認識問題至今認識模糊。在外務省案卷《日本的戰爭責任》（日期不詳，估計是 1949 年底—筆者註）中，就指出"（一）

在條約相關條款中明確做出規定的，就沒有必要再在條約前言中寫明現在及將來的日本國民為過去領導人的行為負責等抽象的內容，而且這對將來的日本國民也是不妥當的。以《凡爾賽條約》為例即可。（二）可以承認滿洲事變及支那事變時的領導人採取的手段是侵略性的，但是當時對於上述事件，中國及其他各國也沒有承認是戰爭，這些事變不是戰爭。對設立把當時從中國掠奪的物品歸還中國條款，雖不提出異議，但是日方無法接受現在說滿洲事變、支那事變是戰爭，把當時的日華關係都按照戰爭問題去處理，其戰爭狀態依照這次和平條約加以終止的想法。"

這裏可以清晰地了解日方的矛盾心態。也就是說，日本政府雖然意識到戰爭責任問題，但是主張"為了現在及將來的"日本國民，不必要在和平條約中記錄日本的戰爭責任。在對華侵略問題上，日本政府不得不承認當時的做法有"侵略性質"，對中國的戰爭賠償及掠奪物品的歸還也不敢提出異議，但是在戰爭與"事變"的法律認定上，日本政府堅持的立場是試圖逃避戰爭責任。日方的這種歷史認識至今沒有改變。不過在日後簽署的《台日條約》以及《中日聯合聲明》中，日方不得不接受中方（包括台灣當局）提出的戰爭狀態的提法，而無法堅持其"事變狀態"的立場。如筆者在第一章所述，恰恰是在"事變狀態"下，日本政府在長達十年時間裏，派出100 萬以上的軍隊侵略中國，最多時達 250 萬人之多，在中國境內大肆燒殺搶掠，致使數以千萬計的人員傷亡，無數財產被毀，如此大規模的犯罪行為無論是戰爭犯罪，還是刑事犯罪，即國家恐怖行為，都值得全面研究和徹底追究。這並不是"向後看"，正是為了向前看，為了中日兩國的真正和解所必需的，而追究戰爭犯罪和在戰爭期間進行的各類刑事犯罪，是全人類為正義及和平必須做出的選擇。

在日本外務省撰寫的《國際形勢估計及對日媾和》（1949 年 12 月 28日）一文中指出，"首先，美國（對日政策）的最終目標是，確立對蘇聯的優勢，迫使蘇聯敗北，努力實現美國希望的國際合作體制，使日本成為美國支配世界體制中的無害存在。美國的重點放在歐洲，但是在中國赤化的情況下，包括日本在內的美國遠東政策正被迫全面調整。至少承認中共政府的可能性目前還沒有，對台灣也不會採取甚麼勉強的措施。在對日媾和問題上，將不惜單獨（多數）媾和⋯⋯美國政策的調整必將導致日本自主程度的增強，將使日本回歸國際社會，確立經濟自立，為減輕美國的負擔，不管媾和是否立刻實現，美國對日管制政策依然會進一步放寬，將取消對日貿易控制，也將在政治等廣泛領域允許日本的對外擴展。"關於中國問題，"在承認中共問題上，在西歐國家一致同意承認中共在聯合國地位的方針之前，預計美國不會承認中共。預想美國不會邀請中共參加對日媾和會議。"⑨

日本在中蘇簽署同盟條約及朝鮮戰爭之前的階段，就已經十分清醒地掌握了美國的對華政策取向，預測到片面（單獨）媾和的可能性。特別值得注意的是，日本預測到美國在還沒有同中國直接軍事對抗的情況下就不會邀請中國參加媾和會議等問題。的確，在這個時期，美國遠東政策的重點已經從中國轉移到日本，面臨着是繼續佔領還是媾和的選擇。但如果此時對日媾和，意味着美國在日本的軍事基地有完全喪失的可能性，美國實際上也處於猶豫之中。在這個時期，日本的吉田內閣為了早日實現媾和，主動提出在媾和之後向美國提供軍事基地的問題。"日本政府希望儘早締結媾和條約，而且即使這個條約締結了，為了日本及亞洲地區的安全，美軍還有必要繼續駐紮日本。如果美國方面有這種希望，日方可以研究主動提出的方式。"（宮澤喜一《東京華盛頓密談》）日本政府此舉毫無疑問地促進了媾和的進程以及美國未來對日政策的走向。

在這種形勢下，1950 年 5 月 18 日，杜勒斯被任命為美國對日媾和大使，杜勒斯很快訪日，並提出對日媾和九原則。其中明確了"放棄自 1945 年 9 月 2 日以前的戰爭行為而產生的賠償要求權"等內容。吉田首相被其"寬大性及公正性"所打動，因美國的真意而"勇氣百倍"，立刻表明同意美國提出的媾和原則。⑩ 不過由於菲律賓等國的強烈反對，對日媾和原則中從"無賠償主義"重新修改為保留賠償條款。日本政府則主張日本目前沒有賠償的能力），最終《舊金山對日和平條約》（以下簡稱《舊金山條約》或《舊金山和約》）寫入"日本在經濟能力範圍內，行使勞務賠償義務"的內容。

第三節
條約適用範圍的設定 —— 締結《台日條約》的先決條件

在台灣當局成為中國一地方的敵對政權之後，國際社會對其堅持"中華民國"旗號持有廣泛質疑，為了防止政權的徹底崩潰，台灣向美國要求以"中華民國"名義參與對日媾和，以維持政權"正統性"。美國在朝鮮戰場同中國開戰後，為對抗、孤立、封鎖中國，對華政策也從開始的對台灣政權的唾棄改為扶植，再到最大限度地利用。不過，即使在美國反華政策最強烈的時期，也十分清楚台灣當局已不能統治中國。國際社會對台灣當局的"中國代表性"和資格普遍質疑，批判和反對美國把對日媾和會議作為反共工具的做法。美國則在阻止中國參加對日媾和會議的同時，積極利用中國尚未全面統一的局面遏制新生的共和國政權。

1951 年 4 月 17 日，在美、英確認不邀請中國參加對日和會，也拒絕台灣當局參加之後，蔣介石手書對日和約之方針："簽訂日本和約之盟國，對我為盟國之一員，不喪失我盟國之地位。不損害我在台灣之統治權，不干涉我台灣內政。台灣、澎湖不受任何軍事干涉或侵犯，俾得鞏固我反攻大陸之基地。依照以上三原則，進行簽訂對日之和約。至於台、澎地位問題，事實上今已由我國收回實行統治，則名義之爭執似無必要也。"[⑪]

6 月 6 日，美國駐台公使藍欽（Karl L.Rankin）與"外交部長"葉公超會談，美向台灣當局提出美國在對日媾和會議時處理台灣當局地位的提案，讓台灣當局選擇。"其一，在其他盟國與日本簽約的同時，貴國與日本另簽一約，內容大致相同；其二，貴國亦在多邊和約上簽署，惟在時間上較晚，如在其他國家簽約並批准後之三個月或六個月。"藍欽稱"在法律上，貴國與美國實有同等權利，惟此點為政治問題。"葉公超稱"我方決不接受任何有歧視性之辦法。閣下所提第二辦法，實與'加入'（Adherence）無異。我方願與其他盟國在平等地位上簽約，否則我方將不得不對此事自行採取之步驟。"⑫ 6 月 18 日，台灣方面提出兩個對抗方案，"（台）只能接受與其他盟國同時參加多邊條約，或同時由全體有關盟國分別與日簽訂雙邊條約。至美政府如有其他建議，而不含有歧視因素者，我自仍願予以考慮。"⑬ 21 日，顧維鈞向杜勒斯提出補充方案，"甲：規定一簽多國條約時期，一星期至一旬均可。在期間各國及我國，各自酌定時日簽約。乙：由我簽訂雙邊和約，但在各國簽訂多邊條約之前。按此二項辦法均可顧全一般不承認我國府者之體面，一方面亦復差強消除對我歧視之嫌。"杜勒斯則提議"為免使中國人民心理上一不良影響計，中日兩方即可於多邊條約簽訂後，開始談判簽訂，俾中日雙邊和約能與多邊和約同時發表，而祛除歧視之疑。"⑭ 然而，6 月 21 日杜勒斯就否定了顧維鈞的甲、乙方案。不過聲稱"國民政府不可能與日本先行簽約，因為只有日本恢復主權才能與國民政府單獨簽訂雙邊條約。否則就得由盟軍最高司令部命令日本簽署，而這就意味着強制。他認為能辦到的是，多邊條約簽署並生效後但使兩個條約大約同時生效。"⑮ 28 日，杜勒斯告顧維鈞"多邊條約生效後，日本才恢復主權和獨立，才能談判與其簽署中日條約。"顧則反駁稱"那也只是與簽約國而言，對未簽約國來説也還不是獨立自主的。"⑯ 這個觀點並未被杜勒斯採納。

7 月 3 日的"顧杜會談"中，美方初次正式提出《台日條約》的適用範圍問題（台灣當局在史料中有時把"適用範圍 applicable to"翻譯為"實施範圍"，⑰ 而兩者的含義是不同的，前者意味着整個條約可適用範圍，而後者僅指實施範圍，即暗示適用，但不實施的意思。堅持使用的是適用範圍，而非實施範圍—筆者註）。杜勒斯："加、澳、新及日本想知道雙邊條約會對大陸有多大約束力。否則得發表某種説明，明確審議中的雙邊條約其效力限於國民政府轄區。前此研討日本與國民政府商訂雙邊條約，只言原則，未及實際如何能向日本説明國民政府簽約之權力問題，並非強欲日本承認國民政府對大陸仍有權力執行和約……余固知國民政府佔有台灣及附近島嶼……又為國際上多數國家所承認者，故承認其對日簽訂和約，終止戰爭狀態職權，尚屬合理，然欲認為其為對整個大陸或對華北仍有權代表簽約，並有力執行和約，似屬虛想。"顧維鈞："全和約實施效力範圍，應待至和約批准後發生效力時在確定應否由日本發表適當聲明。此時不必由任何方作何宣言表示。"杜勒斯："不過此時應如何向日本說明，俾能與貴國進行商訂和約。如由日本自行決定，余以貴方認為有損體面。"[18] 顧氏還從反共立場出發說服美國"沒有必要直接涉及"。[19] 顧"懷疑國民政府在這一點上是否應該或願意發任何聲明"。[20]

7 月 9 日，美國國務卿艾奇遜（Acheson）致駐台使館電稱"到目前為止，日本很擔心建立在現實基礎上的（台日）條約關係可能虛構成遠超出國府現實權利的與全中國的和平關係。"[21]

7 月 10 日，顧維鈞代表台灣當局提出由美國幫助早日促成與日本開始談判締結雙邊條約問題。對此，杜勒斯表示"貴方應準備一個聲明，說明中日之間的特殊關係，貴方可以提出準備與日本締結雙邊條約，但希望不要涉及要與多國條約同時生效等內容"，即美國不希望受到台灣當局要求的《台日條約》締結期限的限制。對此，顧維鈞表示不願在與多國條約同時生效問題上讓步，相反"要求美國對日本施加影響，促使中日和約早觀其成。"然而杜勒斯表示"如果條約適用範圍問題沒有解決方案，讓日本與貴國談判條約問題也沒有意義"，"這個問題的解決是（台日）雙邊條約的先決條件，這個問題不解決，美國也不可能對中日條約進行合作。"[22] 也就是說，美國要求台灣當局承認《台日條約》不適用於中國大陸，並以此為先決條件，幫助台灣當局說服日本同意與其簽訂"條約"。杜對顧指出："不澄清適用範圍，日本是不會願意進行談判的。"[23]

但是台灣當局既然堅持自己是"中華民國"，也必須堅持自己是"全中國的正統政府"，堅持《台日條約》"適用於全中國"的立場。便擺出不願受到《台日條約》適用範圍條款的限制的架勢和不妥協的姿態。然而，對台灣當局的上述立場，不僅當事者日本政府不買賬，即使是美國政府也明確認識到台灣當局沒有統治中國的現實，逼迫台灣當局做出"出賣主權"的讓步。10日艾奇遜致駐台使館的電報表示"日本不會衷心地承認國府具有代表全中國而與日本實現和平的權力。日本看來將很難，我們也不能改變，去承認這個虛構，我們不想壓日本接受一種難以自圓其說的問題。我們當然也不想使自己處於勸國府接受任何限制自己權力的尷尬境地。國府必須自己衡量利弊，並對此做出決定。"㉔

　　7月13日，葉公超對美英將其排除在舊金山對日和會之外提出"嚴重抗議"，稱其"一貫採取最協調最合作之態度，美國在對日和約修正案第23條中竟未將中國列入該約簽字國一節，不得不深表反對"，同時要求美國確保其與日本締約的地位。㉕ 18日，"中華民國立法院"臨時會議上，"行政院院長"陳誠宣佈其對日媾和政策，"遵照總統迭次所為聲明，主張以合理的寬大態度早日締結對日和約。關於準備對日和約一節，我始終對美採取合作及協調態度。美國一面反對中共參加，一面助我參加，但其努力頗顯不足。我已向美國提出抗議，但從美國政府之態度及國際形勢看，我參加多邊和約之希望，實甚微薄。為達簽約目的，形式方面（例如另簽雙邊條約等），雖可不必過於拘執；而其參加條件，則必須平等。否則寧可不簽。"

　　"中華民國政府"在強調自己是"中國之正統政府"的同時，對參加對日和約之權利，復有下述事實為依據："（1）中華民國為對日宣戰及作戰之政府。（2）中華民國政府向為在一切有關日本之國際機構（盟國對日委員會）中代表中國之政府，現仍為在各該機構中代表中國之政府。（3）中華民國政府為聯合國及其專門機構所承認之中國合法政府。（4）中華民國政府為對日作戰或有戰爭狀態國家之大多數所承認之中國合法政府。中華民國政府早已宣佈其與日本早日締結寬大和平條約之意願，為此對於對日和約之實質及其他有關事項，均采最協調與合作之態度"，要求"美國以其對日主要佔領國之身份，使日本擔負確定義務，以與中華民國在同時締結與美國為其他盟國所準備之多邊條約相同之雙邊條約。"㉖

7 月 19 日,"立法院"通過"《對日和約問題決議案》","本院代表四億五千萬中華民國人民,就對日和約問題鄭重決議如下:(1)政府應本其一貫之嚴正立場,繼續努力爭取對日和約之平等簽訂權。以期早日終止對日戰爭狀態,恢復中日兩國正常關係。(2)如任何盟國……蔑視我國平等簽訂和約權利,凡此可能產生之一切後果,應由阻撓我國平等簽訂對日和約之國家負其全責。(3)政府應向主持和約之美國政府聲明,對於本草約內容有損於我國主權領土及人民權利之條文,保留修改之權。(4)此次對日和約交涉,我外交當局未能盡最大努力轉變盟國之歧視,自不能辭其咎。"⑰

在 7 月 30 日葉公超與藍欽會談中,藍欽向葉傳達了美國國務院關於條約適用範圍條款的立場。31 日,應台方要求,又口頭向台灣方面轉達了美國國務院的態度,"無論如何,美國政府在與日方對討論此事之前,必須自中國政府(台灣當局)預先獲得保證:即該項條約僅拘束現在中國政府實際控制之領土,抑得及於中國政府此後所控制之領土。中國政府或願針對上述一點擬定一項方案,而不致礙其在聯合國內或其他方面之地位。"⑱

8 月 8 日的葉—藍會談,藍欽追問台方是否在適用範圍條款上有解決方案,葉公超稱"吾人在現階段中並無意商討此項問題。貴方尚未予吾人任何保證,和約繼續談判之先決條件,為貴方必須迫使日本承擔與吾人簽訂雙邊和約之義務。貴方必須負起要求日本與我方簽之責任。除非吾人確悉日本於多邊和約生效之前將與吾人簽訂雙邊和約,吾人無意商討一切技術問題。"暗示如果日本明確表示準備與台灣當局簽約,則台方可能考慮適用範圍條款的"技術問題"。即台灣當局要求美國首先向日本做工作,並使其承諾與台灣締結與多邊和約內容一樣的雙邊和約。對此,藍欽:"我方已與日方商討,日方已表同意。"葉:"吾人願獲此保證"。⑲

8 月 21 日,美國國務卿致電美駐台使館"遠東理事會(FAC)多數成員國警告,如果台灣當局簽字,將拒絕在對日和約上簽字。"⑳ 23 日,美國向台灣當局提交備忘錄,"美國政府將盡最大努力,以使日本於多邊和約簽字不久與中華民國政府簽訂雙邊和約一節,得以觀成。但須以下列為條件,其一,中國政府不尋求對多邊條約作重大之修改;其二,關於適用範圍一節,將儘速與美國商定一項適當之條款……美國曾就中國政府(台灣當局—筆者註,以下同)參加對日和約一事,探尋遠東委員會各會員國之意見,除美國外,並無一個政府支持中國政府參加。更有甚者,半數以上會員國均表示,如中國政府被邀參加,則彼等將不準備簽訂和約,大勢已無可挽回。日本政府或將堅持中國政府承認其在此時實施和約條款將無力約束整個中國,甚或將此點作為談判之先決條件。美國政府所認為其能影響日本政府進行與貴方談判雙邊和約之程度,將取決於中國政府研擬,或接受該項限制方案之意願。在上述情形下,美國當在各種適宜方式下促成中日兩國政府間締結雙邊和約。"[31] 上述備忘錄表明:(1) 只有美國為了反共還支持台灣當局,遠東委員會各成員國都不承認台灣當局有代表中國的資格,甚至表示台灣參加就拒絕簽約的明確態度;(2) 美國及日本都把設定適用範圍條款,並不得包括整個中國作為"締約"的先決條件;(3) 適用範圍條款不是台灣與日本,而是台灣方面提出,與美國商定解決,以此作為美國對日本施加壓力的先決條件。

葉公超一方面對美國的態度表示"失望",但仍希望美國發表聲明,"因此而減輕我方聲望之損失"。對此美方表示"同時簽署字樣,使美國國務院無法發表任何聲明。"[32] 8 月 30 日,藍欽再次要求台方提出適用範圍解決方案,並警告"如果事前不能與美國達成一定諒解,則談判伊始可能既遭擱置,此對貴方將不甚有利。"對此,葉公超表示"我方不可能在條約本身內接受有關條約適用問題之任何條款","不接受足以損害我方在大陸之權益主張,或我方在聯合國之地位之任何方案。"[33] 同日,在給國務院的電報中,藍欽證實了台方的上述立場,並稱"國府在起草雙邊條約適用範圍條款中遇到困難,其懷疑 (1) 方案能否使日本或英國滿意?外交部感到很難滿足英國慾望。(2) 日本是否堅持這種方案?(3) 如果設計方案能使我們滿意,日本是否接受?在上述諒解基礎上,國府準備考慮選擇性方案。第 1 方案：該條約對中華民國將適用於其現在，或將來實際控制下的地區；第 2 方案：雙邊條約適用於現在，或將來實際控制的地區，適用於（台日）雙方，實際上考慮到將來控制琉球島等其他地區。"③④

9 月 9 日，杜勒斯在與英國外長莫里森會談中表示"在中國問題上，美國當然沒有與日本之間搞秘密協議或任何類似的諒解"，"日本希望與國府建立貿易及正常的外交關係，但這絕不必要暗示日本承認和肯定把國府作為全中國的政府。"③⑤ 14 日，以國務卿名義致美駐台使館電報中強調"只有國府願意接受美國認為是充分反映（adequately reflected）現實狀況的適用範圍條款，才可能使其在較早時期與日本談判雙邊條約。在中國領土中任何暗示台灣是其一部分的內容都可能將使未來聯合國行動產生困難。同時該問題也不應在中（台）日雙邊決定。"③⑥

17 日，《舊金山條約》簽字後，藍欽再次勸台灣當局準備開始與日本簽訂條約的談判。對此，葉："我方欲與貴方就約文及程序先行商定，俾日本代表來台後可於數分鐘內即在約稿預留空白處簽署銜名。總之，我方決不欲就有關和約之任何問題，與日方作冗長之討論。"藍欽："美國在多邊和約生效之前，不能強制日人與貴方締結一對實施範圍毫不涉及之雙邊條約。日本願在多邊條約生效時，與貴方談判一項不涉實施範圍之條約。"葉："閣下意思是否謂若我現在與日本簽訂條約，日本將堅持其實施範圍應有規定，如在多邊條約生效後簽訂，日本將不堅持作此規定？"藍欽："此乃余所接電報之內容。"葉："余誠不解。如我坐待多邊條約生效，屆時日本不更將堅持和約實施範圍應有規定。"藍欽："電文如此。該電並強調貴國在現階段中宜與日本建立事實上之關係，俾日本得視貴方為中國之政府。國務院已肯定表示，除非貴方準備討論實施範圍問題，現階段貴方與日本締結雙邊條約，乃不可能。"……葉："閣下適所告余者，殊屬突如其來。我方勢將對此問題重做全盤檢討。"藍欽："國務院並請余明告閣下，在研擬任何方案時，貴方須注意避免使用技術上之詞句以暗示台灣已因該條約之簽訂而在法律上成中國之一部分。此點因與聯合國之利益有關，不

僅適用於在多邊和約生效前之雙邊和約，抑且適用於此後之各項協定。"㊲

美日兩國抓住台灣當局急於在多邊和約之前與日本簽約的焦躁心理，逼迫台灣當局接受損害自己"主權"的適用範圍條款，更重要的是，要台灣當局自己拿出"限制自己主權"的辦法。同時美國堅持不許台灣當局明確台灣已屬於中國的一部分之事實，實際上早在6月26日美國國防部長致國務卿的函件中就要求"對日和約應建立某種不以和約第三條中寫入或暗示可能使共產黨中國合法要求台、澎等島（現在美國控制下）主權為基礎的內容。"㊳ 美國此舉的目的，是擔心失去公開干涉中國內政——台灣問題的依據，從而也為日後的"台灣地位未定論"打下基礎。

這次會談後，葉公超向"行政院"報告，9月22日由蔣介石主持最高會議，決定擬定兩項適用範圍解決方案，㊴ 26日遞交美方。台灣當局以"外交部"名義發表的備忘錄稱"獲悉美利堅合眾國願意盡力促成中華民國與日本締結一項雙邊和平條約，該項條約可在多邊和平條約簽字不久即行簽署，但須基於下列了解：中國政府對多邊和平條約不作重要修改，且在該項條約簽字之前，議定一項關於雙邊實施範圍之方案，而該項方案無論如何不得影響中華民國在聯合國之現有地位及其對於中國大陸之合法主張。為此提出兩項供選擇之方案，以作磋商之基礎。甲、在雙邊和平條約簽字之時，中華民國全權代表將發表下列聲明：'本約旨在適用於中華民國之全部領土。對於該領土中因國際共產主義之侵略，而暫被共產黨軍事佔領之區域，中華民國政府茲願承諾：一俟該區域歸其有效控制之後，當即將本約對之實施。'乙、在中華民國政府與日本政府交換雙邊條約之批准文件時，將下列聲明載入雙方同意之記錄：'關於中華民國之一方，本約應適用於現在中華民國政府控制下及將來在其控制下之全部領土。'"㊵

可以看出，台灣當局提出的上述兩項選擇案的乙案，日後除了把"及"改成了"或"之外，全文被1951年12月24日的《吉田書簡》所引用，並成為該書簡的精髓。

在接到台灣方面的選擇案之後，10月19日美國國務院以照會形式做出答覆："(1) 國務院認為乙方案比甲方案較為可取；(2) 已指示大使館，要求外交部對下列另一選擇方案發表意見'雙方互相諒解，本條約在任何時間均適用於締約任何一方實際控制下的全部領土'；(3) 條約一經簽字，有關適用範圍的協議即行生效，但此項諒解是否包括在條約中並不重要。"④ 美國備忘錄中提到的另一個選擇方案顯然是其與日本政府商討後提出的，而且在很大程度上反映了日方的觀點，在 12 月 24 日的吉田致杜勒斯的書簡中，乙案成為其核心內容，在台日正式談判條約的適用範圍條款，及解釋該條款時，日方也恰恰使用了完全相同的語言，不過日方與美國分歧是堅持該項內容為《台日條約》的核心內容。

10 月 24 日，台方照會美國，對美國提出的方案 (筆者認為這實際上也是日本的方案) 做些 "小的修改" 後表示接受。其修改後的內容是 "雙方互相諒解，本條約將適用於締約任何一方目前及今後可能在其實際控制之全部領土"，"外交部並願聲明，中國政府對該項方案不應列入和約條文內一節，殊予重視。"④ 這裏 "雙方" 一詞的記入保持了台灣當局的體面，使適用範圍具有 "相互性"。不過台灣的 "小的修改" 即 "及今後可能在其實際控制之全部領土" 的提法在實際談判中並沒有得到日本的響應。就這樣，在台灣政權提出限制自己 "主權" 的條約適用範圍條款案後，滿足了日方的要求，也就是説締結《台日條約》的先決條件得到滿足，也意味着戰後決定台日關係和中日關係的《吉田書簡》的基本框架也已經被確定了。

不過，形勢並沒有像台灣當局期待的那樣發展，日本政府始終擔心由於與台灣當局締約，而使其與中國大陸的關係完全關閉。10 月 25 日，吉田內閣官房長官岡崎勝男在會見董光顯 (後為台灣駐日 "大使") 時，有一段對話，岡崎："日本深深地擔心與貴國締結雙邊條約，大陸的中國國民會敵視日本。" 董："日本的領袖如何看待與我國締結和約？" 岡崎："我國現在的政策是靜待時機。《舊金山條約》批准前甚麼也幹不了。待我國獨立自主後，再研究甚麼時候和中國，或者選擇哪個中國簽約。我國尊重中華民國政府，但是遺憾的是中華民國政府的領土僅限於台灣。"④

10 月 30 日吉田首相在回答第一俱樂部議員羽仁五郎質詢時表示，希望在"北京和台北之間保持等距離外交。"[44] 對此，台灣當局大為惱火。31 日，台"外交部"緊急約見美公使藍欽，要求了解吉田發言的"真意"和美國的解釋。台灣當局在表示"憤慨"的同時，稱"貴方所能加於我方之最壞事項，莫若給與我方以錯誤之希望，而無意使此希望見諸實施。"同時，台方強烈督促美國"影響"日本。[45] 台灣當局的憤怒除了因被孤立的危機感外，更是由於前不久被迫做出限制"主權"的讓步並沒有得到應有的"回報"，美國也沒有拿出日本確實準備與台灣締約的證據。

11 月 5 日，藍欽向台灣傳遞了美國國務院發來的口頭答覆"(1) 國務院對吉田在國會之言論事前並無所悉，其也未經 GHQ 批准；(2) 國務院願奉告：美國政府反對日本政府與中共拉攏關係之任何企圖，並反對日本政府與中共間交換海外代表；(3) 上述見解已再度向日本當局強調；(4) 美國對日台間雙邊條約立場未變；(5) 美國政府將繼續努力，促成雙邊條約談判和締結，並與多邊和約同時生效或在多邊和約生效不久之後即行生效。"[46]

11 月 7 日，以副國務卿致巴黎使館名義的電報中稱，"很在意英國工黨的對華政策，但英國大概不會反對日本與台灣締結一個至少是'有限的和平條約'。我們已經與台北商討了數月，但還不清楚（蔣介石）委員長是否願意接受這個限制條約（limited treaty）。"[47] 22 日，美駐巴黎大使布魯斯（Bruce）致國務卿的電報中報告，英國外長艾登"同意我們設想的承認國府現實地位的條約條款"。[48] 27 日，負責遠東事務的美國助理國務卿梅賢得（Merchant）在其手寫的備忘錄中表示"我們設想的條約適用範圍是承認現實，而能夠限制中國（台灣當局），我們已經與中國人（而不是日本人）就此限度談過。"[49] 27 日，副國務卿臘斯克與吉田茂會談，說服日本與台灣當局締約。而吉田認為"中共可能改變與蘇聯的政策"，並指出美英在承認中國政策上的分歧，"我並沒有試圖就此問題施加壓力而與日方得出結論，因為吉田拒絕在此問題上表示任何明確的態度。"[50]

11 月 29 日，顧維鈞走訪杜勒斯，傳達台灣的"不安"，因日本內閣官房長官向台灣人士表示"日本與國民黨中國締結和約是不可思議的"，顧再次要求美國拿出使日本與台灣當局締約的確切保證。杜勒斯稱"他與吉田達成的諒解雖不是明確的協議，但對其理解雙方均明確無誤。"顧告訴杜氏：國民黨政府"已經同意採用乙案，美國提出的互惠內容的修改，雖該案稍加複雜，我國政府還是接受了。"杜勒斯則不贊成互惠內容為方案，"因為會造成日本得在將來奉行領土擴張政策，修改的真正原因是出於對前途待定的琉球羣島的考慮"，杜氏答應將來搞清楚該案。[51] 30 日，駐日政治顧問西波爾（William Sebald）在致國務卿的電報中報告"目前日本政府在中國政策上立場重要的包括：(1) 日本將不承認，或與共產中國建立政治關係；(2) 日本不應在另一方面保證與現實國府的政治關係或排除未來與共產中國實際關係，特別是貿易關係；(3) 鑒於英美在中國政策上的分歧，日本不願表態接受中國的任何一方而得罪英美任何一方"，"國府應採取主動，相信日本人會同意非正式討論雙邊條約可能的條款，但是會見風使舵地避免使談判在多邊條約生效之前結束。"[52]

第四節
《吉田書簡》

在《舊金山對日和約》簽字後，關於日本與中國媾和的問題在美英之間，美英與日本之間，美英、日本與台灣當局之間都展開的激烈外交戰。英國當時已經承認中華人民共和國政府，並要求日本與中華人民共和國政府媾和，而日本也有與中國大陸保持關係的願望，同時有對中日貿易關係及通過西方國家保持與中國接觸，離間中蘇等外交考慮，吉田明確表示願意考慮在上海建立貿易事務所的可能性。對於日本可能的行動，美國採取了堅定的態度。1951 年 12 月 6 日，杜勒斯帶領史密斯（Alexaunder Smith）和斯帕克曼（John J.Sparkman）兩名參議員訪日，與日本政府討論對中國的媾和問題，日本政府在 12 月 13 日的會談中向美方提交了《日本國政府與中華民國國民政府之間設立正常關係的協定案（要領）》,[53] 該協定案清晰地反映了這個時期，日本政府對與台灣當局締結何種關係的基本觀點，十分重要，全文翻譯如下：

日本國政府與中華民國國民政府希望根據 1951 年 9 月 8 日在舊金山市簽訂的《與日本國和平條約》所規定的原則實現遠東的和平和穩定，另一方面，鑒於中國的形勢，承認目前還不可能就前記和平條約第 26 條調整日本國與中國之間的全面關係。因此，協定根據前記和平條約的原則，而且在中華民國國民政府事實上行使統治機能的範圍內，決定實現兩政府間的關係正常化，及□□□□□□□□□□□（空格為被塗抹，未公開的內容），解決若干未決的□□問題，訂立如下協定：

1、在本協定生效的同時，日本國的領域與台灣及澎湖島之間的交通重新開始。同時，兩政府間交換特使。

2、兩政府為締結（舊金山）《對日和平條約》第四條（a）[54] 規定的內容開始談判。

3、中華民國國民政府同意在該協定生效時同時釋放在中國戰犯法庭受審被拘留在日本國內的日本國民（指日本戰犯）。

4、日本國與台灣及澎湖島之間的通商及航海在最惠國待遇基礎上進行。

5、截至民間航空協定締結為止，日本國政府在該協定生效後四年間，將繼續給予民航空運公司現在已經取得的航空交通權利。

6、以上規定根據《對日和平條約》第 21 條不損害中國應有的利益。

7、該協定簽署時同時生效。（註：該協定在《對日和平條約》最初生效後簽署）

從該協定案可以看出，日本政府完全沒有與台灣當局簽訂和平條約的意思，只不過要簽訂一個與台灣地區之間的"交通、通商協定"。而且，其前提還如協定案前言所寫明的，"鑒於中國的形勢……因此目前不可能全面調整日本國與中國關係"，協定的適用範圍也只能限制在日本與台灣地區。但是日本還是要把多國條約的原則強加給台灣當局，並要求台灣當局同意釋放日本戰犯等其他與和平條約有關的內容。不過，美國不同意日本提出的協定方案。杜勒斯在與吉田茂的會談中威脅，日本與北京政權的接近將使美國會批准和平條約變得困難，向日本施加壓力，要求日本與"中華民國"締約。

在談判舞台移至東京後，台灣方面提出的"適用範圍條款乙案"成為12月18日杜勒斯在與吉田茂會談拿出的杜勒斯原案底稿。會談中，吉田對台灣案中的"將來在其控制之下全部領域"一句表示不同意，直到杜勒斯回國為止，再三要求刪除。但是杜勒斯拒絕對此作出"任何一個字"的讓步，也是美方"以實力外交方式強加給日本的內容"，"杜勒斯頑固地、完全沒有回應的意思。"[55] 不過對於為甚麼杜勒斯頑固堅持，日美的學者幾乎都沒有當作問題，也沒有做出解釋。筆者認為，正是由於該項內容是美台之間事前協議的核心內容，也是台灣當局可能接受的底線，是不可能再由美國單方面修改的部分，所以杜勒斯才拒絕日方的修改要求。

吉田在與美國的會談中提出了在中國代表權問題解決之前，暫時延期締結日中之間媾和條約，換之以締結旨在與台灣當局之間關係正常化的協定。但是杜勒斯對此持否定態度。相反杜勒斯逼迫日本在其擬議好的表明將與台灣當局締結雙邊條約的備忘錄上簽字，該備忘錄就成為日後的《吉田書簡》。[56] 就這樣，台灣當局在被多數國家否定，沒能參加多國對日媾和會議後，好不容易通過美國的"援助"而得到了與日本締結條約的機會。

儘管日方曾經"強烈抵制"，但是在《台日條約》談判當中，《吉田書簡》限制範圍內容卻被日方作為"最高指導原則"而活用。日方堅決拒絕對《吉田書簡》核心內容的適用範圍部分作任何一個文字的修改，即使其內容是"錯誤"的也要堅持，這一強硬立場貫穿了談判始終。對照日台雙方的史料，可以了解雙方在條約的性質、條約適用範圍以及賠償問題等事關重大原則的問題上，一直爭執到簽字為止。日方如此頑固堅持適用範圍立場的原因是不承認台灣當局能夠代表全中國，也希望為日後中日關係留下餘地。

《吉田書簡》是在《舊金山條約》之後，圍繞中國問題在美日之間交換的外交文件，它確定了此後 20 年當中日本對華政策的基本原則。該書簡是包括媾和在內的日本對華政策的最重要文件，它對日本與台灣當局簽訂的《台日條約》產生了深遠的影響，規定了戰後相當長一個時期內中日關係的基本框架，是可以稱為持續到 1972 年 9 月《中日聯合聲明》發表為止，日本"對華政策的憲章"。鑒於此點，特將其核心內容紀錄如下：

吉田首相致杜勒斯特使的信函

……我國政府在法律允許之時，如果中國國民政府也希望的話，準備與其根據多國和平條約所宣示的各項原則，締結旨在恢復兩國間正常關係的條約。這項雙邊條約，對於中華民國來說，將適用於中華民國國民政府控制之下或將來在其控制之下領域。我們將與中國國民政府之間就此問題進行研討……從上述立場出發，我可以確切地說，日本政府沒有與中國的共產政權締結雙邊條約的意思。

在日本，一直把《吉田書簡》看作是美國外交壓力的結果，日本政府被認為是"被動的"。[⑦] 然而，日本政府在事後的《台日條約》談判中，堅持"被美國強加的"《吉田書簡》強硬立場，全面貫徹和活用該書簡的史實也表明日本政府在不承認台灣當局對"全中國的代表地位"和限制台灣當局"主權"中所發揮的主導作用。日本政府把在《台日條約》設立適用範圍條款——條約只適用於台灣當局控制的地區——作為與台灣當局"締約"的先決條件。

如前所述，條約適用範圍條款對台灣當局的"主權"產生重大影響，所以台灣當局也不可能完全被動地坐視不問，或"坐以待斃"。台灣當局在事關"政權存亡的危機關頭"，拼命抱住主導對日媾和會議的美國，反復說服美國壓日本政府與其締結條約，想方設法與日本"媾和"。以此來取得盡可能多的國家的"承認"，以擺脫自己政權崩潰的危機。日本政府的想法則是希望通過限制台灣當局的"主權"的條約來達到迅速使美國會批准對日媾和條約，早日獲得獨立；而又牽制中國，還能為今後與中國建立關係留下餘地的雙重目的。日台雙方的企圖和利益不同，但在締結限制性的、不適用於中國大陸的"媾和條約"問題上達成了"共識"。

12 月 27 日，杜勒斯從東京返回後，馬上向顧維鈞說明美日會談的情況，其中杜勒斯雖然按照美日之間的約定[58]沒有直接提及《吉田書簡》，但是暗示他已經取得了日方關於準備與台灣"締約"的確切承諾。1952 年 1 月 14 日，在美英首腦會談後舉行的杜勒斯與顧維鈞會談中，杜勒斯告訴顧維鈞，"日本首相不僅急於，而且高興同國民政府建立關係，只有一點使他猶豫，那就是美國與英國對這件事在看法上有分歧。吉田要求美國消除英國的反對，這樣日本就便於按自己的意圖行事了"；"日本政府將在今後幾天內發表一個官方聲明，說明它打算開始同國民黨中國談判雙邊條約。"[59]這裏可以了解日本的態度，就是日本還要利用美國的"外壓"來抑制來自英國的"外壓"，以對付國內的反對派。結果是美國作了"惡人"。

《吉田書簡》在 1952 年 1 月 16 日由美國駐台公使遞交台灣當局，接到該書簡後，蔣介石立刻親自批示："（1）派定和談代表（發表消息）。（2）要求美國派員參加談判。（3）必須於多約有效以前簽字（正式）"。[60]

蔣氏的上述批示，有兩點值得注意，其一是要求美國派員參加談判，顯然是希望利用美國繼續壓日本就範。在雙邊會談中讓第三方參加本身也說明台灣當局自感地位低下，沒有信心，對談判前景不樂觀，到了不得不藉助美國的地步。其二，要求在多邊條約生效前簽字。這無疑給台灣當局的談判代表以有形無形的壓力，也必然使其為了按期達成協議而作出不必要的讓步。談判還沒開始，對台灣方面的不利局面便可想而知。更值得注意的是，對《吉田書簡》中提到的明顯限制自己"主權"的適用範圍部分，蔣介石居然沒有表示任何不滿和抗議，並要主動付諸實施，這不能不使人對台灣當局的做法感到不解。這裏只能有一個解釋，就是這個限制"主權"

的內容恰恰是台灣當局自己製作的，自己不得不接受的東西，是"自作自受"的苦果。

當然，在適用範圍條款中，通過加入"將來控制的領域"詞句，想給人一個日本政府"支持台灣政權反攻大陸政策"的印象，從而斷絕日本可能與中國大陸建立關係的企圖。果然，中華人民共和國外交部副部長章漢夫在聲明（1月23日）中嚴厲批判《吉田書簡》，指出"這個信件是戰敗後的日本反動政府同美帝國主義互相勾結起來，對中國人民及中國領土重新準備侵略戰爭鐵證。是繼《舊金山對日和約》之後，又一次對中華人民共和國最嚴重、最露骨的挑釁行為。"[61] 5月5日，周恩來外長再次發表聲明指出"吉田政府竟然依照其美國主子的命令，與早為全中國人民所一致棄絕的台灣蔣介石殘餘集團勾搭一起，甚至狂妄無恥地說他們所訂的'條約'應適用於'現在中華民國政府控制下或將來在其控制下之全部領土'……中央人民政府聲明，對於公開侮辱並敵視中國人民的'吉田蔣介石和約'是堅決反對的。"[62]

從上述歷史經過可以清楚看出，《吉田書簡》的原案儘管是杜勒斯提出的，但是其核心內容——條約適用範圍——是在美台之間事先經過反復磋商的基礎上，由台灣當局撰寫，並經美國認可後向日本政府提出的，也是《吉田書簡》核心內容的原案。筆者認為，《吉田書簡》的基本內容——適用範圍條款，不是杜勒斯的作品，而是"被限制了主權"的"受害者"台灣當局自己的"傑作"，也是所謂美、日、台、英複雜的外交牽制因素相互妥協的產物。毫無疑問，這個限制台灣"主權"的規定，如果沒有台灣當局的事先認可是不可能成立的，即使成立也是沒有意義的，事後再壓台灣當局認可也是極為困難的。《吉田書簡》的公佈，確定了戰後日台關係的基本框架，也導致了此後20年中日關係的不正常狀態。台灣當局通過自己確定的"最低條件"——"將來控制下的領域"這一可能解釋為"反攻大陸"政策在國際上被堅持和"認定"，從某種意義上可以說是台灣當局在脆弱立場下的"反擊"。通過上述實證研究弄清楚《吉田書簡》的真相，不僅對於戰後中日關係史的研究有重要意義，而且對於現實中日關係中如何理解和評價在《吉田書簡》背景下簽訂的《台日條約》也有重要的現實意義。

還要再次指出，《吉田書簡》中關於條約適用範圍條款的設定是訂立《台日條約》的先決條件，沒有這個先決條件，日美都堅持不會同意《台日條約》的立場。這也確定了《台日條約》對台灣當局的基本性質，即《台日條約》只能適用於台灣當局控制的、中國的一份部地區——台灣地區，更確切的說是《台日條約》不可能適用於中國大陸。這是日美之間的共識，也是台灣當局也不得不接受的現實。此點的重要性需要特別確認。同時，這一條款的確定，使台灣當局堅持要求作為"中國政府"對日"媾和"成為可能，但是並不被日方認可，日方在談判中重申適用範圍條款，認為日本與中國大陸之間關於戰爭處理的各項問題都不能通過《台日條約》得到解決。台灣當局則為了堅持"代表全中國"的立場，而在一系列重大原則問題上步步退讓。其結果是，《台日條約》確認，該條約只適用於台灣當局控制的地區，中日之間的戰爭處理等所有問題都沒有得到解決。這一重大"瑕疵"從《台日條約》締結到被日本政府單方面"終了"為止，被人們忘卻和"忽略"了。

日本通過《吉田書簡》正式表明要與台灣締約，使事態開始朝着台日"締約"的方向發展。1952 年 1 月 18 日，葉公超"外長"發表聲明"書簡足使關於此問題之誤解得以廓清，中國政府現準備隨時與日本政府開始商洽，俾和約得以早觀厥成。"[63] 同日，葉公超告訴藍欽準備簽訂"與《舊金山條約》大致相同"的《台日條約》，希望美國支持，並要求轉告日方。葉表示"我方將商談隨時轉告美國政府。我方並希望在商談過程中，美國政府將視需要情形隨時居間斡旋，以使此項和約談判得以順利告成。我方對美，特別是杜勒斯先生在中、日進行和約談判中的努力深為感激。今後我方繼續盼望美國政府以《舊金山和約》主持者及對日主要佔領國之身份，始終協助我方進行談判。但中國政府對杜勒斯的辦法，即在《舊金山和約》生效前，我方只能草簽（initial）雙邊和約稿一節，我方殊不以為滿意，我方不願見中國之地位降於《舊金山和約》第 26 條所視定之地位。"⑥⑤ 次日，美方約見葉公超，提交美國國務院的關於簽字時間和適用範圍等答覆，"(1) 美國政府一貫立場為：日本與其他國家之間雙邊條約可在多邊和約生效之前談判並將最後約稿草簽，但雙邊條約的正式簽字，不能在《舊金山和約》生效之前舉行。（2）關於雙邊和約實施範圍，美國政府相信為避免對日本將來擴張領土有所誤解起見，當以使用一項單邊條款（按：即指該條約僅適用於締約國一方）為佳。美國政府認為如此亦不致將任一簽字國置於較劣地位。"⑥⑤ 也就是說美國否定了台灣當局希望的寫入雙方適用範圍的"對等性"和《舊金山條約》生效前的簽字日期。

2 月 6 日，在日本參議院全會上，針對曾彌益（社會黨右翼）議員提出的質詢，吉田首相表示："與台灣關係準備按照給杜勒斯的書簡所說的那樣，為建立友好關係簽訂一個條約，不過關於這個條約是甚麼性質，因為怕影響談判所以這裏不能說。"⑥⑥ 岡崎勝男外相則表示："對中國國民政府是否賠償將由談判而定，當前政府有預案，但是不能說明。"同日，在參議院外交委員會上，佐佐木盛雄（自由黨）議員提出："多邊條約規定的賠償要求權問題，應該是統治中國大陸的政府 —— 中國政府所有，台灣的國民政府不應該有賠償要求權。政府的見解如何？"石原幹市郎（外務省政務次官）："我認為台灣的國民政府沒有賠償要求權。"佐佐木："不承認國民政府對台灣的領土權，卻又說其為主權者是不可能的。"石原："我方不能積極提出台灣的歸屬問題。不過國民政府是日本簽署的投降書的簽字國，也被多數國家承認，這次是與這一國民政府為對象的，不過即將締結的條約只是根據該政府現實控制的施政範圍，即台灣、澎湖島，是基於這樣的現實，而準備簽訂限制性條約。我認為這在邏輯上是可能的。"⑥⑦

從上述日本國會的答辯內容也可以看出，在日台談判之前，日本方面並不承認將要與台灣當局締結的是和平條約，並且明確表示台灣當局沒有對日本提出戰爭賠償要求等關於中日戰爭處理的權利。同時，日本政府又表示與台灣當局的談判，作為有一種限制性承認"也沒有甚麼不可以的"。

日本政府正是以一種不承認台灣當局為全中國代表政府的心態而與其"締約"談判的。也可以說，這是這個時期日本政府的基本心態。

第五節
《台日條約》締約雙方的資格問題

1952 年 4 月 28 日凌晨，日本代表在台北與台灣代表簽署所謂《台日條約》。在此兩年多前的 1949 年 10 月中華人民共和國政府的成立已宣告了"中華民國政府"作為中國合法政府的結束。到 1952 年 4 月台灣政權只控制着台灣、澎湖及中國沿海幾個島嶼，喪失了對中國 97% 的領土實際控制，喪失了合法性和正統性，喪失了代表中國人民的資格和能力。雖然這個時期，在國際承認上存在分歧，但一個政府的正統性和合法性主要來自本國人民的支持，國共三年內戰結果人心向背分明。當時台灣政權如果沒有美國等國際勢力的武力保護，連台灣地區的統治也難維持，也沒資格代表中國簽署條約。

再就日本政府的資格而言，根據《波茨坦公告》，日本政府無條件投降後，盟國對日本實施保護性佔領，日本政府的主權被剝奪，到 1952 年 4 月 28 日《對日和約》生效為止，日本政府沒有對外締結條約的權能。沒有遠東委員會（Far Eastern Commission）和對日理事會（Allied Council for Japan）的同意和認可，日本政府無權對外締結條約。1945 年 9 月 6 日，日本帝國會議向盟國佔領軍總司令麥克阿瑟發出的通知也承認，（天皇及日本政府的統治權限置於貴官節制之下），沒有國家主權。對日佔領軍總司令部（GHQ）禁止日本政府與中立國和盟國代表接觸，日本的外交權被停止。因此，在沒有盟國對日委員會等國際機構授權下，日本政府及其"全權代表"的締約資格不能不受到嚴重質疑。假如美國政府及其控制的盟國對日佔領機構越權私自授權日本政府締結條約，也是違反相關國際法規定的，是沒有國際法依據的，其法律地位也是無效，至少是存疑的。這種行為也是與美英達成的"獨立後的日本選擇締約對手"的協議相抵觸的。對此，日本官方及學術界均不敢提及。

而台灣當局強調，與日本締結的"和平條約"是在《舊金山條約》生效七個半小時前簽署的，[⑧] 這就證實了筆者的結論，即日本政府全權代表與台灣締結"中日媾和條約"的資格都是非法的、無效的。台灣當局之所以強調《舊金山條約》生效前締約，是試圖通過締結對日條約來宣示所謂"盟國地位"和政權的正統性。可是自相矛盾的是，台灣當局居然簽訂一個限制自身"主權"的"條約"，即"條約只適用於台灣當局實際控制之下地區"。這個限制條款把台灣當局的性質表述的十分清晰，即不是"全中國的合法政府"，而僅是中國台灣地區的地方政權。因此《台日條約》不可能是中日媾和條約，締約雙方的資格都是不合法的、無效的，從根本上否定了該"條約"性質和法律效力。

註　釋　【End notes】

① 詳細請參照張海鵬〈與王小波教授商榷"不完全繼承的理論"〉，(台北)《海峽評論》，1994年3期。

② 中國國務院台灣辦公室與新聞辦公室《一個中國原則與台灣問題》白皮書，2000年2月。

③ 勞特派特監修《奧本海國際法》上卷，第二分冊，商務印書館，1972年版，2頁。

④ 美國政府自己破壞了聯合國家宣言關於"不單獨媾和"規定，美國也沒有不邀請中國參加和會的國際法依據，這裏應該明確記錄美國公然違反國際法的嚴重問題。

⑤ 《顧維鈞回憶錄》第九卷，中國社會科學院近代史研究所譯，中華書局，1989年，123頁。

⑥ 細谷千博《通向舊金山媾和的道路》，(日)中央公論社，1984年。

⑦ 日本外務省第七次公開史料《對日媾和條約關係準備研究關係》第五卷，35~46頁。

⑧ 日本外務省第七次公開史料《對日媾和條約關係準備研究關係》第五卷，105~107頁。

⑨ 日本外務省第七次公開史料《對日媾和條約關係準備研究關係》第五卷。

⑩ （日）吉田茂《回想十年》第三卷，新潮社，1957 年。

⑪〈蔣總統條諭之對日和約方針〉，《戰後中國》（四），713~714 頁。

⑫〈駐華公使藍欽提議締約之兩種方式〉，《戰後中國》（四），721~722 頁。

⑬〈葉公超部長遵照政府決定提出兩種方案〉，《戰後中國》（四），723~724 頁。

⑭〈駐美大使顧維鈞向美方提出兩點補充修正辦法〉，《戰後中國》（四），726 頁。

⑮《顧維鈞回憶錄》第九卷，140~141 頁。

⑯《顧維鈞回憶錄》第九卷，149 頁。

⑰《戰後中國》（四），731 頁的兩個題目。

⑱〈美國國務卿杜勒斯首先提出條約實施範圍問題〉，《戰後中國》（四），733~734 頁。

⑲ 外交問題研究會《金山條約與中日和約的關係》，（台）《中日外交史料叢編》（八），1966 年，142~143 頁。

⑳《顧維鈞回憶錄》第九卷，157 頁。

㉑ Foreign Relations of the United States（FRUS），1951, Wol.6, Asia and the Pacific, p.1185.

㉒ 外交問題研究會《金山條約與中日和約的關係》，（台）《中日外交史料叢編》（八），1966 年，61~63 頁。

㉓《顧維鈞回憶錄》第九卷，179 頁。

㉔ FRUS, 1951, Vol.6（Ibid），p.1188.

㉕《戰後中國》（四），715~716 頁。

㉖《戰後中國》（四），717~718 頁。

㉗《戰後中國》（四），719~720 頁。

㉘《戰後中國》（四），735~736 頁。

㉙《戰後中國》（四），738~741 頁。

㉚ FRUS, 1951, Wol.6（Ibid），pp.1279~1280.

㉛《戰後中國》（四），744~745 頁。

㉜《戰後中國》（四），746 頁。

㉝《戰後中國》（四），747~748 頁。

㉞ FRUS, 1951, Vol.6（Ibid），pp.1311~1312.

㉟ Ibid, pp.1343~1344.

㊱ Ibid, p.1349.

㊲《戰後中國》（四），750~752 頁。

㊳ FRUS, 1951, Vol.6, p.1157.

㊴《顧維鈞回憶錄》第九卷，142~143 頁。

㊵《戰後中國》(四)，753~754 頁。FRUS, 1951, Vol.6 (Ibid), pp.1362~1363.

㊶《顧維鈞回憶錄》第九卷，245 頁。

㊷《戰後中國》(四)，754 頁。

㊸ 林金莖(台灣當局前駐日“外交官”)《梅與櫻 —— 戰後的日華關係》，(日)產經出版，1984 年，124 頁。

㊹ 細谷千博《通向舊金山的道路》，(日)中央公論社，1980 年，300~301 頁。

㊺《戰後中國》(四)，760~762 頁。

㊻《戰後中國》(四)，763 頁。

㊼ FRUS, 1951, Vol.6, p.1393.

㊽ Ibid, pp.1408~1409.

㊾ Ibid, p.1400.

㊿ Ibid, pp.1416~1417.

(51)《顧維鈞回憶錄》第九卷，254~259 頁。

(52) FRUS, 1951, Vol.6, pp.1419~1421.

(53) 外務省公開史料(微縮卷)，B-0009, No.9, 原本 No.0048-0051。

(54)《舊金山對日和約》第四條 (a) 款是指日本與有關國家間相互財產處理問題的規定。

(55) 細谷千博《通向舊金山的道路》，(日)中央公論社，1980 年，300~301 頁。

(56) 參照殷燕軍《吉田書簡與台灣》，日本國際政治學會《國際政治》第 110 號，1995 年 10 月。

(57) 參照細谷千博前引書；石井明《中國與對日媾和》；渡邊明夫、宮里政玄編《舊金山媾和》，東京大學出版會，1986 年；西村雄熊監修《日本外交史 —— 舊金山和平條約》(《日本外交史》第 27 卷)；田中明彥《日中關係 1949~1990》，東京大學出版會，1991 年。台灣方面基本上對此事緘口不談，如《蔣介石秘錄》共 15 卷，產經新聞社，1977 年；林金莖前引書等。中國大陸學者也基本上認為《吉田書簡》是杜勒斯的作品，如赫赤等編《戰後日本政治概說》，中國社會科學出版社，1983 年等。美國著名學者 John W.Dower 也認為《吉田書簡》是杜勒斯及其助手所作，但沒有涉及台灣當局在其中所發揮的作用，參照 John. W.Dower 前引書《吉田茂及其時代》下卷，等等。

(58) 細谷千博《通向舊金山的道路》，(日)中央公論社，1980 年，299 頁。

(59)《顧維鈞回憶錄》第九卷，278~279 頁。

(60)《總統府檔案・蔣總統批示》，《戰後中國》(四)，771 頁。

(61) 田桓主編《戰後中日關係文獻集 1945~1970》，中國社會科學出版社，1996 年，118 頁。

(62) 同註 (60)，123~125 頁。

㉖ 《戰後中國》（四），771~772 頁。

㉗ 《戰後中國》（四），772~773 頁。

㉘ 《戰後中國》（四），773~774 頁。

㉙ 昭和 27 年 2 月 6 日，官報號外《參議院會議錄》第 11 號，3~4 頁。

㉚ 《第 13 次國會眾議院外交委員會會議錄》，第 3 號，11 頁。

㉛ 《外交部部長葉公超向立法會提出中日和平條約案之補充説明》，秦孝儀主編《中華民國重要史料初編・對日戰爭時期・第七編・戰後中國 (四)》，中國國民黨中央黨史會，1981 年，1074 頁。

第四章《台日條約》談判及其與中日媾和的關係

　　《台日條約》是日本在中華人民共和國成立以後，與退守台灣的國民黨當局訂立的，其合法性和有效性一直受到質疑。中國政府始終徹底否定該條約，認為該條約是 "非法的、無效的"。在此背景下，中日兩國學者都對該條約缺乏全面系統的研究，對於該條約對中日關係的整體影響，特別是對國際法意義上的中日關係的影響沒有深入的觸及。但由於締約方之一的日本政府，至今堅持該條約的 "有效性"，至少是 "終了" 前是 "有效" 的立場，所以這個從來就不被中國政府所承認的 "條約" 還是在客觀上、事實上嚴重地影響着中日關係的健康發展，甚至今日仍影響着中日法制關係的建設，其惡劣性質不容低估。因此，對其地位不能不進行全面的研究和分析，以便使我們能對戰後中日間戰爭與和平的根本問題 —— 媾和問題有個全面的理解和認識。

第一節
《台日條約》在戰後中日關係中的地位

　　如前所述，《台日條約》是日本與台灣當局及其 "撮合者" 美國之間討價還價的結果，其焦點是與中國有關的內容。雖然日美兩國從一開始就明確把該條約的適用範圍和有效性嚴格限制在台灣當局控制的台灣地區，但美、台、日各自的目標及立場完全不同。首先，美國利用對日媾和條約的主持國身份和對日單獨佔領的有利地位，為其全球戰略，特別是為冷戰政策服務。在朝鮮戰場中美對抗的情況下，美國的對華政策是以全面孤立和封鎖中國為中心的。同時在美國國會親蔣勢力的推動下，力圖通過對蔣介石集團的支持來遏制中國，以便從尚未完全統一的中國獲取最大利益。其次是日本，作為當事國，日本政府急於實現媾和，以便重新取得獨立權，擺脫佔領期的束縛。在冷戰形勢下，日本完全投入以美國為首的西方陣營，為了實現媾和及防止國內"赤化"，也需要按照美國的意思與台灣當局建立關係。不過中國的形勢已全面明朗，國民黨集團大勢已去，日本並不想完全按照美國的要求，與一個虛構的政權之間訂立有關中國的條約。因為日本明白早晚要面對中國大陸。從中國的現實出發，吉田政府的對華政策是一種"靜觀"的態度，即等待形勢進一步明朗，至少給未來與中國大陸的關係留下一定的餘地。所以日本政府始終對和台灣締約持消極態度，但從迎合美國和自身利益考慮，日本認識到與其同"強硬的中共"談判，不如利用美國的壓力，利用台灣當局脆弱地位得到最大的好處，也為日後同中國大陸的談判取得籌碼。因此，日本同意在"有限地承認"台灣當局的前提下，簽訂一個有限制的"條約"，既能滿足美國的需要，又能最大限度地減少本應付出的對華媾和的巨大代價。因此日本政府在談判中堅決貫徹兩點：第一，不承認台灣當局對中國大陸的"主權"；第二，《台日條約》只是與台灣當局控制地區間的"條約"，而非全面的中日和約。但採取給台灣當局一點面子以換取其最大的實質性讓步的策略。

對已喪失對大陸的控制，在現實中和形式上都已無法代表全中國的台灣當局來說，能否與日本簽訂"條約"是事關"生死的大事"，即維持"中國政府"的正統性問題。它重視的與其說是條約的內容，不如說是"締約"的名義。與日本締約上升到能否保住其在國際社會上"中國的正統政府"名分的地步。在這場台美日交易的背後，中國利益遭受最大傷害，或者說中國大陸成為不在場的"交易對象"，這的確是歷史開的巨大玩笑。

上述幾點是《台日條約》談判及簽訂的基本背景。有關《台日條約》的研究並不多，特別是從中日媾和的角度去思考《台日條約》的研究更少，本書特把《台日條約》談判作為中日媾和全過程的一部分來考察。

在本章裏，筆者主要以日本外務省第九次公開《關於日華和平條約締結談判之件》（以下簡稱《台日條約之件》）的史料，中國國民黨中央委員會黨史委員會編印《中華民國重要史料初編：對日抗戰時期—戰後中國》（四）（以下簡稱《戰後中國》四），（台）外交問題研究會《中日關係史叢編（九）：中華民國對日和約》，以及美國外交史料等為依據，同時參考《蔣介石日記》、《顧維鈞回憶錄》等參與者的著作，對《台日條約》談判過程進行論證，其中台灣當局的史料着重記錄了談判的 3 次正式會議、18 次非正式會議及多次談話記錄的內容，不過對其內部的動向基本沒有涉及。因其記錄繁複，引用時有部分刪節。

日本外務省史料除了由台方記錄的會談過程外，特別重要的是包括了大量內部電報，記錄了談判各階段日方全權代表與外務省之間的溝通與爭論，對於理解整個談判過程有重要意義。還有美國國務院的公開史料（Foreign Affair United States）可以從側面旁證會談的一些重要細節。

當然台日雙邊都只公開了對自己有利的部分史料，或對公開史料進行了刪除塗抹，使不少談判內容只能依據單方面史料而無法比較。本書將以台、日、美三方的上述史料為基礎，並參照以往的研究成果，以中日媾和為基本線索，着重對《台日條約》談判中的條約名稱及性質、賠償、條約適用範圍條款等與媾和直接相關的問題進行探討，以弄清《台日條約》的問題所在，論證《台日條約》在中日媾和中的地位。

第二節

和平條約還是修好條約

一、圍繞條約名稱展開的交涉

在談判開始前，日台之間首先圍繞條約名稱問題反復磋商。1952 年 1 月 31 日，吉田茂首相通過外務省亞洲局局長倭島英二照會 “台駐日代表團長” 何世禮，日本政府 “將派遣河田烈（原財長）作為日本政府的全權特使赴台北，根據《舊金山條約》的原則，與貴國政府談判結束戰爭狀態和恢復正常關係的雙邊條約。” [①] 同日，外務大臣給台北事務所代理所長中田豐八郎的指示電中稱："此條約是按照美方與中方之間達成的諒解範圍，是致杜勒斯的《吉田書簡》的限度（Conclude a treaty which will reestablish normal relations between the two governments—包括兩政府間重建正常關係的條約—筆者註），即條約是重新開始兩國正常關係的條約，不使用和平字樣。（以下約兩行半塗抹未公開）因此本次按照中方（指台灣，原文如此—筆者註）的要求，考慮中方的希望，為使其具有和平的實質意義，而特別附加寫入'為結束戰爭狀態'的字樣，我方已經很好地照顧了中方發表時，把《吉田書簡》的內容融合進去的問題，知道貴官的苦處，但希望向中方説明並努力説服其理解這次我方的立場。"② 也就是説，從原來"正常關係再開"改為"終止戰爭狀態"已經是對台灣當局很大的照顧。

　　2 月 1 日中田走訪台"外交部"，聽完日方解釋後，胡慶育"外交次官"提出"國府極為重視和平條約名稱，為不傷害日本政府的權威，也為了救援國府的國內困難，可以提出的折衷方案是，由國府發出照會，在了解締結和平條約的前提下，作出接受該書簡并歡迎日方全權代表來台內容的答覆。"③ 3 日，日駐台北事務所來電，報告台方的要求。④ 在日方公開史料裏在"中日兩國"；"蔣總統在戰後對日本的寬大政策，並不意味着放棄了對日戰爭賠償要求，至少應該要求日方做出消費品、生產資料、勞務等的賠償"等多處都劃了下線，表明日方對上述問題的關心。2 月 4 日，何世禮向日本政府提交對 1 月 31 日吉田照會的答覆："照會中的'兩國間條約'應理解為'和平條約'，在此諒解的基礎上同意派遣河田烈作為全權代表訪台。"⑤ 此後連續從駐台北事務所發來電報，"台灣方面不僅要在實質上，而且要求在名稱上也必須是'桑港條約—《舊金山條約》'為原本的'雙邊和平條約'，態度十分強硬。"⑥

　　同時，日本國會也在議論與台灣的條約問題，政府苦於應對。吉田茂首相在國會答辯中反復確認與台灣之間的條約不是與全中國的和平條約。1 月 26 日，第 13 次通常國會參議院總會上，綠風會岡本愛佑議員問："（《吉田書簡》提到之條約適用範圍）我的理解，不是把台灣的國民政府當作中國全土的正統政府而締結條約的對象，而只將其作為台灣的政權，果真如此嗎？”吉田表示：“與台灣政府之間締結某個條約，與所謂中國政府締結和平條約，（台灣政府）不是作為中國的代表與日本之間進入和平條約關係這種意義上的政府。現在台灣政府在某個地區掌握實際控制權，並進行統治，基於這一事實，與其建立關係，是為了這一目的而締結的條約。”⑦ 2 月 6 日，眾議院外務委員會上，菊池義郎（自由黨）議員問：“條約是一個地區的限制性條約，該項諒解是否通過美國已經得到確認？”石原幹市郎外務次官稱：“根據《吉田—杜勒斯書簡》，所有問題都受其制約，（條約）以此為基準。”對黑田壽男（勞農黨）議員提問的“《舊金山條約》第 21 條規定的與中國條約，和與台灣的條約中的中國是一回事兒嗎？”石原表示：“國府不能不承認統治台灣的現實，根據《吉田書簡》就是說根據國府統治台灣的現狀的條約。從這個意義上說，（台日）條約中的中國意思並不是定義無限制的，與《舊金山條約》規定的中國的意義應該是不一樣的。”⑧ 也就是說，日本政府在談判開始之前，已經明確表示《台日條約》不是與中國的和平條約。

2 月 9 日，台日之間有如下討論。駐台事務所長木村四郎七：“關於條約的名稱正在最終研討階段。”葉公超：“本人了解美國與我及貴國磋商結果的諒解是，（1）中、日要締結的為和約；（2）實施範圍一點，不在條約中簽訂，而用其他方法表現之。”木村（微露驚訝之色）：“貴部長所談兩點，本人迄無所聞，吉田函件中並未提及‘和約’字樣，貴我兩方行將要商討締定之條約，如超出吉田函件範圍外，我國政府將極感困難。”葉：“對吉田首相所遭遇之困難，本人極為理解。可因‘實施範圍’之規定而將消弭。”木村：“實際並不如此簡單。（國會及輿論界均反對與台灣締約），如用‘和約’字樣，則反對之烈，更可想見。名稱如係‘和約’，則在內容方面，或不免加諸日本以過重之負荷，本國政府對於名稱問題，自不能輕予決定。”⑨ 11 日，葉公超就條約名稱問題致函日本駐台代表處及日本政府，“本國政府茲聲明：（1）首相所提‘雙邊條約’，本政府了解為和平條約。

（2）基於上述了解，對河田烈全權特使來台，表示同意。中國政府現正考慮遴派一位全權代表，並將攜帶有締訂中華民國與日本間和平條約之全權證書。倘河田烈氏所受全權缺少中國全權代表所具有者，則兩全權代表晤相互校對全權證書之時，或將立即發生嚴重之困難。"[10] 同日，葉會見美國公使藍欽。葉："席波先生（即 William Sebald，GHQ 政治顧問）（告本人）獲得強烈印象，即日方願稱此約為和約，但對貴方所稱'實質上之和約'究何所指，則頗有茫然而摸不到頭腦之感……其他事項應可留待以後商談，但此一根本要點必須在河田烈氏抵台前予以澄清。"[11]

2 月 13 日，葉會見木村。木村："日前針對美方詢問條約性質及實施範圍寫入條約一節，岡崎大臣答覆為'日本政府業已明瞭中國政府之立場，日本政府之態度如越出吉田函件之範圍，則在內部發生困難，且日本政府認為上述兩點，應為交涉內容之一部分。'日本政府訓令本人，（1）日本政府願以充分誠意考慮中國政府之立場；（2）關於席波傳達兩項問題，日本政府已賦予河田烈代表以商討決定之全權；（3）務請中國政府在交涉前勿過於拘泥形式上之問題為幸。"葉："行將締結之條約必須為一名實相符之和平條約。若不明確規定和平條約之名稱，本人相信政府及立法機關均難接受。"木村："出具全權證書之手續，本國政府業已辦竣，此項手續須上達宮廷，幾不可能，頃謂外務省當正在困惑中。"葉："此事重大，本人亦須請示最高當局。"[12]

14 日，木村在給外務省的電報中報告："汪（孝熙 亞東司）司長稱，兩國政府在和平條約問題上已經達成了一致，雖然還沒有得到日本政府對 4 日何（世禮）團長函件的答覆，但其任命河田烈全權本身可以看作答覆。加上日外務當局對 'Peace Settlement 重建和平' 沒有異議等說明，上述各項情節，使（台方）理解，河田全權是'為了締結和平條約派遣而來。'本官（木村）答覆，兩政府間出現的不同見解應在會談中調整，本人不能認可貴方對目前為止交涉過程的單方面解釋。目前國府首腦中除張羣氏外，了解日本國內形勢的人幾乎沒有，感覺對方極難理解我方真意及形勢。本官將在表面上與外交部周旋，同時在私下通過張羣氏及其親信秘密聯絡，努力緩和中方氣氛。據說 11 日（台方）照會原來措辭強硬，由于張羣氏的説服，才有相當緩和。"⑬ 同日，木村在另一份電報中稱："聽到本人説明，已賦予河田全權就此問題（和約名稱）與中方商討之權而赴台的。葉部長面表喜色，稱會速將此事報告蔣總統及行政院長。"⑭ 日本政府僅僅同意給予河田烈以"決定是否交涉和平條約權限"就使台灣當局者"面表喜色"，可見日本政府根本就沒把台灣當局當作媾和對象，本來是"理所當然的事"卻變成了日本對台灣當局的"恩惠"。當然台灣當局仍然感到不安，14 日晚七時，將木村召見到"外交部"，葉要求"日本政府按照（對台）賦予全權使命權限的補充説明，讓河田烈來台時攜帶'賦予其締結和平條約權限'宗旨的文件，以便在全權代表認證文件時出示。讓木村儘快通知日本政府，並確認日本政府的意向。木村則表示如果是答覆貴方備忘錄的方式，而不是以確認委任證書機會的話，本官可以稟告本國政府。葉對此表示同意。"⑮ 這裏説明，日本政府並不準備向台灣出示所謂"締結和平條約的全權證書"。

15 日，木村報告："(1) 葉部長請求全權攜帶答覆備忘錄，並有外務大臣草簽 (initial)。⑯ (2) 可能的話通過 16 日上午從東京起飛的美西北航班送來，或由全權團攜帶來台。"⑰ 日本政府於 11 日向台北事務所發出"全權團員地位等之件"的訓令："關於全權團的地位及行動基準，我方席次為：(1) 全權委員；(2) 木村首席團員；(3) 同行者及其隨員。"⑱ 同日，在應張羣的請求舉行的張羣與木村會談中，張羣："由於蔣總統要求日本全權與中國全權的委任證書都必須是和平條約，否則日本全權來台也不能開始談判，態度強硬。本人專門去外地謁見在外視察的蔣總統，説明了日方的立場，並説明了葉部長提出的日方賦予河田烈全權以締結和平條約權限的補充文件，終於説服了蔣總統，同意接受該全權並開始談判。"木村："本官再次説明，對於日方而言，由於各種內部理由，還不能允許從一開始就確定是和平條約。現在也不能接受（台方）先決定條約性質再派遣全權的要求。"從張羣的態度看，似是中方的最終立場。木村希望本國也能將上述意圖考慮在內加以研究。⑲ 這裏日本使節明顯在為台灣方面説情。同日，亞洲局局長倭島英二的電報訓令："(1) 對方的要求難以接受，由於該問題，可能會導致全權出發延遲的情況。(2) 政府的想法將通過希波爾通告國府。(3) 關於該問題，望你不要再介入。"⑳ 全面否定了木村的"求情"電報。同時告木村，"甲，岡崎大臣走訪了希波爾大使，表示對台方要求全權委任狀補充説明的書面文件難以理解。一旦因拘泥細節導致全權出發延遲將會影響到各有關國家，極為沒趣。已通過藍欽將以下四點轉告國府，要求其不要拘泥該問題，應立即開始談判。乙，(1) 我國的全權委任書最終手續已經完成，不僅不可能更改，而且要求附屬補充説明的書面文件也不可能；(2) 全權委任書將根據《吉田致杜勒斯書簡》為基礎，這是現在可能賦予其之最大權限；(3) 日本政府衷心希望國府能接受攜帶上述委任書的河田烈全權，迅速就條約的實質內容開始談判；(4) 相信只要雙方敞開胸襟進行談判就可以締結雙方滿意的條約。丙，希波爾大使已經將上述宗旨通知藍欽公使，並特別指明 16 日傍晚河田全權出發時刻已經臨近，希望國府三思。貴官應按照上述精神與藍欽商討，必要時由你採取必要措施。"㉑ 日本政府在電報中透露要通過美國政府向台灣施加壓力的內幕，同時日本政府堅持不與台灣當局確定條約名稱及性質的強硬立場，完全看不到"戰敗國祈求和平"的影子，倒像是日本政府對台灣當局的"最後通牒"。最後，當然是台灣當局被迫妥協，在不確定條約名稱和性質的情況下，開始進行條約談判。

台灣當局有美國政府的斡旋和支持，原來期待着與日本締結與"盟國對日和約相同性質的條約，只是換個國名，幾分鐘簽字完事兒"（前述台美會談）。但是到了這個階段，台灣當局已經完全認識到將要與日本進行的"條約"談判會是多麼困難。對已經"山窮水盡"的台灣當局來説，對日和約的意義與其説是為了與日本恢復和平，不如説是為了證明"中華民國"的正統性，這更是關係政權存亡的大事。

自 1950 年秋美國政府討論對日媾和開始，台灣當局"行政院院長"陳誠就"隨時就此事在行政院會議共策進行，並督促外交部盡力辦理外。又因為本案對我國關係重大，特延攬各方面有關人士 11 位，組成行政院對日和約小組，協助本人秉承總統的指示，決定我國對於本案的政策。所有重要的政策，均經行政院會議商決，另由本人與這一小組研討擬訂，呈報總統核示後，再交外交部切實執行。"㉒

2 月 16 日，日本外務大臣訓令河田烈"這次與中華民國政府交涉締結的條約是為結束戰爭狀態，恢復正常關係的。但是，鑒於目前的形勢，該條約的適用範圍應限制在該政府實際控制的地域。另外，關於條約的名稱，根據條約的內容在與中華民國充分協商的基礎上，在認為稱為'和平條約'妥當的情況下，望你將條約名稱與條約內容一起向政府請求訓令。"㉓ 可見，日本政府命令河田烈，與台灣當局締結限制適用範圍的條約，並以此為前提，對條約的名稱及其內容，將根據談判的結果再行請命，並沒有給河田烈任何決定權。

16 日晚 8 時 30 分，日本駐台所長代理中田走訪汪孝熙住所面告，中田："今日午後吉田首相所召集之會議，最後決定仍按照原定計劃令河田特使按期至台，現特使已赴機場待發。木村及中田個人認為，河田既按原計劃來台，此事當有轉機，鄙等擔心河田特使因此取消或延緩其來台，以致雙方談判破裂。"汪覆稱："雙方對條約名稱之誤會，如不能在互相交閱全權證書之前予以消除，則前途仍難樂觀。"中田："國府要求一項文件補充全權證書一節，日本政府亦難以同意，是以昨今兩日木村與鄙個人均極感恐慌。"㉔

條約名稱問題在河田一行到達台北後依然是談判焦點。2 月 18 日，河田與葉會談，河田："（條約名稱）本國政府所以如此困惑者，實由於對內對外雙項問題，將來雙方協商後，如到達必需如此之結論，本人自可負責決定。簡言之，不問日方文字之表述如何，本人有權簽署任何字樣之條約。"㉕ 以此作為雙方在條約名稱上達成了"諒解"。台方史料顯示"名稱問題中日雙方達成諒解"，[26] 但是日方認為，日方只不過是在"可以締結任何形式的條約的權限問題上的了解，即便河田全權有此權限，但是是否是和平條約還是要看談判結果而定"，並必須報日本政府批准。日方在條約名稱上不鬆口，使其在談判尚未開始時就已得到一個重要的"談判王牌"，即是否與台灣"媾和"。日方不情願地同意與台灣締約，但不想滿足台灣當局的"最低要求"——"締結和約"，就更不用談給台灣當局以"聯合國的盟國地位"了。

二、全權代表的選擇問題

在台日雙方就條約名稱爭執不下之時，日本政府任命了河田烈為首席談判代表，同時關於河田烈與吉田茂首相個人關係密切等消息也傳到台灣。台灣當局起初準備派蔣介石的親信，親日派"大人物"張羣出任"首席代表"，但是張羣本人看到談判前雙方的氣氛緊張，便以"對《日華條約》前途沒有信心而堅決不幹"。最後台方任命親美派的"外交部長"葉公超為"全權代表"。即便如此，"根據張羣親信的內報，該氏（張羣—筆者註）雖然對《日華條約》前途沒信心，更不想為此事與日本代表吵得面紅耳赤。不過無論張氏是否擔任全權代表，根據蔣總統的意思，張氏將在談判幕後發揮事實上主導作用的狀況不會改變。"從日方史料中可以清晰看到在談判中，張羣在事實上也經常在幕後出面幹旋。

2 月 12 日，木村向國內報告"自本官回台後的印象，（1）日本全權及其隨員基本上是前台灣人物（參與對台殖民統治的人物—筆者註）的色彩濃厚；（2）由於沒有國會議員參加，所以談判團的構成身輕簡樸；（3）對本官上任原寄期望，但現實沒能滿足中方要求；（4）通過美公使撮合，使日本政府與其達成一致，但（本官估計）台方對沒能達到目的感到失望；（5）中方對日方是否有熱心締結條約的疑慮日益加深，所以在談判開始前表現出很大的不安。本來已經內定張羣為全權代表也因此而堅決不幹。從上述氣氛看，其從開始就對名稱問題採取強硬立場事出有因，預計談判將相當困難。"㉗ 就這樣，台灣當局不要說甚麼戰勝國地位，甚至連談判地位也受到戰敗國日本的嚴重質疑和限制。日美兩國都抓住台灣當局在名義和實際上都不可能代表全中國的現實，制定了最大限度地利用這一局面的外交策略，以便為日後在與中國合法政府 —— 中華人民共和國政府的談判中取得籌碼。

在 2 月 19 日召開的準備會議上，由於台日雙方在條約名稱問題上沒能達成共識，最後決定會議的名稱，中文為"中日和會"，英文為 Sino-Japanese Peace Conference，但日文則稱為"《日華條約》會議"。從會議名稱在日文與中文、英文出現的不同就可以看出，條約性質認識上存在分歧。日台雙方還決定，在發表消息時，不透露雙方名稱問題的分歧，除日本媒體以外，所有都用英文和中文發表。就這樣，台日雙方在連條約名稱都沒有達成共識的情況下開始了正式的條約談判。19 日，葉公超在"立法院"會議回答諮詢時承認"如日方在談判中提出適用範圍問題，我國為顧及實際情形不能不與之商討時，對該項協議之文字，自當審慎斟酌"，"關於和約適用範圍問題，如以換文予以規定，自亦具有約束締約雙方之效力，惟不在和約本身內予以規定之正式，且將來雙方認為此項問題不復存在時，可將換文廢止而不影響和約之完整。"㉘ 但結果與葉公超說的相反，適用範圍條款的換文成為該條約不可分割的重要部分，最後連《台日條約》也被日本單方面廢除。

第三節
《台日條約》談判的焦點

對照台日雙方史料的結果是發現，正式談判的記錄，包括日方公佈的史料也都是以台灣當局的記錄為基礎的。但是由於條約以英文為正本，記錄中有很多段落由英文構成，各條款都有中文、日文及英文混同。每次會議記錄都有經雙方確認的手寫簽字："以上記錄經雙方對照的結果，認為無誤。"㉙日方簽名者中田豐八郎是駐台事務所所長代理，台方簽名者鈕乃金是"外交部"亞東司日本處處長。由於談判歷時兩個多月，各種記錄及電報等繁雜，本節僅以條約名稱、適用範圍條款等問題為主對談判進行論證，同時對一些與媾和問題有關內容也做出交代。

《台日條約》談判第一次正式會議於 1952 年 2 月 20 日上午在台北舉行。台方出席者是"首席全權代表"葉公超，次席代表"外交次長"胡慶育等，日方為全權代表河田烈（在河田的全權證書上究竟如何寫明其權限並沒有公開一筆者註）等。雙方代表致詞後，台方將條約初稿遞交日方，雙方確認將以台方的初稿為基礎展開談判。該初稿由七章 22 條構成，其中第一章第一條規定"中華民國與日本國之間的戰爭狀態在該條約生效之日終止"。第二章（領土）第二條（甲）款"日本放棄其對於台灣及澎湖羣島之一切權利、權利名義與要求。"（乙）款"日本放棄其對南沙羣島及西沙羣島之一切權利、權利名義及要求。"（丙）款"日本承認韓國之獨立，且放棄其對於韓國，包括濟州島、巨文島及郁陵島之一切權利、權利名義及要求。"第五章（要求及財產）第十二條（賠償）（甲）"茲承認日本對其在戰爭中所引起之損害及痛苦，應向中華民國及其他盟國給付賠償。但亦承認日本如欲維持足以自存之經濟，則其資源現尚不足對一切該項賠償及痛苦作完全之賠償，並於同時對其所負其他義務，仍予履行。"這些內容與《舊金山條約》基本一致。台灣當局強調，這是為了確保其"中國合法的正統政府及盟國及聯合國之一員的地位"。葉公超同時強調"尤望能避免足以刺激中國人民的話，中國方面對於暗示中華民國政府為地方政府一點，反感極大，希望貴方特予注意。"日方在尚未拿到台方初稿前的講話中就表示"這次交涉，本應待貴國政府提出草案，然後以互助敬愛之忱，開誠討論，是為妥當；惟這一條約的內容雖是遵照《舊金山和平條約》的原則，但在可能的範圍內做成簡潔的條約，是所切望。"㉚以此牽制台方試圖照搬《舊金山條約》的企圖。

21 日晚，日本政府在接到台方初稿後發出訓令："中國案與我方腹案差距甚大，這樣開始第二次會談也不過是白白浪費時間。幸虧對方提出容三四天研究的要求，我方在此期間，(1) 了解與對方究竟有多大差距，哪些是對方準備堅持部分；(2) 應透過適當渠道向對方透露我方不可能接受目前的條約草案的意思。在下週一舉行正式會議時，應首先充分說明《吉田書簡》原則及其他條約的原則事項，促使對方反省。在此基礎上，對初稿逐條發表評論，給對方一個我方不急於達成協議的印象。"㉛ 也就是説日方要利用台灣當局急於締結條約的焦躁心理，採取"拖延戰術"逼台方讓步。

2 月 23 日第一次非正式會議中，河田宣稱："(1) 中方和約草案與日方所構想者，在基本精神上顯有不同。日方認為，兩國間應先恢復國交，重建東亞安定之基礎。(2) 中方草案幾全部仿效《舊金山條約》，條款繁多，似無必要。(3) 日本國民對與中華民國締約一事，並未一致贊成。如完全仿效《舊金山條約》，勢必使日本負擔片面之義務，將使日本國民失望。中國過去對英、對日各條約，均非中國國民所樂於接受者，國府對此應具理解。(4) 日本終將對中國就締結和平條約與締結通商關係，做全面處置。但目前僅為一過渡辦法，即依照《舊金山條約》之原則，就國民政府現在控制及（原文應為'或'—筆者註）將來控制之領土，恢復關係。即締約應就適用之範圍進行。(5) 日本無意與中華人民共和國發生條約關係。"對此，葉公超及胡慶育表示："中國政府為合法之正統政府，日方必須尊重中國政府此種地位，否則和會將無法進行。中國對日本所定者，必須為和平條約。請日方就和平條約之名稱，及草案第一條關於和平實施之規定，先予同意，以便進入正式會談。中方在討論約稿時，自願充分聽取日方意見，但中方並無修改業已提出的草稿之意，亦不擬接受日方任何方案。"河田："允研究後再行決定，並稱請中方重行檢討。提出修改草案之議，願予撤回。"㉜ 河田在給國內的報告電報中稱："只要是雙邊條約，僅記載與雙方直接有關的條款足矣。"㉝ 即不準備與台灣當局討論與中國大陸有關的問題，也不準備按照《舊金山條約》版締約。從這場交鋒可以看出，日方還是根本不想與台灣當局締結"和約"，明確聲稱是"過渡辦法"，並嚴格限制條約適用範圍為台灣當局控制地區。台方記錄中雖還表現"不做任何讓步"的強硬立場，但是河田的電報中報告："（葉表示）如果承認國府的立場（正統政府及和平條約），關於條約的內容，將不惜考慮不刺激雙方國民感情，並與雙邊條約相符方面，以誠意接受貴方提出的訂正提議。只要貴全權先承諾下來是和平條約，並不打算束縛貴全權，在內容的審議上只要貴方滿意，中間再推翻也沒辦法，即只要暫時承認是和平條約即可。"㉞ 這裏可以看到台灣當局幾近乞求，只要"和平條約"的名分，其他早已準備妥協的境地。

在 26 日第二次非正式會談中，日方說明不願明確名稱為"和約"的理由，其一是日方輿論反對，其二是不願開罪英國。但是河田保證"將來定可決定條約名稱為和平條約"。㉟ 與台方記錄明顯不同的是，在河田報告電報中"同意使用和平條約無論如何是暫時的。在雙方全權之間達成共識是我方任何時候都可以取消這一承諾，並從中國全權處得到其（台方認可暫時性的─筆者註）一筆文書。這項承諾同時要求中方：條約內容（1）簡潔；（2）與現實情況相符；（3）在協作與相互主義的基礎上有利於友好合作關係。"㊱ 這樣，日方就通過做出"將來可能"隨時可取消條約名稱承諾的"暫時讓步"，逼台方在條約內容上做出實質性修改和原則上的妥協。

在 27 日非正式會談中，台方向日方說明："中方起草時所採取寬大態度，強調和平條約之序文應敍述戰爭之由來及其責任，中方為顧及日方之情感故避而不談，但此種態度並未蒙中方一部分人士之諒解。"台方宣稱："日本代表既然同意第一條甲項，是和平條約之實質業已具備，本約應為《中華民國與日本國間和平條約》，日方代表表示同意後，提出三項聲明：（1）條約中所載條文，須力求簡潔；（2）條文與現存環境相適應；（3）條文對協調及友好有貢獻。"台方試圖討論第一條乙款，日方則要求刪除，台方表示"不能同意"。台方希望立即公佈會談結果以表明是"和約談判"，但日方表示猶豫，結果繼續由胡慶育與木村四郎七之間磋商。㊲ 28 日舉行的胡—木村談話會上，日方再次強調條約必須符合現實環境，拒絕承認條約適用於中國大陸。

從 2 月 19 日開始的會談到了 10 天後的 28 日，連締結甚麼條約都沒能確定。為了打開局面，台方被迫妥協，讓日方私下拿出其草案，不再堅持"以台方草案為基礎"了。木村："日方有草案，但是怕刺激台方所以沒有拿出來。"胡："如果真的不想刺激我方情緒，則宜對我方意見多做遷就。"[38] 河田在 28 日電報中稱："綜合到目前為止會談情況，國府長年對日不信任，加上目前處於夾縫中的局面下，在心理上處於超出想像的絕境中（這一點蔣總統尤其如此），疑心甚重。國府在有關國府地位、條約名稱等基本問題上的想法正如'護持國體'（指和日本戰時為保護天皇制而不投降的心態一樣—筆者註），極為頑固地堅持原有立場，任何有損於其立場的措施，如在第三國壓力下情勢都難以容忍。國府上述心態在談判隨時可見，使談判難以順利進行。"[39] 29 日的河田電報又稱："葉告，鑒於《舊金山條約》規定了勞務技術等賠償條款，以及菲律賓等國要求日本賠償的現狀，國府在民眾面前也不得不要求日本以同樣方式進行賠償。其內部意思是實際上要求技術合作。"[40]

3 月 1 日應台方的要求，日方提出全文僅六條的第一次條約草案。日方草案的名稱為《關於結束戰爭狀態及恢復正常關係的日本政府與中華民國政府間條約案》。內容如下：

為結束戰爭狀態，恢復正常關係，並且解決若干尚未解決的問題而締結條約。

（一）日本國政府及中華民國政府在本條約生效之日結束戰爭狀態，恢復正常關係。

（二）日本國政府及中華民國政府遵照《聯合國憲章》進行合作，特別是在經濟領域增進友好合作和共同的福祉。

（三）日本國在 1951 年 9 月 8 日舊金山市簽署的《與日本國之和平條約》第二條（b）規定，已放棄了對台灣及澎湖羣島之一切權利、權利名義及要求。為此，日本國政府及中華民國政府將在合作精神下，遵從正義和公平的原則，就日本國及其國民在台灣及澎湖羣島的財產，以及日本國及其國民的財產要求（包括債權）以及對中華民國政府及台灣及澎湖羣島居民的財務事務，和在日本國的中華民國政府及台灣及澎湖羣島居民的財產，及其中華民國政府及台灣澎湖羣島居民對日本國及其國民的財產要求（包括債權）的處理，迅速予以解決。

（四）日本國的領域及中華民國控制的領域之間的通商航海關係按以下規定執行（省略，相互最惠國待遇及提供便利等）。

（五）在民間航空運輸協議締結之前，日本國政府自本條約生效開始四年內繼續給予現在已經給與權限的民間航空公司以航空往來的權利。

（六）a 本條約適用於中華民國政府現在或將來控制的地域。b 本條約須經批准。[41]

不難看出，日方提出的條約案根本不是甚麼和平條約，而且日本政府也不打算把台灣當局當作媾和對象國對待。戰爭狀態終止是日本與"中華民國"之間，日方可利用"兩個中國"，解釋為"中華民國"是指其控制的台灣地區，條約只能適用於台灣地區。涉及到日本放棄台灣及澎湖羣島等規定，與承認台灣當局對台澎地區的現實統治有關。其他條款都是只與台灣地區有關的內容。而且所有問題都與第六條適用條款相聯繫，從根本上否定台灣當局"代表中國大陸"的法律依據。日方這一條約案或因完全不合台灣當局的胃口，所以未收入台灣公佈史料之中。

3 月 1 日第二次正式會議上，葉公超發言："從'九‧一八瀋陽事變'至勝利停戰之日，中國人民，尤其是東北人民在日本軍閥不斷侵略之下都做了慘痛的無辜犧牲。長年的對日戰爭耗損了中國的資源，所付代價誠屬巨大。如無對日戰爭所加之摧殘，中國大陸當仍在我方手中。為符合中國自勝利停戰之日所採取之對日寬大及協調之精神，我方已自願採用《舊金山條約》之精神締結和約。"[42] 鑒於連日來談判狀況及與日方草案存在的巨大差距，台灣當局在 3 月 4 日舉行內閣會議，葉公超提出修改和讓步意見，並得到了蔣介石及"行政院"的認可。其修改案包括：(1) 必要時可將初稿第一條乙款（中華民國承認日本人民對日本國及其領海有完全之主權）以及第六條（因宣戰而引起的法律問題之處理）、第九條（戰犯審判）、第十八條（在日財產保護）、第十九條（條約解釋出現分歧時由國際法院仲裁）等刪除；(2) 可對第二、三、四條進行修改；(3) 第十一條可按日本方案修改；(4) 其他各條將堅持，其中特別是通過第二十一條（關於中國及朝鮮之特權）[43] 可以確保與盟國的平等權利。[44] 台灣當局對上述內容的大幅度修改，比起 2 月 23 日談判開始不久提出的"不修改條約初稿，也不準備接受日方任何修改意見"的強硬立場來可以說發生了 180 度的大轉彎。

3 月 5 日葉公超向美駐台"公使"藍欽發出備忘錄，説明修改過程並尋求美國支持，宣稱"這次修改案，對國府而言是最大限度地接受了日本要求的結果。要求美國 (1) 向日方重申《台日條約》應與《舊金山條約》同等；(2) 表明支持台方讓步的意向；(3) 最大限度地對日本行使影響力"，並提醒美國注意，"該備忘錄應絕對保密，不要向日方透露"。對此，藍欽表示理解，並承諾將向華盛頓報告。[45]

3 月 7 日的條約談判第六次非正式會談，雙方就賠償及適用條款展開激烈爭論，日方一方面承認台灣當局是"中華民國的正統政府"，又以條約適用範圍為由，逼迫台灣當局放棄要求日本賠償的權利。木村："我方主張刪除第 12 條並非逃避責任，乃因此條之適用問題，幾全部與貴國大陸有關，目前欲加規定，尚非其時。《舊金山條約》第 14 條甲項第 2 款已規定，日本放棄在貴國領土內之多種權利，此項規定加諸日本之負擔，在日本國民觀之，已嫌過重。若中日和約復重行予以規定，自足更加深對於日本國民之刺激……日本過去因受少數軍人錯誤之領導，發動侵略戰爭，致使貴國遭受空前浩劫，日本全國上下，莫不深切痛悔，並亟求彌補其對貴國之虧負，諒貴國定能本寬仁態度予以自新之機會……"胡："日方對中華民國之主權，包括中國大陸在內之中華民國之全部領土，我政府為中華民國之正統政府兩節，已有明確認識。貴方須知，《舊金山和約》與中日雙邊和約在法律上並無相關之處，中國非《舊金山條約》之締約國，亦不受其約束。以我國在戰時所蒙犧牲之慘重，我放棄賠償要求，乃屬極寬大之態度。中國政府及其人民得自該條之權益，與其所受損害相較，幾不成比例。"木村："貴方政府之為中華民國正統政府，絕無異議……這次在認定所簽和約在求建樹兩國新關係。該項如全部抄襲《舊金山條約》，殊有失其意義。第二在求該項和約能適合於實際情況，吉田首相指出在目前情況下商定中、日全面問題之條約，殊非可能。為使貴方對我方上述立場特予注意，特將上述函件送請參考。"胡："貴方主張和約力求簡單。我方亦欲兼予照顧，但若要求刪除主要條款如第 12 條，斷非我所能同意。"木村："貴方對日方處境，竟不能略表同情？《日印條約》中並無此規定，何以中國不能以同樣寬大態度出之？"胡："中國與印度情形不同，試問印度在上次世界大戰中受損害究竟多少？"⑯ 從上述談判內容看，台方最注重條約名稱及自己的名分，而日本則更看重賠償等實質利益，試圖通過在口頭上表態"不對台灣當局為中華民國的正統政府持懷疑態度"，同時以賠償"乃因此條之適用問題，幾全部與貴國大陸有關，目前欲加規定，尚非其時"，要求台方履行"寬大政策"，以此換取台灣當局做出放棄賠償要求的讓步，並拒絕在條約寫入賠償內容。

第四節
以放棄戰爭賠償做交易

一、倭島英二參與第一次談判

3 月 8 日，日方為打破僵局，派遣亞洲局局長倭島英二（戰後曾任"終戰聯絡中央事務局賠償部長"）參與談判。引人注目的是，倭島是攜帶外務省第二次條約草案赴台的。該案將條約名稱修改為"日本國與中華民國間和平條約"，其內容由 16 條組成，與台方的修改稿較為接近。其中明確在第 2 條（a）寫明"放棄台灣及澎湖羣島"，（b）"放棄對新南（南沙—筆者註）

及西沙羣島的一切權利、權源及要求。"第 3 條"日本國承認 1941 年 12 月 9 日晨日本國與中國之間締結的所有條約、協約及協定因戰爭的結果而無效。"第 8 條"日本國政府接受遠東國際軍事法庭及中華民國戰爭犯罪法庭的審判，並且將對在日本國拘留的日本國民繼續執行上述法庭刑罰。行刑中的上述人員的赦免、減刑及假釋等在根據中華民國政府的決定及日本國的勸告之外不得實施。"第 11 條（原文從第 10 條改成）內容意味深長"(1) 關於賠償的談判，根據 1951 年 9 月 8 日在舊金山簽署的《對日和平條約》第 14 條 (a) 規定的原則，在情況允許時開始。(2) 中國（原文可看出有中華民國手寫修改痕跡—筆者註）有權享有該條約第 14 條 (a) 二款的利益。"（原文兩條塗抹未公開）[47] 日方第一次條約草案是雖宣佈"終止戰爭狀態"，但是不進行戰爭處理，並根據《吉田書簡》原則，把與中國的戰爭處理問題擱置起來。但是到了這個時候，日本政府的策略開始發生重大變化，就是要利用台灣當局的政治、外交絕境，以口頭承認其"中國政府"的名義，給台灣當局一個虛構的"甜頭"，來換取台灣當局全面放棄中國利益的實質性讓步。不過在第二條約案中把"中華民國"改為中國，主要是要與《舊金山條約》相關內容協調有關，並不意味着真的承認台灣當局的政治地位。在第 15 條中規定"日本國與任何其他國家之間簽訂比本條約更大利益的和平條約或賠償要求權利時，也須給與中華民國政府所控制或將來控制的地域、國民及有主權的地區同等利益。"日方沒有忘記把該條約只適用於台灣當局控制地區強調在內，同時日方強調賠償問題"在情況允許時開始談判"，還是根據台灣當局的現實，認為現在情況不允許。不過，日方已改變了不與台灣當局談判有關與中國大陸相關問題的立場，反而逼迫台灣完全放棄賠償要求。其中很大因素是期待台灣當局在脆弱地位下讓步，以既成事實為將來與中國大陸之間的談判打下基礎。

但是 3 月 12 日，日方正式提出第二次條約案時，又對上述條款做了修改，其中第 2 條改為"日本國承認放棄對台灣及澎湖以及新南羣島和西沙羣島的所有權利、權源及要求"；第 8 條改為"日本國的地域與中華民國政府控制下的地域之間的條約";第 11 條賠償改為第 10 條"承認《舊金山條約》第 21 條規定的,中國有權享有該條約第 14 條(a)二款規定的利益。"(約一頁被塗抹未公開)㊽ 在"換文往函案"中,"同意由適用於《舊金山條約》各原則而可能解決的問題在該條約適用範圍明顯產生效果時,按照《舊金山條約》的各項原則處理。"㊾ 也就是説,日方在第二次草案中繼續堅持條約的所有內容只適用於台灣當局控制的地區。特別是賠償條款準備擱置起來,等待今後與中國政府之間解決。而換文草案也再次確認,只有在適用範圍產生效果,即台灣當局控制中國大陸時,《日台條約》才能根據《舊金山條約》原則適用於中國大陸。關於上述草案的修改,河田在電報中解釋"關於條約條款,因為有前面談判的過程,又加入倭島局長帶來的本省草案內容修改而來,參照第 40 及 41 號(電),作為我方的一般原則向對方提出。"㊿

台日雙方對日方第二次草案有如下交涉,河田:"前天已告訴貴代表這次條約的名稱為《日本國與中華民國間和平條約》,這次日方草案提出的條約名稱、實質問題、適用範圍的規定方式及第 21 條等問題都已儘量按照貴方的意見制定,其他條約內容,希望能按照我方強調的原則簡潔地處理。"葉:"雙方已經同意把我方的草案原則作為談判的基礎,在我方看來,貴方第二次提案並不妥當。貴方提出所有形式的文件都不過是一種書面意見,你們再提出對案並不妥當。"河田:"這次我方草案意見是為使貴方了解我方説明,具體內容應該如何表現而提出的,並不是對貴方條約案的修改案。請予以保密。"葉:"今天提出的文件暫稱為 observations,其性質亦如此。對此貴方亦同意吧?"河田:"可以這樣稱呼。"㉛

日本全權代表第 41 號電報中記載了換文案"(1)日本國政府同意《日本國與中華民國間和平條約》,關於中華民國,僅限適用於中華民國政府現在控制或將來控制的地域。(2)日本國政府同意,除了本條約或補充説明的其他所有文件規定外,作為存在戰爭狀態的結果,日本國與中華民國之間,由於舊金山市簽署的和平條約各項原則的適用而可能解決的問題,在上述適用地域明確產生效果時，按照《舊金山條約》的各項原則予以處理。(3)日本國政府同意該備忘錄與中華民國政府的全權代表提出的同一原則的備忘錄一起構成兩國政府的共識。"[52] 該項換文草案再次說明日方堅持條約適用範圍條款適用於《台日條約》的所有條款，並且是按照台灣當局的政治現實制定的。河田強調"日方的提案是充分考慮了中方提案的內容符合目前事態的現實的最佳方案，也是任何人都能理解接受的。"[53] 因日方的第二次草案是"observations"，沒有收入台灣當局史料，而日方自己的史料中一些重要環節屬未公開部分，所以其全部真相未能判明。不過該草案至少表明，日方不打算給台灣當局以"其他盟國的同等地位"，並堅決貫徹適用範圍原則，拒絕把台灣當局不控制的中國大陸作為《台日條約》的適用範圍之內。日本政府一方面承認中國有要求日本賠償的權利，另一方面不同意給予台灣當局以"盟國待遇"，[54] 也堅持了台灣當局不代表全中國的立場。

3 月 13 日上午，倭島走訪美國公使藍欽，向美方說明日方的原則立場，尋求美國的支持。席間，"倭島強調日方已經做出的讓步，藍欽對此表示滿意，稱 'you have done a great deal（你們做了大讓步）。'藍欽稱賠償問題台方出於對內宣傳目的，所以堅持不讓步。倭島表示賠償問題在中方是內政問題，在日方也是會使日本人感情高漲的政治問題，這次的條約如果堅持賠償必將損害其巨大政治意義。特別是像勞務賠償，並沒有資本和原料等可以使用的實質意義。國府在這種沒有實質意義的問題上僅僅為了宣傳目的而堅持是不妥當的。最後，倭島局長還表示日方已經做出了 16 點讓步，日方認為通過上述讓步，實質性談判已經結束。"[55]

3 月 14 日，倭島又走訪談判幕後操縱者張羣，請求其協助打開僵局。會談中，倭島認為大的根本問題已經完成，張羣則認為大的問題還有賠償問題和《舊金山條約》第 21 條問題尚未解決。倭島稱："賠償問題是根據聯合國各國主張的最大公約數而寫入的，中國不該趁機對日提高要價。而且國府已經對杜勒斯說過不提出賠償要求。"張羣稱："在其他聯合國家不放棄賠償的情況下，中國不能同意放棄。"倭島及木村解釋《舊金山條約》第 14 條的方式實際上並沒有實質意義，中方應貫徹戰爭結束時總統的寬大政策，這樣我國國民也會感激，國府應不固執賠償的觀念，按照我方提案予以斟酌。張羣表示，他自己能理解，但是從大陸來的人們強烈要求日本賠償，難以被說服。⑤⑥

17 日，台灣當局也向美國使館發出備忘錄稱："關於賠償問題，日本案之用意在不給中華民國以中國約稿規定服務補償之利益。在對日作戰盟國中，以中國受害最劇，故如就賠償期望中國接受較其他盟國為劣之待遇，殊無理由。然鑒於中國所受損害幾全在中國大陸，而中華民國目前對之未能控制，是對勞務賠償之實施辦法可延至中國政府重建其對一部分中國大陸之控制時再行商議。中國政府因考慮將具有上述內容之規定，列入於一議定書中，附屬於條約之後。此種方式足以減除日本或將立即面臨中國政府提出是項勞務賠償請求之疑慮。中國政府擬重申其曾向美國政府明確表達之立場，今《舊金山條約》既已明文規定有勞務賠償，勢難使中國放棄該項要求。中國政府苟同意放棄賠償要求，中國人民必將獲致一印象，即其政府自喪中國與其他盟國之平等地位，而大陸上之中國人民，尤將認為政府出賣人民要求賠償之權利。即此一項足以妨礙和約之批准。中國政府因此認為目前乃為美國政府對日本運用力量俾使和約談判早獲結果之時機。"⑤⑦

從這份備忘錄可以看出，台方為了通過《台日條約》獲得與盟國同等地位，並希望不喪失民心，不得不堅持對日要求賠償的權利。同時，台方也意識到自身的局限性，被迫同意妥協，以議定書方式擱置賠償問題的最終處理。在同日舉行的第七次非正式談判中，台日雙方就賠償問題爭論激烈，互不相讓，日方在談判中拒絕對賠償條款進行具體內容的審議，堅持要台方放棄賠償，使談判陷入僵局。值得注意的是，在這次談判中，台方指出賠償問題是談判的最大焦點，而日方則以超出"條約適用範圍"為由，強調賠償屬與中國大陸事項而拒絕談判。台方要求只將賠償的原則正式寫入，而在具體實施問題可以暫時擱置的妥協方案，這實際上是台方準備在賠償問題妥協的前兆。

為了打破僵局，台日雙方都在私下做美國的工作，日方對美國表示，台灣當局不過是利用別國的條件"乘機要價"，而拒絕台方的賠償要求，並斷定台方的對日索賠要求是"沒有道理的"，以便使其乾脆死心。在 3 月 20 日河田致吉田第 42 號電報中，河田做出如下報告："（一）目前看來，國府內部根據我國的態度、美國參議院的動向等已經到了最終決定態度的時期。近日來，頻繁傳出以蔣總統為中心，國府首腦部門正對該問題（賠償）開始活動。18 日深夜，張羣突然召見本使，將在第二天 19 日重開會談，並衷心期望談判能早日圓滿成功。並稱到目前為止談判還沒有結果，自己願意運用政治影響力努力使日得到滿足，希望日方敞開胸懷，提出希望。本使再次重申：(1) 台方對我方提出的兩次草案處理方式的不滿；(2) 說明《吉田書簡》內容（指適用範圍問題—筆者註）；(3) 賠償問題與條約全體的相互關係問題按照以往原則加以說明。（二）同日下午在與葉全權會談中，葉提出自主放棄賠償，以此希望貴方也就一些比較次要的條款做出讓步，同意中方的意見。"㊳ 也就是說，台方為打破僵局，同意放棄賠償要求，以換取日方在其他條款上的讓步，即拿對日戰爭賠償要求權利的重大原則做交易。

3 月 19 日第八次非正式會談中，葉："鑒於雙方對中國約稿第 12 條甲項第一款談判之僵持狀況，本人擬向河田代表提出一項重要商榷，旨在打破僵局，以期和約之早日簽訂。此項商榷之提出，本人尚未向政府請示，故盼貴方務必嚴守秘密。開始談判以來，貴方屢次要我方同情吉田首相應付國內情勢之艱難，我方亦願對日本國民表示寬大及友好。茲為表示我方對簽訂和約具有高度誠意，且發自本人受命議約之責任感，提出下列辦法與河田代表商榷。(1) 我方願自動放棄'勞務賠償'之要求，惟以貴方就約稿中未經商決之其他部分，接受我方所提意見為條件。(2) 如上述擬議為貴方所接受，其表達方式須由貴方承認有賠償義務，並願將'勞務賠償'給予我方，我方於聽悉後，主動予以放棄。本人須再度表示，上述辦法尚未向我政府提出，惟本人深信，倘貴方能全面接受，各該辦法不難邀准我政府之同意。上述放棄勞務補償辦法乃為我方絕大讓步，此項讓步必須以貴方對其他若干問題接受我方主張為條件。本人將雙方尚未獲致協議之諸項問題，於擬制之《議定書》中分別予以解決。無論貴方接受與否，絕忌肆予洩露，否則必將招致損害簽約機會之後果。此項擬議將來能否實現，端賴河田代表是否接納我方對其他條款之意見。"河田："貴部長之考慮本人至為了解。據本人觀察，議約一事已蒞臨最後階段，對貴方之意見，本人當以極機密方式審慎研覆。"⑤⑨

面對台灣當局第二次（第一次是指在 1951 年向杜勒斯表示準備放棄賠償）宣佈放棄賠償要求權利，日方代表立刻表示會談"已蒞臨最後階段"。同時，東京媒體也援引外務省的消息，稱談判已經進入最後階段，對談判情況充滿樂觀氣氛。這裏可以清楚地表明賠償問題對該條約談判的重要性。

但是此後的事態並沒有按照台灣當局的期待發展，而是使其徹底失望。台灣當局明確提出以放棄賠償作為"最大讓步"，以便換取日方在其他問題上讓步的條件後，日本政府並不買賬。3 月 25 日下午，在等待東京答覆的第九次非正式會談中，河田："貴方建議業經本人電請政府考慮中。日來胡與木村談話，涉及若干重要問題，非本人權限之內可予解決者，約稿中'中國取得與《舊金山條約》締約國同等待遇問題'及'戰爭開始時間問題'仍屬爭議所在。"葉："19 日我方所提自動放棄服務補償辦法及要求貴方相對允諾我方之若干要求，目的在藉我方讓步縮短交涉進程，本人俾盼貴方迅作具體答覆。本人茲欲坦言相告，我國立法院及一般人民對和約實施範圍條款及賠償問題，堅持不能讓步，態度極為激昂堅定。深盼貴方予以重視，並迅就全案接受我方主張，俾使本人建議政府予以同意。"河田："本人對貴代表之表示極為了解。對貴方不避困難放棄服務補償要求之苦心，本人極為感佩。惟本人權力有限，時須向政府請示。確有不得已之苦衷。願貴方見諒。"⑥⓪ 可見日方代表在感激台方放棄賠償的同時，以"授權有限"為名，一個星期不答覆台方要求，反而繼續提出沒有解決的問題，而且都是台方期待換取"貴方相對允諾我方之若干要求",對此日方絲毫沒有鬆動表現。使台方放棄賠償沒有得到任何"補償"。

在此期間,日方全權代表再三向國內報告情況。3 月 21 日,台方宣佈放棄賠償後,日方電報稱:"放棄賠償被稱為全權自己的想法,但從對方提案不僅要求我方接受其他條件,而且近日的動向看,該案似是國府的最後方案,察在此以上可能讓步的餘地甚小。"⑥¹ 可見台方期待的日方讓步非但沒有出現,而且整個談判的主導權也被日方完全掌握。

3 月 25 日,在等待東京訓令時,河田第 52 號電報稱:"一般而言,考慮到國府在實質面的讓步,真切希望能對國府的名分及情感方面予以考慮,對於一些對我方沒有實際傷害的問題,可以接受對方的主張。以此使談判早日達成,也可以保全'外交部'的對內立場。本全權認為,在貫徹以往訓令的基礎上,對其誠意衷情予以□(一個動詞被塗抹),對於一些不重要的問題可予關照,從大局出發,下決斷的時機已經到來。"⑥² 這裏日方全權居然為在台灣當局說情,要求日本政府做出"無實際傷害"的讓步。

東京的訓令終於在 27 日傳到台北,日本政府不同意把賠償問題與其他問題相聯繫,不接受台方的相互讓步方式,並訓令日方代表繼續按照第二次外務省案的原則與台方談判以求修改,日本一步也不準備讓。訓令命令:"關於賠償問題,中方提案的前半部分(約 10 字被塗抹未公開)難以同意,後半部分只要放棄勞務賠償的宗旨能通(約 20 字被塗抹未公開)。"⑥³ 日方"難以同意"的前半部分,應該是台方要求首先由日方承認日本有賠償的義務。也就是說,日方甚至不願承認有賠償義務。東京的訓令使前幾天台北的樂觀氛圍為之一變,談判再次轉入困境。

3 月 28 日下午,葉—河田談話記錄:河田:"昨天奉回電,諒難使貴方滿意。"(閱讀日方答覆後)葉:"本人僅粗率過目,所得印象極感失望,且對貴我兩國將來之關係不得不抱悲觀,據此項草案觀之,無異將雙方交涉回覆至 3 月 12 日之狀況,與我方基本原則,距離仍遠。本人 19 日提議(放棄賠償)以貴方接受我方對於其他各案之意見為條件,自問實已煞費苦心，今貴政府既不能批准貴代表之建議，則本人亦惟有將 19 日之提議暫予擱置。"河田："此電不但使貴代表失望，即本人亦無不歉然，惟望貴代表以較大之忍耐，重予研討。"葉："對於打開僵局，不知貴代表有何高見。我方固不願見交涉之破裂，但貴政府既將 3 月 12 日以後之努力所得之結果一筆勾銷，打開僵局非我方所能為力，除非貴國政府不否認 12 日之後之進展，否則本人惟有報告政府，交涉業已失敗而已。"河田："貴代表此斷語未免過為危險。"葉："須知我方放棄服務補償，實為最大之讓步，我方堅持約稿第 21 條，不過為維護我國在盟國間之地位，貴方如此拒不接受，實有將貴我地位倒置之嫌，我政府何以堪此？外界得悉必將謂貴國政府故意拖延，我國國民如得知貴國連此最小之要求，尚咨嗇不同意，則感情上產生惡劣印象。"木村："關於彼此地位倒置云云，我方曷敢當此。我方自問在交涉上，地位始終低於貴方。"河田："我政府絕無故意拖延。至貴國民感情惡化一點，本人實最為憂慮。本人印象政府墨守《吉田書簡》之規範，甚至不欲輕易一字也。"葉："本人日來夜不成寐，閱讀史料《李合肥春帆樓議和》記載，李相國始終出諸至誠，不但尊重日本戰勝國地位，且視日本為朋友。此次貴我交涉，我方未以戰敗國視貴方，處處着眼中日將來之合作與友誼。本人感覺貴方非但不承認我之盟國地位，即相互平等之地位亦斤斤計較。"河田："承貴代表教訓，且感且慚，本人自當努力做去。"葉："本人深信我方已無可再讓步之餘地。"[64]

上述談話可以看出，日方全權代表曾一度準備接受台方讓步方案而被日本政府所否決，為此台方近乎哀求日方做出"無礙大局"的讓步，甚至連日方全權都開始為自己的對手說情，台方不惜出賣"主權"被迫同意適用範圍條款，並以全中國的對日索賠權做交易，但並未換得日本政府給予台灣當局以"盟國同等地位"，其結果十分可悲。河田認為"政府墨守《吉田書簡》甚至不欲輕易一字"才是關鍵。

在僵持期間，日方向台方提出第三次《中華民國與日本國間和平條約案》[65]，該案共 13 條，其中第 10 條為"中華民國政府對該條約在台灣及澎湖實施，或根據將來可能實施法律對有中華民國國籍的所有居民及其後裔”，第 11 條為“在該條約適用範圍內，包括中華民國與日本國之間的戰爭狀態而產生的各項問題”，在議定書草案中明確寫入“一（甲）為表示對日本人民的寬大和善意，中華民國放棄其國家及人民因在戰爭過程中由於日本國及其人民所采任何行為而生之一切賠償要求。”另外在換文案中“對於中華民國，該條約的條款適用於中華民國現在控制下，或（台方翻譯史料中用‘及’，但是日方史料始終只用‘或’）將來控制下的全部地域（台方翻譯為‘領土’，但是日方史料中始終都只用‘地域’）。”可見日方在自己不準備做出任何讓步的同時，繼續逼台方放棄“一切賠償要求”。

　　同日，河田走訪張羣，席間，張羣：“因日本政府訓令使談判逆轉至為遺憾。25 日中方提案也有政府不得不做多方面工作的問題，而日方居然連這樣的提案都一腳踢開，不能不使談判陷入僵局。最近日本政府看不起國府，特別是利用美國會批准和平條約後的有利地位，對台灣採取高壓性的拖延策略。使（台灣）政府內部氣氛異常惡化。”（張羣）認為自己發揮緩和矛盾的作用已十分困難，談判前途堪憂。⑥⑥

　　蔣介石在 28 日日記中記載日方不接受我方放棄賠償案，歎息：“戰勝國與戰敗國地位反轉，吉田小人不識大體也！中級官僚倭島等自認其為外交家，日無視中國又起此優越感，侵略野心所致也，可痛可悲，彼等皆忘卻侵略中國無視華人之教訓矣，如何使其覺悟自悔耶！”

　　同日，台灣當局在致駐美“大使”顧維鈞的電報中稱：“部長認為日方所提措詞過於含混。文字中間接地隱含條約適用範圍條款問題，我方當然不能同意加以考慮。實際上，我方已退讓到不能再退讓的地步。如果日方不改變態度，和談將難以繼續。”⑥⑦

　　此間，台灣當局為了向日方施加壓力，秘密研究過在國際機構利用否決權反對盟國對日委員會及與遠東委員會解散等方法，以回擊日方的強硬立場，但由於美國的反對而沒有實際實施。⑥⑧ 4 月 1 日，東京訓令日方談判代表團“繼續按照《吉田書簡》的原則談判適用範圍條款的規定”。⑥⑨

二、倭島英二第二次赴台談判

4月2日，台方向日本全權代表河田烈遞交《國府全權備忘錄》，說明自己的立場。"中國政府之基本立場乃為：中華民國與日本國媾和之中，不能接受劣於任何其他盟國之地位。在另一方面，中國政府亦無意求取較日本國業已給予或可能給予其他盟國之更大優惠。談判中中國全權代表曾同意刪除甚多條款以符合日方所抱簡化條約之意願，但此項同意係以日本國接受初稿第 21 條為條件，係仿照《舊金山條約》第 26 條後段所草擬。日方對賠償條款之文字，未規定日本承認其有給付賠償之義務，且謀否認中國係屬盟國一員之地位，此實非中國政府所能接受。日本全權曾不時聲述日本政府欲嚴守吉田函件之條件。查在存有戰爭狀態之兩國政府間重建其正常關係之條約，必須為該兩國間和平條約。日本政府對依照《舊金山條約》於原則一節，似未予遵守。"⑩ 該備忘錄顯示，台日之間談判已經進行了一個多月，但是雙方在條約性質，即是否為和平條約，是否承認台灣當局為"中國政府"等問題上，依然是嚴重對立。

4月4日，在吉田第 38 號訓令電中提到日本政府不能妥協的理由，稱"日本政府絕非無視貴全權及中方的努力，但是同時政府必須貫徹按照《吉田書簡》的既定原則來進行談判的方針，望你等在此次談判中只能在承認事實上國府現在控制的範圍內進行交涉，並達成協議。"即繼續嚴令全權代表嚴守《吉田書簡》提出的條約適用範圍，不承認台灣當局對中國大陸主權主張的原則。同時稱"可根據談判的情況，按照貴方的斟酌，適當照另外電報的要求求得談判成果"，⑪ 即準備給全權代表以有限權限。

4月5日，台灣當局向美國使館遞交備忘錄，請求援助。"（1）由於日本在和談中所表現的態度，我方與日本締結和約的意願和希望能否早日實現似甚可疑。（2）鑒於上述理由，我們歉難支持解散遠東委員會和盟國對日委員會這一措施，因為此類步驟將導致我駐日人員合法地位的喪失，並使我國在日本的權益失去保障。（3）我們不是《舊金山條約》締約國，為此認為中日間之戰爭狀態只能在中日和約締結後方能結束。"⑦ 自 3 月 28 日以後，雙方談判重開的前景始終不明朗，休會狀態持續長達半個月。儘管雙方還以"懇談"方式保持接觸，但是沒有任何實質性進展。此間雙方依靠備忘錄等方式與對方交換意見。4 月 8 日，日方向台方提交的意見書中把主要分歧分為"主要點"和"一般點"，其中提出方案為"（甲）中華民國除《舊金山條約》第 14 條（a）第二款之規定外，放棄所有對日本國之賠償要求。（乙）《舊金山條約》第 11 條（戰犯）及第 18 條（戰前債務）不在本約第 11 條之適用範圍之內。"⑦ 這裏日方具體説明了哪個條款的修改意見，但沒有提出第 11 條及第 18 條為甚麼不在適用範圍之內的根據。同時按照日方的邏輯，其他沒有直接指出的就應該理解為受到適用範圍條款的限制。

在收到 4 月 4 日日本政府訓令後，河田於 8 日致電吉田稱："賠償、戰犯、日僑回國等問題是我方最能向國民宣傳的部分，其內容如何確定，不僅對日華兩國國民間真正的親善最為有效，而且作為在國會對付在野黨也是最為有效之捷徑。目前狀況看，無論甚麼理由拖延都會使我方信用喪失，並惹起對方猜疑，反而引起爭議等事態。所以在與倭島局長充分商量後，認為我方提案也多少有必要做出一些修改，這將是繼續談判的最佳捷徑。"⑦ 河田實際上是在敦促日本政府做出"必要讓步"。

4 月 11 日，木村通知台方，（a）《舊金山條約》將於 4 月 25 日至月底生效；（b）日本國會將於 5 月 8 日休會；（c）倭島局長將於 4 月 15 日回國。試圖利用台方急於締結條約的焦躁心理，以"時間緊迫"，逼台方做出進一步讓步。同日，中田豐千代走訪汪"司長"，稱"日本代表團準備與中方隨時會商，即星期日亦可。"⑦ 催促台方重開談判。為此，12 日談判重開（第 10 次非正式談判），台方提出新的修改案，其中關於賠償問題，刪除了日本國"有賠償義務"的內容，但是日方則再次要求台方放棄"一切賠償要求"。河田稱"約稿沒有提及放棄一切賠償要求之規定，此點因欠明晰，易使日本人民誤解貴方僅放棄服務利益，而未放棄一切賠償要求，故我方願使用我方原案的'放棄一切賠償要求'字樣。"木村："放棄全部賠償要求字樣，在日本人民看來，較易了解且較為悦目，日本政府對此點甚為重視，其立場亦甚為強硬。"胡："我方放棄服務補償已屬重大之實質讓步。貴方應注意此點，並顧及我國人民情緒。"河田："惟我方對賠償問題最為重視，本國政府之態度亦甚強硬，故本人不能同意採用貴方草案，蓋以關於此事，本國政府訓令甚嚴，本人無考慮餘地也。"⑯ 日本在逼台灣當局不僅在實質，而且在形式上都做出讓步，而日方對賠償問題的重視，顯然是因為中國是所有盟國中被日本荼毒最為慘重的國家。所以中日戰爭賠償問題為日本與所有國家之間最為重大，最為實質的問題。日本政府逼台方放棄一切賠償要求，也是為了給日後與中國政府的交涉埋下伏筆，掌握主動權。同日深夜進行的談判中日方依然堅持上述"一切放棄"立場，台方甚至發出"邏輯上不合理"的哀鳴。

4月13日第12次非正式會談中，日本全權代表在得到日本政府做出必要讓步的訓令情況下，繼續逼台灣當局在文字表述上做出讓步，在得出確實已不可能再從台灣當局那裏"榨出任何油水"結論後，才對台方提案表示贊同。河田稱"昨日起討論第14條之解釋，對彼此立場均極明瞭。貴方同意將貴方之解釋記入同意記錄，今請以此為條件，同意貴方草案如何？"⑰ 這樣，長達近40天的賠償問題談判才告結束。

在所有盟國當中，日本最應該賠償的就是中國，與中國之間的戰爭處理是日本與所有盟國之間戰爭處理中是規模最重大，也是最關鍵的部分。日本在不承認台灣當局代表全中國的同時，又利用台灣當局窮途末路的困難地位，逼迫台灣當局一而再，再而三地做出讓步，最終把"全部賠償要求"（all its reparation claims）改為"自發放棄"（voluntarily waives）。關於賠償問題並沒有記入《台日條約》的正文，而是記錄在條約《議定書》（一）乙款當中。而且條款內容也沒有賠償的字樣，只寫入"為對日本人民表示寬大與友好之意起見，中華民國自動放棄根據《舊金山和約》第14條甲項第1款日本國所應供應之服務之利益"。連蔣介石也感慨地稱："（條約）當中連'賠償'的字樣都沒有，成為史無前例的內容。"⑱

　　值得指出的是，日本政府在堅持《台日條約》不適用於中國大陸的同時，卻把賠償這一事關中國大陸的重大問題作為與台灣當局交易的中心內容，並逼迫台灣當局做出讓步。日本政府十分清楚《台日條約》在法律上不可能約束中國大陸，但只要能迫使台灣當局作出讓步，未來至少會對與中國大陸的談判產生有利於自己的結果。

第五節

《台日條約》的局限性 —— 適用範圍條款談判

　　如前所述，《台日條約》的適用範圍問題是《吉田書簡》的核心內容，並且是經過美台事先協商，由台灣當局提出的。本文重點將探討條約談判前後，台、美、日三方就條約適用範圍問題進行的交易，台日雙方在《吉田書簡》，特別是適用範圍條款中關於"或"、"及"的爭論。並對其在戰後中日關係中的意義進行論證。

　　1952 年 1 月 31 日，條約談判前，吉田茂發給中田的訓令（第 10 號至急極秘）中稱"這次要締結的條約，是美國與我國以及美國與中國之間達成的諒解，其範圍即為《吉田書簡》的限度。"（conclude a treaty which will re-establish normal relations between the two governments-bilateral-treaty shall be applicable to all territories, which are now under the control of the national government），⑲ 從這個電報中可以看出，日方清楚美台之間的事前協議和諒解，不過這裏特別省略了"或未來控制的地域"（or which may hereafter be, under the control of its government）一句話。

　　2 月 9 日條約談判開始前，葉公超向日方談及《吉田書簡》和適用範圍問題："中方所以堅持名副其實的和平條約的理由是斡旋者杜勒斯明確告訴中方，（1）雙邊條約是以《舊金山和平條約》為原本的。（2）為了消除日方的困難，台方同意設置適用範圍條款，但是不在條約正文，而是另行處理。這兩點與日方達成了諒解。關於適用範圍限制問題，當時出現了非常大的異議，但台方忍難忍而為，該線是中國可能讓步的底線。"⑧ 日方報告電披露了台灣當局在說明其被迫接受，並自己提出條約適用範圍條款的"底線"和困境。

3 月 6 日第五次非正式會談，木村："我方認為，中日和約內所載各條款，均應與現狀環境相適應。今貴國政府尚未能有效控制大陸，上述條款既不能有效實施，似難規定於本約之內。"胡："我方認為涉及根本問題。中國政府以代表全中國立場與貴方議約，所有約內條款均應以此立場為基礎，否則既有懷疑中國主權完整之嫌。"木村："我方絕無此意。僅表示為適應現存環境無須對此作一全盤規定，此事可留待將來再行規定。際此過渡階段，不妨議定合乎現狀之條款，亦即能立予實施之條款。"胡："我堅定之立場，蓋在維護我國對全部領土主權之完整，貴方不能望我簽訂一足以解釋為我不享有完全主權之和約。"木村："萬勿誤會我方有此意向，我方將考慮此層。"⑧ 從這場交鋒看出，日方還是不願承認台灣當局控制中國大陸，也不願將涉及大陸的相關內容寫入。

3 月 17 日第七次非正式談判，胡："關於適用範圍，貴方提出以換文方式予以規定。中方認為，文字上尚須修正，且應以載入同意記錄（Agreed minutes）。"河田："以同意記錄列載，本人不能同意。蓋我方欲將此項載入條約正文，悉貴方意見後，乃向政府竭力解說，始獲准改為換文。"葉："我方此次與貴方訂約而同意考慮此問題，已屬最大之犧牲。必須顧及我國政府之地位，即我國政府乃代表全中國之政府而非地方政權。現各國承認我政府者，均承認我為全中國之合法政府，我焉能自貶本身地位？適用範圍固有將來適用於中國大陸之規定，但各方對此誤解甚深。立法院對此質詢特為激烈，本人反覆解釋已費盡口舌。我方同意予以考慮，已屬極不得已，仍望貴方予以同意。"河田："此問題極為重要，此次和約即以此為出發點。此一基本原則動搖，全部議約均將隨之動搖。對於改用同意記錄，實無考慮餘地。"台方提出的"適用範圍案"中再次加入過去向美國提出的、被美國否決的內容，即"鑒於中華民國主權下領土之一部分，現有被共產黨佔領之事實。本條約之各條款，關於中華民國之一方，應適用於中華民國政府控制下及將來重歸其控制下之全部領土。"對此，木村表示："本人願意私人資格閱讀，但此問題太過重要，本人未敢擅自處理。"台方反復要求修改適用條款內容及寫入層次更低的"同意記錄"等，並要求在適用範圍條款內加入"該項諒解不影響中華民國享有之所有領土主權（the understanding shall not in any way prejudice the sovereignty of the Republic of China over its territories）"的內容。但所有這些要求均被日方斷然拒絕，日方強調堅持適用範圍條款是《台日條約》的存在前提。最後台方被迫同意換文方式記入適用範圍條款。㉒

4 月 12 日第十一次非正式談判，葉公超提出日方的適用範圍條款案中，"或將來"的或（or）應改為及（and which），台方的解釋是 "or" 具有二者擇一的意思，如果適用於其控制下的台灣及澎湖，則可能被解釋為將來不可能適用於中國大陸。河田："我方仍盼採用原文的或 or 一字，我方立場在於堅持《吉田書簡》中原文字。萬一貴方堅持我就此問題讓步，我當要求貴方對賠償問題讓步為條件。"葉："適用範圍方案，中美雙方交涉數月，此經過諒為貴全權知悉，吉田函件應援用者為 and which，而非 or。今忽有此訛誤，當系輾轉傳遞時之筆誤。我與美尚附有了解，即該方案為基本語句。美代辦藍欽甚知，渠與本人親手處理本案，故必要時彼可證實。"木村："美國致吉田首相文件，似亦用 or 一字。"河田："我方無意追問原稿擬制之過程，惟擬表示日本代表團須確遵政府指示辦理。我欲說明此文字與賠償問題相比，賠償條款遠為重要。"㉓ 談判中葉公超披露了適用範圍條款是台方自己炮製，而"基本語句"應為台方的 and which，這表明了一個基本事實，即長期以來日美等國研究學者都認為《吉田書簡》為杜勒斯所為的觀點是不正確的，其核心內容是台灣當局自己約束自己"主權"的傑作。

面對台方多次提出向美方求證的要求，日方採取曖昧態度，實際上雙方的對立不僅在 or 和 and which 上，而且在使用領土（territories）和地域（areas）上也存在對立。在最終條約稿的日文文件（換文第一號適用範圍條款）中，本來應翻譯成"領土"的部分，仍被翻譯為"領域"，既可以解釋為"領土"，也可以解釋為"地域"。這意味着日方依然不願承認台灣當局的正統性，對領土這種事關主權的問題持保留態度，對其控制地區也保留。

4 月 13 日第十二次非正式會議上，河田："我方專家強烈主張堅持使用 'or'，因為這是函件之原文。縱有錯誤，亦應堅持。一個文字的更換必將掀起國會大波，妨礙和約及早批准。"[84] 此後河田又表示"本人相信貴方所述之實際經過。但這出於吉田手筆，今欲改正，勢必認定此係錯誤，但人為感情動物常不願直接認錯，倘吉田不承認此係錯誤，則雙方將演成感情問題。我方擬這種方案，即以同意記錄載明'或'可以解釋為'及'。"[85]但是日本政府不同意河田"擅自"提出的折衷方案，並要求台方接受自己的方案，為此談判再次陷入僵局。

4 月 14 日藍欽在給美國國務院的報告中稱，"中國 b 案及《吉田書簡》的文字成為談判的主要障礙。中方提案的《吉田書簡》原文顯然是 and which，但實際上《吉田書簡》用的卻是 or"，[86] 即支持台方的主張。藍欽又援引葉公超的話，"and 一字是蔣介石親自確定的原案，難以改變。"[87]4 月 16 日在台北的河田烈給國內電報中稱"談判換文適用範圍只剩下 or 與 and which 一字，其他均已完畢。為此鑒於大局出發，本人則負責表示同意對方要求。請務必批准。"[88] 同日，河田在另一份電報中再次為台灣說情，催促日本政府"到台北來至今已滿兩個月，談判拖延至今實感慚愧，同時事態複雜，障礙頗多，對自己能力不足表示歉意，但願使出全身能力力爭最終完成。我們相信已充分考慮到今後對國會的說明及社會的諒解，切望（政府）從大局出發批准本人請求案（同意台方要求案）。"[89] 對此，日本政府遲遲不批准。

17 日發出的日本政府訓令稱："（1）該項事關諸多方面，務必貫徹我方主張，克服種種困難，切望做出進一步努力。（2）關於適用範圍換文繼續主張《吉田書簡》原文不動，此項變更難以同意。但是在‘同意記錄’中將 ‘or’ 解釋為 ‘and which’ 一節，我方則只能表示‘留意’到了。（3）（內容未公開）。”⑩ 即日本政府拒絕河田妥協案，但對文字是否妥協僅同意做出另解其意的解釋。18 日，河田在對政府第 43 號訓令的答覆電中稱：“（適用範圍）極為敏感之問題，這裏輕率處理必將導致談判出現意外困難，而且可能成為對方反宣傳的工具。因此望明察秋毫，訓令批准按照鄙見行事。（1）關於適用範圍文字，前面已經拒絕了對方其他修改提案，而且考慮到為表示對國府在精神上的支援，務必請考慮放寬訓令限制，批准本使第 68 號請示電，由本使負責同意考慮對方要求的內容。本使認為該項修改文字並不脫離《吉田書簡》之原則，深切期望給與批准。另外訓令提出的‘留意’用語比以前與倭島局長協議後向對方提出的方案還要倒退。本使認為，目前這個階段提出此種方案，心情實難安穩。”⑪ 河田已表示難以執行政府的訓令精神。面對日本代表團的“動搖”，日本政府在其第 47 號訓令中稱：“察你們為談判已經竭盡苦心，但本條約需要國會批准，從開始就已明確任何變更《吉田書簡》文字或脫離該書簡宗旨之情況均難同意。（你全權）雖有自己的立場，但務必將政府本訓令照常傳達給中方，而且自本條約談判開始以來的經過看，如果中方充分了解的話，相信也應沒有困難地諒解我方主張。望將對方接到我方上次訓令後的反應轉告政府。”實際上是嚴令全權代表貫徹政府訓令精神。同日，日本外務省次官井口貞夫在給全權團中的外務省官員木村的電報中稱：“這一兩天總理反復閱讀了全權所有電報，了解其字裏行間意思，且聽取了關於全權的心境及當地氣氛的報告。此電乃考慮到內外形勢為慎重起見而發。談判已到目前階段，全權已經基本談妥等待政府訓令，政府對該案已有訓令，所以相信你等不拘以往交涉如何，應完全按照本國政府訓令原則傳達給對方，並將對方反應報告政府。期待貴官（原電文有“外務省員”等字樣均被塗抹）以此種心情輔佐全權，為談判之圓滿成功而竭盡全力。望按照上述指示精神完成談判。”⑫ 嚴令木村等外務省官員不為在當地的氣氛及個人感情所動搖，堅決貫徹政府訓令精神。

　　根據日本政府上述訓令，4 月 20 日河田通知台方，"非常遺憾，關於國府修改適用範圍文字提案不能同意。"[93] 在向國內報告台方反應時，河田稱："葉全權稱這是事關談判原則的問題，從談判開始就始終重視此點，而對日本並無負面影響，關於適用範圍用語不過是技術性錯誤，以為會得到日方的同意。'or' 在支那語中是'或'的意思，有兩者擇一的意思（可能被理解為國府返回大陸時失去台灣），故中國不得不有重大關切，務必希望接受使用 'and'。關於此點，貴全權已同意我方見解，在同意記錄中記載（倭島局長帶回國案），日本政府卻拒絕該案實在感到意外。（以下大約一頁被塗抹未公開）。"[94] "對方反復稱，中方也有很多對內對外困難，但已做出許多讓步，不僅所剩問題已讓到最後底線，而且像有關賠償的同意記錄等都是積極支持貴國的立場，考慮到上述情節，為救助國府立場，只有懇請日本政府給予同情之考慮。國府已無法做出更多讓步。"[95]

　　4 月 23 日，河田報告了會見張羣的情況。"今日下午 5 時與張羣氏會見兩個小時。回顧了本次談判開始以來經過，本使告萬一本條約不能成立，可能會發生比原來預想更為不幸之結果。對這兩個月苦心可能皆無的局面深感遺憾。對此張羣歷數談判經過，表現出從來沒有過的悲憤情緒，台北當地都對日本政府究竟是甚麼意圖採取拖延戰術表示嚴重地不信任，認為日方完全沒有使條約達成的誠意。自己雖然為此竭盡全力，但是大勢所趨，對前途深感不安（大約六行被塗抹，未公開）。稱自己已經無法推進此事，並反問本使有無妥協的妙案。本使則仍切望國府方面做出讓步，希望張羣能從中斡旋。"[96]

　　日本政府在接到河田報告後，發出第 52 號訓令電"現在可考慮對方的立場，作為'最後的讓步'，望按照第 53 號電訓令達成妥協。""對於問題的 'or'，解釋我方完全沒有考慮過中方的憂慮，即國府回本土的情況下台灣為適用範圍外的可能性。因此，對於條約適用範圍將根據現實情況下國府控制做出可伸縮表述。《吉田書簡》除了發出當時的經過，國內及在美國已經發表並成為國際間關心的對象（對於政府來說，此問題已經被報刊等媒體炒作，所以）已不能變更 'or'，適用範圍的換文只能使用原文。為解除對方的憂慮，在‘同意記錄’中先由對方提出：It is my understanding that the expression(or which may hereafter be) in the Notes No.1 concerning the scope of application of the treaty permits of the interpretation (and which may hereafter be). Japanese Delegate: I assure you that the concern expressed by you with regard to the expression in question has no foundation. It is my understanding that the treaty is applicable to all the territories under the control of the Government of the Republic of China。"⑰ 譯文：本人（中華民國代表）了解，關於本約換文第一號中"或將來"字樣可作"及將來"解釋。日本代表：本人可使貴代表確信，貴代表對於該項字樣所表之關切，並無根據。本人了解本條約將適用於中華民國政府控制下之全部領土（日譯文為"全部地域"—筆者註）。

　　接到日本政府妥協案，4 月 23 日會談終於恢復，日方提出"最後讓步案"，河田："《吉田書簡》文字已經向世界公佈難以改動，為顧及貴方關切，我方在同意記錄中予以保證。"葉："《吉田書簡》文字不能變更我方願予尊重，但同意記錄內望能採用我方文字：It is my understanding that the expression (or which may hereafter be) in the Notes No.1 concerning the scope of application of the treaty shall be construed (and which may hereafter be). Japanese Delegate: I assure you that the present treaty shall be applicable to all the territories under the control of the Government of the Republic of China at any and any times。"譯文：本人（中華民國代表）了解，關於本約實施範圍之照會內"或將來"字樣應作"及將來"解釋。日本代表：本人可使貴代表確信，本條約可於任何時間內適用於中華民國政府控制下之全部領土。

　　雙方在內容上分歧依然明顯。針對台日雙方的分歧，日本外務省訓令駐美事務所所長武內龍次向美國政府說明情況，尋求支持。"對方強烈要

求變更 'or' 為 'and which'。我方已經放棄了對台灣主權，這次談判必須固守《吉田書簡》原則，把以現在中華民國政府控制的領土為基礎完成談判作為基本方針。中方考慮面子問題，堅持中國正統政府的體面（約一行塗抹未公開），[98] 其結果是我方遇到預想不到之困難。為了解除其對 'or' 懷疑而花費很多時間，我方不能按照對方要求修改為 'and'，但是在其他議事記錄中表明其擔憂不過是杞人憂天，並表明條約將適用於國府控制下之所有領域。希望以此達成妥協（約五行塗抹未公開）。"武內在覆電中稱："美方對該條約多次在當地談妥，又被東京指示所推翻表示難以理解。""美國當地氣氛激烈，特別是參院多次向國務院引用《吉田書簡》，經常就此提出問題，而且考慮到對日理事會上蘇聯及中國（台灣—筆者註）的態度，懇切希望該條約能在（舊金山）《對日和平條約》生效前達成。雖有美國介入談判的傳言，但考慮到台灣、朝鮮等對談判態度等，從各種意義上說是最不想直接介入的。美國完全沒有介入本條約談判的意圖，但只是對其前途表示憂慮。"[99] 美國一方面表示不介入，另一方面還是要求日方盡快締結條約。

24 日，河田再度走訪張羣，河田："到了現在的階段，也已經沒有向政府提出文字修改的餘地，但希望中國政府從大局出發接受目前的條件，切望閣下作最後斡旋之努力。"張羣表示："已得到兩天來兩全權的談判報告，但是日本政府連文字修改的權利也不給貴全權，貴全權也不接受我方提出的一個字修改意見的態度，如同戰前提出最後通牒式 All and Nothing 的答覆一樣。這種做法完全損壞了中方的面子，使人想起戰前日本政府對支外交，完全沒有相互主義原則可言。問題事關原則，我方不得不考慮該談判是否應該繼續。不能不說談判前途極為悲觀。"對此，河田只能辯解稱："閣下誤解了，本使已痛感依靠本使的力量已不可能早日締結條約。"張羣稱："閣下的心情能理解，但中方的決心也很堅定，無法接受目前的日本方案。請閣下最後將我方見解傳達給貴國政府，以確認日本政府的締約決心。"[100]

4 月 26 日，因適用範圍條款的一個字而持續對立的台日雙方都沒有拿

出新的解決方案。下午 3 時，河田在充分了解台方情況之後致電外務大臣
（第 94 號電　大至急極秘），再度敦促日本政府做出必要讓步。"談判到了
現階段，對方對於政府訓令即最後案 —— 只有國府全面讓步沒有其他解決
辦法的強硬作法，如張羣所説，國府方面的氣氛也十分嚴峻。最後通牒式
的方式使國府面目受損，堅持不談判的立場。此後的接觸也完全沒有改變
的意思，雙方持續對立。但是另一方面，如果能有給中方面子的甚麼辦法
就可能打開目前的僵局。國府方面熱切期待 28 日前能談判完成締結條約，
以彌補可能因不能達成協議而出現的政治損失。對於國府的對案，日本政
府也應設法提出某種答覆，以便恢復會談（國府暗示在目前的懸案上得到
了美國的支持，所以很有信心）。"⑩

　　結果在 27 日清晨，日本政府通過木村四郎七事務所長轉達最終妥
協案：

Chinese Delegate: It is my understanding that the expression [or which
may hereafter be]in the Notes No.1 today can be taken to mean [and which
may hereafter be]. Japanese Delegate: Yes, It is so, I assure you that the treaty
is applicable to all the territories under the control of the Government of the
Republic of China。中譯文：中華民國代表：本日第 1 號換文中的 "或將來"
字樣可以理解為 "及將來"，是否如此？日本代表：是的，我確信本條約適
用於中華民國政府控制下的所有領土。⑫

　　同日下午，胡慶育通知木村，台方接受日方妥協案，雙方於當日晚 10
時 40 分終於就《台日條約》的最終案達成全面協議。⑬

　　從一個字差異的談判過程可以清晰地看到，台灣當局試圖通過堅持
"及" 來彌補自身被迫 "放棄主權" 的巨大過失，試圖通過對此的擴大解
釋，來 "確認對全中國擁有主權"。台灣當局還以此宣示，通過把 "或" 解
釋為 "及" 來使 "反攻大陸政策" 在國際場合得到了堅持，也想堵住日本今
後試圖與中國大陸建立政治關係的道路。⑭ 但是台灣當局的這種主張連支
持自己的 "主要友邦" 美國、日本都不承認。美日通過各自與台灣當局簽

訂的條約限制台灣當局對中國大陸的主權，給台灣當局的不過是"有限承認"。[105]

台日間關於條約適用範圍條款的交易説明，台方提出的"不影響其享有全中國主權"的"底線"與日方的現實相符的"基本原則"根本衝突，日方雖口頭有過"承認"其擁有主權的表態，但拒絕在《台日條約》的所有條款中直接涉及台灣當局對中國的主權，而且根本不同意對《台日條約》的適用範圍條款做出任何擴大性解釋。也就是説，《台日條約》的所有條款都只能適用於台灣當局實際控制地域。那些認為日本政府承認"台灣當局代表中國"的説法，是缺乏法律依據的。適用範圍條款及日本政府在條約談判及其前後在國會審議該條約時所做出的解釋決定了《台日條約》的基本性質，即日本與中國地方 —— 台灣當局之間的"地區協議"。

第六節
相關條款談判

一、戰爭責任與戰爭開始時期

據台方史料記載，在 2 月 27 日的第三次非正式會談開頭，"葉代表當即詳述中方起草時所采之寬大態度，並強調和平條約之序文應敍述戰爭之由來及責任。中方為顧及日方之情感故避而不談。"[106] 即台方不在條約中闡明日本侵華戰爭的責任是為了"照顧"日方情感。

3 月 26 日河田在電報中報告了談判戰爭狀態開始時間問題上日方的主張，"戰爭的時期問題。對本問題，儘管國府強調是感情問題，而我方則以擔心其他聯合國家利益均沾的可能性而堅持反對，最終對方也同意刪除。"[107]

在 4 月 12 日談判中，台方提出在換文中記錄，把"九·一八事變"的時間作為中日戰爭開始的時間，並有三處涉及該時間，但日方繼續以多國條約沒有該項規定為由加以反對。葉："目前剩下的問題有兩個，一是

'九‧一八'問題，二是議定書中的服務補償問題。關於'九‧一八'問題，我方已再三讓步，同意從正文改為在議定書中寫明，又從議定書倒退到換文。"河田："關於'九‧一八'日期，我主張自序言部分刪除之理由，在我等無須追溯歷史陳跡，徒增兩國間不快情緒。其次，該項日期未在《舊金山條約》中呈現，至對其他兩處，主張在會議記錄內列入。"葉："簽訂《舊金山條約》之40餘國無一與貴國曾發生'瀋陽事件'者，我國人士認為該一日期須在約文中提及，因認定該日期即為日本軍閥侵華錯誤之肇始。"河田："我方認為該項日期在會議記錄提及已足，可滿足國內需要。"葉："我立法院委員東北籍人士比例甚高，多持激烈態度，故本人切盼在約文之內列入'九‧一八'日期。"木村："我方認為列入正文甚有困難，此處涉及原則。"葉："貴方當注意協調精神，有取有予。"河田："本人深切了解貴代表之說理，我方所能給予者，已給予殆盡，我方所提參考文件，實為最後之讓步。"（深思良久）葉："余再提一折衷辦法，即在序文中提及該事件，而將其他兩處理列入同意記錄如何？"木村："對此已數度請示，均屬罔效。"葉："目前未經商決之問題有二，一為'九‧一八'，一為議定書中關於勞務補償部分。"木村："對上述重大問題，我方深感處理困難。"葉："爭論之點，僅在形式。"木村："目前確非討論理論之時機。"[108]

4月13日第13次非正式談判，河田："關於含有'九‧一八'日期之偽政權在日財產問題，貴方主張應以換文成立協議，但我方認為此項財產如何處理乃屬解釋性質，且在我國換文必須提出國會，難免發生枝節。"[109]可以列入記錄，但寫入正文不行。

14日第14次非正式談判，河田："我方主張以會議記錄予以規定，即用毋須國會承認之方式。在政府訓令之外，本建議採用以會議記錄予以規定之方式。此係個人擔當責任，目的在求和約之及早觀成。今個人好意為貴方拒絕，本人實深後悔不該如此熱心。"葉："本人曾說明，若我放棄服務補償，則日方將接受我方其他條件，此項了解如經推翻，將使本人進退維谷。"河田："關鍵所在為國會'承認'。要知日本國民或將反對，政府立場則不同。對發還各項財產，相信亦有安排。貴方過於注重形式，而忽略實際之解決。"葉："我堅持將'原則'寫入。"河田："貴方之堅持徒傷實際目的。"胡："我已一再讓步，貴方仍堅守立場。"木村："我方所提建議，已超出政府授權範圍。我方實無權接受貴方建議。"河田："'九·一八'日期在約文中以任何方式呈現，均非我方力所能及，政府實不容本人啟齒。"葉："貴方不願提及'九·一八'日期，其故何在？《舊金山條約》將珍珠港事變日期明文寫出，未因其中列有該日期而拒絕批准。"河田："實無讓步之途。"⑩ 就這樣，日方堅持對美、對台的雙重標準，反對把"九·一八"日期記入正文。最終《台日條約》正文沒能記入"九·一八"開戰日期，只在最低水平的附屬文件 ——《同意記錄（二）》的"傀儡政權財產處理"一節有所觸及。

二、戰犯問題

3月6日第五次非正式談判中，對於台方初稿第九條涉及戰犯內容，木村："（1）請貴方考慮貴我兩國間之特殊關係，將本條予以刪除。（2）目前在東京監獄中拘押之戰犯有百人之譜，日方將繼續依法對之執行，並無考慮寬赦之意，且將本良心處理本案，貴方當可信任日方。"胡："我方關於處理戰犯問題，對貴國政府之意願素本同情精神予以考慮。對貴國人民之情緒，我方於考慮本案時當並予顧及。但我方並非《舊金山條約》締約國，如無條約根據，則我國政府對貴方之援助，可能有限，而且不便刪除還與我國盟國之地位有關。"木村："《舊金山條約》既有規定，貴方權利已有保障，何必另在該和約內另作同樣規定。"胡："條約與普通契約不同，除規定雙方權利義務外，尚另具有政治之色彩和意義。"胡慶育還表示"為貴方榮譽着想，我方故願刪除本條"，但以確保"約稿第21條涉及之盟國地位"為條件。⑩

3月22日，胡、木村談話紀要（盟國平等待遇問題）：日方提出戰犯問題不在正文，而在換文中處理。此後，日方表示對台灣當局關於"盟國地位"給予一定的顧及後。25 日，台方提出的《中華民國與日本國間和平條約案》中戰犯條款便在正文中完全消失了。在 26 日的河田電報中有如下記錄："關於本項，決定在議定書中另設一項，參照別電。另外，根據國府希望，將本項與《舊金山條約》第 18 條合併記錄。"⑫

三、偽政權財產處理

　　台灣當局主張條約締結後，傀儡政權在日資產應直接交給台灣當局。而日方則予以反對，在 3 月 7 日談判中，木村："(1) 本條無實際效用。因在戰時日本政府從未視貴國國民為敵國國民，僅對英、美、荷三國人民有此待遇……(3) 偽組織財產，乃屬貴國政府所有，亦可以第三條規定處理。本條請予刪除。"胡："偽政權之資產，不屬約稿第三條範圍，難強依該條尋求解決，故我方仍主張保留本條。"⑬

　　4 月 13 日談判中，胡："(關於偽政權資產) 現欲確定之原則，乃凡屬偽政權之財產應視為中華民國之財產。"木村："我國並未將此類財產視為敵產而收歸政府保管。此等財產乃系'自由財產 (free property)'，而非貴方所視之日本政府之'敵產 (enemy property)'。惟我方仍無意不將此等財產歸還貴方，但何者能予歸還則須協議決定，此事原與《舊金山條約》無直接關聯。"葉："我方立場擬在商議和約時將此問題予以解決。"木村："我方不願引用《舊金山條約》第 15 條規定，此項財產具有不同性質，恐遭國會反對。我方可承認貴方有權接收偽政權財產，但東京曾一度認為此點如見諸明文，恐牽涉甚廣，故以將來商談為宜。"⑭

　　4 月 15 日第 15 次非正式談判中，日方提出偽政權財產之修正案："據稱為屬於中國之某一偽政權如'滿洲國'及'汪精衛政權'者之在日財產、權利或利益，應經雙方間之協議而交與中華民國。"對此，葉："經雙方協議 (upon agreement between the tow parties) 一語似無必要，稱為屬於 (claimed to belong) 一語，似亦不妥。"木村："貴方如接受，即請接受全部文字，否則不必討論。"這裏日方居然以"最後通牒"的方式強逼台方接受。河田稱：“此案乃我方之最後限度，毫無修改餘地。”對此，胡：“我方要求解決該問題之原則，而貴方草案內已無原則也。”木村：“可聽由貴方解釋。總之我方草案甚為現實，我方無意說明原則而寧願從實際方面滿足貴方之願望，我方欲避免引起國會爭辯。”⑪ 此後，台方提出修改意見，並於15日胡與木村會談中被日方接受，但是在19日會談時，又因為17日日本政府的訓令而再次被日方推翻。日本政府以對內的國會對策、對外的對英政策為由加以反對。蔣介石在19日日記中歎息：“吉田又為不肯移交偽滿財產無故翻案，日人之背信棄義甚於戰前軍閥，果能得自由乎？”

23日，河田根據政府訓令提出“最後案”。河田：“現本國政府已充分考慮貴方意見，並就我方可能讓步之最後限度訓令本人。外界傳我政府企圖拖延和約談判一節，完全與事實不符。本人須重申，此次方案，為本國政府最後必須堅持之一線，已無與貴方商討修改之餘地。”即在此向台灣當局發出“最後通牒”，逼台方就範。結論是日方案仍然堅持對於“因‘九・一八’所謂‘瀋陽事變’之結果而在中國組設之偽政權，如‘滿洲國’及‘汪精衛政權’者，其在日本國之財產、權利及利益，經雙方協商，將得依照本約及《舊金山條約》之有關規定，移交中華民國。”對此，葉：“有兩點修改，（一）‘……得移交’，應改為‘……應移交’；（二）‘經雙方協商’實無必要，應予刪除。”木村：“（這兩點）本國政府實不可能接受。”葉：“貴方案毫無原則性。適聞木村所長所言須待我返回大陸後始歸還偽政權財產，引起本人反感。此即吉田所謂‘有限度和平’（limited peace），意即我方現在無權接收偽政權財產。”木村：“我方已在‘同意記錄’內承認貴方對大陸主權，請貴代表不必有此顧慮。”葉：“中國政府從未提出任何方案而不許貴方提出異議或文字上修改，如貴國政府亦希望與我建立友好關係，則不能堅欲不易一字，在交涉上亦不可能如此。”木村：“本代表團始終處於較弱地位。”胡：“對我方而言已屬過於強硬。”⑫ 這場交鋒中，日方態度異常強硬，使台方“全權代表”幾乎哀求，但也沒有得到日方的讓步。

4月27日，即在簽字之日的最後交涉中，日方仍堅持原案不變的立場，日方以輿論及國內反對為由拒絕讓步，並斷言"如多國條約生效後，國內輿論必將促使政府取更強硬態度，現日本政府不能讓步者，將來必更無法讓步。但中方不必為此小問題而使談判僵持，因小失大，實不值得。倘中方不再堅持，則雙方可趕於明日《舊金山條約》生效前數小時將和約正式簽字。"[117] 即日本自己在"小問題"上不做任何讓步，而誘逼台灣當局做出更大的、最後的讓步。下午 4 時，台灣當局被迫妥協，表示接受日方提案，全面讓步。當晚 9 點 30 分，台灣當局最後確認條約全文修改稿，並通知日方希望 28 日正式簽字。[118] 其結果，在《同意記錄（二）》中，"凡因 1931 年 9 月 18 日所謂'瀋陽事變'之結果而組設之偽政權，如'滿洲國'及'汪精衛政權'者，其在日本國之財產、權利及利益，應於雙方依照本約及《舊金山條約》有關規定成立協議後，移交與中華民國。"就是説還是按照日方要求在達成協議後移交。更重要的是，日方宣稱的"在同意記錄"中承認台灣當局對大陸主權一節，完全沒有明確記載，日本政府只是在談判時口頭表示過承認，在《台日條約》的任何條文中都找不到承認"中華民國"為"中國政府"的法律依據。另外，"滿洲國"等偽政權或傀儡政權，日本堅持稱為"協力政權"（collaborationist regimes 通敵賣國者政權），台日雙方的立場鮮明對立。27 日《蔣介石日記》："日方告接受我方案，在《舊金山和約》生效之前簽訂，則我政府在國際地位不僅有所挽回若干，而數年來一落千丈國際地位可伸長。"

上述相關條款的最終案基本上都是以日本承認台灣當局的"盟國立場"（本來應是與台灣當局"締約的前提"，但被稱為日方的"讓步"），而導致台灣當局的全面讓步。而且日方的"讓步"並沒有在《台日條約》中明確寫入《舊金山對日和約》第 21 條內容，僅僅記入"日本國與中華民國間因戰爭狀態存在的結果而產生的問題將遵從《舊金山條約》的相應規定加以解決"。就是説，僅靠這句"相應規定"，台日雙方可以做出符合自己利益的相應解釋。台方就可宣稱自己的立場 ——"中國合法政府"—— 得到維持，但日方卻不承認這種解釋。

《台日條約》第 10 條規定"就本約而言，中華民國國民應包括依照中華民國在台灣及澎湖之居民所已施行或將來可能施行之法律規章，而具中國國籍之一切台灣及澎湖居民，及前屬台灣及澎湖之居民及其後裔。中華民國法人，應認為包括依照中華民國在台灣及澎湖所已施行或將來可能施行之法律規章所登記之一切法人。"（此為台灣當局翻譯，日文中則提出適用方面限制在台灣及澎湖的內容。）總之，台方翻譯也只能說明該條約不適用於中國大陸，更不可能解釋為日方承認台灣當局對中國大陸的主權。

在照會（日稱"換文"）第 1 號中則規定："本約各條款，關於中華民國之一方，應適用於現在中華民國政府控制下或將來控制下之全部領土。"（台方翻譯及英文是領土 territories，但日文卻譯為"領域"，台日雙方解釋分歧一筆者註），從而確定了《台日條約》是在名義和實質上都不可能適用於中國大陸的條約，其各條款都只能在此限度之內。

《台日條約》雖然在名稱上稱為"和平條約"，但是台日雙方的觀點完全不同，日本政府從開始就不承認"中華民國"代表全中國，也不承認此條約是與中國締結的全面和約。該條約從其內容到適用範圍，都不能構成日本國與全中國間和平的基礎。特別是在台灣地位問題上，台灣當局連自己控制的台灣地區，也沒有被日本政府承認為"中華民國"所有。為了對外宣示自己的正統性，台灣當局提出了與《舊金山對日和約》接近的條約草案，但是被日方再三"簡潔、精簡"，台灣當局不僅沒能保住"盟國同等地位"，最終連自己的"主權"也受到極大限制。到 1960 年代以後，日本政府才解釋稱"條約第 1 條（戰爭狀態結束）適用於大陸"等，但在條約適用範圍限制下，日方的解釋顯然沒有法律依據。

同時，由於與台灣當局締結條約，使日本與全中國之間的戰爭與和平問題沒有得到任何解決。結果是中日之間的媾和只能等待此後中國政府與日本政府之間另行談判解決。當時台灣當局依靠美國等的支持，還繼續霸佔着中國在聯合國的合法席位，日本要想進入聯合國就必須得到台灣當局的認可，從這個意義上說，日本政府也有"不得不"與台灣當局建立關係的隱情。

毫無疑問，《台日條約》不具備和《舊金山條約》同樣的性質。該條約也沒有承認台灣當局要求的"盟國地位"，相反，通過這個限制性條約，更加暴露了"中華民國"的虛構性。1949 年 10 月以後的"中華民國"不過是美、日等國遏制中華人民共和國的籌碼，也是隨時可以被拋棄的"馬前卒"。

　　締結《台日條約》的談判從 1952 年 2 月 20 日到 4 月 28 日，長達兩個多月。這一交涉過程清楚地反映了中國及國際局勢變化對談判的影響。自我主張是"全中國正統政府"的台灣當局地位低下更直接反映在談判當中。在談判的初期階段，台灣當局還可以利用美國國會審議對日和約的機會，通過美國來壓日本讓步，但是在 3 月 20 日《舊金山條約》在美國會通過後，台灣當局對日本施加壓力的手段便完全喪失，日本政府也不再顧及美國壓力，相反簽約本身就成為台灣當局為保住體面的最大目的。《台日條約》不僅不可能解決中日之間的基本問題，台灣當局還不得不吞下嚴格限制自己"主權"的苦果。

　　充分看清台灣當局窮途末路的日本政府以《吉田書簡》這一日美限制台灣當局的共識為後盾，在相關重大問題上，設定與其他聯合國成員國不同的雙重標準，從一開始就不打算給台灣當局以"盟國同等地位"，原本不是問題的"條約名稱"竟成為給予台灣當局的"恩惠"、"讓步"。日本政府在表面上以"為了顧及與英國、中國的關係"為由，不準備與台灣當局締結"全面和平條約"，並很好地利用了台灣當局的弱點，在自己戰敗國地位和外交權尚未恢復的情況下，就通過締結《台日條約》談判，取得"日中之間"關於戰爭處理對自己的最有利條件。不能不說戰敗的日本在尚未獨立情況下，外交取得了空前的成果。如同台灣當局自己也承認的，"談判中，日方的基本態度是在杜勒斯認可下，不承認中華民國為全中國代表政府。"[19]

　　台灣當局"外交部長"葉公超在 1952 年 7 月 16 日"立法院"審議條約時的補充說明中宣稱，條約特點之一是"與《舊金山條約》內容大體相同"，關於適用範圍條款，葉斷言："在議約時，我國一般輿論對此規定不無疑慮之處。本人鄭重說明，該項規定與我政府所定議約原則，完全相符。我對中國全部領土之主權，並不因該換文而受絲毫影響……惟我國一部分領土為共匪所竊據，因此和約之適用，不能不暫受限制，否則難免為匪偽政權所竊取或利用。"⑫ 似乎限制自己"主權"的適用範圍條款是台灣當局自己為"防止匪偽利用"而主動制定的，這顯然是自欺欺人的偽證，硬說《台日條約》與《舊金山條約》"同等性質"不過是為了掩蓋自身早已落入地方當局的虛弱地位的真相。

遺憾的是，戰後中日關係上最大的虛構性"傑作"《台日條約》在明文規定只適用於台灣地區的前提下締結，被台日雙方根據自己的政治需要任意進行沒有法律依據的解釋。戰後中日關係的出發點，恰恰就是在這樣一個虛構的條約基礎上，在扭曲的前提下開始的。

註　釋　【End notes】

① 外務省第九次公開《關於日華和平條約交涉之件》(以下簡稱《日華條約之件》)第一卷《關於向國府派遣使節之件》(1月31日致中田事務所長代理吉田大臣電第9號，69~72頁)；〈日首相兼外務大臣吉田茂致中國駐日代表團團長何世禮照會〉，《戰後中國》(四)，774頁。

② 《日華條約之件》《台北派遣使節之件》1月31日至急極秘第10號，73~78頁。

③ 《日華條約之件》《台北派遣使節之件》2月1日大至急極秘第(脫)號，77~79頁。

④ 《日華條約之件》第一卷，第34號電《關於國府方面條約案之件》，86頁；第35號電《關於對日修交條約新聞報道之件》，87~88頁。

⑤ 〈中國駐日代表團團長何世禮覆日首相兼外務大臣吉田茂照會〉，《戰後中國》(四)，775頁。

⑥ 《日華條約之件》《台北派遣使節之件》第36~39號，89~97頁。

⑦ 《第13次通常國會參議院本會會議錄》第7號，3~5頁。

⑧ 《第13次通常國會參議院本會會議錄》第7號，11頁。

⑨ 〈日方對於條約名稱問題之意見〉，《戰後中國》(四)，775~776頁。

⑩ 《戰後中國》(四)，777~778頁。

⑪ 《戰後中國》(四)，778~779頁。

⑫《戰後中國》(四)，779~781 頁。

⑬ 日外務省史料《日華條約之件》第一卷，木村致吉田第 52 號電（大至急極秘），138~144 頁。

⑭《日華條約之件》第一卷，木村致吉田第 53 號電（大至急極秘），145~147 頁。

⑮《日華條約之件》第一卷，木村致吉田第 56 號電（大至急極秘），153~156 頁。

⑯ 全權代表證書本來應該由國家元首，在日本應由天皇簽署任命，但台灣當局連連妥協，到了只求日本外長草簽（非正式簽名）的 "全權證書" 即可的地步。

⑰《日華條約之件》第一卷，木村致吉田第 57 號電（大至急極秘），157~158 頁。

⑱《日華條約之件》第一卷，大臣致木村所長第 24 號電（秘），159~160 頁。

⑲《日華條約之件》第一卷，木村致吉田大臣第 60 號電（大至急極秘），168~176 頁。

⑳《日華條約之件》第一卷，倭島致木村所長第 28 號電（大至急極秘），183~185 頁。

㉑《日華條約之件》第一卷，外交大臣致木村所長第 29 號電（大至急極秘），186~193 頁。

㉒〈行政院長陳誠在立法院關於中華民國與日本國間和平條約之說明〉《戰後中國》(四)，1070~1073 頁。

㉓《日華條約之件》第一卷，196~197 頁。

㉔《戰後中國》(四)，781~782 頁。

㉕《戰後中國》(四)，782~783 頁。

㉖《戰後中國》(四)，782 頁。

㉗《日華條約之件》第一卷，台北來電第 46 號（極秘），112~114 頁。

㉘《戰後中國》(四)，785 頁。

㉙《日華條約之件》第一卷，會談記錄，90 頁等。

㉚《戰後中國》(四)，795~797 頁。

㉛《日華條約之件》第一卷，《關於條約案電文一部分請訓之件》，外務大臣致木村第 37 號（極秘大至急），248~253 頁。

㉜《戰後中國》(四)，811~812 頁。

㉝《關於日華條約交涉件》第 10 號（至急極秘）致吉田大臣，261~272 頁。

㉞ 同註 ㉜。

㉟《戰後中國》(四)，813 頁。

㊱《日華條約之件》第一卷，河田全權致吉田大臣第 14 號（極秘），281~290 頁。

㊲《戰後中國》(四)，814~815 頁。

㊳《戰後中國》(四)，816~817 頁。

㊴《日華條約之件》第一卷，河田全權致吉田大臣第 15 號（極秘），291~295 頁。

㊵《日華條約之件》第一卷，河田全權致吉田大臣第 16 號（至急極秘），296~299 頁。

㊶《日華條約之件》第三卷，44~50 頁（原史料註：3 月 1 日面交葉之日本案，第一案，修改前的文章）。

㊷《戰後中國》（四），818~822 頁。

㊸《舊金山條約》第 21 條規定，中國可以享受《舊金山條約》第 10 條（日本放棄在中國的特殊權益）及第 14 條（a）賠償的利益。台灣當局認為堅持第 21 條是確保其"中國正統政府和盟國地位"的證據。

㊹《顧維鈞回憶錄》第九卷，國府 3 月 5 日電，302 頁。

㊺ FRUS, 1952~1954, Vol.14,（China and Japan）, The Charge in the Republic of China（Rankin）to the Department of State, pp. 1212~1213.

㊻《戰後中國》（四），868~870 頁。

㊼《日華條約之件》第三卷，《三月八日倭島東亞局局長攜帶本省案》，56~60 頁。

㊽《日華條約之件》第一卷，河田第 40 號別電，391 頁。另外在史料第三卷，日方第二次草案原文的第 10 條（賠償）被全文刪除。也就是說只有第 10 條賠償條款沒有公開。可見賠償在談判中的重要性。

㊾《日華條約之件》第一卷，河田第 41 號別電，395~397 頁。

㊿《日華條約之件》第一卷，河田第 39 號電，374~375 頁。

(51)《日華條約之件》第三卷，河田全權致吉田外相電報（台全第三號，昭和 27 年 3 月 14 日）（極秘）《遞交我方第二次提案時本使說明要點》，84~90 頁。另見《日方提出第二次約稿》《戰後中國》（四），885~887 頁。

(52)《日華條約之件》第一卷，河田第 41 號電，394~398 頁。

(53)《日華條約之件》第一卷，河田第 39 號電，377~378 頁。

(54)《日華條約之件》第三卷，92~102 頁。關於此點，石井明《日華條約交涉若干問題》沒有涉及。

(55)《日華條約之件》第一卷，《倭島局長 / 藍欽公使會談要旨》（極秘）, 457~460 頁。

(56)《日華條約之件》第一卷，《張羣 / 倭島局長會談要旨》台全秘第五號，464~465 頁。

(57)《備忘錄》，《戰後中國》（四），896~899 頁。

(58)《日華條約之件》第一卷，河田致吉田電第 42 號（極秘），470~475 頁。

(59)《戰後中國》（四），898~902 頁。

(60)《戰後中國》（四），929~930 頁。

(61)《日華條約之件》第一卷，河田致吉田電第 45 號（極秘），480~483 頁。

(62)《日華條約之件》第一卷，河田致吉田電第 52 號（極秘），505~508 頁。

(63)《日華條約之件》第一卷，吉田致河田電（極秘），563~565 頁。

(64)《戰後中國》（四），944~946 頁。

(65)《戰後中國》（四），946~951 頁。

(66)《日華條約之件》第一卷，河田致吉田電第 58 號（極秘）（3 月 31 日），572~575 頁。

(67)《顧維鈞回憶錄》第九卷，308 頁。

(68)《顧維鈞回憶錄》第九卷，307~308 頁。

(69)《日華條約之件》第一卷，吉田致河田第 36 號電（極秘大至急），598~604 頁。

(70)《戰後中國》（四），954~958 頁。

(71)《日華條約之件》第二卷，吉田第 38 號電（極秘），6~9 頁。

(72)《顧維鈞回憶錄》第九卷，310~311 頁。

(73)《戰後中國》（四），960~963 頁。

(74)《日華條約之件》第二卷，河田致吉田電第 65 號（極秘），28~34 頁。

(75)《戰後中國》（四），964~965 頁。

(76)《戰後中國》（四），968~969 頁。

(77)《戰後中國》（四），992~993 頁。

(78) 古屋奎二《蔣介石秘錄》第 15 卷，日本產經新聞社，1977 年，135 頁。

(79)《日華條約之件》第一卷，51 頁。

(80)《日華條約之件》第一卷，河田致吉田外相第 44 號電（極秘），102~105 頁。

(81)《戰後中國》（四），844~845 頁。

(82)《戰後中國》（四），894~895 頁。

(83)《戰後中國》（四），980~981 頁。

(84)《戰後中國》（四），997 頁。

(85)《戰後中國》（四），999~1000 頁。

(86) FRUS, 1952~1954, Vol. X IV, China and Japan, part 2, Rankin to the Deparment of States, p. 1241.

(87) Ibid., pp. 1246~1247.

(88)《日華條約之件》第二卷，河田電報第 68 號（極秘），43~44 頁。

(89)《日華條約之件》第二卷，河田電報第 71 號（大至急極秘），51~53 頁。

(90)《日華條約之件》第二卷，外務大臣致河田全權第 43 號（大至急極秘），54~57 頁。

(91)《日華條約之件》第二卷，河田致外務大臣第 73 號（極秘），75~81 頁。

㉒ 《日華條約之件》第二卷，井口致木村第 48 號電（大至急極秘），95~97 頁。

㉓ 《日華條約之件》第二卷，河田致外務大臣第 78 號（三之一）電（至急極秘），98~102 頁。

㉔ 《日華條約之件》第二卷，河田致外務大臣第 78 號（三之二）電（至急極秘），103~104 頁。

㉕ 《日華條約之件》第二卷，河田致外務大臣第 78 號（三之三）電（至急極秘），105~106 頁。

㉖ 《日華條約之件》第二卷，河田致外務大臣第 82 號電（至急極秘），121~126 頁。

㉗ 《日華條約之件》第二卷，吉田大臣致河田全權第 53 號電，137~143 頁。《戰後中國》（四），1031~1032 頁。

㉘ 《日華條約之件》第二卷，吉田大臣致武內第 341 號電（大至急秘），160~167 頁。

㉙ 《日華條約之件》第二卷，武內致外務大臣第 393 號電（大至急極秘），174~180 頁。

⑩ 《日華條約之件》第二卷，河田致外務大臣第 88 號電（大至急極秘），193-202 頁。

⑩ 《日華條約之件》第二卷，河田致吉田第 94 號電（至急極秘），250-254 頁。

⑩ 《戰後中國》（四），1045-1060 頁。

⑩ 《戰後中國》（四），1056 頁。

⑩ 林金莖《梅與櫻 —— 戰後日華關係》，（日）有斐閣，產經出版，1984 年，128 頁。

⑩ 詳參筆者〈台日條約與美台條約中的條約適用範圍問題〉，（日）二松學舍大學《國際政經論集》第 6 號，1998 年 3 月。

⑩ 《戰後中國》（四），814 頁。

⑩ 《日華條約之件》第一卷，河田電第 35 號別電（三之一），517-518 頁。

⑩ 《戰後中國》（四），983-986 頁。

⑩ 《戰後中國》（四），1003 頁。

⑩ 《戰後中國》（四），1010-1015 頁。

⑪ 《戰後中國》（四），850-851 頁。

⑫ 《日華條約之件》第一卷，河田電第 35 號別電（三之二，極秘），520-523 頁。

⑬ 《戰後中國》（四），874 頁。

⑭ 《戰後中國》（四），1004-1006 頁。

⑮ 《戰後中國》（四），1018-1019 頁。

⑯ 《戰後中國》（四），1030-1039 頁。

⑰ 《戰後中國》（四），1054-1055 頁。

⑱ 《戰後中國》（四），1056-1060 頁。

⑲ 林金莖《梅與櫻 —— 戰後日華關係》，（日）有斐閣，產經出版，1984 年，127 頁。

⑳ 《戰後中國》（四），1076-1077 頁。

第五章 不戰不和狀態下的中日關係

（1952~1972）

　　1952 年 4 月《台日條約》的簽署，對中日關係是致命的。儘管由於日方強烈堅持，該條約的適用範圍只涉及台灣當局控制的地區，但只要日本"承認"台灣當局，就足以使中日外交關係在此後的 20 年裏處於凍結狀態。中國政府從根本上否定《台日條約》，認為它無論是全面的，還是局部的，都是非法的、無效的。日本只有廢除非法的《台日條約》，才有可能與中國建立外交關係。

第一節
《台日條約》的性質

　　《台日條約》締結後，日本政府就隨形勢的變化，對其立場再三變動。締約時的吉田內閣，不承認《台日條約》是中日和平條約，也不承認其涉及中國大陸。鳩山內閣和石橋內閣時期，基本承襲了吉田內閣的立場。但到岸信介內閣時期（1957~1960 年）開始承認台灣當局是"中國政府"。佐藤內閣時期（1964~1972 年）前期說："《台日條約》涉及中國大陸"，到後期（1971 年）針對中國政府要求日本廢除《台日條約》，又表示可以"交涉解決"。在此，有必要對日本政府再三變動立場的過程進行分析和研究。

一、日本政府對台灣當局的有限承認和《台日條約》的"地方性"

　　1952 年 1 月 17 日，即《吉田書簡》公佈的當天，日本外務省發表聲明，不承認準備與台灣締結的是和平條約，不承認台灣當局是"代表全中國的政府"。其聲明稱"（一）書簡所提及兩國間條約按照對日和約第 26 條（加入條款）行事，並不意味着是兩國和平條約；（二）沒有承認中國國民政府是全中國的代表政府。"① 1 月 26 日，吉田茂在參議院全體會議答辯中表示，與台灣當局締結的條約不是和平條約。他明確說："和台灣政府之間締結的條約與對日和約規定的和中國政府之間締結的和平條約不同。"② 1 月 31 日的眾議院預算委員會上，中曾根康弘議員（1982~1987 年任總理）提問："從《吉田書簡》內容看，（《台日條約》）不是《對日和平條約》規定的正式的、全面的和平條約，而是有限的修好條約，請確認。"岡崎勝男外長答："與國民政府之間的關係如那個書簡所表明的，是與其現在控制的地區，或者將來應納入其控制地區的關係，其他問題將等待將來形勢的變化再說。"③ 對此，2 月 28 日台灣的《中央日報》表示強烈不滿，"如果日本企圖為承認大陸的共產政權留下餘地的話，自由中國的人民絕對不會容忍。我們相信我政府決不會與日本簽訂那樣的條約。"關於《台日條約》的性質和對台灣當局的認定，在該條約談判中一直成為問題，"在日方代表河田烈每次試圖讓步的關鍵時刻，吉田總理總是加以制止，並再三確認對台灣當局的限定承認。"④

《台日條約》締結後，日本國會審議該條約，5 月 30 日在眾議院外務委員會上，改進黨議員山本利壽對日本政府對台政策表示不滿，認為"應把中華民國政府看作全中國的政權"。⑤ 6 月 7 日的眾議院全體會議上，山本再次對條約的適用範圍條款表示不滿，"由於條約明確寫入不需要的條款，我國政府給現在的國民政府蓋上沒有領土的烙印，必須說該條約讓在中國本土的反共民眾看到日本歧視國民政府，是有害無益的措施。"⑥ 在同日的外務委員會上，林百郎（共產黨）議員："你們說中華民國表示放棄了根據《舊金山條約》第 14 條日本應該提供的勞務賠償，這是否意味着日本對全中國的整個勞務賠償都被放棄了？"石原外務事務次官："條約裏沒有林議員所說的預見和預定的內容。"亞洲局局長倭島英二："剛才提問的是有關條約議定書（一）之（b）的問題，這裏指僅限於與中華民國所達成的協議。"林："條約交換公文第一號中寫明，中華民國現在控制，或將來應包括的地區，也就是說現在僅限於台灣、澎湖地區嗎？"倭島："根據我們的理解，在台灣、澎湖地區不發生賠償問題。"林："如果是這樣，你們所說的是將來被控制的地區了？"倭島："正是。"⑦ 也就是説，日本政府對《台日條約》賠償條款是設想在將來國民黨勢力"反攻大陸"成功，並把中國大陸納入其控制之下時才有效的內容。

對外務省的上述解釋，國會內出現混亂，6 月 17 日的參議院外務委員會上，杉原荒太（自由黨）議員提問："該條約非常重要的法律效果在於日本與中國的戰爭處理已經解決。我認為該法律效果直接關係中國國家的問題，所以與所謂適用範圍條款無關，是不是這樣？"外務參事官三宅喜三郎："正是。"曾彌益議員："如果是這樣，條約第一條日本與中華民國之間的戰爭狀態在該條約生效之日終止了。這裏所説的第一條的法律效力是指我們通常所説的日本國與中國的戰爭狀態結束了，政府是這樣解釋的嗎？"三宅："戰爭狀態是國家與國家之間的問題，該條約第一條的規定也是日本國與中華民國 —— 這兩個國家間的戰爭狀態在該條約生效時結束，但是實際問題是，中華民國現在的實權沒有涉及到中國大陸，所以該條約沒有對中國大陸產生實際的實施效果。"就是説，外務省也承認終止戰爭狀態的實際效果不涉及中國大陸。對此，曾彌表示不滿，"外交大臣，政府到底是持哪種立場？哪個解釋對？這個問題不搞清楚不行！第一條的效力問題。這到底是根據適用範圍條款解釋，還是説對方政府的資格雖然有很多問題，但是日本國與中國之間的戰爭狀態根據第一條結束了，第一條就是這種意圖。政府到底對第一條的法律效果究竟是怎麼解釋的？"條約局局長下田武三："第一條是指日本這個國家與中國這一國家的國家之間的戰爭狀態結束的問題，這是與現在控制的地區等等實際問題如何完全無關的法律性質問題。所以，有的地區，無論主張戰爭狀態依然存在的政權是否存在，也就是説，作為實際問題，兩締約國之間的意思明顯是如此，請按此去理解。"日本政府想修改前幾天的解釋，將此解釋為條約的效力"與實際控制如何情況無關"，日本與中國之間的戰爭狀態就此結束，⑧ 想辯解為"從純法律問題出發，其戰爭狀態的終止與實際情況無關"。不過這只是日方單方面解釋，因中國政府仍認為中日之間的戰爭狀態繼續存在，所以《台日條約》宣稱的結束戰爭實際上是一紙空文。

6月18日，曾彌再就前日相關的問題追問："請再全面地、清楚地解釋一次。"倭島："現在提到的第一條與其他條款在適用範圍條款問題的關係問題，至少我在參與談判過程時的想法。比如'日本國與中華民國之間的戰爭狀態在該條約生效之日結束'一節，作為實際問題，可能會發生現在中華民國政府沒有控制的地區的問題，或者事件也必須由中華民國政府負責的問題，實際上這種解釋對中華民國是太過了。所以在其沒有控制的地區發生的問題，不得不重新回到現實去考慮。所以應按照適用範圍條款去解釋。"作為參加談判者倭島的發言值得重視。倭島不使用中國，而是用與"中華民國"之間戰爭狀態的結束以含混過關，同時承認適用範圍條款對中國的有限性。曾彌自己總結："整體而言，政府的解釋統一了。就是説，《吉田書簡》是日本政府的最基本方針。與中國之間政治、經濟問題的全面解決以後再説，在不對此原則造成損害的前提下，與中華民國政府之間關係按照該條約的宗旨進行。我認為這是基本方針，從這一原則出發，第一條規定的解釋以及整個條約完全不損害與中國整體關係的全面解決。我的理解是否正確，請再清楚地解釋一遍。"岡崎外長："這次的條約，對方是 Republic of China（中華民國—筆者註），而交換公文第二段是China，這種差異我們也承認。今後這種關係如何發展，我認為要根據政治形勢的發展而定。總之，根據《吉田書簡》，日本最終是要與 China 建立全面關係，現在可能的只能與 Republic of China 建立關係，根據該原則與Republic of China 簽訂條約，請予理解。"⑨日本外長將"中華民國"與中國明確分開，並承認在不損害、不妨礙與全中國關係原則前提下，《台日條約》不是與全中國的全面條約，而是與只控制中國一部分台灣的"中華民國"之間的限制條約。

在"領域"一詞的解釋上，6月17日參議院外務委員會上，杉原荒太議員詢問政府對"領域"的解釋。對此，下田局長稱："使用領域一詞時，並不一定意味着領土權，該條約裏的領域是指比領土更廣義的意思。”三宅參事官進一步解釋：“使用領域的意思指控制地區的實質意思，不僅包括以領土權為對象的地區，也包括現實中實際控制的地區，所以如台灣、澎湖等不是領土，但在其控制範圍內。政府是這樣解釋的。”⑩ 也就是説承認台灣當局對台灣地區的實際控制，但不承認是台灣當局的“領土”，日本政府也避答台灣是否是中國領土的問題。

6月26日，參議院外務委員會對《台日條約》審議中，吉田總理表示：“締結《日華條約》是將來與中國建立全面的政治、經濟關係的一步”，承認《台日條約》的局限性。曾彌議員：“所以用非常通俗的語言解釋，儘管《日華條約》使用了各種技術性措辭，但都説明，日本政府不承認中華民國國民政府是全體中國人民的主人。對此，請總理把自己的想法用 Yes or No 來清楚地回答。”吉田總理用準確無誤的語言確認條約的局限性：“該條約十分清楚地寫着，日本與中華民國政權現在控制的地區進入條約關係。將來是將來，我們的目的是最終懇切希望與整個中國建立條約關係。”曾彌：“總理請你不要咬文嚼字地説，乾脆説（對台灣政權）不是全面承認，對吧？”吉田總理：“正是。”曾彌：“行了。”⑪ 對這次答辯，日本《讀賣新聞》6月27日評論：“吉田的答辯再次確認，《吉田書簡》是政府在此問題的最終立場。”

也就是説，日本政府（吉田內閣）確認：《台日條約》不是涉及全中國的全面和平條約，沒有把“中華民國”作為全中國的政府來全面承認，承認《台日條約》並不適用於日本與全中國的關係。換句話説，日本承認與全中國的戰爭處理問題，即使是“中華民國”以“寬大精神”宣佈“終了”，也並不適用於中國本土。中國政府更是完全否定《台日條約》的意義。

對《台日條約》的性質，吉田茂在其回憶錄中表示“（《台日條約》是日本）與現在控制台灣、澎湖島的國民政府之間東西，將來希望與中國締結全面的條約。這次簽訂的條約不是承認國民政府代表中國的條約，我每逢機會就反復強調這一點。”⑫ 日本政府在締約談判前，談判過程中以及在國會審議批准時都強調《台日條約》不是日本與中國的全面和平條約。此後，該條約以及適用範圍條款直到被"終了"也沒有被修改過。因此，《台日條約》不可能適用於中國大陸的法律性質和實際效果也不可能有任何改變，而日本政府以後隨意做出擴大性的政治解釋，或再三變更立場並不影響《台日條約》的基本性質，在國際法上也不能承認日本政府的這種"解釋性修改"的合法性。⑬

通過上述分析可以了解到，當初日本政府和中國政府都不承認《台日條約》對中國大陸的有效性。中華人民共和國作為全中國領土主權的繼承者當然具有與日本國之間終止戰爭狀態，簽訂和平條約的全部權利，也是唯一可能履行中日和平條約的政府，日本不同中華人民共和國中央人民政府締結和平條約，中日之間的戰爭狀態就不可能終止。而且在 1949 年 10 月 1 日中華人民共和國中央人民政府繼承全中國主權時，中國與日本之間的戰爭狀態在法律上沒有結束。上述論證也表明日方的所謂"日本與 1949 年 10 月成立的中華人民共和國之間沒有戰爭狀態"的説法是不能成立的。

日本在政治上選擇了台灣當局，當時只要台灣當局"反攻大陸"不成功，按照《台日條約》適用範圍條款並對其做出最大程度的解釋，其法律效力也只能限制在台灣地區，不可能對中國本土有任何意義。1960 年代後期日本政府曾經一度主張"根據《日華條約》，日本與全中國的戰爭狀態終止了，賠償等戰爭處理問題也已處理完畢了"等，顯然都是超越《台日條約》條款規定的，或者說沒有法律根據的，按照杜勒斯的話說，台灣當局代表中國只能是一種"虛構"。此外，日本還有一種觀點認為"吉田政權事先通過《日華和平條約》把將來日本與中國大陸的外交障礙控制在最小限度之內。"⑭

吉田茂曾經就自己當時的心境做過如下表述："只要沒有日本選擇國民政府的確切證據，美國參議院就很難批准《對日和平條約》。對我來說，我當然希望與台灣修好並發展經濟關係，但是也想儘量避免站在否定北京政府的立場上，不希望與中共政權的關係徹底惡化。因為必須儘早表明態度，當時除了與國民政府為對手締結和平條約沒有其他辦法。"⑮ 杜勒斯表示："當時認為《吉田書簡》決定了中國與日本之間的貿易關係，這不過是一個完全虛構的説法。"⑯

西村熊雄（原外務省條約局局長）認為"根據《吉田書簡》而締結的《日華和平條約》按照其附屬交換公文所澄清的，只是國府實際控制的地區與日本之間有效，與中華人民共和國政府控制的地區沒有任何法律效果。"⑰ 這足以説明《台日條約》的基本性質。另一位日本學者田村幸策認為："（《台日條約》）實際規定的 99% 是以代表中國大陸的政府為對象的內容，否則完全沒有意義。比如第一條的規定，如果不承認國民政府為全中國的代表政權的話，歷代日本政府根據第一條宣稱的日本與中國大陸之間的戰爭狀態已經不存在的根據就完全喪失了。"⑱ 不管事後如何改變，至少在締結《台日條約》時，日本政府不承認台灣代表中國。即使在政治解釋上變換説法，也不能改變在法律上該條約不可能適用於全中國的基本法律依據和法理要件。

國際法學者高野雄一認為："日本的吉田內閣保留未來與中國大陸邦交正常化的餘地的同時，與國民政府控制地區按照《對日和平條約》內容，締結了限制國民政府的條約，這就是《日華和平條約》。其最大的特點是適用於國民政府'現在控制或將來控制的地區'的限制條款。為此，日本與中國之間的戰爭狀態是否完全結束也成為問題。1972 年 9 月 29 日，日本與北京政府之間發表的《聯合聲明》，承認該政府為中國的唯一合法政府，進行了恢復邦交和戰爭處理，同時（日本）單方面宣佈《日華和平條約》失效。"⑲ 法學家入江啟四郎把《台日條約》作為"媾和條約的'變態方式 / 手續'"，認為"日本與中華民國之間的媾和條約不涉及中華人民共和國政府統治，日後日本與後者之間通過《聯合聲明》的形式，實現了戰爭狀態的終止和邦交正常化。"⑳ 不過入江的結論與史實並不符合，因為其所説的《聯合聲明》"實現了戰爭狀態的終止"還是缺乏依據。正是由於日本政府堅決反對在《中日聯合聲明》寫入"兩國宣佈結束戰爭狀態"，所以《聯合聲明》才沒能明確宣佈兩國戰爭狀態的結束。日本政府至今也不承認這種把《聯合聲明》解釋為中日戰爭狀態終止的法律解釋。重要的是，從日本政府的上述答辯和關於《台日條約》解釋的立場可以看出，其所說："到中日邦交正常化為止，一貫承認中華民國為全中國代表"的立場是明顯與歷史事實不相符的。

　　還應特別指出，"台灣當局沒有對中國大陸實施有效統治，並被國際社會所拋棄，當然也不具備代表中國而締結條約的權能（Treaty-making power）。"㉑ 國際法學者大多認為"台灣當局不過是一個事實上的地方政府（Taiwan status is that of a consolidated local de facto government）"，㉒ 即使一些國家與台灣"建交"，並與其簽訂"與中國相關的條約"，台灣當局並沒有履行與中國大陸相關的任何"條約義務"，其權能和履行能力都不可能被承認。

　　通過以上論證可以得出以下結論，無論從其準備的階段，還是條約名稱的爭論，日本政府在談判中的基本立場以及對該條約設定的適用範圍條款，還有在日本國會審議過程中日本政府的正式答辯，只能說明《台日條約》對中國（除台灣地區）無效。日本政府從一開始就不承認《台日條約》是日本與中國的全面媾和條約。當然美日強迫台灣設定的適用範圍條款，更是在法律上對《台日條約》所有條款有效的，並防止其適用於中國大陸的。對《台日條約》的這種認識也符合美日當時的基本立場。無論是日本，還是美國都非常重視條約適用範圍條款的內容，不同意對該條約做"哪怕是一個字"的修改，這一立場是基於不承認台灣當局擁有中國主權，是面對中國的現實的。所以說，《台日條約》的本質是與全中國現實無關的、一個地方性的台日協定，是以不包括台灣當局控制地區之外的中國大陸為前提的。

　　1960 年代以後，日本政府逐步修改既定政策，開始解釋為"《台日條約》第一條（結束戰爭狀態）等'處理性'條款與適用範圍條款無關，也適用於中國大陸。"然而此條約適用範圍條款規定是："on behalf of my Government, to the understanding reached between us that the terms of present Treaty shall, in respect of the Republic of China, be applicable to all the territories which are now, or which may hereafter be, under the control of its Government"。台日雙方確認，所有條款只適用於台灣當局控制的地區，這裏明顯不承認例外。日本政府宣稱的"個別條款與適用範圍條款無關"是沒有法律依據的，也是對《台日條約》的篡改。作為常識，如果條約內容真有例外，必須有明確規定。日本政府在談判中及審議《台日條約》時的答辯都表明，日本政府也堅持條約及其適用範圍條款的"法律整合性"，這個整合性與例外論是完全對立的。

作為國際法的常識，一國不承認的條約無法對該國產生任何約束，更何況《台日條約》對中國而言，更不是"國際法"條約，性質上可以說是"反華協定"。日本政府與沒有控制中國本土的"反政府、流亡的地方勢力"，在沒有經中國中央政府的授權及認可情況下，訂立與全中國意志相反的相關"條約"，這些本身就說明該"條約"是非法的、無效的，是與中國現實嚴重脫離的，更缺乏法理依據。中國的現實是只有中華人民共和國政府才能與外國締結與全中國有關的條約。中國中央政府 —— 中華人民共和國政府認定《台日條約》是非法的、無效的，就是判了《台日條約》的死刑。所以在中日邦交正常化時，關於中日間戰爭狀態結束等一系列戰爭處理問題被中方再次提起。其結果是，日本政府被迫按照中國的要求，宣佈《台日條約》終了，被迫與中國討論戰爭處理等相關問題。

另外，除了由於台灣政權的性質，《台日條約》能否成為"國家間條約"本身被質疑外，即使退一步，暫且把《台日條約》當作條約，日本政府對該條約的解釋也矛盾重重。關於條約解釋，根據《維也納條約法公約》第 31 條第 1 款，"採用根據尊重條約原文內容的一般原則，作為解釋條約的基礎，並將對條約準備過程作為解釋的輔助手段。首先應根據條約的文脈，對照其宗旨和目的按照使用的用語通常的意思忠實地解釋。"這裏所指的條約文本（包括前言及附屬文件），（1）與締結條約有關的所有國家間關於該條約的共識;(2)與締結該條約相關的當事國製作的,並經其他有關國家認可的文件(第31條第2款);此外,(1)條約締結後當事國的共識;(2)關於締結後建立共識中條約適用上的慣例;(3)考慮國際法相關規則等(第31條第3款)。㉓ 顯然只能按照"尊重條約文本,對其用語進行忠實解釋"來對《台日條約》的適用範圍條款原文意思做忠實解釋,怎麼解釋也只能是該條約不能適用於台灣當局締約後從來沒有控制過的中國大陸,再考慮到日本政府自己締約時不承認該條約與中國大陸有關等因素,只能斷定《台日條約》的所有條款不可能適用於中國大陸。

那麼,對於日本政府這種限制性條約認定及其對台灣政權的"局部承認"政策,作為撮合者的美國政府採取怎樣的立場呢?如前所述,是美國首先向台灣當局提出適用範圍條款的,也就是說美國開始也同樣否定台灣當局及其要簽訂的相關文件可能適用於中國大陸,即只認可對台灣當局的"局部承認"。美國原駐日本大使希波爾(William Sebald)作為《吉田書簡》當事者之一曾宣稱:"杜勒斯曾說服日本,要其承認的只是控制台灣的一個中國政府(a government of China)和一個'限制條約',並不是讓日本承認國府是中國政府(the government of China)而簽訂條約,所以沒有甚麼問題。"㉔ 也就是說,美國政府從一開始也明確不承認台灣政權代表中國,簽訂的不過是一個限制性條約,所以對日本政府的上述見解沒有提出異議。美國著名學者 John W. Dower(MIT 教授)認為"在承認問題上,由於杜勒斯與'中國幫'並不完全一致,也算是吉田走運。美國對日本的壓力,是要求日本承認台灣,無限期地停止與中國本土修好,並沒有要求日本政府承認國民政府是中國的正統政府。"㉕

第二節
歷屆日本政府對《台日條約》解釋的變化

中國問題長期成為日本政治外交的中心問題之一。1950~1960年代,中國問題經常被日本國會提及，而《台日條約》的性質及其適用範圍始終成為問題的焦點。1954 年 12 月 16 日眾議院外務委員會，在回答並木芳雄（改進黨）議員提問時，下田條約局局長稱："作為純法律問題來回答，概要地說，對《日華和平條約》，日本政府的根本概念是與國民政府簽訂和平條約，但是不認為該條約適用於中國的全部領土。所以，您所指出的交換公文，雖然是和平條約，但是清楚地承認有適用地域限制的條約。"同日，外長重光葵回答河野密（社會黨）質詢稱："作為條約問題，今天把台灣作為中華民國政府承認，與其締結和平條約，所以中華民國政府就是台灣政府。但是今天在大陸出現了很大的中共共產國家，這是不能不承認的事實，必須作為條約關係以外的事實上的問題來考慮。"⑳ 這是再次確認吉田內閣時期的基本立場。12 月 19 日在名古屋遊說的鳩山一郎首相表示"正在探索與中國大陸的關係改善，但台灣、中共兩方面都是獨立國家，只承認一方是獨立國家是不自然的。"㉗ 鳩山迴避了誰代表中國的問題，但是基本上承襲了吉田內閣時期關於《台日條約》性質的立場，該政策也被在以後的石橋內閣所繼承。

　　1957 年上台的岸信介內閣也在"兩個中國"問題上"走鋼絲"。初期，他表示："日本與國府之間締結和平條約的同時，也不能無視中共在大陸建立穩定政權的事實。"㉘ 在 7 月 30 日的眾議院外務委員會上，他又表示："關於兩個中國的想法，眾所周知，這是國府也好，中國方面也好，兩方面都強烈反對的。"㉙ 1959 年 3 月 27 日眾議院預算委員會，淺沼稻次郎（社會黨委員長）議員問："台灣完全淪為地方政權，超過七億國民建立了中華人民共和國。總理如果真的準備同所有國家締結和平，我認為當然就應該向中華人民共和國伸出和平之手。對此總理的見解如何？"岸信介答覆："關於日本與中國的關係，如你所知，《日華和平條約》的締結，並依此承認其為中國的正當代表。此後發生了各種情況的變化，這裏面存在的矛盾應該如何整理等，是我們需要考慮的。我們一貫的方針是與中國大陸的關係在所有積累方式基礎上，努力對各種問題和平地加以解決。我認為這是符合現實的最正確方法。"到了 1959 年，日本政府才第一次公開承認台灣政權是"中國的正當代表"。不過岸信介無視了一個基本事實，就是日本與台灣當局締結《台日條約》以及此後很長時期內日本政府都不承認台灣當局是"中國的正當代表"。那麼，為甚麼到了岸內閣時期，日本政府改為承認台灣當局的"正統性"了呢？眾所周知，1957 年岸信介上台後開始加速與台灣當局的勾結，以內閣總理大臣身份首次訪台，公開對台灣"反攻大陸"政策表示支持，並製造"長崎國旗事件"[30]，使中日關係全面惡化。1958 年，中國發動"八‧二三炮擊金門"等行動，與美國嚴重對峙。在這些背景下，岸信介內閣深知改善與中國的關係沒有可能，索性將錯就錯，把對台灣當局的限制性承認改為"全面承認"，這樣即可牽制中國，又可為今後在與中國政府的交涉中加大討價還價的籌碼，而且日本外務省等實際運作機構也試圖消除長期以來解釋《台日條約》時存在的矛盾。

1960 年 5 月 3 日，眾議院日美安保特別委員會上，田中稔男（社會黨）議員提問："這個（日美安全）條約完全是以中國，即中華人民共和國為假設敵的軍事同盟，如果新條約成立，究竟與中國關係還能打開嗎？"岸總理稱："毫無疑問，中國與日本之間今天的狀態不是人們所希望的，要相互理解與尊重……中華人民共和國對我採取甚麼立場，建立甚麼關係，我們也準備以此打開與中華人民共和國的關係，這是我們的基本想法。"[31] 這裏岸信介有意多次使用中華人民共和國的正式名稱，來向中方"示好"。但是中方對岸信介的不信任情緒不可能消除，岸內閣時期是戰後中日關係的最低點。

中方多數研究對池田內閣時期（1960.7~1964.11）的對華政策評價較高，認為池田內閣"比較友好"，並促成了 LT 貿易等。但在筆者看來，到了池田內閣時期，日本政府的對台政策實際上有升級和固定化的傾向。1964 年 1 月 30 日眾議院預算委員會上，橫路節雄（社會黨）議員問："（對台灣政權是）所謂限定地域的承認。所以《台日條約》的根本趨勢明顯是，將來該條約不構成與中華人民共和國實現所謂邦交正常化的障礙，這是該條約的底線。你怎麼看？"池田稱："那裏所說的關於中國的概念問題，我沒有直接問過吉田先生，我的想法是指中國（China）。所以現在你說該條約有這個限定、那個限定，我不這樣認為。和平條約確有各種問題，至今還在議論。我們是和同日本打仗的中華民國為對手締結的條約，我認為前文裏有的中國是指理想的、廣義的 China。"[32] 這裏池田勇人明顯修改了吉田內閣以來日本政府堅持的一貫立場，即試圖把《台日條約》擴大解釋為"與中國的條約"，開始把台灣當局作為"中國政府"看待，把"理想的中國"與"現實的中國"區別開來。這次答辯是日本政府在承認《台日條約》存在問題的同時，修改了吉田內閣以來日本政府對台灣當局的"限定承認"的一貫解釋。岸內閣以後日本政府的邏輯是"打仗的對象是中華民國，即使中華民國變了質，早已有名無實，不能控制和代表中國，也必須與之為對手實現媾和。"按照日本政府的邏輯，中國也可以主張"中國是與大日本帝國宣戰的，是以大日本帝國為對手打仗的，所以，如果日本國不回到大日本帝國就不能與之媾和。"顯然日本政府這種說法是自相矛盾的，是無視中國現實的，不過是為掩飾自己與無權代表全中國的一地方政權締結"和約"的錯誤。

到了佐藤榮作內閣時期（1964.11~1972.7），日本的對台政策進一步升級。1969 年 3 月 13 日，參議院預算委員會上針對《佐藤—約翰遜聯合聲明》中的"中共威脅論"，森中守義（社會黨）議員提出異議。佐藤首相表示："我們是在一個中國的立場上與中華民國建立邦交的，而對中國大陸則根據具體實際問題進行處理。"[33] 進一步明確對台灣政權"全面承認"的立場。森中："與中國的戰爭狀態問題，根據《台日條約》與台灣之間建立了和平關係，但是與中國並沒有建立。對此怎麼看？"愛知撰一外長："總理剛才已經回答過，中華民國做為唯一的主權者，唯一的政府，我們是與它締結條約的。從這個觀點上說，與中華民國全部有關，從地理上說，包括中國本土的戰爭狀態都已結束。"森中："這可是一個非常重大的問題。是一個中國，還是兩個中國的問題！外務大臣，《台日條約》適用範圍可是限定性的，按照你剛才的答辯，就是把適用範圍以外的地區也放進去了，這可是一個重大問題！"愛知："我說的沒有錯。當時，締結條約的時候，從條約被國會批准的時候開始，這就是政府的一貫立場。這是我們與全中國的主權者——國民政府之間的共識。你應該這樣理解，該條約對於中國大陸也意味着戰爭狀態的結束。"㉞ 這是日本政府首次明確肯定地表示"根據《台日條約》與中國大陸的戰爭狀態也都結束"的立場。毫無疑問愛知外長是在作偽證，愛知外長故意犯的嚴重錯誤是：把《台日條約》作為全面媾和條約，把台灣政權作為中國代表政府並不是日本政府的一貫立場。愛知的解釋再次無視吉田內閣後長期不承認《台日條約》是與中國和約的基本事實，也是與締結《台日條約》時的日本政府的立場相矛盾的。東京大學教授石井明認為"按照日本政府的這個見解，依靠《日華條約》，就能與中國大陸的戰爭狀態結束，而這在實際上堵死了與中華人民共和國之間邦交正常化的道路。也使自吉田內閣提出的限定《日華條約》，將與中華人民共和國之間的關係暫時擱置的深謀遠慮沒有可能施展，以後的內閣也沒有機會去活用。"㉟

4 月 11 日眾議院外務委員會，蕙積七郎（社會黨）議員針對愛知外長 3 月 13 日發言再次要求做出明確的答辯。對此，佐藤總理："我只是就條文及交換文書所寫內容做出的說明，並不是因此發生了甚麼新的問題。"愛知外長："關於戰爭狀態，作為國家的代表就可以，說戰爭狀態結束從條約論上說是正確的。我只是按此解釋的。而交換文書（適用範圍條款）也存在，這是指通商問題，或者與那些土地有關的問題甚麼的。這個條約是不能適用於中國本土的，這是當然的。"㊱ 日本政府用把條約第一條（結束戰爭狀態）與通商等其他條款分別對待的辦法，來割裂適用範圍條款的法律完整性。如前所述，《台日條約》適用條款則明確規定該條約只適用於台灣當局控制的地區，而沒有"只限於通商問題"的規定。《台日條約》內容都與"那些土地（中國大陸）有關。"日本政府的"進化論解釋"是沒有法律依據的。

1970 年代以後，隨着中國自身的變化以及國際形勢的發展，日本政府的政策又開始發生動搖。1970 年 5 月 9 日參議院外務委員會上，森元治郎（社會黨）議員："《吉田書簡》是不是在美國壓力下的產物？"佐藤總理："當時最大的理由是如果締結和平條約的話，應該與實際上打仗的對手締結。所以這是吉田先生的選擇。"㊲ 佐藤的説法與吉田不把《台日條約》作為與中國媾和條約的基本史實不符，是作偽證。至於選擇"與實際打仗的對手"媾和不過是藉口，當時日本政府的做法和現實政策是不承認，但又被迫選擇與台灣締約，所以就締結限制台灣的條約。

12 月 14 日眾議院預算委員會，永末英一（民社黨）議員稱："1932 年 4 月 12 日中華蘇維埃臨時政府對我國宣戰了。外務大臣説的話是否意味着，與中華民國之間的戰爭狀態中止了，如果北京政府不承認這種情況，就不可能與北京政府實現邦交正常化，你們怎麼想？"愛知外長："從條約的立場及此後過程看，根據《日華和平條約》，日本國與中華民國之間的戰爭狀態結束了。這是日本政府的見解。但是，那個問題與這件事（中華蘇維埃宣戰—筆者註）換個角度，將來如果在外交上、政治上其他問題發展的話，其中還有法律問題、條約關係等與此進行調整的問題，在觀念上是可能的。不過對這個問題，如何處理才是最佳的選擇，目前政府正在謹慎地研究，現在還不能做出十分清楚的回答，這就是目前政府的立場。"㊳ 實際上佐藤內閣已準備修改原來對台政策，暗示曾經"堅持"的（與中國）戰爭狀態結束論政策是可以修改的。同日，矢野絢也（公明黨）議員質詢："條約對（中國）大陸是否適用，請你用 YES 或 NO 來作出回答。"愛知外長答："這是條約論的問題，大概是在 YES 和 NO 之間，不能用 YES 或 NO 來回答。"這裏日本政府再次修改自己的解釋，試圖用曖昧的方式來修改幾年來堅稱的"適用於中國大陸"的政府解釋。1971 年 1 月 22 日，佐藤首相在"所信表明演説"中表示："準備同中華人民共和國進行政府間的各種接觸"，改變以往敵視中國的態度。可以看出這是日本政府在此時也敏感地認識到國際形勢的發展，又準備對《台日條約》解釋進行修改。

這也可以被認為是日本政府為了實現與中國的關係正常化，理解中國政府根本否定《台日條約》"合法性和有效性"的一貫立場，被迫探索重新解釋《台日條約》不適用於中國大陸的問題。意味深長的是，這些修改是在尼克松衝擊之前。

總之，日本政府關於《台日條約》的解釋隨着中國形勢及國際形勢的變化而反復改變，沒有絲毫像日本政府說的"一貫性"。從締結時期不承認適用於中國大陸，到1960年代適用於，又變為1970年代的含糊其詞，再到中日建交前"《台日條約》無效問題可以商量"等等。這種"隨機應變"的解釋不僅相互矛盾，也不得不認為是日本政府"缺乏定見"，是不可信的，或者說前面的解釋是虛構的。《台日條約》締約以後的20年間，對中國大陸適用問題一直受到質疑，並在日本國會被反復討論本身就足以說明其問題所在。

第三節
中國大陸及台灣方面的見解

一、台灣當局的立場

儘管台灣當局還自稱是"全中國的代表政府"，強調適用範圍條款中"or"也可以解釋為"and which"，來維持對中國大陸"可能的主權"的解釋，但是日本政府、美國政府都不認可。"行政院長"陳誠在"立法院"對不能參加《舊金山條約》表示憤慨外，對美國"毅然冒着萬難，完成主持對日和約的艱巨工作，表示欽佩，而對美國政府在這方面所做的努力，和因此對於世界和平及自由所做的貢獻，尤其表示感激"；"(條約案)與政府前定三項(盟國平等地位，與《舊金山條約》內容大體相同，必須承認我對中國全部領土的主權)立場完全符合。"[39] 但實際情況是，《台日條約》內容與上述三項原則都完全不符合，台灣當局既沒有得到盟國平等地位，也沒有得到與《舊金山條約》相同內容的條約，更沒有得到日本對台灣當局有中國全部領土主權的承認。台灣當局接受如此屈辱的、限制主權的"和平條約"本身，就足以證明台灣當局對自己是中國政府的否定。

"外交部長"葉公超補充說明"和約適用範圍之規定，與政府所定議約原則完全符合，即我對中國全部領土之主權，並不因該換文而受絲毫影響。惟我國一部分領土為共匪所竊據，不能不暫時限制，否則難免為共匪所竊取或利用。換文非和約之法律效力，而為和約之適用……一旦我政府收復大陸，和約即適用於我國全部領土。該換文所定適用範圍，為我政府控制下之全部領土，所謂控制乃屬一種事實上的狀態，並無任何法律意義，與法律上之主權，截然不同……目前我政府所控制之領土，為台灣省及大陸沿岸若干島嶼。依照該換文之規定，目前中日和約僅適用於台灣省及各該島嶼。"⑩

葉公超不得不承認"暫時限制"，"只適用於台灣省及各該島嶼"。強調"收復大陸後就適用於全部領土"，但是在《台日條約》存在期間，台灣政權沒能收復大陸，又怎麼能使該條約適用於中國大陸呢？如果適用範圍條款真的沒有法律意義，為甚麼日本政府要把設置這個條款做為締約的先決條件呢？台日雙方又為甚麼為此在談判中爭論不休，台方為甚麼要中止談判，甚至準備拒絕條約呢？一個"沒有法律意義"條約適用範圍，日本政府為甚麼硬要寫入"有國際法意義的《台日條約》"呢？筆者認為適用範圍條款恰恰是《台日條約》的精髓所在，法律意義重大，雙方才為此爭論不休，只字不讓。日本國際法學會也承認"（該條約）對如何理解該政府沒有控制的中國大陸留下了疑問"，"中華人民共和國政府主張該條約無效，與日本政府對立。該問題在 1972 年 9 月 29 日發表的《日中聯合聲明》通過日本對中華人民共和國政府承認，建立外交關係而解決。"⑪ 不過這種解釋曖昧，沒說清楚到底怎麼解決的。到現在中日兩國政府對《台日條約》的解釋仍然是完全對立，日本政府仍堅持"有效論"，中國政府從來就不承認其有任何意義，認為是非法和無效的。中日雙方除了在邦交正常化問題上取得共識外，在其他主要問題的解釋上都有分歧。在戰爭處理的一系列問題上並沒有在法律上取得共識，中日之間沒能解決兩國和平與戰爭的基本問題。

　　台灣當局直到 1998 年李登輝任職前期為止，一直主張擁有對中國大陸的主權，此後才逐步脫離該政策。2000 年 5 月後，陳水扁政權更公開搞"兩國論"和"台獨"主張，蔡英文當局走的更遠。以"中華民國憲法"為基礎而成為"總統"的陳水扁和蔡英文都公開背叛了自己宣誓遵守的以一個中國為基礎的"憲法"，這也等於二人自己否定、抹殺了"中華民國"與別國（日、美等）締結的"條約"（都已被日、美宣佈終止）與全中國的相關性。

　　台灣當局的支持者美國，從一開始也否定台灣政權對中國大陸的控制。在對日和約問題上，美國首先提出適用範圍條款問題，並堅持防止對此擴大解釋的限制條件就是證據。而且在 1954 年 12 月《美華相互防禦條約》談判過程中，美國也同樣提出條約適用範圍條款來限制台灣當局，美國不承諾保護"中華民國"在台澎金馬以外的領土，不想因支持蔣介石的反攻大陸政策而可能捲入與中國的戰爭。在其換文中規定"兩締約國合作與貢獻而建立的軍事機構在沒有共同協商情況下，不得做出可能降低第六條規定的地區（台灣地區）防禦能力的轉移。"這一適用條款的設定與《台日條約》的適用範圍條款相同。既然是與"中國政府"的防衛條約，卻不得將中國本土設置進去，這本身就意味着否定台灣當局是全中國的主權者。[42]

　　《台日條約》締結後，對日方提出的條約限制論，台灣當局繼續按自己的前述解釋自欺欺人，沒有直接反駁。對吉田首相在國會否定《台日條約》是與全中國和平條約等的答辯，美國也以"這不過是對付在野黨的說辭"為由"不予重視"，並要求台灣當局不要做過激反應。[43]

二、中國大陸的立場

　　對於《台日條約》，中國政府一貫主張是非法的和無效的。從 1952 年到 1972 年的 20 年間，一直把《日華條約》稱為《台日條約》或"蔣日條約"，突出其非法性。聲明即使有《台日條約》，中日之間的戰爭狀態依然存在，並把廢除該條約，在中日之間締結和平條約，宣佈結束戰爭狀態作為中日邦交正常化的前提。周恩來及其他領導人每逢會見日本客人都在強調中國政府的上述原則立場。

1952 年 1 月 23 日，針對《吉田書簡》，中國外交部副部長章漢夫發表聲明稱，該信件是“戰敗後日本反動政府與美帝國主義互相勾結起來，對中國人民與中國領土重新準備侵略戰爭的鐵證。繼 1951 年 9 月《舊金山對日和約》之後，又一次對中華人民共和國最嚴重、最露骨的挑釁行為。”[44] 5 月 5 日，周恩來總理兼外長發表聲明表示：“單獨對日和約生效……吉田政府與盤踞在台灣的中國國民黨反動殘餘集團簽訂了所謂和平條約。這一系列嚴重露骨的挑釁行為，已引起了我國人民的無比憤怒和強烈反對……吉田政府竟然公然依照其主子的命令，與早已為全中國人民所一致唾棄的台灣蔣介石殘餘集團勾搭一起，甚至狂妄地説他們所訂的‘條約’應‘適用於現在在中華民國政府控制下或將來在其控制下之全部領土’。並在訂‘約’之後，立即釋放雙手沾滿了中國人民的鮮血的罪大惡極的日本戰犯 88 人，包括臭名昭著的岡村寧次在內……日本自 1931 年‘九·一八事變’以來對中國人民實行侵略戰爭的狀態，不僅並未結束，反而在美國政府扶植之下，有準備進行新的侵略戰爭的危險。”“中華人民共和國中央人民政府聲明：對於美國所宣佈生效的非法的單獨對日和約，是絕對不能承認的；對於公開侮辱並敵視中國人民的‘吉田—蔣介石和約’是堅決反對的。”[45] 這裏周恩來提到“九·一八以來的戰爭狀態並未結束”值得注意。

1959 年 3 月 15 日，周恩來在會見日本社會黨訪華團時表示：“日本的侵略戰爭已經結束了近 14 年，中日兩國正常關係還沒有恢復，戰爭狀態還在繼續，邦交正常化也沒有實現。日本説有《台日條約》，但我説台灣不是中國的真正代表，我不承認這個條約。如果這個條約是真的，那麼中國大陸就不存在了。”[46]

1970 年初，中方提出復交三原則，把廢除《台日條約》作為實現中日邦交正常化的前提條件。

三、《台日條約》是中日關係的最大障礙

如前所述，當初日本政府是在"不自願"的情況下與台灣當局簽訂條約的。日本政府為了把因《台日條約》而給中日關係造成的負面影響降低到最低限度，才堅持《台日條約》只適用於台灣當局統治地區和不許修改條約適用範圍條款一個字等條件，並堅持該條約不是日本與中國的全面和平條約的立場。到了 1970 年代初準備與中國討論邦交正常化階段，日方提出"《台日條約》已被國會批准，現在說它無效無法接受"的理由來牽制中方。日方的提法似乎也有一定的道理。不過即使承認日方觀點的部分"有效性"，由於《台日條約》適用範圍條款的限制，它也最多只能被承認為是對日本國和中國台灣地區有效的文件，這就是《台日條約》的局限性，也是可能對其做出法律解釋的最大程度。如果中國政府真的有限度地承認《台日條約》對中國台灣地區的局部有效性，那麼日本政府是否準備與中國政府討論締結能適用於全中國的和平條約呢？

如前所述，從 1959 年岸信介內閣到 1971 年佐藤內閣的 13 年中，日本政府曾一度修改過政治解釋，"承認"台灣當局是"中國政府"，並將其作為"《台日條約》對中國大陸有效論"的依據，但是其法律依據仍然只有《台日條約》本身。在這期間，《台日條約》的所有條款沒有發生過任何變更，台灣當局也沒有控制過中國大陸。也就是說，日本政府在沒有法律依據的情況下，擅自把自己堅持的"條約只適用台灣地區"，"是與中國全面媾和的一步"修改解釋成"全面承認"、"全面和約"。即使採取靈活或變通的立場，在承認台灣當局控制台灣地區的現實下，最多也只能認為《台日條約》在被廢除之前曾經僅適用於中國台灣地區。這大概是關於"《台日條約》有效性"的最大限度和最變通的解釋，任何超出這一解釋的說法都是缺乏法律依據的。

第四節
日本政府的"兩個中國"政策

1950~1960 年代，日本政府以《台日條約》為基礎，有限或全面承認"中華民國"，把與中國大陸的關係限制在民間水平，維持着與中國大陸有限的貿易和人員往來。在對華政策上奉行"兩國中國"的政策。在此期間，日本政府不顧美國和台灣當局的壓力，以同中國大陸的"特殊情況"為由，不願切斷雙方的經貿關係，與美國的對華封鎖政策保持一定的距離。這些雖然主要是從其實際利益出發做出的政策選擇，但更主要的是希望為未來與中國建立關係留下餘地和後路。再加上日本國內要求中日邦交正常化的呼聲一直存在，作為實現國內融合的政策之一，也有必要不徹底堵死通向中國大陸的道路。

在日本的政治家和外交官當中，認為中美關係遲早會改善，到時候日本會被撇在一邊兒的危機感也同時存在。其中以原駐美大使朝海浩一郎的說法具有代表性，"我每天都在擔心，會不會發生某一天早上醒來，美中兩國突然握起手來的事兒。"⑰ 這其實也是日本政府最擔心的事情。為了防止發生這樣的事情，日本政府與美國之間經常就中國問題密切磋商，以便與美國保持步調一致，同時刺探美國可能的政策變化，至少不落在美國後面。在此期間，日本貫徹"兩個中國"的政策，在政治上支持台灣當局，同時保持與中國大陸的有限經濟關係。不過這個"兩個中國"政策本身也是對《台日條約》適用於中國大陸觀點的間接否定。為了同時應對中國大陸和台灣當局，日本政府在嚴格限制《台日條約》不適用於中國大陸的基礎上，分別按現實不同的立場處理與中國大陸和台灣的事務。

在此期間，外務省文件《關於反攻大陸的看法》（準備資料）是這樣表述的："（日本）充分了解國府方面最終要光復大陸的立場，也不想對該立場提出異議。但是多數日本國民由於戰敗，對戰爭抱有非常的厭惡感，輿論強烈反對所有行使武力的做法。我國政府如果無視這種輿論，公然支持以武力對大陸的反攻，不僅會使我國內陷入非常的混亂，也會引起國民對與國府的合作關係產生巨大疑問的問題，甚至還會給容共勢力的反國府宣傳起到火上澆油的危險作用。日本政府為了確保輿論支持日華合作，不能不對反攻大陸的言論保持消極態度。希望對此予以理解。"[48]

　　1971 年 7 月（基辛格訪華）以後，在美中關係改善和中國國際地位不斷提高之際，在野黨加緊攻擊自民黨政府的對華政策。但對在野黨在國會稱《日華條約》為《日台條約》時，佐藤首相則強調不是"日台"而是"日華"，試圖堅持《台日條約》的正當性，但還是被迫降低了調門。11 月，利用東京都知事美濃部亮吉訪華之際，自民黨幹事長保利茂暗中托付了一封給周恩來總理的信，試圖暗中打開與中國的政治關係。這個被稱為《保利書簡》的信件稱"北京是中國的合法政府"，"台灣是中國國民的領土"。對此，中國政府認為"《保利書簡》沒有觸及中華人民共和國是中國唯一合法政府的問題"而"台灣是中國國民的領土"的提法是為"台灣獨立留下退路"，強調"書簡是騙局"而拒絕接受。11 月 10 日，周恩來在會見美濃部時強調，"日本必須承認台灣已經歸還中國"。[49]

　　在接到周恩來的上述信息後，1972 年 2 月 28 日，即尼克松訪華發表《中美上海公報》當天，在日本眾議院預算委員會上，佐藤首相作為日本總理首次承認："台灣歸屬問題上毫無疑問是屬於中華人民共和國的"。這意味着日本政府長期堅持的"《舊金山對日和約》只規定了日本放棄台灣，日本政府在台灣歸屬問題上沒有發言權"的立場的根本轉變；也意味着長期以來被看作是"親台派"的佐藤榮作被迫修改自己在對華政策上的以往立場。[50] 不過第二天，由於"親台派"及外務省的反對，佐藤首相又表示："在原則上是中華人民共和國領有台灣，不過如果不實現邦交正常化，還不能那樣承認"，即把實現日中邦交正常化作為日本承認台灣是中華人民共和國所有的先決條件。3 月 2 日的政府、自民黨聯席會議上，自民黨外交調查會長愛知揆一表示："28 日的總理答辯是正確的，那樣更清楚。最好是老老實實地承認現實。"[51]

6 月 7 日眾議院外務委員會上，樽崎彌之助（社會黨）議員質詢："日中邦交正常化破曉之時，1969 年的《佐藤—尼克松聯合聲明》中的台灣條款（維持台灣地區的和平與安全對日本是極為重要的因素—筆者註）自動消亡，對此請確認政府立場。"福田赳夫外長表示："我也是這樣理解的。"[52] 就是說日本政府關於日美同盟與台灣問題的關係的認識隨着中日邦交正常化將發生變化。

11 月 8 日邦交正常化實現後的眾議員預算委員會上，在回答矢野絢也（公明黨）議員質詢時，大平正芳外長表示："《佐藤—尼克松聯合聲明》的內容反映當時日美雙方對台灣地區的認識，考慮該地區武裝衝突可能性已消除，政府對《佐藤—尼克松聲明》的認識也變化了。日本政府認為中華人民共和國政府與台灣的對立基本上是中國的內政問題，我國政府希望當事雙方以和平方式解決問題。另外在《日美安全條約》的運作上，需要從日中兩國友好關係的立場出發謹慎處理。"在事實上撤回了《佐藤—尼克松聲明》的"台灣條款"。對于矢野再三追問："台灣有事時，（美軍）從日本軍事基地派兵的話，日本是否對其進行援助"的問題，大平則再三表示："將謹慎處理"，而避免正面回答。[53] 但是 2005 年 5 月，町村信孝外長表示台灣地區屬於《日美安全條約》範圍之內，[54] 試圖再次拿出"台灣牌"來牽制中國，足以顯示日本政府多變的外交姿態，也必然引起鄰國對其基本立場的不信任態度。

一、聯合國席位問題 —— 戰後日本對華政策的"根據"

中華人民共和國成立以後不久，中國政府向聯合國秘書長致函，強調"國民黨當局已經喪失了代表中國人民的所有法律的、事實的根據，完全不能代表中國。"[55] 要求將國民黨當局的代表從聯合國驅逐出去，但是在美國的保護下，驅逐台灣的決議案被延遲。在此後的很長時期內，中國對聯合國評價很低，認為"美國操縱聯合國表決機器，支持反對中國的政策。"[56] 當時，中國外交的優先考慮是與社會主義陣營國家的關係和支持民族解放運動，陣營劃分及反美路線影響了與資本主義國家關係，這些也影響了聯合國中國代表權問題的解決。

自 1960 年代初開始，日本政府為保住台灣當局在聯合國的席位進行了很多努力。1961 年 6 月 21 日，在池田總理官邸舉行的第二次總理訪美碰頭會上，"對日本來説，存在着如何處理與中共關係的根本問題，這些問題與聯合國代表權問題相關"；"美國堅持對台灣的干預政策與堅持美華相互防禦條約有關，並不一定意味着在聯合國也支持台灣代表全中國，但也反對台灣喪失在聯合國的席位，因為出現台灣喪失在聯合國席位的事態必將使其保衛台灣的立場受到明顯損害"；"（關於兩個中國的席位問題）中共明確反對，台灣也基本上同樣反對，但是在美國的説服下接受兩個中國席位也不是不可能的"；"日本作為自由陣營的一員，堅持台灣不應該交給中共的立場是當然的，但是在聯合國台灣代表全中國是不自然的，也有喪失國際輿論支持的危險。這一點（日本）與英國的觀點相同，現在不是外務省全體的意見，但有意見認為，考慮到將來日本與中共的關係及國際輿論，從長遠觀點出發，發生中共得到聯合國席位，國府失去聯合國席位的情況也在所難免。"[57]

日本在堅持"自由陣營一員"立場的同時，開始考慮按時代潮流的變化，做出未來台灣當局可能失去在聯合國席位也"在所難免"的精神準備。同時在聯合國如何保住台灣當局的席位，至少把爭取"兩個中國"而努力作為其政策目標之一。

6 月 30 日，在給小澤代外長的電報中，駐美大使朝海浩一郎報告了池田與肯尼迪會談的內容："池田總理認為台灣決不能交給共產國家，只要蔣介石還健在不用擔心，在其後繼人蔣經國繼承後，從其成長的過程[58]看有可能採取國共合作的政策。只要能保住國府在聯合國的席位，中共就不會到聯合國來。"日本的想法是不反對中國進入聯合國，但重要的是保住台灣當局在聯合國席位，這樣的結果也能起到阻止中國進入聯合國的作用。

對池田訪美的言行，《人民日報》在 7 月 25 日發表評論員文章指出"池田政府積極支持美國所謂'繼承國'新花樣，來推行'兩個中國'的陰謀。外務相小坂善太郎訪美後，就急急忙忙跑到西歐去，扮演着政治説客的角色，為美國兜售這一新陰謀。日英（外長）會談用了將近三分之二時間討論了共產黨中國問題"；"日方提出的一種可能是，讓國民黨中國作為福摩薩政府保持它在聯合國的席位，共產黨中國作為大陸中國政府參加（聯合國）"；"許多事實説明，池田政府不僅積極支持美國的這一陰謀，並且同美國是合謀，它對中國的領土台灣抱有軍國主義的捲土重來的侵略野心。"⑲中方説中了要害。不過，日本外務省的內部文件説明，與其説是日美合謀，不如説是日本提案，美國贊成，是日本主導的"兩個中國"的鬧劇。

　　1961 年 11 月聯合國大會討論中國問題時，日本政府成為美國的"重要事項制定方式"的共同提案國，積極維護台灣席位。12 月 7 日，日本駐聯合國大使岡崎勝男在發言中，從中日關係史、台灣問題由來、國共內戰、"中華民國"與聯合國關係等方面論述日本立場，稱"如果在聯合國將中華民國政府換成中華人民共和國政府，在事實上等於將一個成員國除名"；"這對將來意味着是重大的冒險，應該是所有成員國對該問題的所有事實關係及事情的所有方面，如對中華人民共和國政府與中華民國政府的歷史背景及其性質進行政治、軍事等意義上的考慮，充分認識和徹底研究的問題。"⑳在強調"中華民國"的"合法性"的同時，希望各國慎重對待。

　　結果，聯合國大會通過了日美等國提出把中國代表權問題作為"重要事項"案。對此，中國外交部 12 月 22 日發表聲明，認為該提案是"對《聯合國憲章》的粗暴踐踏，是對中國主權的侵犯，該決議完全是非法的、無效的，中國政府表示強烈譴責和抗議"；"中國是聯合國成員國和創始國，是聯合國安理會常任理事國。1949 年中國人民打倒蔣介石集團的反動統治，建立了中華人民共和國，中國在聯合國的所有合法權利當然應該屬於中國人民的唯一合法政府中華人民共和國政府"；"美國為了長期佔據中國領土台灣，繼續讓早已被中國人民唾棄的蔣介石集團賴在聯合國的中國席位，一直非法剝奪中華人民共和國在聯合國的合法席位，美國提出的所謂需要三分之二贊成的‘重要事項’是企圖在其處於三分之一少數情況下繼續將中華人民共和國非法排斥在聯合國之外的陰謀。”⑥ 此後，由於“文革”等國內原因，每年由日美等國提出所謂“重要事項制定方式決議案”直到 1970 年都獲得通過。台灣當局曾高度評價稱：“日本始終一貫地，強有力地支持中華民國在聯合國的席位。”⑥ 不過，在日本與中國實現邦交正常化時，台灣當局又強烈譴責日本“背信棄義”的行為。

1960 年代初，日本政府就已經對驅逐台灣，恢復中國在聯合國合法權利問題抱有很強危機感，不過這與其說是為了台灣的席位，不如說是為了牽制中國，阻止中國的完全統一策略的結果，也是為了通過阻止中國在聯合國合法權利的恢復，來繼續維持日本自己的“兩個中國”政策。

1961 年 4 月 30 日撰寫的外務省文件《中共問題（案）》（作者外務審議官）（極秘）裏反映了這個時期日本政府對華政策的基本構想：“日本在未來打開日中關係時，不應該影響日台關係……對於自由陣營而言，重要的是絕對不能把台灣交給共產黨國家”；“現在只統治台灣的國府還繼續是代表中國的正統政府的想法已經難以為繼。為了確保台灣繼續屬於自由陣營，不能認為（台灣代表中國）是絕對必要的條件。而且繼續維持不現實的（兩字不清）反而對自由陣營十分勉強，對中立國家的心理產生的負面影響更大，甚至會導致在聯合國等國際機構支持國府的國家減少。在目前還來得及的情況下，應在法律上確立國府為統治台灣的正統政府的地位。在中共進入聯合國時，可以封死承認台灣屬於中共的可能性，而且可以確保國府的正統性和在聯合國的席位，這是自由陣營應採取的策略。對國府來說繼續採取‘全部或皆無’（All and Nothing）的立場，其結果將只能是皆無。無論如何，有必要做好自由陣營（在台灣問題上）失敗的精神準備。能發揮這一作用（說服台灣）的只有美國。”在第二部分“應該採取的對策構想”中，“目標：考慮採取在不能阻止中共進入聯合國時，確保台灣不屬於（中共）統治，以不失去國府的正統性，而且可以使中共進入聯合國也不會導致國府失去聯合國席位發生的措施。”“方法：（1）在聯合國確認國府是只代表台灣的政府（大概國府自己提出議案本是最佳的，至少需要得到國府的同意是絕對必要的，但預計將極為困難）；（2）在前項不能實現的情況下，中共進入聯合國之際，明確中共只代表中國本土；（3）應採取假如即使安理會常任理事國席位換馬，國府不再是常任理事國，也不應該意味着中共直接成為常任理事國的立場。"不過，日本外務省的上述內部設想都因1971年10月聯合國大會第2758號"驅逐台灣恢復中國合法權利"決議而完全破滅。2758號決議不僅全面驅逐台灣當局，同時也承認中國在聯合國包括安理會常任理事國在內的所有合法權利得到完全恢復。

外務省文件還就"處理台灣問題"（日台關係）進行討論："目標：在任何情況下都把確保台灣留在自由陣營而採取相關措施作為最重要的課題，並在國際場合確立國府統治台灣之政權的合法地位。""方法：（1）在聯合國通過確認台灣為國府統治，使台灣歸屬問題得到解決（台灣歸屬問題本來應由參加《舊金山對日和約》各國決定，不過如果參加聯合國的大多數國家能對台灣問題作出決定可作為聯合國新的決策具有法律效力）；（2）在由於國府不同意，措施不能實施而中共又進入聯合國的情況下，我國也不得不服從聯合國的決定，不過只採取中共是代表中國本土，國府是實際上統治台灣的政權的立場（在這種情況下台灣歸屬問題依然沒有決定而繼續存在，所以主張台灣不屬於中共是可能的）。"在這份文件中，日本政府希望使台灣與中國大陸分離永久化、固定化的政治企圖十分清晰，而且日本至今實際上也是採取"中共是代表中國本土，國府是實際上統治台灣的政權的立場。""關於日中關係"："……（2）承認中共問題將根據充分考慮國際形勢發展及對自由陣營影響的基礎上自主決定（在國府成為只統治台灣的政權的情況下，根據《日華和平條約》而宣佈的戰爭狀態結束和放棄戰爭賠償請求權等問題，因為是國府有中國全國正統政府地位時作出的保證，所以限於日本方面還是依然有效）。"

外務省的上述文章意味深長。在1960年代初開始研究台灣問題時，在對華政策問題中，日本政府內部實際上就已經確定在日中邦交正常化交涉時將繼續維護《台日條約》有效性的立場，強調這是"國府是中國正統政府時的承諾"。而試圖以《台日條約》為對華談判的籌碼，向一貫否定《台日條約》的中國政府提高要價。1972 年 9 月進行的中日邦交正常化談判中，日本也確實是按照上述構想，對中國政府積極使用《台日條約》這張牌來進行進行"防守"的。當然日本提出《台日條約》對日本有效論"，反過來也等於日本間接承認"《台日條約》對中國無效"。此時日本政府死死咬住自己"一貫"承認台灣當局的正統性的說法，而對自己都長期不承認台灣當局是代表全中國的政府的史實則採取完全不認賬的方式。

必須指出，日本政府堅持的"台灣地位未定論"絕不是為了台灣，而只是為了自己，是為保住自己關於《台日條約》有效論"的立場能有"依據"。為了保住《台日條約》的"法律整合性"。這一時期的外務省內部文件也證實了從池田內閣時期開始，日本政府又準備修改"不承認台灣當局是中國正統政府"這一自吉田內閣以來的立場，為今後與中國合法政府 —— 中華人民共和國政府談判取得籌碼和迴旋餘地。

石井明認為："池田首相站在'兩個中國'論的立場上，看不出他為解決中國問題積極工作，只要是池田，大概就無法有甚麼起色，因為中華人民共和國堅決反對'兩個中國'政策，另一方面的台灣蔣介石也堅持'一個中國'的立場。"[63] 另外，在外務省公佈的內部文件中有 1961 年 2 月 13 日《關於日華（台）問題的若干看法》及其"改定版"，原稿是"為了對抗中國的'解放台灣'的主張，強調台灣的戰略價值等並非上策，應該強調台灣住民的'民族自決權'。"此後的改定版將台灣住民的"民族自決權"，改為"自決權"，並旁註稱"如果把台灣人看作民族，大概會有問題。"[64] 可見日本外務省已認識到"民族自決"不適用於台灣。

二、聯合國 2758 號決議與"一個中國"

1970 年 1 月，長期中斷的中美大使級會談恢復，4 月，美國放寬對中國出口非戰略物資，10 月美國總統正式稱呼中華人民共和國，所有跡象表明美國正被迫修改長期堅持的反華政策，但日本繼續在聯合國為保住台灣席位而奔走。日本十分了解台灣海峽兩岸都堅決反對"同時加入聯合國"，但仍堅持提出"兩個中國"的提案，即贊成中國恢復聯合國席位，又反對驅逐台灣當局。1970 年 10 月 13 日，愛知揆一外長在聯大發言中確信"中華人民共和國政府參加聯合國的時期已經到來"，認為"毫無疑問，給予中國以完全代表權的同時，給予其安理會常任理事國席位是中華人民共和國政府應有的地位"，但又宣稱"中華民國政府單純地被中華人民共和國政府所代替是無視實際情況"，"在中國存在中華人民共和國、中華民國兩個政府是不能否定的事實。阿爾巴尼亞決議案將強迫當事者的一方從其具有的合法席位機構立即驅逐出去，是不合理的，而且是殘酷的。"⑥ 這裏日本外長沒有解釋到 1970 年為止，日本自己無視中國的現實，伙同美國支持台灣政權賴在聯合國中國席位上，並堅決阻止恢復中國在聯合國合法席位的事實是否合法、是否殘酷的問題。日本在第 26 屆聯大上繼續把驅逐台灣作為"重要問題"，要求三分之二表決通過，試圖在國際上使"台灣從中國領土分離的狀態"永久化、合法化。

1971 年 10 月 20 日，聯大表決恢復中國合法席位決議前，日本參議院總會上赤松勇（社會黨）議員要求日本政府同意"廢除《日台條約》，恢復中國在聯合國合法席位並驅逐國府。"對此，佐藤榮作首相表示："作為日本政府，通過《日華條約》結束了日中間的戰爭狀態是大家都知道的。但是另一方面，日本政府也知道中華人民共和國政府指出該條約是非法的。這個問題將在今後的日中邦交正常化談判中再次提出。"這裏日本政府又開始把"中""華"亂用了。因為長期以來日本政府把"中"作為中國，把"華"稱為"國府"（即台灣），而現在卻把《台日條約》安到"日中關係"上了，並準備與中國政府就《台日條約》問題舉行談判。不過中國政府根本不可能承認《台日條約》有任何合法性，更不用說對中國有任何效力了。

關於台灣當局"代表中國"問題的非法性，根據聯合國大會第 2758 號決議得到全面證實和確認。1971 年 10 月 25 日，第 26 屆聯大第 1976 次全體會議以 76 票對 35 票的壓倒多數通過了阿爾巴尼亞等 23 國"關於驅逐台灣，恢復中國在聯大合法權利"的第 2758 號決議。該決議要求"立即恢復中華人民共和國在聯合國及其附屬機構的合法權利，並立即將非法佔據聯合國席位的蔣介石的代表從聯合國驅逐出去。"該決議所具有的國際法效力不容否認，由於第 2758 號決議的內容與台灣當局合法性問題關係密切，對中日關係也有指導性作用，意義重大，這裏有必要全文提及，並認真分析。

聯大第 2758 號決議全文："聯合國大會重申《聯合國憲章》的各項原則（Recalling the principles of the Charter of the United Nations），根據《聯合國憲章》及其各項原則，恢復中華人民共和國在聯合國的合法權利（Considering that the restoration of the lawful rights of protection of the Charter of the United Nations and for cause that the United Nations must serve under the Charter）。聯合國承認中華人民共和國政府為中國之唯一合法政府，和在聯合國及安全保障理事會五個常任理事國之一（Recognizing that the representatives of the Government of the People`s Republic of China are the only lawful representatives of China to the United Nations and that the People`s Republic of China is one of the five permanent member of the Security Council）。決定恢復中華人民共和國的所有權利，承認其政府在聯合國的代表是中國之唯一合法代表，並立即將蔣介石的代表從其非法佔據的聯合國及其所屬機構中驅逐出去（Decides to restore all its rights to the People`s Republic of China and to recognize the representatives of its Government as the only legitimate representatives of china to United Nations, and to expel forthwith the representatives of Chiang Kai-shek from the place which they unlawfully occupy at the United Nations and in all the organizations related to it）。"

該決議是"恢復"，而不是"給予"中華人民共和國在聯合國的所有權利。同時全面否定了蔣介石集團的合法性。該決議具有追溯意義，認為自

1949 年 10 月中華人民共和國成立後到 1971 年 10 月蔣介石代表賴在聯合國的中國席位的狀況是非法的，並從最具代表性的國際機構中立即將"蔣介石的代表"驅逐出去，聯合國的該項決議使用"蔣介石代表"的稱呼，旨在從根本上否定"中華民國"的合法性。

應該指出，聯合國決議在構成國際規範法上具有重大意義，在"國際規範法形成中發揮重要作用"。[66] 儘管日本對此投了反對票，並可以此作為對日本"不受約束"的解釋，但其國際法意義是不容否定的。同時，該項決議對把以"聯合國中心主義"奉為"國是"（國家基本方針，日語："國を挙げて是と認めたもの"日《広辭苑》）的日本政府所具有的意義也是毋庸置疑的。

那麼，被聯大驅逐前，台灣當局就合法了嗎？答案顯然也是否定的。眾所周知，1949 年 10 月中華人民共和國政府的成立，繼承了由中華民國曾經統治的全中國的領土主權，同時宣告了"中華民國"的消亡。國家名稱的更改不僅在中國，即使在日本和其他國家也發生了。1947 年 5 月生效的《日本國憲法》，使"大日本帝國"宣告結束。日本國繼承了大日本帝國的所有主權、權源。所不同的是，1949 年 10 月後，"中華民國"在不能統治全中國的同時，利用自然屏障（台灣海峽），在中國台灣地方繼續維持統治，但這也是只能在外國勢力保護下才能得以維持，它已失去中國人民的支持。一個既沒有國民支持，又在事實上沒有能力統治絕大部分地區的地方集團怎麼可能繼續代表這個國家呢？即使某些國家從自身的政治目的出發"承認"其為"國家"，也改變不了其不可能代表全中國的基本事實，更何況連日本政府自己從一開始也不承認其代表全中國。有國際法學家在分析台灣當局佔據中國席位問題時認為："從原則上說，一個純粹名義上的當局即使被若干或聯合國多數成員國承認，也只能認為其不能代表該國家。"[67]

日本政府可以《台日條約》經過日本國會審議批准為依據認為其"合法"，但是為了保留與中國發展關係的餘地，日本政府專門在《台日條約》

設置適用範圍條款，明確規定該條約只適用"中華民國控制的地區"，不適用於中國絕大部分的大陸地區。與該條約有關的中國的正統政府始終堅持《台日條約》是非法性、無效的，直到日本政府按照中國政府的要求終止了《台日條約》，才實現了中日邦交正常化。也就是説，《台日條約》與中日邦交正常化是勢不兩立的。

1949 年 10 月中華人民共和國政府成立以後，台灣當局已經不可能，也沒有能力履行關於中國的任何"條約義務"。這一點日本政府也十分清楚。日本同一個在法律上和事實上都不能代表中國，並沒有能力履行相關條約義務的"政權"簽訂的關於中國的"條約"怎麼可能是有效的呢？不僅日本政府，即使是台灣政權的最大靠山 —— 美國，在 1954 年 12 月簽署的《美台共同防禦條約》中，也堅決明確把防務地區限制在台灣當局實際控制的地區。美國不想介入中國的內戰，也不想支持台灣當局"反攻大陸"。實際上，日美兩國都在為日後與中國大陸建立關係留下餘地。日本留的餘地更大些，甚至不顧美國的反對，堅持與中國建立"LT 貿易辦事處"等代表機構，在承受製造"兩個中國"的批判的同時，堅持中日"民間渠道"的暢通。

關於"中華民國"的地位，第一，在 1949 年 10 月以前它是代表全中國的合法政府；第二，在中華人民共和國成立以後，中華民國擁有全中國主權就已經被徹底否定，被中華人民共和國所取代。

眾所周知，中日邦交正常化是在美國被迫修改對華政策，中國調整外交戰略的大背景下現實的。美國對華政策的調整對日本的對華政策產生了絕對重要的影響，在日本被稱為"尼克松衝擊"。筆者並非低估日本社會及民眾要求日中友好的積極性，但是不誇張地説，如果沒有美國的政策調整和對日本的衝擊，就不可能有中日邦交正常化的迅速實現。自《舊金山條約》及《台日條約》以後，中日之間的不戰不和狀態始終沒有消除，甚至在尼克松訪華，並對日本產生"衝擊"之後，日本政府還決心全力保住台灣當局在聯合國的席位。不過此時日本政府的作為不是為了台灣當局，而是為了自圓其說，為自身長期以來堅持的錯誤的對華政策尋找依據。1971 年 10 月 25 日聯大通過的第 2758 號決議，既宣告美國長期封鎖中國政策的破產，也使日本賴以維持的《台日條約》失去了法律上及政治上的依據。聯大驅逐台灣當局的結果還使日本政府內部研究的"明確中共只代表中國本土，國府只代表台灣"的"兩個中國"政策成為泡影，也從根本上動搖了日本政府戰後 20 年來虛構的對華政策。

1971 年 11 月 1 日的日本參議院預算委員會上，藤田進（社會黨）認為："1951 年《吉田書簡》是以台灣是聯合國成員為前提的，阿爾巴尼亞決議案的通過使這個虛構完全崩潰。"並問日本政府準備如何處理《台日條約》。佐藤首相表示："日本認為通過《日華條約》，日本與中國的戰爭沒有了。（我們知道）中華人民共和國認為《日華條約》非法，是沒有根據的。但是假如是無效，要廢止，也有一個階段的問題。在實現日中邦交正常化的過程中《日華條約》應如何處理，到時候再商量決定。"[68] 這裏日本政府已經準備和中國政府商量處理《台日條約》，不一定非要堅持了。在聯大驅逐台灣後，日本外長愛知揆一從後面追上正在從聯大會場黯然退出的台"外交部長"周書楷，"拍着周部長的肩頭，與其握手，目送着從會場長長地毯上遠去的周部長的身影。"台灣當局讚賞"日本（支持台灣）的一貫誠意"，日本政府在這裏為自己修改對華政策而上演了一幕"支持台灣"的精彩作品。不過如前所述，日本與其說是支持台灣，不如說是為了給自己的對華政策"圓場"，也是為《台日條約》尋找根據。1971 年 10 月 28 日，《人民日報》發表社論〈歷史潮流不可抗拒〉，指出"日本佐藤反動政府為美國在聯合國製造'兩個中國'的陰謀奔走效勞，賣盡力氣。它不顧日本國內各階層人民強烈反對，不僅讓日本充當美國提案的聯合提案國，還四處活動，使勁拉票，結果卻是枉費心機，只不過更加暴露出它頑固地同中國人民為敵的醜惡嘴臉"；"美帝國主義至今仍然霸佔着我國台灣省，美日反動派還在不斷散佈所謂'台灣地位未定'的謬論"；"美日反動派的陰謀一天不停止，中國人民反對'兩個中國'或'一中一台'的鬥爭就絕不會停止"；"中國人民一定要解放自己的神聖領土台灣，台灣一定會回到祖國的懷抱！"

在"尼克松衝擊"和聯合國驅逐台灣前後，佐藤內閣已開始摸索與中國建交的可能性，並不斷向中國"暗送秋波"。

第五節

邦交正常化前中日關係的性質

綜合上述情況，邦交正常化之前中日關係的性質有如下幾個基本特點。

第一，這個時期可以說是"無和平條約的不戰不和狀態"。日本與台灣當局簽署的《台日條約》，使中日關係徹底惡化。兩國間沒有和平條約、沒有戰爭狀態中止、沒有外交關係的不正常狀態持續長達 20 年。

第二，這個時期，雖然日本的對華政策是與美國相呼應的，但也根據自己的判斷，在維持台日關係的同時，主動設法保持與中國大陸的非官方經貿關係。實際上與美國的對華政策保持了一定的距離，基本上貫徹了"政經分離"的政策。其實質是"兩個中國"政策，無論是岸內閣、池田內閣，還是佐藤內閣都沒有本質區別。其支持台灣的目的，主要為了與美國"保持一致"，同時牽制中國的完全統一。而且日本是在明知台海兩岸都堅決反對的情況下長期堅持"兩個中國"政策的，這更超出了"追隨美國"的程度，具有明顯的"主觀能動性"。也就是說，這個時期日本的對華政策與其說是美國壓力，不如說主要是日本政府考慮自身利益的決策。如何保持對華政策的"合法性""合理性"是其重點。而且從反共、台灣的殖民情結、牽制中國等政治立場出發，日本並不是光按照美國政策辦事，而是根據自身利益，以獨立的政治判斷去維持與台灣當局之間的政治關係的。如在 1964 年 10 月中國實驗原子彈成功後，日本政府開始強調"中國威脅論"，加強與美國及台灣當局的政治關係（提出第二個《吉田書簡》）。同年，法國與中國建交後，日本政府的對華政策不僅沒有動搖，反而變得更為強硬等。

　　第三，中國在這個時期的對日政策也值得分析。中國政府強調"政經不可分"以對抗日本政府的"政經分離"及"兩個中國"政策，但是在實際運作中表現出很大的靈活性。結果被日方認為是"實際上是容忍了政經分離路線"。[69]

　　對於 1950~1960 年代中日關係的性質，中方的大多數研究[70]都強調是"半民半官"的關係，但實際上日本政府並不承認這種認定，從當時貿易辦事處的層級看，都遠沒有現在台灣當局駐日辦事處的規格高。現在台灣當局駐日機構甚至有領事機能，即部分"外交機能"，這種情況的存在，是在中方"寬宏大量"政策下才可能的，所以如果承認"LT 貿易"（《廖承志—高碕達之助備忘錄》）等機構是"半民半官"的話，那麼現在的日台關係至少就是"准官方"關係了。這大概是中國不能承認的。"LT 貿易"的官方色彩，若從中方派出代表等情況看是可以成立，但日方一直否定其官方性質，並堅持 LT 辦事處不得懸掛中國國旗等條件。因此，雖不想否定其積極意義，但過分強調其"半官方"意義是與史實不符的，而且中日雙方在"LT 貿易"的性質問題上並沒有共識。

註　釋　【End notes】

① 參照 1952 年 1 月 17 日《朝日新聞》、《每日新聞晚報》等日本主要媒體。

② 《讀賣新聞》1952 年 1 月 26 日。

③ 朝日新聞社《資料／日本與中國 45~71》，《日本與中國》(8)，5~6 頁，1972 年。《第 13次國會眾議院預算委員會會議錄》，第 5 號，14 頁。

④ 約翰‧塔瓦《吉田茂及其時代》下卷，（日）TBS，1981 年，159 頁。

⑤ 《第 13 次國會眾議院外務委員會會議錄》，第 28 號，8 頁。

⑥ 《第 13 次國會眾議院外務委員會會議錄》，第 28 號，10 頁。

⑦ 《第 13 次國會眾議院外務委員會會議錄》，第 28 號，15~16 頁。

⑧ 《第 13 次國會眾議院外務委員會會議錄》，第 28 號，18 頁。

⑨ 《第 13 次國會眾議院外務委員會會議錄》，第 28 號，20 頁。

⑩ 《第 13 次國會眾議院外務委員會會議錄》，第 28 號，16 頁。

⑪ 《第 13 次國會眾議院外務委員會會議錄》，第 28 號，21 頁。

⑫ 吉田茂《回想十年》第三卷，新潮社（日），1957 年，76 頁。

⑬ 《維也納條約法公約》

⑭ 日中貿易促進議員聯盟《關於〈台日條約〉的國會審議》1969 年，327 頁。原出處：林金莖《梅與櫻一戰後的日華關係》，（日）產經出版，1984 年，131 頁。

⑮ 吉田茂《激盪的百年史》，白川書院，1978 年，159~164 頁。

⑯ Japanese Peace Yreaty, pp. 48~50. Congressional Record, 98. 2; pp. 2360, 2453~2454, 2509, 2582~2583, 約翰·塔瓦《吉田茂及其時代》下卷，296 頁。

⑰ 西村熊雄監修《日本外交史一〈舊金山條約〉》27 卷，鹿島和平研究所出版會，1973 年，320 頁。

⑱ 田村幸策《〈日華和平條約〉的性格一苦心的辯證法結構》，《國士館大學新聞》，1971 年 10 月 27 日。

⑲ 日本國際法學會編《國際法辭典》，鹿島出版會，1975 年，525~526 頁。

⑳ 同註 ⑲，187 頁。

㉑ 王志安《國際法上的承認》，（日）東信堂，1999 年，218 頁。

㉒ 同註 ㉑，315 頁。

㉓ 日本國際法學會編《國際關係法辭典》"條約的解釋"項，三省堂，2001 年。

㉔ 前引細谷千博《通向舊金山的道路》（サンフランシスコ講和への道），291 頁。

㉕ 同註 ④，158 頁。

㉖ 《第 27 次國會眾議院外務委員會會議錄》，第 2 號，1~2 頁。

㉗ 《朝日新聞》1954 年 12 月 20 日。

㉘ 古川萬太郎《戰後日中關係史》，（日）原書房，1981 年，137 頁。

㉙ 《第 30 次國會眾議院外務委員會會議錄》，第 10 號（休會期間審議），13 頁。

㉚ 1958 年在日本長崎舉辦的中國郵票展上，右翼分子毀壞中國國旗，中國對此表示強烈抗議，而日本政府企圖不了了之，並公開宣稱不把中國國旗作為國旗看待，致使中日關係惡化到極點。

㉛ 《第 30 次國會眾議院日美安保特別委員會會議錄》，第 27 號，2~3 頁。

㉜ 《第 46 次國會眾議院預算委員會會議錄》，第 3 號，4~5 頁。

㉝《第 61 次國會參議院預算委員會會議錄》，第 12 號，2 頁。

㉞《第 61 次國會參議院預算委員會會議錄》，第 12 號，10 頁。

㉟ 石井明〈台灣還是北京？苦於選擇的日本〉，渡邊昭夫《戰後日本的對外政策》，84~85 頁。

㊱《第 61 次國會參議院預算委員會會議錄》，第 12 號，7 頁。

㊲《朝日新聞》社《資料 / 日本與中國 45~71》，69~70 頁。

㊳ 1970 年 12 月 14 日，《眾議院預算委員會會議錄》，第 1 號，28~29 頁。

㊴〈行政院院長陳誠在立法院關於中華民國與日本國間和平條約案之説明〉，《戰後中國》（四），1070~1073 頁。

㊵〈外交部長葉公超向立法院提出中日和平條約案之補充説明〉，《戰後中國》（四），1077 頁。

㊶ 日本國際法學會編《國際關係法辭典》，“日華和平條約”項。

㊷ 參照筆者《〈台日條約〉與〈美台條約〉的適用範圍問題》，（日）《政經論叢》，二松學舍大學，1999 年。

㊸《顧維鈞回憶錄》第九卷，249 頁。

㊹ 田桓《戰後中日關係文獻集 1945~1970》，118 頁。

㊺ 田桓《戰後中日關係文獻集 1945~1970》，122~125 頁。

㊻《朝日新聞》1959 年 3 月 16 日。

㊼ 田久保忠衛《戰略家尼克松》，（日）中公新書，1996 年，101 頁。

㊽《日本外務省第 15 次公開史料》A, 0395, 第 544（極秘）。

㊾ 田桓主編《中日關係資料集》，55 頁。

㊿ 前引古川萬太郎《戰後日中關係史》，356 頁。

(51) 前引古川萬太郎《戰後日中關係史》，357 頁。

(52)《第 68 次國會眾議院外務委員會會議錄》，第 21 號，5 頁。

(53)《第 70 次國會眾議院預算委員會會議錄》，第 5 號，2 頁。

(54) 外界媒體均有這種認識，而町村外長事後又表示，希望中國大陸與台灣通過對話和平解決，輿論把我發言的一部分意思斷章取義地理解為日美將為台灣採取共同軍事行動了，這是我的説明很不充分的結果，對此表示遺憾。即收回了自己可能在台灣問題上“日美共同行動”的發言。2005 年 5 月 18 日《眾議院外務委員會會議錄》，第 8 號，15 頁。

(55) 參照中國國務院新聞辦公室《一個中國原則與台灣問題》，2000 年 2 月。

(56) 謝益顯《中國外交史—中華人民共和國時期 1949~1979》，河南人民出版社，1996 年二版，431 頁。

(57)〈第二次總理訪美碰頭會〉（極秘）《池田總理訪美之件》（1998 年），外務省公開史料。

㊽ 外務省所說“成長過程”是指蔣經國曾在蘇聯留學，是蘇共黨員，妻子為蘇聯人等。

㊾〈斥池田政府對中國人民的不友好態度〉評論員文章，1961 年 7 月 25 日《人民日報》。

㊿〈日本代表岡崎勝男關於聯合國中國代表權問題的演說〉，外務省中國課監修《日中關係基本資料集 1970~1992》，霞山會，1993 年，198~203 頁。

(61) 日本外務省中國課監修《日中關係基本資料集》，霞山會，1971 年，204~205 頁。

(62) 林金莖前引書《戰後日華關係與國際法》，89 頁。

(63) 石井明《從〈日台條約〉締結到日中邦交恢復》，石井明等編《記錄與考證一日中邦交正常化 / 日中和平友好條約締結交涉》，岩波書店，2003 年，366 頁。

(64) 同註 (63)，366~367 頁。

(65)〈愛知首席代表在第 26 屆聯合國大會關於中國代表權問題的演說〉，外務省中國課《日中關係基本資料集 1970~1992》，53~60 頁。

(66) Rosalyn Higgins《國際法》第二章（日譯本），信山社，2003 年。

(67)《奧本海國際法》第一卷《和平》（中譯本），商務印書館，1971 年，108 頁。

(68)《第 67 屆國會參議院預算委員會會議錄》，第 2 號，10~11 頁。

(69) 參照田中明彥《日中關係 1949~1992 年》。

(70) 吳學文等《中日關係 1945~1994》，時事出版社，1995 年。

第六章 《中日聯合聲明》與中日媾和

中日邦交正常化是在 1972 年 9 月 29 日實現的。當時的時代背景是中國正在進行"無產階級文化大革命"，極左思潮干擾着中國外交，而"林彪事件"更使毛澤東不得不思考自己發動這場革命的代價。中國與美國在蘇聯威脅下走到一起，尼克松訪華結束了中美 20 多年的敵對狀態，並在反蘇戰略驅使下結成"准戰略夥伴關係"。

中美關係的改善在日本被稱為"尼克松衝擊"，可見對日本影響之大。對於長期追隨美國對華政策的日本政府而言，美國"突然"修改對華政策，並事先沒有通報日本政府，使佐藤政府感到震驚、尷尬和不安。為此佐藤內閣也不得不改變以往的對華政策，尋求改善並建立與中國的關係。其中台灣問題及《台日條約》，就成為中日建交的主要障礙。邦交正常化談判之前，中國提出了復交三原則：(1) 中華人民共和國政府是中國的唯一合法政府；(2) 台灣是中華人民共和國領土不可分割的一部分；(3)《台日條約》是非法的、無效的，必須廢除。這些原則明確了中日關係的癥結所在，也成為中日復交的前提條件。然而，上述三原則對日本政府來說就成為很大的問題，特別是《台日條約》非法、無效的原則使日本政府處境尷尬。但是為了與中國實現邦交正常化，日本政府不得不表示"站在充分理解和尊重復交三原則的立場，來實現邦交正常化。"日方清楚地認識到要與中國復交，就只能接受中方提出的廢除《台日條約》，斷絕與台灣當局"外交關係"的前提條件，但在具體處理上，日方希望中方"照顧"日方的"困難"。日方最關心的問題是"如何在不書面否定《台日條約》的前提下實現邦交正常化"。中日雙方的分歧十分明顯，牽涉到各自的國家利益，雙方就此展開了艱難談判。

由於中方有關中日邦交正常化的外交史料尚未公開，所以在本章中，筆者只能主要依據日本外務省公佈的外交史料，對照中方公佈的資料集、回憶錄等進行研究和分析。日本外務省公開史料主要包括《日中國交正常化交涉の件》："田中總理—周恩來總理會談記錄"（三次）、"大平外務大臣—姬鵬飛外交部長會談（要錄）"（包括非正式會談共四次）以及被稱為"竹入筆記"的"竹入義勝公明黨委員長—周恩來總理會談記錄"（1972 年7 月三次，中方史料有收錄）。① 還有會談附屬資料《關於日本國與中華人民共和國之間邦交正常化的日本國政府與中華人民共和國政府之聯合聲明案》（以下簡稱"日本政府案"）、《聯合聲明日本方案的對中說明》（原註：9 月 26 日第一次外長會談時，由高島益郎條約局長宣讀。以下簡稱"對中說明"）等等。筆者將按照具體事項，而非談判的時間順序，進行分析、討論。②

　　1972 年中日談判前，中日之間還沒有正式的官方渠道，所以邦交正常化的"事前交涉"主要是通過日方在野黨及"親華"的自民黨國會議員，即所謂"民間人士"訪華，與中國政府官員之間進行的。其中 1972 年 7 月田中內閣成立當月，公明黨委員長竹入義勝的訪華尤為重要，儘管竹入不是日本政府的代表，但是受到田中總理的委托，③ 所以"竹入—周恩來會談"可以被稱為雙方了解對方觀點、意向和"底線"而進行的預備性會談。此外，9 月上旬古井喜實、田邊誠一等自民黨三名議員攜帶自民黨及日本政府案訪華，與周恩來等中方官員進行多次會談，雙方談判一直持續到田中總理訪華前的 9 月 24 日。中方根據竹入在"周—竹入會談"中提出問題，提出了中方的八項綱要，《聯合聲明》的前言部分則是根據"周—古井會談"結果由姬鵬飛外長提出的。此外，9 月還有自民黨代表團（邦交正常化協議會長小坂善太郎為首）訪華。這些會談成為日後中日雙方正式談判的基礎。

　　本文未作特別註釋的部分，其史料均取自日本外務省公開史料，日文翻譯由筆者負全責。

第一節
結束戰爭狀態問題的對立

在竹入義勝訪華時，為了使日本國內反對派也能接受邦交正常化的條件，竹入先通過中日友協會長廖承志遞交了包括十幾項內容在內的"竹入試案"。竹入向周恩來總理解釋和雙方會談後，中方提出了"中方草案"（八項）由竹入帶回，從而促成了田中角榮首相下決心訪華。關於戰爭狀態結束問題，中方草案第一款是："中華人民共和國與日本國之間的戰爭狀態自本聲明公佈之日起宣告結束"。周恩來總理解釋說："寫入這樣的規定，戰爭狀態就此結束，大家就可以放心了。"當竹入問周："對戰爭結束宣言是怎樣考慮的？"周回答："有必要擬定一個草案吧。只要內閣作了決定，草案的準備工作要不要派可以信賴的人來，由田中首相裁定。"就是說，此時，中方準備與日方討論結束戰爭狀態的具體文本，對此竹入沒有提出異議，可見這時"結束戰爭狀態"並沒有成為問題。但是到了9月9日古井喜實帶來的日本政府案是："兩國政府確認戰爭狀態已經結束"，也就是說日方試圖以《台日條約》為依據，要求僅確認戰爭狀態的結束，而不是宣佈戰爭狀態結束，並拒絕了中方共同起草結束戰爭狀態文本的要求。對此，周恩來表示，我們認為"通過這次中日邦交正常化才結束戰爭狀態"，[④] 明確表明中國並不認同日方的解釋。由於"周—古井會談"內容沒有公佈，所以無法就會談細節進行全面分析，但至少說明中日雙方在正式會談前，在結束戰爭狀態問題上已存在分歧，客觀上中方不可能承認日方提出的"戰爭狀態已經結束，《聯合聲明》僅對結束進行確認"的立場。

9月25日第一次首腦會談中，在聽完日本外長大平正芳對"《台日條約》立場"說明後，周恩來總理明確指出："關於結束戰爭狀態問題，對於日本來說是件難辦的事兒，但我們不能完全同意大平大臣的（確認結束）提案，中國不是《舊金山條約》的當事國，中日戰爭問題沒有涵蓋在《舊金山條約》中。對此問題就委託兩位外長來討論解決，希望能找到雙方都能接受的方式。"也就是説，中方否定了日方的主張。同日晚，在歡迎田中首相一行的宴會上，周總理在歡迎辭中指出"20 多年來，儘管兩國之間的戰爭狀態沒有宣告結束"，而日本外務省在日文正式翻譯稿中，卻把周恩來的該句話翻譯成"儘管中日兩國之間的戰爭狀態的終止沒有公佈"（原文：公表されていないにもかかわらず），這與中文原意有明顯的差異。日方翻譯的語感是"日中之間的戰爭狀態早已結束，只不過沒有公佈而已"，其目的顯然試圖給日本國民一個印象，即：中國方面也"承認通過《日華條約》，日中間的戰爭狀態已經結束的説法。"但是周恩來的原意是要強調中日之間的戰爭狀態還沒有結束。必須指出，日本政府對周恩來講話的日文翻譯錯誤至今沒有得到訂正，在日本正式外交文件集裏至今仍然沿用這一錯誤譯文。這一點沒有引起包括中國官方和學者的注意，日方學者就更是"忽視"了。

26 日的第一次外長會談中，日方提出的《聯合聲明日本政府案》第一條繼續沿用"日本國政府及中華人民共和國政府在此確認日本國與中國之間的戰爭狀態結束"的詞句，這與古井喜實提出的方案一樣。該項"確認"就是要中方確認日方的主張，即"由《日華條約》結束日中戰爭狀態"，而且這也意味着要中國承認"《台日條約》"是合法的、有效的，實際上與中方提出的復交三原則截然對立。中日雙方在此問題上立場明顯不同，姬鵬飛外長表示："對於由《台日條約》結束中日戰爭狀態，中國方面無法使中國人民信服，所以不能同意日方立場，而且這與歷史事實也不相符。中日究竟是甚麼時候結束的必須弄清，我們必須對中國人民有所交代。"對此，日方一方面堅持中日戰爭狀態已經結束的立場，另一方面又在"對中説明"中表示："我們希望通過這次商談及其此後發表的《聯合聲明》，能夠解決包括戰爭在內關於清算有關中日之間不正常關係的所有問題，不為今後留下'向後的處理'的問題。"這裏，日本政府的立場實際上是矛盾的，因為它一方面堅持通過《台日條約》"中日戰爭狀態已經結束，中日之間已經媾和，戰爭處理已經完成"，而另一方面卻又要求通過這次會談"與中方清算包括戰爭在內的所有問題"。

　　鑒於中方的上述立場，在 26 日下午第二次外長會談中，日方又提出關於結束戰爭狀態問題的兩項修改方案供中方選擇，第一個方案是："中華人民共和國政府在此宣佈中國與日本的戰爭狀態結束"，即由中國單方面宣佈戰爭狀態結束，而日本政府不明確表態。對此大平正芳解釋說："該項的主語是中華人民共和國，也有這種由戰勝國單方面宣佈戰爭狀態結束的例子。過去聯合國與德國之間就是採取這種方式。"第二個方案是："日本國政府與中華人民共和國政府在此宣佈在日本國與中國之間，自今日之起存在和平關係。"大平又解釋說："這裏不明確宣佈甚麼時候結束的戰爭狀態。對於戰爭狀態結束問題，雙方立場不同，我們考慮不妨採取向前看的態度處理。"顯然日方的兩項修正案都不能解決中日戰爭狀態結束的中方關切，也在事實上承認了戰爭狀態尚未結束的事實。對此，姬鵬飛表示："戰爭狀態結束的時間問題十分重要，因為這與戰爭狀態結束以外其他問題是否有效的問題。例如，日本承認中華人民共和國政府為中國的唯一合法政府也是從這一天開始的。今天我們收到了日方提出的關於戰爭狀態結束的兩個方案，對於中國來說，極為重視戰爭狀態結束的時間問題。"大平則稱："周總理也明確表示過了解日方的困難，希望有甚麼好方案解決"，以此牽制中方的立場。此時，日方提出的兩個修改方案均沒有被中方接受。

　　27 日晚 10 時 10 分至 28 日零時 30 分的第三次外長會談中（日方公開史料原註：最後會談，最為重要），中方提出在《聯合聲明》前言寫入"兩國人民期待迄今為止存在的不自然狀態結束"；"戰爭狀態的結束，中日邦交正常化的實現必將揭開兩國關係新的一頁"，這三句話均以名詞形式記入，是中方的方案。姬鵬飛解釋說："這樣戰爭狀態的結束就不受時間的限制，中日雙方都可以有各自不同解釋的餘地。"這是在此前姬鵬飛表示的"必須弄清戰爭解釋何時結束問題，對中國人民有交代"立場上的後退。本來"極為重視戰爭結束的時間問題"的中方為了"求大同存小異"，同意不明確寫入戰爭狀態結束時間，以曖昧的方式處理。中方的修改案使雙方的主要對立基本化解。不過，中方認為這種表述可以解釋為堅持了自己的立場，即：到 1972 年 9 月 29 日《中日聯合聲明》發表為止，中日間戰爭狀態沒有結束，通過《聯合聲明》的發表，中日之間的戰爭狀態才得以結束。

在接到中方的修改案後，日本外長大平表示"感謝中方在戰爭狀態結束問題上照顧了日方的意向"，雙方就一些文字進行修改後達成協議。文字修改包括：大平提議，把"極為不正常狀態"修改為"迄今為止"或者"一切的"，最終方案為"兩國人民迫切希望結束迄今為止存在的不正常狀態"。日本政府在向中方提出的"對中說明"表示："日方認為，雙方對迄今為止日中關係的法律性質的認識不同，所以雙方沒有必要就該項不同的法律立場做出決定最終解決，也不可能解決，因此應擱置對立。今後日中兩國之間開始全面的和平關係，不用明確戰爭狀態終止的時期，只要確認終止的事實，以便使日中雙方的立場得以兩立即可。"也就是說，對日本政府而言，在談判開始之前就已經認識到中日雙方在法律認識上立場對立，並不準備解決這一對立，或者說日方不想讓步，日方了解中國的立場，乾脆強調中日之間不可能在此問題上達成共識。日方要迴避解決該項法律認識的根本分歧的目的是，要繼續堅持其通過《台日條約》已解決中日戰爭狀態結束及媾和問題的法律立場。這與中方要求通過此次《聯合聲明》，正式宣佈結束戰爭狀態，並為締結媾和條約做準備的立場尖銳對立。正如筆者在第四章所述，恰恰由於日方認識到自己堅持的把《台日條約》作為中日媾和條約的法律立場極為脆弱，而且可能不攻自破，更不可能說服中國讓步，所以才以自己的"困難"為藉口，再三要求中國政府給予"照顧"。

中方堅持不在重大原則問題上讓步立場的同時，還是"照顧"了日方。據參加會談的張香山（外交部顧問）的證詞，《聯合聲明》前言的"戰爭狀態的結束"與第一款的"不正常狀態的終止"相呼應達成了妥協，中方的上述表述基本上可以解釋為通過《聯合聲明》宣佈了結束戰爭狀態。⑤ 不過，這種解釋並不被日方所認可，日方認為《聯合聲明》中的表述並不是正式宣佈結束戰爭狀態。時至今日，日本政府的立場仍然是"不管怎麼説，是通過《日華條約》結束中日戰爭狀態的。"也就是説通過《聯合聲明》結束中日戰爭狀態，是中國方面單方面的解釋。當然，有的日本媒體，如《朝日新聞》認為"關於戰爭狀態的終止也好，復交三原則也好，在表明兩國政治主張的前言中，記入了中國方面的主張"，⑥ 這些問題的記入是中日雙方妥協的結果。此外，日方提出的"確認戰爭狀態結束"的內容被中方所否定。

這裏，我們不妨再次確認《聯合聲明》的內容。在前文中在語法上使用了"將來時"記述，"戰爭狀態的結束，中日邦交正常化這一兩國人民願望的實現必將揭開兩國關係史的新的一頁。"而在第一款"中華人民共和國與日本國之間的迄今為止的不正常狀態自本聲明公佈之日起宣告結束。"為此，中日兩國沒能正式宣佈戰爭狀態的結束，而僅僅是在前言中提及結束"戰爭狀態"的願望，只宣佈"結束不正常狀態"，中日雙方根據自己的解釋來説明戰爭狀態結束。但有一點是清楚的，宣佈"結束不正常狀態"不能等同於"戰爭狀態結束的宣言"。

在中日邦交正常化 47 年後的今天，中日兩國還是繼續按照各自的理解去解釋中日間的戰爭狀態結束問題。這種"中日各表"的方式無法解決中日之間戰爭與和平的基本問題。更關鍵的是，中日戰爭狀態是在甚麼時候，以甚麼法律文件為依據宣告結束的，在這一重大國際法問題上，雙方從來沒有達成過政治及法律上的共識。中日兩國都承認的《聯合聲明》中並沒有正式宣佈戰爭狀態的結束。這一點對中日兩國尤其重要，甚至會發生中日之間戰爭狀態至今還在法律上持續的嚴重問題，可能使兩國存在的和平關係處於沒有法律依據的不穩定狀態。

高野雄一認為"日本在 1945 年向聯合國投降時是休戰，而戰爭狀態到1952 年《舊金山和平條約》生效為止持續存在。從這個意義上説，戰爭或戰爭狀態確切地説不是武力鬥爭本身，而是可以行使武力的狀態。"⑦ 如按照這位日本學者的解釋，中日之間戰爭狀態因為沒有締結和平條約而持續存在。

1978 年 10 月 13 日，日本眾議院外務委員會審議《中日和平友好條約》時，寺田巖（共產黨）議員質詢，要求解釋日本政府對日中戰爭狀態終止的立場。對此，外務省條約局局長大森誠一表示："關於日中戰爭狀態終止的問題，從法律上講，我國的立場是，我們與中華民國之間的戰爭狀態通過《日華條約》第一條終止了。在日中邦交正常化之際，我國向中國方面充分解釋了我國的立場，即我國不能接受中國方面的主張，即《日華條約》從開始就是無效的。為了實現日中邦交正常化這個大目標，日中雙方克服了對本案各自立場上遇到的困難的法律問題，最終達成了《聯合聲明》的文字協議。關於日中戰爭狀態結束問題，由《日中聯合聲明》最終加以解決。"⑧ 日本政府的這個解釋也矛盾重重。它的實質是試圖把《台日條約》與《中日聯合聲明》"整合"起來，通過《台日條約》日本與"中華民國"之間戰爭狀態結束了，而不敢明説就是與中國的戰爭狀態已經結束，又解釋通過《聯合聲明》，日中戰爭狀態問題最終解決。這裏必須指出，日本政府實質上是在搞"兩個中國"的花樣。雖然日本政府被迫承認中日戰爭狀態的終止問題是由《聯合聲明》最終解決的。但對"最終解決"的含義，還是含糊其辭。在《聯合聲明》中並沒有"中日戰爭狀態宣告結束"的字眼，所以日本政府的"最終解決"説法缺乏正當的法律依據。

　　中國政府更不可能承認日方解釋，不可能承認《台日條約》對中國（包括台灣地區在內）有任何法律效力，《台日條約》與《聯合聲明》水火不容，廢除《台日條約》是《聯合聲明》的前提。除日本自己外，《台日條約》與《聯合聲明》的"並列整合法"不被別國認可，而且主張《台日條約》做為規範中日關係的法律文件本身就是違反中方的"建交三原則"和《中日聯合聲明》的。⑨

　　關於中日戰爭狀態結束問題，日本國際法學會的解釋是"前文中'戰爭狀態的結束與日中邦交正常化這一兩國國民願望的實現必將開創兩國關係史新的一頁'，第一款'自本聲明公佈之日起，日本國與中華人民共和國之間迄今為止的不正常狀態宣告結束'的規定成為一對，把日方主張的兩國戰爭狀態於《日華條約》生效之日（1952 年 8 月 5 日）結束和中國主張的《台日條約》非法、無效必須廢除相妥協，就成為這樣的政治性表述。"[⑩] 就是說，日本國際法學會基本上承襲日本政府的立場，認為《聯合聲明》的文字表述是政治性的，而非法律性的。同時，關於《台日條約》，國際法學會解釋說："1952 年 4 月 28 日與中華民國政府之間簽署了條約，由此 1941 年 12 月 9 日因中國的宣戰而發生的日中戰爭狀態在法律上結束。但是該條約因'適用於中華民國政府現在，或將來應控制下的所有領域'（換文），所以該政府沒有控制的中國大陸是否適用（結束戰爭狀態等）留有疑義。"[⑪] 也就是說，日本國際法學會對《台日條約》對中國大陸的有效性也持懷疑態度。

如第四章所述，在《台日條約》締結及其審議過程中，日本政府不承認台灣當局為全中國合法政府，更堅決限制對《台日條約》的擴大解釋，吉田茂首相強調該條約是中日媾和的一步，強調與中國的全面媾和有待將來再說。日本政府強硬逼迫台灣當局接受《台日條約》不可能適用於中國大陸的適用範圍條款，拒絕對適用範圍條款的內容做出那怕任何一個字的修改。而在 1968 年後的佐藤政府時期，日本政府在沒有任何新法律依據的狀況下又強辯《台日條約》對全中國有效，這不能不使人感覺其做法過於牽強並缺乏說服力，與侵華戰爭時"抹殺國民政府"（近衛聲明）的強硬外交手法如出一轍，令人難以接受和信服。

順便要指出的是，日本政府稱"所謂 1941 年 12 月 9 日因中國對日宣戰而發生的日中戰爭狀態在法律上已結束"，這意味着，日本政府堅持只承認自中國國民政府對日宣戰起中日兩國間才有戰爭狀態，而自 1931 年"九·一八事變"開始，到 1937 年"七·七事變"中日全面戰爭爆發，日本侵略中國的前 10 年都不被日本政府認為是戰爭（該立場與戰時日本政府立場是完全一致的）。果如日本主張的那樣，台灣、澎湖及"滿洲國"真的都與這次戰爭"無關"，那就不需要歸還中國了。這裏日本政府也否定了日本史學界關於"十五年戰爭"的定論。所以說，在中日戰爭時期的認定上，日本國內不統一，中日之間更存在嚴重分歧。

　　有中方學者研究表明，"中國方案第一項的宣佈結束戰爭狀態被修改為宣佈結束不正常狀態。並與前言中'戰爭狀態的結束和中日邦交正常化的實現'相結合，可以靈活地解釋，照顧了雙方的立場。是周恩來總理提出由結束不正常狀態替代結束戰爭狀態的。"⑫ 當然結束不正常狀態也有重要意義，不過，不正常狀態顯然不可能，也無法等同於結束戰爭狀態。此外，還需要指出的是，中日雙方宣佈結束不正常狀態，通過復交開創兩國關係新的一頁，這是以日本政府必須使《台日條約》無效（廢除），與台灣當局"斷交"為前提的。

　　在 9 月 28 日的首腦會談中，田中首相表示："台灣説如果日中邦交正常化，戰爭狀態將重新恢復，作為日本總理感到很為難。"這裏日方以台灣當局的恫嚇為理由，拒絕與中國政府之間宣佈結束中日戰爭狀態。周恩來總理則解釋"在戰爭狀態問題上的表述方式已經照顧了日方的這種考慮"，説明了中方的讓步理由。實際上這不過是個藉口，台灣政權不可能宣佈戰爭狀態重新恢復，至今台灣政權還嚴重依賴早已與其"斷交"的日本，甚至有人認為日本會"支持台獨"。

　　9 月 30 日發表的《人民日報》社論指出，"兩國於 9 月 29 日發表了《聯合聲明》，結束了迄今為止兩國間的不正常狀態，建立了外交關係。中日戰爭狀態的結束，邦交正常化的實現，揭開了兩國關係新的一頁。"繼續引用《聯合聲明》內容，間接地表述中日戰爭狀態就此結束。而在同年第 70 屆日本國會上，田中角榮首相在其施政演説（10 月 28 日）和大平正芳外長的外交演説中都表示："兩國之間長期的不正常狀態畫上了休止符，確立了兩國外交關係"，沒有提及戰爭狀態結束的問題。田中還在其他場合高度評價中日建交的意義，表示："日本與中國實現邦交正常化，是比在亞洲建立北約更為有利於地區安全的事情。"⑬ 中日邦交正常化的意義無論怎麼強調也不過分，但是雙方沒能在此解決中日媾和問題，沒有正式宣佈結束戰爭狀態，也沒有就何時結束戰爭狀態等重大問題達成共識，都是無法否認的事實。

能否在法律上正式宣佈結束中日兩國的戰爭狀態，事關其他所有戰爭處理問題是否解決。有必要重新分析和認識，應在中日兩國政府和學術層面達成廣泛的、新的共識。

第 二 節
戰 爭 處 理

一、雙邊文件的稱謂與日方的"困難"

邦交正常化談判中最大的障礙是《台日條約》，也是必須克服的焦點問題。本來應該首先由中日兩國政府宣佈結束戰爭狀態，處理領土、賠償等戰爭問題，締結在國際法意義上結束戰爭狀態的和平條約，即先終止國際法意義的戰爭狀態，才能實現邦交正常化。但是由於中日雙方在《台日條約》的立場根本對立，很難通過談判達成協議。對此，周恩來總理在會談中表示："如果把《台日條約》和《舊金山條約》寫入《聯合聲明》，問題就無法解決。因為承認了它們，蔣介石就成了正統，我們則是非法的了。這裏，日本政府在充分理解中國提出的復交三原則的基礎上，我們可以考慮照顧日本政府面臨的困難。"

早在 1972 年 7 月底舉行的周恩來與竹入義勝會談時，周總理就向日方提出了邦交正常化時的三個問題。"想讓田中總理、大平外相放心，《中日聯合聲明》將不涉及《日美安全條約》，邦交恢復了，（日美條約）對中國的效力就消失了。也不涉及 1969 年《佐藤—尼克松聯合聲明》，發表《聯合聲明》，可以締結和平友好條約。"關於《台日條約》，竹入強調，"《聯合聲明》發表，邦交正常化實現的那一瞬間，《台日條約》就無效了。"根據日方的這一口頭承諾，中方同意不在《聯合聲明》中直接涉及《台日條約》。7 月 29 日第三次會談中，中方向日方提出了中方的《聯合聲明案》，其中，包括正式宣佈戰爭狀態結束和放棄戰爭賠償要求權等內容，而對日方"擔心事項"(《日美安全條約》、《佐藤—尼克松聯合聲明》及《台日條約》等)則不直接觸及,由日方負責處理《台日條約》。通過"周—竹入會談",中日雙方就邦交正常化主要問題的基本原則達成一致,為田中訪華,實現邦交正常化鋪平了道路。

如前文所述,日本政府案提出此次雙邊會談文件的標題為"日本國與中華人民共和國之間關於實現邦交正常化的日本國政府與中華人民共和國政府之聯合聲明案",即試圖把雙邊會談文件限定為邦交正常化的內容,以避免其含有解決戰爭與和平問題的媾和條約性質,或戰爭處理的實質意義。這裏可以看作是日本政府為堅持《台日條約》"有效性"而採取的立場。對此,中方明確反對"關於邦交正常化的聯合聲明"的提法,要求將標題稱為"聯合聲明"。姬鵬飛解釋說:"因為《聯合聲明》的內容本身也不是只有邦交正常化一件事,還包含了更廣泛的問題。如果把標題限定為邦交正常化,無法將《聯合聲明》所包含的所有內容涵蓋進去。"日方為了避免徹底否定《台日條約》情況的發生,要求把談判限定在邦交正常化問題上,結束戰爭狀態及戰爭處理等與媾和相關的內容不明確認定。這與事先談判時有明顯不同,至少事前日方還不否定中日間戰爭狀態還沒有終止,而且自民黨內部與政府外務省之間立場還存在差異。與此相對照,中方從談判開始就提出首先包括結束中日戰爭狀態和戰爭處理等整體性問題,希望通過《聯合聲明》解決兩國間戰爭與和平問題,事實上否定《台日條約》的有效性。

由於中日雙方的上述對立,談判中關於結束戰爭狀態及談判文件的標題等重大問題,均由兩國總理通過談判謀求政治解決。其結果,中日雙方決定把無法解決的法律問題暫時擱置,通過政治決斷解決雙方的對立問題,以實現邦交正常化。中方對日方困難的"照顧"包括同意《聯合聲明》不直接涉及《台日條約》,避開了對《台日條約》非法性的直接認定。當然,這種"照顧"從任何意義上說都不能解釋為中方承認了《台日條約》有效。因為,日方不得不在《聯合聲明》中對中方提出的復交三原則表示"充分立即和尊重"的立場，這也可以解釋為日本不反對"《台日條約》非法無效"的原則。

其結果是，本來中日邦交正常化時應解決的中日結束戰爭狀態及媾和條約等法律問題被擱置，或者說模糊處理。因此，日本政府至今可繼續堅持"《日華條約》沒有被否定；不締結日中媾和條約；日中之間的戰爭問題通過《日華條約》已加以解決"等立場。中國政府的立場則正好相反，即認為"日本政府尊重了中國政府的復交三原則，就是否定了《台日條約》。中日戰爭問題，包括終止戰爭狀態及賠償等問題是由《聯合聲明》解決的。"中日雙方在此問題上至今各說各的，完全對立。

這樣，中日邦交正常化的結果與 1956 年《日蘇共同宣言》及其伴隨效果十分相似。日蘇之間由於"北方四島"領土問題未能達成妥協，雙方只實現了邦交正常化，而沒有締結和平條約。日方堅持四島一攬子歸還，拒絕在兩島歸還問題上妥協的立場至今沒有改變。不過，比起《日蘇共同宣言》正式宣佈結束兩國戰爭狀態來，《中日聯合聲明》甚至連宣佈戰爭狀態終止都沒有，僅宣佈結束"迄今為止的不正常狀態"，實現了邦交正常化，沒能在法律上完成中日戰爭與和平的媾和問題。

二、戰爭責任認識的差距

在邦交正常化時，明確戰爭責任十分重要。中方曾希望日方對其因侵略給中國人民造成的沉重災難表示明確的謝罪。然而，9 月 25 日田中訪華當天晚上，在周恩來總理舉行的歡迎宴會上，田中總理關於"給中國國民添了很多麻煩"（多大なご迷惑をおかけした）的講話引起風波，雖然這可以解釋為對侵略戰爭的道歉和反省，但是該談話使中日之間在歷史認識問題上的分歧表面化。中方對田中總理的"麻煩發言"感到憤怒和失望，⑭在追究日方戰爭責任的同時，表示難以接受"麻煩"的表述。在次日舉行的首腦會談中，周恩來告訴田中角榮，我們可以接受"對過去不幸的戰爭反省"的說法，但是"對中國人民添了麻煩"的發言，會引起中國人民的反感。在中國，麻煩只用在小事上。田中解釋"日本國內有反對邦交正常化的勢力"，周表示"我方也有必要向人民說明，不教育人民，因'三光政策'遭受苦難的中國大眾是無法被説服的。"

在中方提出的《聯合聲明文案大綱》前言部分，有"（日方）對日本軍國主義給中國人民造成的戰爭損失表示反省"的內容。而日方則對"日本軍國主義"的提法表示異議，大平詢問："軍國主義者的範圍究竟有多大，更擔心涉及昭和天皇的（戰爭責任）問題，可能成為很大的國內問題。"⑮為此，大平表示："這次田中首相訪華是代表全體日本國民，表明對過去的反省。因此，日本作為全體在反省戰爭，希望採取這種意思的表述方法。"姬外長解釋："中國把一部分軍國主義勢力和廣大的普通日本國民區別開來，中國的想法實際上對日本是好意的。"此後中方提出的修改方案是"日方對過去通過戰爭給中國人民造成的重大損失表示深刻反省"。對此，大平外長問："我們是否可以理解為，這個責任不是指具體的，含有某種特別意思的，而是單純地對給予損失的事實伴隨的責任表示深刻反省的意思？也就是說，理解為就是文字上的造成損失，感到責任，深刻反省，這樣可以嗎？"姬外長答覆說："就是這個意思。"

顯然日方提出這個問題的目的，是想確認"單純對給予損失的事實而伴隨責任"是否伴隨賠償等問題。最後，關於戰爭責任在"田中首相的決斷"下，《聯合聲明》前言表述為"日本方面痛感過去日本國通過戰爭給中國人民造成的重大損失的責任，表示深刻的反省。"這樣"軍國主義"的表述就消失了。在戰後日本與有關國家簽訂的《聯合聲明》或其他政府文件中，這裏首次寫入承認日本侵略戰爭的責任，表示反省的內容。可以說這與《台日條約》時迴避戰爭責任相比前進了一步。不過，既然日本國痛感給中國人民造成重大損失的責任，那麼就應該以實際行動設法補償。否則就是只承認有戰爭責任，但不準備拿出實際行動為戰爭責任負責，這顯然是不負責的。日本至今仍然面臨着如何為戰爭責任負責的嚴肅課題，也是對日本國家及民族作為"負責任的國家和民族"的榮譽的重大考驗。

在首腦會談中，中方還坦率地提出對日本軍國主義的擔憂。田中表示："絕對不會有軍國主義復活，日本人深知領土擴張將會有多大損失"；"相互信任非常重要。所以希望中方不要認為軍國主義、侵略主義會復活。"周恩來則回答說："今後通過中日相互往來，我們也希望看看日本的實際情況。"

三、和平條約還是友好條約

在 1972 年 7 月 27 日，周—竹入第一次會談中，周總理表示："希望中日雙方發表《聯合聲明》，締結和平友好條約。"29 日的第三次會談中，中方草案第六款內容"雙方同意在兩國建交後，根據和平共處五項原則，締結和平友好條約。"長期以來，中方主張《台日條約》是非法的、無效的，必須廢除。與此相關聯，中方認為，中日之間的戰爭狀態及戰爭處理等一系列問題到 1972 年 9 月中日邦交正常化為止始終存在，這一點在中方的復交三原則裏有明確和充分的反映。同時，考慮到 1949 年以來中方主張的締結和平條約，結束戰爭狀態的基本立場，在這次中日邦交正常化談判過程中，中方繼續要求締結和平條約也是當然的。然而，從日方公佈的史料看，在整個政府間談判中，沒有出現中方要求締結和平條約的記錄。或許不提締結和平條約也可以解釋為對日方的"照顧"。

然而，1972 年 7 月，日本執政的自民黨內部關於日中邦交正常化問題的議論中，曾一致同意分兩步走，第一是通過《聯合聲明》建交，第二步是締結和平條約。也就是説，日方在堅持《台日條約》有效的同時，至少在執政黨層面曾準備與中方討論締結和平條約問題。但是在周—竹入會談時，中方並沒有堅持締結和平條約，而是提出了和平友好條約的建議，這裏顯示出中方的靈活性。和平條約與和平友好條約雖然僅有兩字差異，但是性質完全不同，和平條約是兩國交戰國家為了結束戰爭狀態，處理戰爭問題，恢復和平所須締結的國際法上的媾和文件，後者是確定"面向未來關係"的國際法文件。在中日邦交正常化談判過程中，日方最擔心的就是中方明確提出《台日條約》的非法性和締結中日和平條約 —— 即媾和條約問題。中方沒堅持締結和平條約，讓日方"鬆了一口氣"。

7月29日，周對竹入表示：和平友好條約比和平條約"前進了一步"。即中方在田中訪華的正式談判前兩個月就同意，將未來簽訂的條約改為"和平友好條約"。也就是説，中方不再堅持長期以來強調的簽訂和平條約的主張。但問題是中國沒有明確堅持簽訂和平條約的立場，又否定《台日條約》，這實際上使中日之間的和平條約問題成為懸案。加上前面提到的《聯合聲明》沒有正式宣佈戰爭狀態的終止，就使戰爭與和平問題 —— 這一涉及中日兩國間媾和的問題變得曖昧，或者説至今被擱置，"不了了之"。很明顯，1972年《中日聯合聲明》無法等同於和平條約，加上日本政府不承認《聯合聲明》終止了中日戰爭狀態，又不是和平條約，使《聯合聲明》在媾和問題上的定位和性質受到影響。

談到《聯合聲明》的曖昧性質，在正式談判之前，日方通過訪華的國會議員多次向中方説明日方的"困難"，中方則從孤立台灣及"反蘇統一戰線"等的政治考量，在談判前就已決定了"照顧"日方困難的方針。[⑯] 顯然如果中方要求締結和平條約，也勢必遇到否定《台日條約》等棘手的問題，邦交正常化本身或可能會夭折。中方選擇了邦交正常化的"大局"，但其前提是"日方充分理解和尊重中方提出的復交三原則"。就是説，日方不反對中方提出的"《台日條約》是非法的，無效的，必須廢除"的立場，也不挑戰中方在台灣問題的立場，在《聯合聲明》前言中確認復交三原則，日本外長在《聯合聲明》發表後的記者會上宣佈"《日華條約》終了"，這四個行動基本滿足了中方對台灣問題的基本要求。作為回應，中方在日本表明理解尊重中方立場後，同意在《聯合聲明》中不直接涉及《台日條約》的非法性問題，還提出締結面向未來的和平友好條約，而不是解決戰爭問題的和平條約。

實際上，1963年時，周恩來總理就曾表示沒有和平條約，中日也能結束戰爭狀態的想法，所以中方並沒有拘泥於和平條約的形式。毫無疑問，中方的友好條約方案對日方來說是"求之不得"的,其最大特點是與和平條約的性質不同。如果是關於處理戰爭問題的和平條約,就必然會產生否定《台日條約》的衝突,日本政府或會陷於困境,但如果是"面向未來的友好條約"就沒有甚麼問題了。不過,日本政府在中方提出友好條約時,並不了解中方的"真意",所以日方提出的《聯合聲明案》中沒有觸及條約問題。在日本政府提出的"對中說明"中則宣稱:"當前(日方)因為對締結條約的必要性並沒有確信,所以(草案)沒有涉及。(我們)不知道中方預想的條約的具體內容,就日本政府而言,只要該條約是制定關於將來日中兩國應遵循的指針或原則的,向前看性質的東西,(日本政府)對為締結該條約在等待中方提出具體方案後進行談判沒有異議。"實質上是在牽制中方提出的條約有否和平條約的性質。因為如果有關戰爭處理的內容寫入新條約,必將否定《台日條約》,從而使日方喪失迄今主張"《台日條約》有效"的法律立場。日方還擔心,如果《台日條約》被否定,還可能使對日媾和條約體制受到否定。⑰ 不過只要研究過《舊金山條約》和《台日條約》的人都知道,兩者並無必然聯繫,筆者認為日本政府的此項擔心不過是一種托詞。

所幸的是,中國方案是"為了鞏固和發展兩國友好關係,雙方同意開始以締結和平友好條約為目的的談判。"這樣就把和平條約從雙方爭議的焦點中完全排除了,從而也確定和平友好條約的性質不是結束戰爭,進行戰爭處理的和平條約,而是發展友好關係的條約。

第三節
戰爭賠償問題

周—竹入會談時,周恩來告訴竹入,"毛澤東主席說放棄賠償",透露了放棄對日索賠要求權是毛澤東親自做出的決策。這一決策過程至今沒有正式史料證據,毛澤東是在甚麼情況下做出這樣的決定,以甚麼為依據,其他領導人是如何反應的,是否有人反對等等都沒有史料和文獻資料。不過，考慮到毛當時所具有絕對權威和崇高地位，也容易理解該過程大概並不複雜。

周恩來在解釋中國決定放棄對日索賠要求權問題時表示："要求賠償，會增加日本人民的負擔。這種事中國人民自己有親身體會，清朝就曾向日本支付了 2 億 5 千萬兩的賠償，清朝曾為此增加稅收。（我）不知道是否全部都支付了。八國聯軍的賠款是 4.5 億兩。4 億美元在現在不算甚麼大額度，但是賠償強加到人民身上不好。"在文革期間，"日本侵略戰爭的責任應該由一小撮軍國主義分子來負，日本人民是無罪的，也是受害者"的"兩分法""階級論"的思想成為中國政府教育中國人民，使其信服的有利說辭。但是日方則堅決拒絕中方的"兩分法和階級論"，認為戰爭是整個日本國的問題。雙方歷史認識的分歧至今巨大，並直接表現在靖國神社問題上。在中國看來，甲級戰犯就是"一小撮"的代表，而在日本國內從不把他們作為戰犯看待（2006 年 11 月安倍晉三總理在國會的證詞），至今甲級戰犯等的遺屬同普通軍人一樣繼續享受"恩給"待遇。⑱

賠償問題是戰後日本處理對華政策時，非常重視的重大問題之一。"田中總理是在得知中方在這一困難問題準備採取寬大政策後，決心訪華的。"⑲ 然而在談判中，日方卻提出，戰爭賠償問題在《台日條約》談判階段就已經解決，不能承認"一國兩次放棄賠償"，表示"沒有必要寫入中國放棄戰爭賠償要求權的內容"。而在《台日條約》談判時，日方以賠償是與大陸事務為由，拒絕與台方談判，後來日本改變談判策略，逼台灣當局放棄所有賠償要求，以便為今後與中國政府談判取得籌碼。日本政府實際上是利用中國尚未統一的局面，試圖根本否定中國所擁有的對日戰爭索賠權利。

在 1972 年談判中，日方不顧中方對《台日條約》的否定立場，堅持援引《台日條約》的相關條款，激怒了中方。周總理在首腦會談中指出"聽到'蔣介石放棄了賠償，中國沒有必要放棄'的外務省的說法感到吃驚和憤怒。我們因為田中總理訪華要解決邦交正常化問題，所以才為了中日人民的友好決定放棄賠償，日方的想法我們不能接受。這是對我們的侮辱。"對此，田中角榮被迫表態"十分有幸地拜聽了（中方）放棄賠償的發言，對此表示感謝。我為中方超越恩怨的立場而感動。"可以說，這是田中角榮以日本政府首腦的立場積極評價中國政府放棄賠償表態，在政治上接受了中方放棄賠償的立場，才平息了這場爭論。

不過，圍繞《聯合聲明》的放棄賠償條款，日方依然強調在《台日條約》的原有立場，試圖堅持《聯合聲明》與"《台日條約》的法律整合性"，對中方"兩度"（第一次是台灣當局）放棄賠償表示"為難"，不同意中方寫入放棄賠償的主張，最後在中方的堅持下，才把賠償問題記入《聯合聲明》第五款之中。不過中方表示的"放棄對日戰爭賠償要求"的內容被日方視為"單方面"的放棄。[20]

值得注意的是，日本政府在認為"中方沒有必要把放棄對日戰爭賠償要求權寫入《聯合聲明》"的同時，卻在自己的草案第七款中也記入賠償條款，不過全文都是帶括號的。其內容是："中華人民共和國政府宣佈，不向日本國提出有關兩國間與戰爭相關的一切賠償要求。"在"對中說明"中，日本政府表示"關於賠償問題的第七款本來不是我方應提案性質的事項，所以用括號圈入。其內涵不變，我們也作了若干文字修改。日本政府積極評價不向我國要求賠償的中華人民共和國的（兩字塗抹未公開）。但是另一方面，與第一款結束戰爭狀態完全一樣，我們不能同意使用明確意味着日本與台灣之間簽訂的條約從開始就無效的表述在《聯合聲明》中出現。我們認為如果（放棄賠償）使用日方提案那樣不是法律性質的文字表述的話，就可以不損害日中雙方的基本立場來處理問題。"日方提案至少反映出兩個問題：第一，日方表面堅持賠償問題已經"解決完畢"，"非我方提案性質的問題"的同時，卻做出"若干修改"，要求中方記入"放棄一切賠償要求"。也就是説，日方在繼續要求中方"確認"台灣當局放棄的賠償，並在此基礎上不是中方宣佈"放棄賠償要求"，而是"不對日本國要求賠償"，以便迴避中日之間仍然存在的對日戰爭賠償要求權問題。這說明日本政府的立場是自相矛盾的。日本政府對"已經沒有對日戰爭賠償要求權"的中國政府，不是要求宣佈放棄對日戰爭賠償要求權，而是要求"不對日本政府提出戰爭賠償要求"，即試圖否定中國有"放棄賠償要求權"。這與其當年要求台灣當局"放棄一切賠償要求權"十分相似。這就再次表明，中國的對日戰爭賠償要求權對日本來說是多麼的重要。如果按照日方的要求，此時中國政府真的同意了日本"賠償問題解決完畢"的主張，不在《聯合聲明》中寫入賠償問題的話，那麼今天日本戰爭賠償問題必將成為中日間重大的媾和懸案。第二，按照日本政府方案寫入"中國不對日提出賠償要求"的話，就可以解釋為"這次不提出"，今後再提出的話也沒有任何政治及法律障礙。

在邦交正常化後，日本政府在解釋《聯合聲明》的文章中表示："考慮到過去在中國大陸進行的戰爭給中國的國民造成的慘禍是我方應該深刻反省的，中方這樣放棄賠償的宣佈是應該給予坦率和正當地評價的。（不過，根據《日華條約》議定書第一款規定，中華民國放棄對日索賠，這次的《聯合聲明》，不直接涉及其法律效果。註釋：所謂'中華民國'是由中華民國政府代表的國家，指中國。因此，根據《日華條約》，結束了我國與中國之間的戰爭狀態。這是政府一貫的法律立場。）"[21] 事實上日本政府立場並非是"一貫的"，而日本外務省顯然再次為日本政府沒有一貫立場作偽證。

結果，關於戰爭賠償問題，《聯合聲明》第五款規定"中華人民共和國政府為了中日兩國人民的友好，宣佈放棄對日戰爭賠償要求。"日本外務省條約局局長關於"賠償問題沒有必要在《聯合聲明》中再度寫入"的主張被否定了，日本政府提出的"確認"戰爭賠償問題已經解決完畢更不可能被中方接受。不過，應日方要求，在第五款中把"對日賠償要求權"的"權"字刪除了，變為"放棄賠償要求"。日方的解釋是為了保持與"《日華條約》在法律上的整合性"，並認為刪除了"權"字就使其意思變為政治性的，而非法律性質的表述，所以日方解釋中方的放棄賠償不過是"單方面的政治宣言"，而非法律意義。[22]

遺憾的是，日方史料中沒有記載賠償要求權的"權"字是在哪次會談，甚麼情況下，由誰提出，怎麼刪除的等具體細節。[23] 從表面上看，刪除"權"字對日方是一件"好事"，使內容由法律性質變為"政治性質"。不過實際上又產生了新的問題，由於日本政府堅持賠償條款"不是我方應提議的內容"，只同意在第五款中寫入"不具法律性質"的內容，其結果使《聯合聲明》關於戰爭處理的內容都不具"法律意義"，加上中方始終根本否定《台日條約》的任何效力，使中日之間的戰爭處理及賠償問題至今在法律上還沒有得到解決。至少中日兩國政府的法律立場至今存在矛盾，沒有共識。從長遠看，這必然給中日關係留下重大隱患。

1972 年 10 月 6 日，周恩來總理在會見台灣同胞及華僑時談及放棄對日索賠問題，他說："賠款不能要。我們自己吃過賠款的虧的。甲午戰爭，中國賠款二億兩白銀；庚子事件，中國賠款四億五千萬兩白銀，直到抗日戰爭還沒有賠完。鑒於這個教訓，毛主席說，賠款要不得，要了賠款會加重日本人民的負擔。雖然半個世紀來日本欺負我們，現在平等了。我們和日本人民友好，才能使他們起變化。"[24] 即中國不要賠償是期待日本發生變化。至於變化是指甚麼，大概只能理解為不使日本重走軍國主義老路。

值得一提的是，日本政府堅持《中日聯合聲明》不具備"法律性質"，但是在日本國內發行的所有"六法全書"中都無一例外地全文刊登《中日聯合聲明》，顯然是把其作為國際法文件來看待。人們不能不產生疑問，為甚麼連日本政府都不承認有法律性質的文件一定要載入日本的法律全書之中呢？這顯然是自相矛盾的。

還須介紹一下，在日本，長期以來都盛傳在邦交正常化會談中，周恩來總理曾怒斥日本外務省條約局局長高島搬弄法律條文的做法是"法匪"的插曲，[25] 中方對此予以否認，日方公開史料中也沒有相關記載。

近年日本學界在日中戰爭賠償問題較系統且有代表性的研究是京都大學教授淺田正彥《日中戰後賠償と國際法》（日本東信堂，2015 年），對中日媾和問題也有涉及。淺田認為《日華和平條約》是一個"不可思議的條約，其成立、適用範圍、內容、定位及終了宣言都有不少不可理解的部分。"不過，他支持日本政府的立場，認為"二戰時期亡命倫敦的歐洲各國政府都有權締結戰和條約，那麼"統治好像是自己地域（指台灣）的中華民國政府"簽署條約就能算作中國代表。顯然這個邏輯十分牽強，而且那些流亡政府得到盟國承認，可締約的日本及支持者美國都不承認台灣政權能代表全中國。加之日本政府根據《舊金山條約》放棄了台灣主權，並沒明確台灣歸屬。所以淺田稱台灣政權統治的"好像是自己地域"。淺田又認為"1960年代以後，日本把中華民國政府當作中國代表政府，與其簽訂的和平條約就應認為是（與全中國的）一攬子解決條約。"淺田無法解釋締約時日本政府不承認是與代表全中國的台灣政權簽署的條約，在締約多年後突然變卦的矛盾。淺田還以日本與"南越"政權之間的"和平條約"為例來證明與台灣當局"實施條約"的合法性。不過淺田也承認，在中日邦交正常化談判時，"日方能否要求中國政府承認其與台灣當局之間《日華和平條約》是個問題。"這裏顯然是矛盾的。首先，日方堅持《舊金山條約》放棄了台灣、澎湖，但不承認其歸屬的立場，淺田在論文只好說台灣當局統治的"好像是自己的地域"。既然連台灣政權的統治地域是否屬於自己，日方都無能確定，那麼與台灣政權簽訂的條約適用於中國就顯然不具備合法依據，也等於否定了條約本身對中國的意義。第二，南越集團的法律地位即能否代表整個越南也存在問題，今天的越南政府也不承認當年南越政府的合法性。淺田拿此例子作依據是站不住腳的。第三，適用條款明確規定《台日條約》僅適用台灣當局控制的地域，即台灣地區。中國政府也從來不承認《台日條約》合法。這個條約根本無法適用於全中國。淺田對條約適用範圍作出了矛盾的結論："日中戰爭狀態的結束是在《日華條約》，而戰爭賠償的解決則不是《日華條約》，而是《日中聯合聲明》。理由是《日華和平條約》關於賠償的規定有背於中國國民利益，當然也不可能不受中華人民共和國政府的限制，沒有中國政府的同意，這些規定是沒有效果的（原文對抗力）。"這種觀點恰恰是對台灣政權"能代表全中國"邏輯的否定，因為這也有悖於中國國民的利益。既然台灣政權不能代表全中國，那麼《台日條約》不可能解決中日間戰爭與和平的媾和問題。迄今日本政府還堅持《台日條約》已解決戰爭賠償的立場，而淺田則論證了"賠償問題的解決是在《中日聯合聲明》"，否定了日本政府的立場。

第四節
台灣問題及其他領土問題

在周—竹入會談中，竹入提出"《中美上海公報》中關於台灣所有權的提法比較靈活，日本希望也採取相同的文字表述來解決問題。"對此，周認為"（美國）與日本的立場不同"，不同意把《中美上海公報》文字適用於《中日聯合聲明》之中。竹入希望把"蔣介石集團"改為台灣，"給田中首相一點思考的餘地"。對此，周總理表示同意。在聽取日方的説明之後，周總理曾向竹入提出"三項默認事項"（秘密協定）：第一，台灣是中華人民共和國的領土，解放台灣是中國的內政；第二，《聯合聲明》發表後，日本政府從台灣撤出使領館，並採取有效措施使蔣介石集團在日本的使領館撤出日本；第三，在台灣解放之際，戰後在台灣的日本團體及個人投資、企業將受到適當照顧。中方提出的三點默認事項充分考慮和照顧了日本在台灣的利益。其中第一、第二項主要是確認台灣是中國一部分的內容，特別是在《聯合聲明》不準備提及的與台灣斷交及撤館等問題，需要日方做出保證。而第三項是照顧日方在台利益，這些內容可能引起中國民眾的不滿，所以作為默認事項而不公佈。

田中訪華前，日方為牽制中國並安撫台灣當局，派遣自民黨副總裁椎名悦三郎率親台派議員團訪台，椎名在台灣宣稱："將繼續維持包括外交關係在內對台灣關係"。消息傳來，周恩來緊急約見正在北京訪問的自民黨代表團（團長小坂善太郎），明確指出："昨天椎名説要與台灣維持包括外交在內的關係。田中政權已經反復説充分理解中國的復交三原則。還説日本要與中國建交，不能同時維持與台灣的外交。這是邏輯的必然，政治的必然。"⑳以堵住日方試探維持對台"外交"的道路，堅決拒絕"中台兩立論"的圖謀。

一、日方關於台灣問題的表態

在邦交正常化談判中，日本政府提出關於台灣問題的方案，"中華人民共和國政府再次確認台灣是中華人民共和國領土不可分割的一部分，日本國政府充分理解，並尊重中華人民共和國政府的上述立場。"對此，中方要求在《聯合聲明》前言中明確寫入"復交三原則"，認為"這是此次中日邦交正常化的基礎"，而同意在正文中不直接觸及《台日條約》。中方同意的理由是因為在前言中"有日方對復交三原則的整體表示理解的記述"。《聯合聲明》前言記載"日本方面重申站在充分理解中華人民共和國政府提出的復交三原則的立場上，謀求實現日中邦交正常化這一見解。中方對此表示歡迎。"在正文第二款"日本國政府承認中華人民共和國政府是中國的唯一合法政府。"第三款"中華人民共和國政府重申，台灣是中華人民共和國領土不可分割的一部分。日本國政府充分理解和尊重中國政府的這一立場，並堅持遵循《波茨坦公告》第八條的立場。"

日本政府在其"對中說明"中拒絕了中方提出的三項默認事項提議，稱"在邦交正常化之際，日本政府認為不應該制定諸如秘密事項等任何內容"，"關於日本政府在台灣問題的立場可要約如下：根據《舊金山條約》，我國放棄了對台灣的所有權利，無權單獨認定台灣現在法律地位。我們充分了解中方對《舊金山條約》的立場與我國不同，但我國作為該條約的當事國，上述立場不能改變。不過，對照開羅、波茨坦兩公告，遵照這些公告的意圖，台灣應該歸還中國是日本國政府不變的見解。我國還全面尊重中國一貫堅持的'一個中國'的立場，作為必然的事情，我國完全沒有使台灣再成為日本領土，支援台灣獨立的意圖。為此，我國不預見將來台灣具有中華人民共和國領土以外的任何法律地位。""從這個立場出發，日本政府認為，台灣目前在與中華人民共和國政府不同的別的政權統治下產生的問題，應該由中國人自己，即作為中國的國內問題加以解決。另一方面，我國也不能否定與存在於台灣的國民政府維持外交關係的各國政策，而且所有日本國民都真誠希望中美之間的軍事對立必須避免。從此立場出發，日本政府的基本立場是台灣問題最終應該和平解決。"㉗ 周恩來曾在首腦會談中表示："我們認為台灣問題不會通過武力解放。"

日本政府的表態是迄今為止在台灣問題上最清晰的一次。儘管日本政府迴避了"單獨認定"台灣地位，但明確支持了中國在台灣問題的立場，使雙方在台灣問題上達成妥協。然而現在還有日本人把日本政府的表態作為"台灣地位未定論"的依據，是由於日本政府的"對中說明"長期沒有正式公佈。可以說，因為日本政府的明確表態，即"不預見將來台灣具有中華人民共和國領土以外的任何法律地位"才說服了中國政府，這是日本政府對中國政府的官方宣示，也是日本政府有義務遵守的莊嚴承諾。

該項"對中說明"，是邦交正常化談判時日本政府在台灣政策上的正式政策宣言，它作為中日之間一項非常重要的外交文件，必須受到足夠的重視。在中方看來，日本政府提出的"對中說明"是日本政府對中國政府的重要承諾，也是日本政府對台灣政策的底線。

針對中方提議的"默認事項"，日方解釋稱"關於我國與台灣之間相互撤出使領館及戰後日本對台灣投資問題，其中第一點作為邦交正常化的必然歸結，在適當的時候當然會實現，所以這種事情，無論公開或不公開，都沒必要制定書面文件，希望中方相信日本政府。關於第二點，也在不制定秘密文件的原則下，希望作為口頭諒解處理。"日方說明了不制定"秘密文件"的理由。在日方看來，與中方制訂"秘密文件"在政治上有問題，所以採取否定態度，同時對中方的擔心（如斷交及撤館等）則要求中方信任日方會妥善處理。

為了緩和中方對台日關係的擔憂和猜疑，日本政府在主張《日華條約》有效性的同時，再三通過日本獨特的一整套言行向中國承諾"《日華條約》

將消滅"和日台"斷交"。第一次是7月27日竹入傳達給周恩來的。第二次是在首腦會談開頭，田中首相表示："日中邦交正常化的結果，日台外交關係自動消滅。"大平外長稱："《日華條約》在邦交正常化的瞬間，其任務就終了了，所以請中方理解。"第三次是在"對中說明"中宣稱："如果日中邦交正常化實現的話，《日華條約》存在的實質性意義就完全喪失了。作為日本政府，為了使今後的日中關係能夠在全新的基礎上出發，準備採取某些適當的措施公開確認該條約的終了。"對於日本政府的再三表態，周恩來總理提請毛澤東主席批准了前述《聯合聲明》第三款的內容。此外，中方還要求日方除了上述表態外，在其他場合做出進一步的表態。㉘ 這樣，就有了《聯合聲明》發表後日本外長在記者會上的表態："關於日本政府在台灣問題上的立場，在《聯合聲明》第三款已經寫得很清楚了。《開羅宣言》要求台灣歸還中國，為此《波茨坦公告》第八條宣佈《開羅宣言》必將實施，對照我國接受《波茨坦公告》的情況，政府堅持《波茨坦公告》第八條的立場是必然的。""最後，要確認的是，在《聯合聲明》中雖然沒有觸及，日本政府的見解是，作為日中邦交正常化的結果，《日華和平條約》已失去存在的意義，並宣告結束。"從而履行了承諾。

此外，關於台日民間關係，中方則表現出很大的靈活性和寬容態度。日方向中方說明"在斷交後一段時間內，大使館、領事館等，有剩餘業務在必要的範圍內需要處理。我們考慮在撤離之後，還要必要保持某種形式的民間水平的辦事處、聯絡點，希望得到中方的理解。"對此，周恩來表示："日方是否在考慮與台灣之間建立'備忘錄辦事處'那樣的機構？日方主動在台灣建立'辦事處'不是很好嘛。"中方表現出的靈活態度使日方感到吃驚。9月28日晚的最後一次首腦會談中，大平外長再次表示："日本政府今後決不支持台灣獨立運動，日本絕沒有對台灣的野心，也不可能有。同時，在不損害日中正常關係的前提下，希望與台灣保持經貿等民間關係。希望中方理解，周總理對此沒有提出異議。"㉙ 中國方面關於日本可在台灣設立"辦事處"的表態，事實上成為此後很多國家在對台關係上效仿的"日本方式"的基礎，如果沒有中方的認可，這是不可能實現的。

　　總之，日本政府對台灣政策的表態及承諾包括以下內容：（1）《聯合聲明》前言（日方對中國的復交三原則——包括台灣為中國領土一部分，《台日條約》非法、無效，必須廢除等表示充分理解和尊重）；（2）《聯合聲明》第三款內容（日方堅持《波茨坦公告》第八款立場，等於承認滿洲、台灣、澎湖等須歸還中國—筆者註）；（3）"對中說明"作為正式的外交文件遞交中國政府（包括：日本對台灣沒有野心，不預見將來台灣具有中華人民共和國領土以外的任何法律地位等），是日方對台灣問題的正式承諾；（4）大平外長在記者會上的表態，宣佈《台日條約》終了。（對此日方解釋說終了不是無效，但不論怎麼解釋，自此《台日條約》無效了—筆者註）。

　　上述四點，筆者將其稱為日本政府對台政策的"四點一攬子承諾"，它構成了日本政府對台灣政策的整體框架和底線。正是有這"四點一攬子承諾"，中國政府才同意不把"《台日條約》非法"的文字寫入《聯合聲明》，由其"自行處理《台日條約》"的。這也是日本政府在台灣問題作出的最明確的承諾，也可以認為是日本承認了台灣屬於中國。

　　另外，中方的解釋是"台灣問題寫入《聯合聲明》正文第三條，並根據日方的意見，採用與荷蘭建交時相近的提法，即中國重申台灣是中華人民共和國領土的一部分，日本政府對此表示充分理解，但同時也寫了日本堅持遵循《波茨坦公告》第八條，這條要求是必需實施《開羅宣言》，而《開羅宣言》又規定台灣歸還中國，因此這樣的寫法也就在實際上排除了台灣地位未定論。"㉚ 中方認為日本的表態是接受了"一個中國"的原則，㉛ 從這種意義上說，日方對中國政府關於台灣立場所表示的尊重也是對《台日條約》對中國大陸有效論的否定。而日方的"不預見將來台灣具有中華人民共和國領土以外的任何法律地位"政策宣言更是對台灣當局及"台獨"政策的徹底否定。實際上也是對"《台日條約》有效論"的否定。

　　此外，對於田中首相提及的釣魚島問題，周總理表示"這次不想談，現在談該問題不好"，"沒有必要涉及該問題。比起邦交正常化，這不成為問題。”即主張暫時擱置。對此，日方記錄中沒有記載日方的明確回應。這樣一來，就造成在邦交正常化階段，中方認為釣魚島問題有“擱置共識”，但日本不承認“共識”的存在。

總之，《中日聯合聲明》在台灣、澎湖及釣魚島等領土問題上各自都有保留。但是在中日談判以及《中日聯合聲明》中，日本官方所表達的台灣歸屬及對台政策的立場，較之其他西方國家而言，是最清晰、最明確的。日本官方至今也基本堅持了這一立場。

二、日本針對台灣問題進行的內外調整

我們再來看看在日本國內，特別是政府及執政的自民黨內部在邦交正常化前後對台灣政策是如何調整的。

首先在田中訪華前的 8 月 3 日，日本政府政務次官會議上，[32] 外務次官青木正久發表了《政府關於（日中）邦交正常化基本見解》，其中在“談判的現狀及對台灣的態度”一節中指出：“日中之間的接觸目前還處於初級階段，還很難預測今後政府間會談的結果。對於中華人民共和國提出的所謂復交三原則的基本認識是，政府對此充分理解。日中之間達成協議，建立外交關係之時，作為必然結果，中華民國政府與我方之間的外交關係大概不可能維持。那種情況下中華民國與我國的貿易、經濟關係以及各種實務關係將得到現實的解決。”[33] 8 月 9 日，在參議院決算委員會上，外長大平答辯稱：“在與中國的邦交建立之際，《台日條約》作為其邏輯的必然歸結不能不失效。”前日會見記者時，首相田中表示：“與中國建交的國家沒有繼續與國府保持關係的，日本也不可能例外。”8 月 15 日外務省向自民黨提出：《關於台灣問題的見解》的報告“（1）任何國家都不可能同時與中華人民共和國和中華民國保持外交關係；（2）在日中邦交正常化實現之際，並不意味着《日華條約》自然失去國際法效力，而是失去存在意義；（3）日台關係的將來將根據中國及國府之間的對話解決。”另外，關於承認中國及中國在聯大代表權問題，外務省表示：“（1）承認中國對我國來說，只是

意味着迄今為止的正統政府 —— 國府被中國取代,並不是把中國作為新的國家來承認;(2) 現在,國府代表的中國(中華民國),和我國承認後的中華人民共和國代表的中國(中華人民共和國)是同一個國家,不產生繼承問題。"㉞ 外務省的上述想法應該解釋為日本政府的"一個中國"政策,值得重視。同時,這種思想較之《台日條約》締結時期日本政府堅持的條約適用範圍政策是個進步。

1972 年 9 月 5 日,自民黨常任幹事會通過的《日中邦交正常化方針》(8 日被自民黨兩院議員總會認可),把"政府應鑒於我國與中華民國之間的深厚關係,繼續維持以往的關係"放在該方針的前言部分。實際上這是想把"不可能變為可能",既可看作是向田中政權施加壓力,也有牽制中方可能提出"過大要求"目的,更應看作是給田中向中國討價還價的籌碼。

邦交正常化的結果是日本與台灣當局的"外交關係"立刻斷絕。在日本一部分人認為是"不可接受的",遭到自民黨"親台派"議員的反對。9 月 30 日,在彙報田中訪華成果的自民黨兩院議員總會上,大平外長解釋:"北京和台灣都頑固地堅持'一個中國'的立場,我們也認為必須尊重這一點。只要與代表中國的正統政府建立關係,《日華條約》發揮作用的餘地就喪失了,所以在昨天承認其已經終了。我想與(台灣)外交關係雖然斷絕了,但是與它的實務關係必須尊重。只要不影響新建立的日中關係的基礎,將為維持日台間的實務關係而竭盡努力。"㉟ 對此,藤尾正行議員稱:"到目前為止同中華人民共和國不正常關係解決了,建交了,但是其代價是斷絕了同台灣的關係。這一得一失,代價太大。很遺憾,考慮到你們努力很大,付出的犧牲也太大了,我不能完全接受這個結果。"大野市郎議員指責道:"你們考慮過單方面廢除《日華條約》有失國際信義嗎?!"渡邊美智雄議員追問:"條約是國會批准的,其廢除也應該經過國會認可。靠外長的講話就能廢除的話,《日美安全條約》也能隨時廢除了。難道國會只是批准條約,以後就沒事兒嗎?!"中山正暉議員:"無論大平外相怎麼詭辯,沒有終了規定的《日華條約》被廢除都是違犯憲法的,而且這樣將是對戰前為了天皇陛下而戰的台灣人的污辱，將怎麼面對他們？！"中野四郎議員表示："在一次記者會上就隨便地使《日華條約》消滅了，這與憲法第98條相抵觸，將留下很壞的先例。日本譴責蘇聯單方面廢除《日蘇互不侵犯條約》，現在卻重蹈蘇聯的覆轍，絕對不能允許。"對此，大平辯解道："我沒有一句話就能決定條約生死的權限，我只是説'日中邦交正常化的結果，《日華條約》失去了發揮作用的餘地。'我不認為對此需要徵求國會的批准。"㊱

上述自民黨內部的議論，表面上看似乎是"台灣幫"勢力強大，但在筆者看來，這實際上不過是自民黨及日本政府在給中國政府及台灣當局的"表演"。田中政權可以向北京顯示其對華友好受到"多大的阻力"，而親台勢力則可以向台灣當局顯示其沒有忘記"老朋友"。其實，拋棄"老朋友"並與之"斷交"早已是日本精英及主流社會的基本共識，特別是在美國對華政策改變之後，日本主流社會早已沒有繼續支持"老朋友"台灣的意願和理由。

此後，日本政府發表《根據〈聯合聲明〉看台灣法律地位》的説明稱："在《舊金山和平條約》時期，反映了當時東西方對立的嚴峻國際形勢，條約規定了我國放棄對台灣的領土主權，但是沒有涉及放棄後台灣的歸屬問題，（該問題）留待將來解決。我國完全承認中華人民共和國政府的立場，將使我國脱離依照《舊金山條約》的立場……然而，且不提台灣是否是中華人民共和國的領土的法律認定。從該問題發展的過程看，根據開羅、波茨坦兩宣言的意圖，台灣應該歸還中國，這是日本政府的政治立場。這個立場今後也將堅持下去。因此，我國對台灣成為中國領土的問題沒有任何異議，也完全沒有支持台灣獨立的意圖。《聯合聲明》第三款後段的文字表述正反映了政府的立場。"㊲ 日本政府的表態是對台灣問題的鄭重宣言，也是對繼續辯解"日本政府沒有承認中國台灣政策"觀點的否定。

三、關於日方處理《台日條約》的解釋

日本外務省條約課課長栗原尚一對《台日條約》和《聯合聲明》做出如下解釋，"由於承認了中華人民共和國政府，我國與台灣之間的法律關係不得不完全消失。《日華條約》作為國家間的條約，與台灣之間失去了存在的基礎。另一方面，一些處理以往我國與台灣地區關係的規定（如最惠國待遇等）的議定書第二款今後也不可能適用於日中之間。所以，《日華條約》'由於日中邦交正常化的結果，失去存在的意義，確認其終了'就是從這個意義上來講的，並不是追溯該條約過去的有效性問題。而且，沒有正當的理由而單方面廢除有效的條約在國際法上是不被認可的。因為這是承認中華人民共和國政府這一國際法上的合法行為的伴隨性結果而產生的事態，所以在國際法及憲法上是完全沒有問題的。"

關於《聯合聲明》的性質，栗原稱："由於《聯合聲明》不是規定國家間法律性協議，所以不能認為是國際法及憲法概念上的條約。因此，即使《聯合聲明》是極為重要的政治文件，也不是法律上約束我國與中國關係的條約。把日中首腦會談用條約的法律文件形式概括起來在邏輯上是可能的，但是日中之間經過協商認為，為了邦交正常化沒有必要採取那種法律形式，並在這個問題上達成明確的一致。同意採取《聯合聲明》的形式。"[38]

日本政府對《聯合聲明》性質的上述解釋顯然是對中日外交政治共識的曲解，而且日本政府關於《聯合聲明》"是重要政治文件，而不具備法律約束力"的解釋也是單方面的。此外，日本政府對"有法律約束力"的《台日條約》都可以通過外長的記者會隨便"終了"，足以得知這種《台日條約》的"法律約束力"究竟有多大意義，它不過是可以被日方任意解釋，或"終止"的一紙空文。

這裏有必要對日本政府關於《台日條約》及《聯合聲明》的觀點進行整理。

第一，日本政府把同台灣斷絕關係歸根於"任何國家不可能同時與中

國大陸及台灣保持關係"，暗示台灣當局不應宣稱自己是"中國政府"，其實日本政府在談判之前早已做好與台灣"斷交"的政治和外交準備。

第二，中日邦交正常化的結果，《台日條約》作為'國家間的條約與台灣之間失去了存在的基礎'，即"中華民國"不是國家了，被降格為台灣地區了。不過這裏的問題是，從《台日條約》締結到其"終了"，台灣當局性質和地位實際上並沒有改變過。連日本政府在締結該條約時，也同樣是堅持了台灣當局的地區性，所以才把條約適用範圍條款強加給了台灣當局。這實際上只不過是日本政府自己對問題解釋的變化和其對華政策的變化。

第三，《台日條約》不是被廢除，而只是中日邦交正常化的"伴隨性結果"，所以對其"終了"並不違法。不過，如果日本政府的這種辯解成立的話，那麼至今為止，日本政府及民眾一直譴責的蘇聯 1945 年 8 月 9 日因加入《波茨坦公告》而廢除《日蘇中立條約》的"背信棄義行為"也就不成立了。因為蘇聯也能辯解說，其加入《波茨坦公告》的"伴隨性結果"，使《日蘇中立條約》失去存在的意義而"終了"了。總之，廢除《台日條約》是日本政府順應時代潮流、修改追隨美國的政策，根據自己的國家利益需要而毫不猶豫地拋棄台灣當局的必然結果。而且，如果《台日條約》真是"和平條約"而被日本單方面廢除，這本身只能意味着或解釋為日本對"中華民國"重新"宣戰"。根據日本憲法第九條，日本政府已沒有對外宣戰權。恰恰由於日本政府沒把《台日條約》當作"和平條約"，所以才敢如此輕易地廢除，這就是《台日條約》"法律地位"的實質。

第四，日本政府的解釋中強調"一些處理以往我國與台灣地區關係的實體意義的規定"不可能適用於中日之間，所以《台日條約》失去了存在的意義。試圖強調過去《台日條約》的有效性。同時其意識到《台日條約》的適用範圍問題，似乎原來"實體意義的規定"適用過中國大陸，或者說適用範圍條款只與"實體意義的規定"有關，與其他條款無關。不管哪種解釋都是站不住腳的，因為《台日條約》適用範圍條款沒有只適用於"實體意義"的規定。這些站不住腳的解釋作為其"終了《台日條約》"的理由顯然過於牽強，在法理上和邏輯上都是不能令人信服的。

另一方面，有台灣官方學者認為，各國關於台灣政策"並不等於承認了台灣是中華人民共和國的領土"，"其承認的對象是'中共的政策'，不是承認'台灣是中華人民共和國領土'。"[39] 這種解釋能否自圓其說都值得懷疑。可以肯定地說，與中國建立外交關係的國家（178 個，2018 年 8 月中國外交部網站）的對華政策至少都不挑戰中國關於"台灣是中國的一部分"的主張，否則就不可能與中國建立外交關係。國際社會關於中國政府或台灣當局的選擇早在 1970 年代就已基本結束，從此後事態的推移看，各國重新選擇台灣當局的可能性極小。被台灣看作最大後台的美國則是拋棄台灣政權的"急先鋒"，正是美國的"背信棄義"才成為各國拋棄台灣當局的起爆劑。"一個中國"與"台灣是中國領土不可分割一部分"已是國際社會的共識。

面對藤尾正行議員追究日本政府對"中華民國及蔣總統的背信行為"，外務省政務次官水野清解釋了政府"苦澀的選擇"和"對台灣地位的苦心"。"我想這是非常痛苦的選擇。眾所周知，道義問題在這表現中也有反映。我們在考慮日本國家在漫長的歷史當中，考慮日本國家的命運之時，也許有過去各種因素，而且日本國家的一億國民在這一國際緊張局勢緩和的時代應該向何處去是非常重要的，這時的政治決斷不得不選擇承認中華人民共和國。這就是結果。"[40] 大平外長在外交演說稱："日中兩國的邦交正常化，在兩國之間建立睦鄰友好關係對鞏固亞洲的穩定和繁榮最為重要。"[41] 毫無疑問，日本的選擇不是是否喜歡"社會主義中國"的問題，而是對日本的命運、一億國民未來方向及日本國家利益的明智選擇。

第五節

《中日聯合聲明》的性質

為了打開中華人民共和國成立後長達 22 年中日兩國無外交關係的局

面，1972 年 9 月 25 日至 29 日的短短五天裏，日本首相田中角榮訪華，並與中國總理周恩來等舉行會談，29 日發表《中日聯合聲明》，實現了中日邦交正常化。談判中，中日雙方根據"求大同存小異"的原則，經過相互讓步達成協議。對於這個文件的法律意義有必要進行全面評估。

一、聯合聲明的性質

中日雙方用政府協議方式 —— 《聯合聲明》實現了邦交正常化。《聯合聲明》是政府協議，顯然在性質上不是媾和（和平）條約。一般而言，有戰爭狀態的兩個國家要重新恢復和平關係，應該通過締結需要雙方國會（人大）批准的和平條約來實現。像中日這樣兩個長期存在戰爭狀態的國家，就更是需要締結和平條約了。《聯合聲明》不具備完成和平條約的重大國際法職能。如同《日蘇共同宣言》雖結束戰爭狀態，但還需締結和平條約一樣。

當然，《中日聯合聲明》也不能看作是單純的建交文件。從談判過程、中日雙方的交涉內容，以及該文件內容都可以看到它具有某些"媾和的要素"和某些"戰爭處理的決定"。首先，《聯合聲明》前文中關於戰爭責任及對戰爭的反省等，明確了這次中日戰爭的責任所在。第二，關於台灣問題：(1) 日本對中方的復交三原則的理解尊重是不挑戰中方的台灣政策；(2) 日方"對中說明"關於台灣立場的表態；(3)《聯合聲明》第三款；(4) 日本外相在記者會上關於台灣政策的發言。這"四點一攬子"政策是日本政府對台灣政策的底線，實際上也承認台灣歸屬中國。這是與媾和條件的領土問題相關，不過在表述上有保留，釣魚島問題被"擱置"。比起《台日條約》中只規定日本放棄台灣主權，而不明確歸屬是前進了一步。此外，《聯合聲明》第五款關於中國放棄對日本的戰爭賠償要求的表態，雖然存在"瑕疵"，如刪除了"權"，而使其失去法律意義，但具有戰爭處理的意義。[42]

《聯合聲明》沒能正式宣佈戰爭狀態的終止，也沒能滿足和平條約的要件。它終究還是一個以實現邦交正常化為目的的政府間協定（日本政府也持此立場），沒有經過雙方國會的審議和批准。中日兩國處理十四年戰爭，或者半個世紀的戰爭問題，並締結和平條約的艱巨任務不可能通過短短五天的談判加以解決。中日雙方對一系列分歧問題採取了各自能接受的方式加以處理，終於實現了推遲 20 年的邦交正常化。此外，雙方還協議準備通過第二階段的締結和平友好條約來達到鞏固兩國關係的目的。

中日雙方達成的主要共識是甚麼？2006 年 2 月 12 日，筆者帶着這一問題，採訪了日本前首相中曾根康弘（1972 年任防衛廳長官）。中曾根康弘在承認"中日之間至今沒有和平條約"的同時，強調"《聯合聲明》時的中日基本共識就是和平，兩國要和平。"⑭ 這種認識是有道理的。中日兩國強烈希望建立兩國間和平的正常關係，而邦交正常化使這種和平關係成為可能。不過儘管兩國都有這種和平的願望，卻沒能共同宣佈戰爭狀態的結束，也沒能就締結和平條約以達成解決戰爭與和平問題的法律共識。這不能不說是個缺憾，其障礙就是《台日條約》的存在及其定位。而且中日之間至今沒有在何時結束戰爭狀態與締結和平條約問題上達成共識，這無疑對兩國構築穩定的和平關係是一個懸案，或者說是重大隱患。

二、日方關於邦交正常化的解釋

1973 年 4 月 9 日，日本第 71 屆國會參議院預算委員會會議上，自民黨議員楠正俊詢問："根據《維也納外交關係公約》第 45 條'斷絕外交關係'，日本政府對台灣關係的立場。"對此，外務省條約局局長高島益郎表示："稱中華民國的國家和稱中華人民共和國的國家，我們現在不採取存在兩個國家的立場……抽象地說，還有個中國，但決不是有一個叫中國的國家，中華民國政府，或者中華人民共和國政府各自都主張代表中國……總之，有一個中國，哪個政府代表這個國家的問題長期以來爭論不休。去年我們根據聯合國決議的宗旨，承認中華人民共和國政府是代表中國的政府，就是說是承認轉換，從原來承認中華民國政府代表中國的立場改變了。從這個意義上說，政府的立場是我們與中國之間的外交關係沒有斷絕。"㊹日本政府堅持與台灣的關係不是"斷交",而是"政府承認的轉變"。

也就說,在中日邦交正常化之前,日本政府認為"中國就是指台灣當局"。這裏日本政府所稱"沒有一個叫做中國的國家"的提法顯然是錯誤的,這就像"沒有美國這樣的國家,只有美利堅,或者合眾國"是一樣的邏輯。誰都知道從來就有中國這個國家,從戰後日本的外交文書中也可以看出,日本政府也基本上不把台灣當局當作中國,或稱作"中華民國"或稱作"國府",而且日本媒體在日本政府的授意下,也把"日華關係"與"日中關係"明確划分開來。這一方面是因為日本政府不想刺激中國,給中日關係留下餘地;另一方面,不願意承認台灣當局代表全中國,也與其不願意脫離其堅持的不確定台灣歸屬問題的立場關係密切。

那麼,日本政府為甚麼要採用如此複雜、令人費解的說辭去表達台日關係呢?首先日方是為了繼續保持《台日條約》與《聯合聲明》間"法律上的整合性"(這是邦交正常化時日方反復強調的)。當然,日本在追求《台日條約》與《聯合聲明》的"連續性"和"整合性"過程中,不可能得到台灣海峽兩岸任何一方的認可和贊同,這兩個文件的"連續性"和"整合性"也就從開始就不可能成立。因為,從國際關係的常識出發,如果一個事關兩國的外交文件不被對方承認,該文件只能是一紙空文。更不可能稱為約束兩國關係的外交文件,也就沒有任何意義。中國政府始終認為《台日條約》是非法、無效的,這就使日本政府不可能通過單方面地解釋,拿《台日條約》來約束中日關係。另一方面,中國政府關於《聯合聲明》的解釋,如"通過《聯合聲明》使中日間的戰爭狀態結束"等也不被日本政府所認可。中日兩國政府對上述兩個外交文件的解釋是對立的。日本政府單方面的解釋可能在日本國內能夠"蒙混過關",但是在中日關係這樣的國際場合就行不通了。

另外,1973 年 7 月 26 日日本眾議院內閣委員會上,自民黨議員藤尾正行詢問《日華條約》的性質和"終了"問題,條約局局長高島稱:"眾所周知,《日華條約》有適用範圍條款。不僅是和平條約,所有條約都是約束國與國之間關係的。對一國政府的承認轉變，當然並不能使該條約失效。從一般論來說，應該是中華人民共和國政府繼承性質的條約。但是如前面所說，這個《日華條約》有適用範圍的限制，實際上不可能適用於大陸。為此，去年在對中華民國政府進行承認轉變時，如（外務）大臣所說，這個和平條約存在的意義就喪失了。一般論的解釋這裏省略，這是我們對《日華條約》的立場。並不是有甚麼特別的（終了）手續，而是政府承認轉換的伴隨性效果造成的。這種情況下，諸如戰爭狀態結束、賠償等其他有關戰爭處理的條款，正如我們所解釋的那樣，這些都是處分條款，這些在《日華條約》生效之日就已經完全處分了，其使命已經完成。所以這裏沒有任何影響。"藤尾："戰爭結束、賠償、領土等條款在《日華和平條約》裏，到底受不受適用範圍的限制？"高島："關於這一點，如同長期以來政府反復說明的，關於戰爭處理的部分無法受到適用範圍的限制，只有日本與台灣之間的實務關係才受條約的適用範圍條款限制。"[45] 高島顯然是在作偽證。第一，高島明明知道廢除《台日條約》不是因為條約適用範圍問題，而是與中國建交的前提條件，也是日本政府被迫接受中國政府的要求，不得已而為之的事情。《台日條約》不是日本政府"自主終了"的，而是在中國政府的堅定立場下被迫宣佈的。第二，高島宣稱"中華人民共和國政府應該繼承《日華條約》"，但中國政府怎麼可能繼承一個被自己否定的條約呢？這顯然是異想天開。這一立場也是公開違反日本政府在邦交正常化時莊嚴承諾"充分理解和尊重中國復交三原則"精神的。第三，既然日本政府承認適用範圍條款使《台日條約》無法適用於中國大陸，卻又硬說戰爭處理的條款為"處分條款"，自相矛盾地稱"適用於中國大陸"。這怎麼能使人信服呢？更何況日本政府締約時並不承認台灣當局代表中國。第四，如前所述，《台日條約》的適用範圍條款適用於該條約的所有條款是不爭的事實，也是該條款明確規定，曾經是日本政府堅持的重大原則。該條約從其談判締結到"終了"為止從來沒有修改過，怎麼可能"有一部分條款"又適用於根本不被"中華民國控制的"中國大陸呢？20年後日本政府試圖翻案，將其強加給中國當然是徒勞的。很明顯，這次國會答辯的背景是在中國政府不承認《台日條約》，日本政府希望就《台日條約》與中國大陸關係問題做出有利於自己的再次解釋而進行的，其自編自演的性質十分明顯。[46] 第五，條款部分適用，部分不適用的解釋本身就是與條約的"整合性"相抵觸，相矛盾的。

在《台日條約》締結之時，就不承認台灣當局代表全中國的日本政府，更沒有解釋過該條約適用於全中國。條約締結時日本政府的解釋及措施對該條約意義重大。當時的日本總理吉田茂斷言："《日華條約》不是與全中國的媾和條約"。而且到了 1971 年以後，日本政府也多次表示日中間的戰爭問題尚未解決，承認《台日條約》的瑕疵。日本政府根據自己的需要任意解釋，甚至說："承認台灣當局為代表全中國的政府"，及"《日華條約》是與全中國的媾和條約"是其"一貫立場"，是與歷史事實不符的。另外，1970 年以後許多國家都順應歷史潮流紛紛與台灣當局"斷交"，只有日本政府將其解釋為"承認轉換"，不過這種語言遊戲是不可能改變事情的實質的。

中方的立場是如果使《台日條約》無效，日台斷交，可以"照顧日本政府的面子，靜觀日本政府自己處理《台日條約》和台日關係。"如前所述，中國政府始終不承認《台日條約》有任何有效性，始終採取"《台日條約》是非法的、無效的，必須廢除"的立場。中方對日本的"照顧"，也是建立在日方"充分理解和尊重中方復交三原則"基礎上的，兩者的因果關係十分明確，日方的《台日條約》對中國大陸有效論既沒有法律依據，也違反復交三原則和《聯合聲明》。

以下是《台日條約》不可能成為中日和平條約的理由。

（1）締結該條約時，連日本政府都不承認台灣當局代表全中國。

（2）日本政府伙同美國政府逼迫台灣當局制定《台日條約》適用範圍條款，堅決限制《台日條約》的擴大性解釋，堅決不承認該條約適用於中國大陸。

（3）在日本國會審議過程中，日本政府堅持該條約不是日本與全中國的媾和條約，明確《台日條約》不過是與中國的全面媾和的一步（ONE STEP），強調全面媾和只能待"將來再說"。

（4）和平條約是不能隨便廢除的，宣佈"終了和平條約"等於重新宣戰。正因為日本政府清楚它不是和平條約，所以才輕易地將其"終了"。或者說，日方的單方面"終了"本身就是對該條約有"和平條約"性質的徹底否定。如果真是和平條約，就只能解釋為日本政府廢除條約是對"中華民國"的宣戰，這又與日本憲法第九條相抵觸。

（5）台灣當局不可能代表全中國，也完全沒有使《台日條約》在中國大陸實施的能力。

（6）中國政府完全否定《台日條約》，認定該條約是非法的、無效的。

上述六點已足夠證明《台日條約》絕非日本國與中國之間的和平條約。所以才有日本政府被迫接受中國政府"《台日條約》非法、無效，必須廢除"的要求，不得不宣佈"終了"。

三、中日雙方的妥協

外交本來就是妥協的產物。《中日聯合聲明》按照雙方都能接受的方式和內容達成協議，中日各自都能對《聯合聲明》做出合乎自己意願的解釋，但是其中潛藏着許多問題和矛盾。這裏也不妨整理一下中日雙方各自的讓步。

就日方而言，（1）原來希望繼續維持與台灣當局的"外交關係"的方案被否定，日方不得不與台灣當局"斷交"，僅維持經貿、文化關係。這可以說是日方"最大的讓步"。（2）"終了"《台日條約》，這可算作日方的第二個讓步。

中國的"復交三原則"與日方的"《台日條約》有效論"是對立的，《聯合聲明》的基本原則是支持"復交三原則"，否定了《台日條約》。

關於這一點，王泰平（原外交部官員）曾說："（9月）26日第二次首腦會談上，周總理批判了日方高島條約局局長的發言，説台灣問題是政治問題，用法律邏輯來處理，你們沒注意到是錯誤的嗎？大平外相關於'日中建交，日台之間就要斷交，日蔣條約自然失效'的説法，我們可以同意。但如果拿《舊金山和約》和'日蔣條約'來作為根據，問題就無法解決……我們可以在日本承認中國的復交三原則基礎上照顧日本的問題，不在《聯合聲明》中提出'日蔣條約'，但不能要我們承認'日蔣條約'。""日本外務省條約局局長居然説出這種話，使我們感到吃驚。我們在復交三原則的基礎上照顧日本的困難，日本也應該考慮我們的立場。"⑰ 姬鵬飛外長也表示："只有你們承認我們的復交三原則，才能解決你們面臨的問題，而不是相反。我們不能承認《舊金山和平條約》和《台日條約》的合法性。以日方承認中方復交三原則為前提，才同意日方提出的'日中關係恢復的話，《台日條約》自然失效的'方案。也就是説，我們同意可以不在《聯合聲明》中記載斷交、廢約文字，是以不維持日台間外交關係，與台灣斷交，廢除條約為條件的。"⑱ 從史料看，首先是日方的妥協，即只有日方充分理解和尊重中方的主張，承認中方三原則，才有中方同意不在《聯合聲明》中直接涉及《台日條約》的妥協。早稻田大學名譽教授毛里和子援引時任外務次官法眼晉作給駐美大使的結果報告説："日本政府很好地維持了自己的立場。對日本的主張基本獲得通過感到滿意，所以日本外務省主流是這種觀點。"⑲ 日方雖這樣理解，但中國的看法則正好相反。

關於終止戰爭狀態，中日相互妥協是：第一，同意不在《聯合聲明》第一款寫入中日戰爭狀態宣告終止的內容，妥協為"在前言中寫入'戰爭狀態的終止'與第一款'不正常狀態的結束'兩者並用，雙方採取各自的解釋方法。"也就是説，在日方的反對下，中方同意不正式寫入宣佈中日戰爭狀態終止，而在前言中提及戰爭狀態的文字，表明自己的立場，即到1972 年 9 月中日邦交正常化為止，中日之間的戰爭狀態還沒有結束。同時中日雙方在解釋第一款"不正常狀態"時的見解並不一致。中方"不同意日方提出的'戰爭狀態（通過《台日條約》）已經結束'的説法，找出了一個雙方都能接受的靈活處理的方法，不明確戰爭狀態何時結束。"⑤ 這樣，周恩來總理提出的相互主義和承認中方復交三原則為前提的條件，長期以來被中日關係研究界，特別是日方政界和學者所"忽略"，⑤ 在日本，往往會誤認為日方主張被完全認可了。《聯合聲明》中，沒有明文規定中日戰爭狀態宣告結束（中方主張），也沒有確認戰爭狀態的終止（日方主張），所以不能說中日各自的主張被無條件接受了。其結果是，雙方各自表述，日方堅持《台日條約》已經終止了戰爭狀態，而中方則認為是《聯合聲明》結束的戰爭狀態。

第二，在《聯合聲明》中記載了"日本政府站在充分理解中方復交三原則的立場上恢復中日邦交"。對此日方有人認為"中方是急於實現中日邦交正常化，本來為了處理戰爭問題，應認定日本侵略戰爭的性質，明確戰爭責任，賠償和道歉。這三點是一個整體。不過如果過於堅持這幾點，邦交正常化可能也難實現。所以儘管有些不滿，中方做出了妥協。日方沒使用道歉字眼，也沒有賠償的結果肯定使中國感到不快。"⑤ 這個認識是不妥當的。至少日方首次在與外國的外交文件承認自己的戰爭責任並表明"深刻反省"的態度。而放棄賠償的立場是在談判前中方就已經表明的，不存在"不快"問題。但在談判過程中，日方的態度，如"添麻煩""不用寫入賠償"等等對中方參會者而言並不舒服。⑤ 順便還要指出，雖然中日兩國都使用漢字，但是對同一漢字的理解和使用並不完全一樣。比如"尊重"一詞，日本表示"充分理解和尊重"中方的復交三原則，被中方看作是"承認"三原則，但是日方則堅持不過是"尊重"，不是"承認"。

第三，仿照《中美上海公報》，立場各表。儘管日方堅持出於自己對《舊金山條約》的立場，不對台灣地位單獨進行法律判斷，但是還是對中國的主張表示充分理解和尊重，並以"四點一攬子政策"表態來尋求中方的理解。為此，中方的解釋是《開羅宣言》及《波茨坦公告》已經解決了台灣歸屬問題。而且與復交三原則相關聯，日方承認中華人民共和國政府是中國唯一合法政府，否定了台灣當局自稱代表中國的主張。還有"對中說明"

及其所包含的涉台政策，作為日方重要的政策表態成為其被中方所接受關鍵，也可以認為是日方支持中國在台灣問題上的立場，即台灣是中國的一部分。不過，邦交正常化後，日本政府改變了"兩個中國"政策，實質上是開始奉行"一中一台"的政策。

第六節

台日關係的善後處理

總體而言，中方對日本處理日台關係持靜觀的態度。日方十分了解台灣問題是日中關係中十分敏感、棘手的問題，如果處理不好就可能危及剛剛建立的日中關係，所以處理時十分謹慎。而台灣當局儘管強烈譴責日方"背信棄義"行為，但是希望與之保持實務關係，所以也不得不吞下"被侮辱的苦果"。

一、"斷交"前後

在田中訪華之前，日方派遣自民黨副總裁、親台派大員椎名悦三郎作為總理特使率團（包括 16 名自民黨親台派國會議員和外務省官員）於 9 月 17 日至 19 日訪台。"總統"蔣介石拒絕會見椎名一行，他們只同"行政院長"蔣經國舉行了會談。席間，椎名強調自民黨決定的"即使田中訪華也將繼續維持與台灣間以往關係"的原則，但是台方則更重視大平外相與"駐日大使"彭孟緝會談中，"日中邦交正常化之際，《日華條約》將要消失"的發言，認為是"日台斷交的事前通告"。⑭

椎名一行攜帶了田中角榮給蔣介石的親筆信，於 18 日通過"副總統"嚴家淦轉交。該信高度評價蔣介石在戰後對日"高誼優待"，日方重申自己為日台關係，為締結《台日條約》所做努力，以及在 1971 年聯合國大會，日本政府"率先挺身，排除萬難，為確保貴國席位而盡瘁奔走"；然而"近年來國際形勢激變，聯合國大會通過中國代表決議，承認北京政府的國家不斷增加，尼克松總統訪問北京等，世界各國謀求與北京政府改善關係波濤洶湧。我國在此之際不能與世界大勢相違背，日本自古與中國交往甚深，日本國民大眾與中國社稷蒼生的敬愛之情絕非尋常。為此鑒於當今形勢，日本政府認為與中國實現邦交正常化的時機已經成熟，而且到了不得不必須做出決斷的時刻。（日本）政府有責任在政治上體現多數國民的意志和願望，為此我們深思熟慮後決定與北京政府建立新的關係，這絕非為形勢所迫，為利益誘惑而獻媚北京的短視政策。當然，在實行這一政策過程中，不免與貴國之間產生令人痛心的矛盾和抵觸，有時還不免會出現處理粗糙，但我方將會盡自靖自獻之誠以善處。"⑤ 田中信裏說："與中國實現邦交正常化的時機已經成熟"，實際等於否定台灣代表中國。

9 月 29 日在東京，日本外務次官法眼晉作召見"中華民國駐日大使"彭孟緝，稱："由於國民政府和北京政府都堅持一個中國的立場，在日中邦交正常化之後，十分遺憾的是，請理解日華間的外交關係已不能維持"，實際上是拋棄台灣當局的宣言。這裏日本政府把台海兩岸當局堅持"一個中國"政策作為與台灣"斷交"的藉口，意味深長。因為台灣當局的"一個中國"政策自 1952 年《台日條約》締結時就沒有改變過。對"斷交"，日本政府似乎完全沒有責任。實際上即使台灣當局不再堅持一個中國政策，日本政府要想與中國建交，也只有與台灣"斷交"。椎名特使剛發出的"維持以往關係"的承諾僅數日就被日方的行動所否定。不過日本政府還是把"斷交宣言"解釋為從台灣當局變為北京政府的"承認轉換"。

同日，日本駐"中華民國"大使宇山厚奉本國政府訓令，向台灣當局通告"《日華條約》的終了和外交關係的終結"。台灣當局也發表了事先準備好的《對日斷交聲明》，強烈譴責日本政府背信棄義行為"日本總理田中角榮與中共偽政權頭目周恩來宣佈建立外交關係，日本外務大臣大平正芳宣佈終止中日和平條約及中日外交關係。中華民國政府鑒於日本政府上述無視條約義務的背信棄義行為，宣佈斷絕與日本政府之間的外交關係，日本政府必須對由此而產生的一切後果負全部責任……自《中日和平條約》

締結至今，兩國間形勢沒有發生任何變化，因此對於田中政府單方面廢除和平條約，與中共偽政權相勾結而引起的嚴重後果，以及損害中華民國的合法地位、領土及主權的所有合法權益的一切行為都是非法無效的，由此而產生的一切嚴重後果都必須由日本政府承擔責任。"⑯

二、處理台灣問題的"日本方式"

前文提到，在中日會談中，周恩來主動提出"日本可以在台灣建立辦事處"，讓日方感到吃驚。日本就成為與台灣當局"斷交"後，相互之間建立"辦事處"的第一個國家。此舉也被稱為"日本方式"。由於"日本方式"，此後台灣當局能夠與不少國家互設辦事處等機構，這主要是中國政府表現出的靈活政策的結果。而 1978 年中美建交前後，美方也提出按照"日本方式"處理的方案。⑰

1972 年 12 月 1 日，由前任日本"駐台大使"及與台灣有關的財界人士組成對台實務機構，台灣方面希望稱呼為"日華交流協會"，而日方希望稱為"日台交流協會"，雙方在名稱上不能達成一致，最後日方組織使用沒有抬頭名稱的"財團法人交流協會"，12 月 26 日"財團法人交流協會"與"亞東關係協會"（台方組織）之間交換互派在外辦事處的文件。

在處理"中華民國"在日財產過程中，1972 年 12 月 27 日，"中華民國政府"以"公使"鈕乃聖的名義致函日本外務次官，"本國政府於 1972 年 12 月 28 日關閉駐日本國大使館及大阪、橫濱、福岡的各總領事館，上述各公館關閉後一併封閉，上述四個場所的土地、房屋交由貴國政府負責保護。今後，除經本國政府正式同意，貴國政府不得任意佔據、使用及處分。同時要求貴國政府採取措施防止上述場所被非法佔有、使用及處分。萬一有上述事態發生，本國政府絕對不能允許，貴國政府必須為此負全部責任。"⑱

對此，日本外務省於 1973 年 3 月 14 日通過交流協會致函亞東關係協會，通告台方，"麻布的舊大使館土地建築物為中國外交財產，日本政府在與中華人民共和國建立外交關係後，不能對中華人民共和國使用上述財產提出異議。事實上，自去年 9 月以來，日本政府為中華人民共和國政府不使用上述土地建築而竭盡努力，但是現在不得不承認中華人民共和國政府將該建築物作為大使館使用。非常遺憾的是，日本政府與國府沒有外交關係的今天，避免上述情況是困難的。"⑤ 對上述情況，日本政府受到台灣當局的"強烈抗議"，但該處作為中國的外交財產而轉交中國政府使用，這也是 1972 年 9 月中日外長會談時，大平外相向中方承諾的事項之一。 1973 年 1 月 10 日，日本駐華臨時代辦林佑一赴北京上任。次日，日本駐華大使館在北京日壇路開館。 1 月 31 日中國駐日臨時代辦米國鈞到達東京，2 月 4 日中國駐聯合國副代表陳楚被任命為首任駐日本大使，3 月 7 日在"中華民國大使館"移交中國政府後到任。8 日，小川平四郎（原外務省研修所所長）被任命為首任日本駐華大使，31 日到任。

1975 年 2 月 10 日，交流協會致函亞東關係協會，通告"根據政府的要求，2 月 10 日駐本國的中華人民共和國臨時代辦提出大阪及橫濱所在的財產（原總領事館）所有權變更登記名義人的委托書。同日，我國政府根據法律，已將上述財產名義人更改為中華人民共和國，本財產屬於中國國家的領事財產，也是《日中聯合聲明》第二款的必然結果，關於中華人民共和國政府對上述財產行使所有權，日本政府沒有提出異議的餘地。"3 月 27 日，台方通過亞東關係協會表示："日本政府不顧中華民國政府的反對，於 1973 年 3 月讓中華民國政府前駐日本國大使館的資產由中共方面佔有，並將登記名義人變更為中共所有。本年 2 月大阪及橫濱兩個總領事館的資產所有名義人的登記也被變更，移交中共。上述均為無法理解之事。日本國政府的上述行為不僅嚴重損害了中華民國的利益，而且也自毀日本作為法治國家的立場，表示非常遺憾。"⑥

對上述外交財產，日本外務省表示："我國政府的想法是，原來是中華民國大使館的土地，代表中國國家的中華民國及其大使館。自 1972 年 9 月 29 日以來，日本政府的立場是，屬於國家的大使館財產不能不認為現在的所有權當然屬於中華人民共和國。"[61] 但是，在此後的光華寮案審判中，日方又做出了偏向於台灣當局的司法判決。在京都的中國留學生宿舍光華寮所有權問題上，台灣當局於 1967 年開始提出要求中國大陸讓出該學生寮的訴訟，1972 年邦交正常化時該案處於審議當中。隨着政府承認的轉變，1977 年京都地方法院做出光華寮所有屬於中華人民共和國的判決，台灣當局敗訴。然而在 1982 年進行的大阪高等法院二審中，以光華寮用途為依據，宣佈"不能説中華民國的所有權已經喪失"。1986 年 2 月在返回京都地方法院重審後也繼續沿用了大阪高法的司法判斷，1987 年 2 月 26 日大阪高法再次判定台灣當局的"所有權"。2007 年 3 月 27 日，日本最高法院做出否定 25 年前大阪高法判決的決定，宣佈"原告（台灣當局）不代表國家，所以沒有承擔訴訟之能力"，決定退回大阪高法重審。最高法院在這裏否定了台灣當局的"國家資格"，但是在 4 月 27 日對西松建設強制勞工賠償案件的判決中，又做出自相矛盾的判決，宣稱 1952 年《台日條約》為處理中日戰爭問題的"和平條約"，承認台灣當局"曾經代表中國"，該判決又矛盾地解釋因適用範圍條款，《台日條約》不適用於中國大陸，而以《聯合聲明》第五款（放棄賠償）宣判中方受害者敗訴。這種矛盾的、沒有法律依據的政治性裁決在速度上和內容上都是驚人的，日本最高司法機構為了迎合日本政府需要，對缺乏法律依據的案件做出政治性判決的做法，嚴重損害了日本司法機構的嚴肅性和公正性，更是對其"三權分立"原則的公開背叛。

小 結
遺 留 問 題

　　中方堅持將廢除《台日條約》，日本斷絕與台灣當局的"外交關係"作為實現中日邦交正常化的前提條件。《中日聯合聲明》也是在徹底否定《台日條約》的原則下發表的，但由於《聯合聲明》沒有直接觸及《台日條約》

的非法性，日本政府至今還繼續做出"《台日條約》曾有效"等違犯《聯合聲明》精神的解釋。在邦交正常化談判過程中，中方"照顧"了日方在《台日條約》立場上的"困難"，即"國會已經批准，如果承認其非法，日本政府很為難"等，同意只在《聯合聲明》前言中強調"日方重申充分理解和尊重中方提出的復交三原則立場"，由其自行處理《台日條約》。這樣就避免了日方因書面文件徹底否定《台日條約》而可能出現的尷尬局面，但這種照顧卻被日方鑽了空子，給日本堅持其與台灣當局"有過條約，並曾有效"等認識留下餘地。

1972 年，中方在 "All or Nothing" 原則下全面否定《台日條約》，並沒指出《台日條約》的致命弱點，即該條約的適用範圍條款問題。根據該條款，《台日條約》即使"有效"也只能對台灣當局控制的地區有效，不可能對中國大陸產生任何法律效力。而日本政府在談判中迴避《台日條約》的局限性，鑽了中方"漢賊不兩立"的空子。

必須指出，"照顧日方"的做法不等於中方承認《台日條約》有效。然而，日方堅持《台日條約》有效，並結束了中日戰爭狀態。如前所述，日方對《台日條約》的立場多次變更，實際上這些解釋都是與《聯合聲明》原則背道而馳的，或者説相互矛盾的。更重要的事，日本政府"忘記"了締結《台日條約》的吉田內閣及此後那些堅持的"《日華條約》不是與全中國的和平條約"的立場和一字不得更改的"只適用於台灣當局控制地區"的立場。從締結條約到日方單方面宣佈終止條約，台灣當局的控制範圍從來沒有超過《台日條約》締約之時，日方對中國大陸有效論是缺乏法律依據的。《台日條約》的非法性被《聯合聲明》所確定，但問題是日方曲解中方的"照顧"，"任意"解釋，甚至比建交前更公開地宣稱《台日條約》適用於中國大陸，是值得警惕的。

《聯合聲明》的遺留問題是中日雙方對一系列重要問題缺乏共識：首先，雙方沒有就中日法律關係達成共識。日本外務省的解釋是在中日關係的法律認識上分歧"日中的立場沒必要，也沒有可能解決"（日語"日中関係における法的認識についての雙方の立場に関して決着をつけることは必要ではなく、また可能ではないので"──《對中説明》)，雙方只要確認全面和平關係的存在和戰爭狀態終止的事實，可使雙方的立場得以"兩立"，即各自堅持自己的立場即可。日方顯然想避免中方徹底否定《台日條約》，力爭中方同意在《聯合聲明》不明確提及《台日條約》，為日後"各自解釋"埋下伏筆。日方提出"確認戰爭狀態終止的事實"要求，實質上就是想讓中方對日方"《台日條約》已終止中日戰爭狀態"立場進行確認，日方提出的《聯合聲明案》第一條中寫着"日中雙方確認戰爭狀態結束"，當然是中方不能接受的。《聯合聲明》"戰爭狀態的結束，邦交正常化必將開創兩國關係的新的一頁"採用的是有條件"將來時"句型，字面上説明中日戰爭狀態尚未結束，很難解釋為"中日雙方宣佈戰爭狀態終止"，而《中日聯合聲明》第一款宣佈"兩國不正常狀態終止"，沒有宣佈中日戰爭狀態終止。現實是《台日條約》不僅被《中日聯合聲明》所否定，也被日本政府自身立場所否定。很顯然日方還想拿中國不承認的"條約"來約束中國。儘管在各自解釋中，中方認為《聯合聲明》的發表意味着中日戰爭狀態的結束，但日本政府不承認中方的解釋。日方維持對《台日條約》原來的解釋，認為《聯合聲明》只是實現了邦交正常化，戰爭狀態結束及其處理問題是其通過與台灣當局的《日華條約》解決的，這是對《聯合聲明》地位的故意貶低。這種解釋上的對立，使兩國在戰爭與和平等事關媾和問題上嚴重分歧，也必將成為影響未來中日關係發展的重大隱患。日本政府堅持"《台日條約》中的終止戰爭狀態條款不受該條約適用範圍條款的限制"，更是荒唐和站不住腳的。《台日條約》的限制條款明確規定其適用於該條約的所有條款。必須指出，日本政府前後矛盾的解釋是對《聯合聲明》的違反，是對《台日條約》的曲解，也是對《維也納條約法公約》的違背。

上述分析可以説明《台日條約》的局限性和不可能適用於中國大陸的法律性，也説明《聯合聲明》的第一項的問題，即中日雙方在兩國戰爭狀態終止問題上完全不同的解釋和矛盾，雙方在何時終止，以甚麼法律文件為基礎等重大原則問題上對立。這並非"小異"，而是事關中日戰爭與和平重大問題，應明確界定。

這種戰爭狀態終止問題上的"各自解釋"的方式，既損害了中日之間戰爭與和平問題的嚴肅性，又使中日關係政治及法律基礎變得脆弱，因為中日間甚至在戰爭與和平問題上尚無共識，也沒有共同認可的文件作法律依據。中日兩國至今沒有正式宣佈戰爭狀態的結束，這也是無法忽視和迴避的問題。

中日雙方沒能簽訂"和平條約"，《聯合聲明》規定雙方決定開始就締結"中日和平友好條約"舉行談判。兩者有性質上的重大區別，和平條約是解決和處理戰爭與和平問題的媾和條約，而和平友好條約僅僅是面向未來的友好條約。建交前，中國政府長期堅持中日雙方的戰爭狀態還沒有宣佈結束，中日之間應締結和平條約的立場。日方再三向中方說明其在《台日條約》上的"困難"，並表示"中日建交之際，就是《日華條約》失效之時"，但同時也明確反對締結和平條約。對此，中方才提出了簽訂"和平友好條約"妥協案。

關於戰爭賠償問題，日方堅持"戰爭賠償在《台日條約》中已經解決"，甚至不接受中方在《聯合聲明》中寫入"放棄戰爭賠償要求權"的內容。中方對此表示憤慨，周恩來總理明確指出蔣介石是"慷別人之慨"，中方不可能承認《舊金山條約》，更不能承認《台日條約》，要求"從政治高度予以解決"。日方在田中角榮總理對中方的慷慨表示感謝的同時，從政治上（而不是法律上）對中方放棄賠償表示讚賞，但是在日方的要求下，《聯合聲明》中"中國政府為中日兩國人民友好，放棄對日本的戰爭賠償要求權"的"權"被刪除了。日方解釋是，中方做出的"放棄戰爭賠償"只是一種政治表態，是"對過去《台日條約》放棄賠償的確認，不產生新的法律效力"（外務省解釋及 2007 年 4 月 27 日日本最高法院判決書），並不觸及日方以往堅持的法律立場。換句話說，日方認為"中方宣佈的放棄賠償並不具備法律效力"。但是，這是否也可以解釋為，中方還沒有從法律上放棄對日本的戰爭賠償要求權呢？

　　日方的這種解釋是為了維持《台日條約》與《聯合聲明》的"法律上的整合性"，但是這個整合性不過是日本政府單方面的解釋和願望，從未被中國政府所承認。中國政府不可能承認《台日條約》與《中日聯合聲明》有任何法律上的整合性，更不可能承認《台日條約》對中國有任何法律約束力。中日之間對立解釋的結果是，日方對中方在放棄賠償方面所表現的善意並不領情。放棄對日本的戰爭賠償要求的條款也是中方要求下寫入的，日方認為是中方"單方面的行動"，中方同意了日方刪除"權"字的要求，日方認為由此可淡化其法律意義。日方甚至說，中方放棄賠償並"沒有觸及法律效力"，⑫堅持戰爭賠償問題在《台日條約》已解決了。但是實際上，該條約所有內容中並沒有提及賠償一個字，只是在條約附屬議定書中記載："中華民國作為對日本國民寬厚和善意的表示自發放棄《舊金山條約》第十四條（a）規定的日本國應提供的勞務利益"。而該條約換文第一款規定該條約"對於中華民國，適用於中華民國政府現在，或將來控制的領域。"從而確定了台灣當局"慷慨"放棄對日勞務利益要求等條款都與中國大陸無關。

　　上述缺憾，核心問題就是對《台日條約》非法性的認定問題。日方一方面宣示充分理解和尊重中方復交三原則，包括"《台日條約》非法、無效，必須廢除"的原則，另一方面又不斷做出"《台日條約》有效論"的相反解釋，甚至至今還在把該條約作為中日戰爭賠償等所有"歷史遺留問題已經解決"的法律依據，公然違背《聯合聲明》及《和平友好條約》的基本原則和精神。這種作法對中日關係的負面影響是可想而知的。

　　中日邦交正常化成為中日兩國人民和平發展、相互交流的契機，開創了兩國關係的新一頁，意義重大，值得積極地評價、充分肯定。但同時，《聯合聲明》的遺留問題也是不能忽視的，它為日後兩國的矛盾和摩擦留下隱患。

　　戰後中日關係長期處於一種被扭曲的狀態，日本利用中國尚未完全統一的局面佔了"便宜"，表面上得到了在戰爭處理問題上不了了之的結果。

但是，實質上日本也失去了與中國人民實現真正和解的機會。日本國家正在、並將繼續為此付出沉重代價，一個不負責任、不誠實反省歷史錯誤的日本國家形象（負面形象）已深深植根於中國民眾心中。同時在國際社會，日本國家也背負着無視戰爭受害者人權（如"慰安婦問題"、"強徵勞工問題"）等批判，這些對日本國家形象和長遠國家利益都是負面的。

通過上述分析可以得知，中日十四年戰爭，或者稱"日本軍國主義對中國半個世紀的侵略戰爭"的媾和問題、戰爭處理問題沒能通過中日邦交正常化談判的短短幾天時間得到徹底解決。中日雙方實際上設定了關係正常化的兩個步驟。第一是通過《聯合聲明》實現邦交正常化，建立外交關係，第二步驟是締結《和平友好條約》。中日兩國間的媾和道路始終都不平坦。

註　釋　【End notes】

① 日本《朝日新聞》在 1980 年 5 月 23 日報道，日本外務省中國課監修《日中關係基本資料集 1970~1992 年》（霞山會，1993 年）收錄，日本外務省公開史料中再次公佈更詳細的文件。

② 關於中日建交的研究請參照吳學文等著《當代中日關係 1945~1994 年》，時事出版社，1995 年；古川萬太郎《戰後日中關係史》，原書房，1981 年；田中明彥《日中關係 1949~1990 年》，東京大學出版會，1991 年；等。

③ 據田桓主編《戰後中日關係史年表 1945~1993 年》（中國社會科學院，1994 年）記錄，竹入作為田中首相的"密使"帶着"田中首相的決心和 20 多項內容的方案"訪問北京，但是日方研究則沒有提及竹入是日本政府的密使。

④ 古川萬太郎《戰後日中關係史》，原書房，1981 年，385 頁。

⑤ 參照 1992 年 9 月 27 日日本廣播公司 NHK 特別節目"周恩來的選擇"。

⑥ 日本《朝日新聞》1980 年 5 月 23 日。

⑦ 前引高野雄一《國際法》下卷，315 頁。

⑧ 《第 85 屆國會眾議院外務委員會會議錄》，第 1 號，32 頁。

⑨ 詳請參照殷燕軍《〈日華條約〉在戰後日中關係中的意義》，（日）《歷史學研究》，1998 年 3 月號。

⑩ 寺澤一《日中聯合聲明》,《國際關係法辭典》,三省堂,2001 年第 3 版,623 頁。

⑪ 《日華條約》,《國際關係法辭典》。

⑫ 吳學文《當代中日關係》,193 頁。

⑬ 柳田邦男《日本在燃燒嗎?》(《日本は燃えているか》),講談社,1983 年,266 頁。

⑭ 韓念龍副外長及二階堂進官房長官的證詞,前引"周恩來的選擇"。

⑮ 參照已故大平正芳外長秘書森田一的證詞。2006 年 8 月 14 日播放 NHK 特別節目"日中如何面對歷史?"(日語:日中は歴史にどう向き合えばいいか)。

⑯ 前引日本 NHK 節目"周恩來的選擇",竹入證詞"周恩來承諾,田中先生來的話,不會讓他沒面子。"(日語:田中さんが來るなら、彼に恥をかかさないと約束した)。

⑰ 日本外務省幹部證詞,前引 2006 年 8 月 14 日 NHK 節目"日中如何面對歷史"。實際上這種說法是站不住腳的,台灣當局不是《舊金山條約》締約者,《台日條約》與《舊金山條約》無必然聯繫。

⑱ 日本政府每年向二戰參戰軍人及遺屬發放的撫恤金。

⑲ 王泰平《那個時候的日本與中國》(《あのころの日本と中國》),日本僑報社,2004 年,113 頁。

⑳ 參照日本外務省條約局條約課課長栗原尚一的解說。《文獻—日中復交》,時事通信社,1972 年。

㉑ 同註 ⑳。

㉒ 根據 1972 年 9 月 30 日大平正芳外長在日本自民黨眾參兩院議員會議上的發言披露。

㉓ 日本外務省公佈的邦交正常化交涉史料中沒有記載,看來是在"事務級"會談中解決的。

㉔ 《周恩來外交活動大事記 (1949~1975)》,世界知識出版社,1993 年,651 頁。

㉕ 日方大量研究著作及回憶錄中都提到此事,如古川萬太郎《戰後日中關係史》、田中明彥《日中關係 1949~1990》等。張香山在《見證中日關係》中表示,這完全是謊言。

㉖ 王泰平〈田中總理訪華前周恩來總理的對日接觸〉,石井明等編《記錄與交涉—日中國交正常化和日中和平友好條約締結交涉》,(日)岩波書店,2003 年,278 頁。

㉗ 參照日方提交中國政府的"對中說明",日本外務省公開史料《日中邦交正常化交涉》。

㉘ 前引王泰平《那時的日本與中國》,121 頁。

㉙ 前引吳學文等著《當代中日關係 1945~1994》,194 頁。

㉚ 前引吳學文等著《當代中日關係 1945~1994》,193 頁。

㉛ 參照 2001 年 2 月中國國務院《一個中國的原則與台灣問題》白皮書。

㉜ 日本政府定期召開由各部委政務次官(相當於第一副部長)參加的聯席會議。

㉝ 前引古川萬太郎《戰後日中關係史》,376~377 頁。

㉞ 前引古川萬太郎《戰後日中關係史》，379 頁。

㉟ 前引竹入實編《日中國交基本文獻集》下卷，233 頁。

㊱ 前引竹入實編《日中國交基本文獻集》下卷，234~242 頁。

㊲〈栗原尚一外務省條約局條約課課長的日中聯合聲明的解釋〉，竹入實編《日中國交基本文獻集》下卷，243~255 頁。

㊳ 同註 ㊱，243~255 頁。

㊴ 林金莖《戰後日華關係與國際法》，(日) 有斐閣，1987 年，109 頁。

㊵ 1973 年 7 月 26 日《第 71 屆國會眾議院內閣委員會會議錄》。

㊶ 外務大臣大平正芳在 1972 年 10 月 28 日第 70 屆國會上的外交演說，前引外務省監修《日中關係基本資料集 1970~1992》，119~122 頁。

㊷ 日本政府並不承認中國放棄對日戰爭索賠要求具有法律意義，但該款還是被幾乎所有日本國際法學界及司法機構所廣泛引用，並作為法律依據。

㊸ 2006 年 2 月 12 日，筆者於東京永田町砂防會館中曾根事務所專訪中曾根康弘。

㊹《第 71 屆國會參議院預算委員會第二分科會會議錄》，第 4 號，第 13 頁。

㊺《第 71 屆國會眾議院內閣委員會會議錄》，第 45 號，第 1~9 頁。

㊻ 在日本，日本政府或執政的自民黨為自己的政策辯解，經常指使本黨議員事先準備好問題和答辯內容，做給世人看。在日本被稱為“やらせ”(YARASE，即自導自演)。

㊼ 前引王泰平《那時候的日本和中國》，78 頁。

㊽《日中外長會談記錄》，日本外務省公開史料《日中邦交正常化交涉》。

㊾ 毛里和子《日中漂流》，(日) 岩波書店 (岩波新書)，2017 年，9 頁。

㊿ 前引王泰平《那時候的日本和中國》，83 頁。

(51) 中日雙方對外交政策說明的方法不同。日方一般通過國會答辯及定期記者會去解釋其外交政策，如邦交正常化後，日方多次通過國會答辯等方式補充解釋日方對華政策，特別是關於《台日條約》與中日媾和問題，戰爭狀態結束等等重大問題，做出有利於自己的解釋，中方均沒有明確反駁。但是中方從來不承認日方關於《台日條約》有效的解釋是眾所周知的。此外，日方先後公佈了《邦交正常化會談記錄》等外交文書，而中方公開外交文件的工作才剛剛開始，相對而言，日方公佈文件肯定是對日方比較有利，或者無損部分的，使邦交正常化研究遇到不得不依靠單方面文獻的問題。

(52) 2006 年 2 月 17 日筆者採訪日中協會會長、自民黨國會議員野田毅時，野田氏的認識。

(53) 參照日本 NHK 對參與中日會談的中國副外長韓念龍的採訪。NHK ドキュメント“周恩來的選擇”，1992 年 9 月 25 日播出。

(54) 中江要介 (時任外務省參事官)《訪台筆記》，(日) 產經新聞，2002 年 12 月 24 日。

(55) （日）《中央公論》2003 年 4 月號。這封田中總理親筆信，由外務省中國課課長橋本恕和中國課首席事務官小倉和夫起草，經過安岡正篤（1898~1983，國家主義活動家、陽明學者、全國師友會會長、曾任戰後歷屆總理的顧問）修改完成。親筆信由毛筆寫成，各行字數不一致，全文沒有標點符號。

(56) 〈台灣 "外交部" 對日斷交聲明〉，1972 年 9 月 29 日，前引外務省中國課《日中關係基本資料集 1971~1992》，104~105 頁。

(57) 參照殷燕軍〈戰後美國對台灣安全政策變遷與中國的應對〉，（日）《亞洲研究》第 45 卷第三號，1999 年 11 月。

(58) 前引林金莖《戰後日華關係與國際法》，135~136 頁。

(59) 前引林金莖《戰後日華關係與國際法》，136 頁。

(60) 林金莖《梅與櫻—戰後日華關係》，產經出版，1984 年，370~372 頁。

(61) 1973 年 7 月 26 日《第 71 屆國會眾議院內閣委員會會議錄》。

(62) 日本外務省條約局條約課課長栗原尚一稱："日華平和條約はその議定書第一項において中華民國の対日賠償放棄を定めているが、今回の共同聲明は、その法的效果に直接觸れたものではない。"〈日中共同聲明の解說〉《ドキュメント日中復交》，時事通信社，1972 年，215 頁、218 頁。

第七章 友好條約締結談判與中日媾和

　　1972 年 9 月發表的《中日聯合聲明》沒能解決中日媾和問題，其重任只能留給此後要談判締結的條約來解決。本章以日本外務省公開的“日中和平友好條約締結交涉”史料及中方公佈的資料等為基礎，對《中日和平友好條約》(以下簡稱“友好條約”)談判過程進行分析，以便思考友好條約與中日媾和的關係。這裏還要説明，由於中方關於友好條約談判的外交史料尚未公佈，不能不使這部分研究受到一定程度的限制。

第一節
和平條約？和平友好條約？

　　如前所述，從 1952 年 4 月《台日條約》締結到 1972 年 9 月中日邦交正常化的 20 多年裏，中國方面始終堅持必須廢除非法的《台日條約》，並締結中日和平條約，才有可能結束中日之間的戰爭狀態，實現真正和平。

　　1953 年 9 月，周恩來總理在與日本友人大山郁夫等的會談中表示：“如果日本政府仍然繼續執行敵視中華人民共和國和中國人民的政策，並仍然保持與蔣介石殘餘匪幫的所謂外交關係，那麼日本就將日益成為太平洋上不安的因素，從而阻礙着日本與新中國締結和約和建立正常外交關係的可能。”[①] 1957 年 7 月，周恩來總理在對日本記者的談話中指出：“中日兩國還沒有恢復正常關係，而且按照國際法還存在着戰爭狀態。”[②]

　　1963 年 10 月 9 日，在與日本前首相石橋湛山談話中，周總理指出：“美國搞了個單獨對日‘媾和’，日本又搞了個《台日和約》，這就給中華人民共和國和日本國簽訂和約造成了最大的障礙。第一種方式，日本最好廢除《台日條約》，和我們正式締結和約，這是最好的方式，現在日本政府這樣做有困難。第二種方式，日本不廢除《台日條約》，又和中華人民共和國簽訂和約，這比‘兩個中國’還壞。第三種方式，日本現政府的負責人 —— 首相或外相來訪問中國，並發表聲明，明確指出只承認中華人民共和國政府代表中國。這樣兩國間雖無和約，但可以友好相處，為促進亞洲和平而努力，戰爭狀態也就等於沒有了。這是最勇敢的做法，但是日本現政府的負責人沒有這種勇氣。第四種是前總理訪華，這是間接的方式，是積累的，現在就是這種。”③ 這裏周恩來以只承認中華人民共和國政府代表中國為條件，提出了沒有和平條約，也能結束戰爭狀態的可能性。1964 年 6 月，陳毅外長在會見日本電視台記者的談話中指出：“中國人民有權要求（因日本侵華造成損失的）賠償，但是戰爭已經過了快 20 年了，現在中日兩國連和平條約都還沒有締結，這個問題從何談起⋯⋯當兩國邦交恢復時，其他具體問題是容易通過友好協商加以解決的。”④ 這裏中方在提出中日之間尚未締結和約的同時，對日戰爭索賠問題可以在邦交正常化過程中友好協商解決，即暗示放棄對日索賠要求的可能性。

為牽制日本探索中日邦交正常化的動向，蔣介石在 1968 年 6 月曾斷言：“如果像日本的親共分子所希望的，假定日本政府急着與中共締結外交關係，那麼首先遇到的問題是必須先與我們中華民國斷交，而且我將宣佈吉田政府與中華民國締結的和平條約無效。如果這樣的話，必然產生日本與中共再次締結和平條約的問題。在這第二個和平條約中必然產生賠償問題，《日美安全條約》的存廢問題以及沖繩歸屬問題。”⑤ 蔣介石談話勾畫出與中國締結和約時的“可怕局面”，想以賠償和《日美安全條約》等來嚇阻日本當局，使其“知難而退”。

1971 年 7 月 2 日，在中日友好協會與日本公明黨訪華團之間的《聯合聲明》中，公明黨提出：“‘日蔣條約’是非法的，必須廢除”等五點主張。中方認為“如果日本政府能夠接受上述主張並為此採取實際步驟，就可以結束中日兩國的戰爭狀態，恢復中日邦交，締結和平條約。在這以後，視情況的發展，在和平共處五項原則基礎上簽訂中日互不侵犯條約。”⑥

從上述各個時期中方的正式表態看，一直到中日邦交正常化階段，中國政府對待《台日條約》及建立中日關係的立場都是十分明確的，即：第一，中日之間戰爭狀態沒有結束；第二，中日和平條約尚未締結；第三，《台日條約》非法、無效，必須廢除，只有通過締結中日和約，才能結束戰爭狀態；第四，最終締結中日互不侵犯條約以保障中日兩國的和平。

　　1972 年 7 月，周恩來總理與日本公明黨委員長竹入義勝會談，竹入稱：“《聯合聲明》發表，外交關係建立的那一瞬間，《台日條約》就無效了。”竹入努力向中方説明日方的“困難”，求得中方理解。對此周恩來表示：“這樣的話，我們的意見就基本一致了。我看田中首相和大平外相來北京，發表聯合宣言（聯合聲明也可以），建立外交關係，鳩山先生與蘇聯也是這樣做的。我想締結和平友好條約。這樣一來全世界也放心了，這樣好。”⑦ 周恩來此時第一次提出“和平友好條約”想法。其結果，《中日聯合聲明》僅僅間接否定了《台日條約》，並同意雙方就締結和平友好條約而談判。

　　然而，中日雙方在將要締結甚麼性質的條約問題上認識並不完全一致。根據竹入筆記，中方向竹入遞交的《聯合聲明案》第六款中寫到“雙方同意在建立外交關係後，根據和平共處五項原則，締結和平友好條約。”周總理同時向竹入説明“《聯合聲明》當中將不涉及《日美安全條約》、《佐藤—尼克松聯合聲明》及《台日條約》。你們既然來了，就一定要成功。這樣邦交恢復了，過去的事兒就過去了。這裏説的是政治，法律是靠不住的（日語：法律は當てにならない）。”這裏周恩來提示，中方將照顧對日方的困難和政治解決問題的意向。特別是在正式會談開始之前，中方已經傾向於不堅持締結媾和型的和平條約，在戰爭處理問題上，中方也顯示出不準備堅持以國際法的法律形式解決問題的意向。周恩來還就霸權問題表示：“如果《聯合聲明》中關於霸權問題的用詞覺得太激烈，也可以改一下説法，或者不寫入。（霸權條款）將來寫入和平友好條約也行。如果不這樣的話，和平友好條約就沒有可寫的了。”

中方的上述表態對日方來說當然是求之不得的。日方最擔心、最重視的就是《台日條約》的處理問題。在《聯合聲明》中如果直接觸及《台日條約》，勢必公開宣佈其非法、無效。根據中方的解釋，中方同意關於《台日條約》非法和無效的三原則僅在《聯合聲明》中間接地被提及，這樣日方立場（《台日條約》合法）被全面而明確否定的尷尬局面限制在最小範圍內。在聽完周總理的説明後，竹入滿意地表示："這樣一來所有的懸案就都解決了。"如前所述，日方在談判之前就已經確立了擱置與中方在戰爭與和平上的法律分歧的方針。中方會談參與者張香山的證詞顯示，在周、竹入會談中，周表示："邦交正常化是第一個步驟，第二個步驟是締結和平條約，不過不是單純的和平條約，而是締結'和平友好條約'，是從單純的和平條約前進了一步。這樣的話，我們可以使世界人民知道，我們締結的是甚麼條約。"⑧ 這裏周恩來説明了和平友好條約的性質，"不是戰爭處理的'向後看的'條約，而是'向前看的、未來志向'的。中國在提及締結條約開始就明確了不是和平條約的性質。"

1972 年 9 月 26 日舉行的第一次中日外長會談中，日方向中方提出了《關於〈日中聯合聲明〉的日本政府案》和《關於〈日中聯合聲明〉的對中説明要領》（以下簡稱"對中説明"），其中關於條約問題有如下內容："第八款，日本國政府與中華人民共和國政府以鞏固兩國間的和平友好關係，兩國間未來關係的發展為目的，同意通過外交途徑舉行締結和平友好條約的談判。"第二次外長會談中，姬鵬飛外長指出："復交三原則是這次邦交正常化的基礎，日方也表示了充分理解該三原則的態度。在中方的文案中，三原則當中有第三個原則即《台日條約》。《聯合聲明》之所以不觸及是因為其前言中，日方表述了對整個三原則的理解。"雙方在中方的"不能不觸及《台日條約》"和日方的重視《台日條約》的處理方式的態度之間尋求妥協。在另一方面，日方在談判中表示："對中方提出的條約性質不了解。只要是決定將來日中關係指針及原則的，向前看的性質，日方就同意談判。"就是説日方是準備有條件地接受中方提出的締結和平友好條約。日方的條件是不締結戰爭處理的和平條約。

　　日方把田中訪華稱為"邦交正常化談判"，從其對談判名稱、會談內容及其性質的定位可以得知，田中訪華時的中日兩國政府談判主要是為了建立外交關係，而不是解決戰爭處理問題、締結媾和條約。不過，日方一方面堅持中日之間的戰爭處理問題已經在《台日條約》時"解決完畢"，另一方面卻又試圖通過邦交正常化談判，解決包含媾和要素在內的所有戰爭處理問題。日本政府的這種主張顯然是矛盾的，這恰恰表明日本政府也認識到《台日條約》的局限性，它不可能解決中日間戰爭與媾和問題，所以要求再次"清算"。日方被迫同意在《中日聯合聲明》前言中寫入反省侵略戰爭、戰爭狀態及放棄賠償等內容，一些日本媒體也認為田中訪華的目的是結束日中之間的戰爭狀態。⑨

　　就這樣，中日雙方在"以復交三原則為基礎"，但又不直接涉及《台日條約》的問題上進行了艱苦談判，外長姬鵬飛在《紀念我的朋友 —— 大平正芳》的文章裏曾回憶，"談判中，如何既體現復交三原則，有能照顧雙方不同的立場，確實進行了非常艱苦的談判，最後提出了雙方都比較滿意的方案。這就是大平先生提議，在《聯合聲明》中不直接提及，而由大平先生在記者會上宣佈中日邦交正常化的結果，《台日條約》失去存在的意義，認為已經終了，台灣與日本無法維持外交關係。"⑩ 9 月 28 日清晨 4 點半，徹夜的外長會談終於達成協議。⑪

　　毫無疑問，這種處理結果，既沒有使中日雙方在《台日條約》問題上的立場一致，也沒能使雙方立場接近，不過是迴避了雙方完全對立的局面發生。此後雙方都繼續按照自己的政治需要來解釋，其結果是，在 1972 年中日邦交正常化階段，中日雙方在最核心問題：終止戰爭狀態、締結宣佈結束戰爭的和平條約問題上沒有達成共識，致使中日兩國沒有和平條約的狀況持續至今。中日媾和條約問題在國際法解釋上的對立，使雙方難以再提締結新的中日和平條約，這對中日關係的健康發展繼續產生負面影響。

　　友好條約就是在上述背景下，其性質定位為"面向未來的"、"為了兩國人民持久友好的"，藉用周恩來總理的話説，是"比和平條約前進了一步"的條約。這樣《中日和平友好條約》不是媾和條約的性質在談判開始之前就確定，同時中日兩國之間沒有正式宣佈戰爭狀態結束的局面也被基本確定。

那麼，中日兩國為甚麼需要友好條約呢？中方的解釋是，"1972 年 9 月發表《聯合聲明》，終止戰爭狀態，實現了邦交正常化。從立法手續上，聲明不能代替條約。所以締結和平友好條約，通過兩國立法機構 —— 中國全國人大和日本國會的正式審議、表決和批准，最終完成了中日建交的正式手續。"⑫ 也就是説，中方認為，和平友好條約是邦交正常化的正式手續之一，這裏是否意味着屬於中日媾和問題並不十分清晰。

日方則把友好條約看作更具象徵性意義的，面向未來的外交文件。⑬ 當時的總理福田赳夫稱："通過締結條約，鞏固了日本外交的基礎，對亞洲外交可以更順利地進行。"⑭ 看來日方更重視該條約對其亞洲外交等的影響，即政治、外交上的意義，還強調"締結的不是關於結束戰爭的全面媾和條約，友好條約加強了日中共同對抗蘇聯的政治夥伴關係。"⑮ 日本外務省條約局局長在 1978 年 10 月 3 日眾議院預算委員會上斷言："《日中和平友好條約》是為了使日中兩國關係更加鞏固而締結的條約。這個條約名稱使用的'和平'兩個字，是為了明確條約的目的，即加強日中之間的和平的和友好的關係，而不是和平條約性質的東西。總理剛才答辯的意思是，日中之間的戰爭處理問題已經在《日中聯合聲明》中得到最終解決。在《日中聯合聲明》發表之後，日中之間已沒有任何戰後處理問題。"⑯ 日本外務省的"《聯合聲明》已經使戰爭處理問題解決完畢"的解釋與目前還堅持的"《台日條約》解決了中日戰爭問題"之間明顯矛盾，而且"日中之間已沒有任何戰後處理問題"更是被此後的事實打臉。1972 年建交後中日之間出現了很多戰爭處理問題，比如"慰安婦"問題、日軍強徵勞工問題、遺留生化武器處理問題等等，在日本法院提起的中日戰爭遺留問題訴訟案件也不下 30 件，可見戰爭處理問題不但沒有解決完畢，有些甚至才剛剛開始！

第二節
友好條約的預備會談和中日雙方的思路

邦交正常化實現兩年之後，締結友好條約的問題終於提上了日程。在此之前，有《中日航空協定》等問題，使締結友好條約談判被推遲了。1974 年 9 月 26 日，喬冠華副外長在聯大向日本外長木村俊夫正式提出早日開始締結友好條約談判的建議。11 月，周恩來總理在談判開始前，就友好條約的內容向外交部發表了自己的基本看法，"應該以《聯合聲明》為基礎。《聯合聲明》的前半部分講述歷史，這些是已經解決和確定了的。由於戰爭賠償問題在第五條已經解決，沒有必要再提出。第六條是和平共處五項原則和《聯合國憲章》部分。兩國同意用和平手段解決所有糾紛，不訴諸武力。第七條是中日友好不是針對第三方的，反對霸權主義的問題。這一條邏輯性很強。如果對方不稱霸，我們為甚麼要反對他呢？關於經濟文化條款可以簡單記入。如果還有甚麼要寫的話，還可以協商。既然是條約，內容上必然是原則性的東西多。"⑰ 周恩來總理的上述觀點為中方締結《中日和平友好條約》的原則定下了基調。

11 月 13 日，中國副外長韓念龍與日本外務次官東鄉文彥在東京舉行了第一次預備會談，"與日本的預想相反，中國提出了在條約中寫入'反霸權'的要求。對此東鄉表示：'本條約是宣示日中兩國長期和平友好關係的，與第三國有關的反對霸權內容不是本條約應涉及的問題'，由此雙方在霸權問題上產生對立。這個階段反霸條款成為締結條約的焦點還是個秘密。"⑱ 當時雙方同意條約內容以《聯合聲明》為基礎，只是考慮將《聯合聲明》的框架條文化，誰也沒有想到會遇到新的困難。⑲

上述過程基本上確定了反霸問題將成為友好條約的焦點，而中日媾和及戰爭問題不會成為友好條約的焦點和談判內容。

1975 年 1 月 16 日正式談判開始，在東鄉次官與陳楚大使舉行的第二次預備會談中，雙方提出對條約內容的基本看法。1 月 23 日，《東京新聞》傳出日本政府反對把反霸條款寫入條約的消息。此後的預備會談幾乎都是圍繞反霸條款進行的，中方堅持把反霸內容寫入條約，而日方反對明確寫入，從而使談判陷入僵局。中日雙方的這種僵局轉移了媒體及各界的視線，使條約的性質、與媾和的關係等基本問題都被完全"忽略"了。日本政府反對"霸權條款"的理由是涉及"第三國的霸權"問題不符合兩國間條約的慣例，含有反霸條款將會使人認為是反蘇同盟，有可能刺激蘇聯。4月8日，中日友好協會會長廖承志表示："如果條約中不寫一項實際內容，締結條約就沒有意義"，[20] 明確表明把反霸條款作為友好條約的"實際內容"。4月16日，鄧小平在會見池田大作（創價學會會長）時表示："反霸條款首先是約束中日兩國的。這是對兩次世界大戰及近百年歷史經驗的總結，由於長期的歷史原因，日本的形象受到影響，反霸有利於改善日本的形象。其次是反對第三國的稱霸。中日之間需要政治基礎，反霸條款就是這一政治基礎。我們很重視。請轉告三木首相，不要誤以為不寫入反霸條款，中國也會同意。"[21]

　　綜合上述過程可以得知，中方承認友好條約不是媾和條約的性質，強調"反霸條款"是中日關係的政治基礎和友好條約的實際內容，同時也反映出中日雙方對反霸條款的認識存在着巨大的差異。中國堅持反霸條款，首先是要約束中日兩國的，有利於日本形象的改善，即打消由於近百年來的戰爭經驗而產生的日本再稱霸的憂慮，同時還可以宣示中國自己不稱霸，其次是能夠牽制蘇聯的現實霸權主義政策，可以說是有"一石三鳥"的目的。

　　日方雖同意談判締結友好條約，但是與中國的想法不同。首先，在1970年代初期，日本利用美國的"越頂外交"而出現的逆反心態和國內要求日中邦交正常化的高潮，"一氣呵成"地實現了邦交正常化。在自民黨內的親台勢力則堅持認為"與中國建交可以，但是與台灣'斷交'是太'輕率'了。"同時，日本今後準備在戰略上同中國建立怎樣的關係並不確定。即使贊成"日中友好"，保守勢力也懷疑是否有必要與共產主義國家建立締結條約程度的親密關係，認為應與中國保持一段距離。第二，雖然中美之間已改善關係，實現了尼克松訪華和建立聯絡處等，但仍然存在台灣問題，中美還沒有建交。美中關係究竟會向甚麼方向發展，日本持觀望的態度。第三，對蘇聯政策上，不想參加中國的"反霸（反蘇）統一戰線"。第四，《中蘇同盟條約》中的"日本條款"依然存在，[22] 對中蘇聯手的戒心並沒有完全消除。就這樣，經過 20 次預備會談並沒有消除雙方"同床異夢"的立場。

當然，日方也把締結友好條約作為重要的政治課題。其理由是只有《聯合聲明》還不夠，要使日中關係鞏固就需要有條約作保證。三木武夫在接替田中角榮擔任日本總理後，於 1975 年 6 月通過訪華的川崎秀二向中方提出"妥協方案"，即"如果中國提出的反霸條款是和平共處五項原則和《聯合國憲章》那樣的具有普遍性的原則的話，日方也不堅決反對把反霸條款寫入條約之中。"9 月在聯合國舉行的喬冠華與宮澤喜一的中日外長會談中，日方提出了關於締結友好條約的"宮澤四原則"，[23] 實際上是有條件的反霸條款，因此沒有被中方接受。這樣兩國間的締約談判就暫時中斷了。

此後，國際形勢和中日各自國內形勢都發生了較大變化。首先受 1972 年美國總統尼克松訪華影響，中美關係緩和，美蘇第二階段削減戰略武器條約（Strategic Arms Reduction Treaty START2）簽字，美蘇之間出現了戰略緩和，但此後蘇聯入侵阿富汗。在蘇聯支持下，越南入侵柬埔寨，其在中南半島建立地區霸權的企圖日益明顯，蘇聯霸權主義成為國際社會的現實威脅。在蘇聯的戰略進攻面前，美國重新調整政策，努力與中國構築"戰略關係"，中美戰略協調不斷加強，日本的對蘇政策也經常成為中美戰略對話的內容，[24] 中美建交作為各自外交戰略的需要被提到日程上。締結《中日和平友好條約》也作為中美全球戰略框架的一部分被加以考慮，成為正在形成的"對蘇包圍圈"的一部分。

就中國國內形勢而言，1976 年周恩來、毛澤東等第一代領導人相繼去世，政局一度處於"不穩定狀態"，此後鄧小平復出並掌握實權，中國外交政策在鄧小平的指導下開始向更加務實的方向發展。同時，日本政局也發生了變動，1977 年 12 月福田赳夫內閣成立，日本外交在福田、園田（園田直，外長）的領導下推行。1978 年 3 月公明黨書記長矢野絢也訪華時，中方提出了"關於締結《中日和平友好條約》中方四點看法"，雖然沒有全文公佈，但日方認為"中方提案中沒有公開的部分表現出相當的靈活性，中方表示可以按照日方能接受的條件締結條約，希望重新開始談判。"㉕ 不過日方這種說法值得懷疑，因為"中方表現出相當的靈活性"究竟指的甚麼？十分曖昧。至少從正式外交談判的記錄看，中方在反霸權條款上的立場強硬，並不像日方所說的那樣相當靈活。接到中方重開談判的提議後，福田總理在 3 月 27 日召集政府及執政黨首腦聯席會議，確認重開談判的方針，並向自民黨幹部指示："(1) 締結《日中和平友好條約》是《日中聯合聲明》中的約定；(2) 綜合分析迄今為止與中方接觸的情況看，目前是進入具體會談的適當時期；(3) 通過締結該條約，可以鞏固日本外交的基礎，更順利地開展對亞洲外交；(4) 在談判中，應堅持努力與所有國家都保持和平友好關係的基本立場，本着遵循憲法，維護國家利益的冷靜態度去對待。"㉖ 從這一指示內容看，沒有對條約性質的認定，不過至少可以說，日方沒有締結中日和平條約的意思，條約談判的焦點也與媾和問題無關。在這個時期，自民黨內持謹慎意見的人仍然較多，在 4 月初由《朝日新聞》在自民黨議員中實施的調查中，有 118 名議員支持推進締結友好條約，而有 158 名議員則持謹慎態度。加上中日之間在釣魚島（日方稱"尖閣列島"）問題上發生摩擦，談判還是沒有馬上重新開始。

　　如上所述，中美對蘇戰略的一致和中美建交談判的開始推動了《中日友好條約》的締約談判，5 月 3 日舉行的美日首腦會談中，美方向日方轉達，友好條約中醞釀的"反霸條款並沒有甚麼問題"。並告知日方，美方將在近期與中國談判建交問題，這實際上是向日方發出促進締約的信號。5 月 26 日，自民黨總務會決定重開締約談判，31 日，駐華大使佐藤正二正式向中方通報日方準備重開談判的意向。6 月 14 日，中方通知日方在 7 月上旬重新開始談判。

有的日方研究強調日本在締約談判上的"自主性"，其依據是"這個時期中方在'尖閣列島'問題上不會擴大事態，黨內的調整也成為可能。"㉗但從整體情況看，這種説法未必妥當。所謂"尖閣列島事件"是 1978 年 4 月的事情，㉘ 而 1975 年春中日之間締約談判就已經陷入僵局，到 1977 年秋天都一直沒有進展。㉙ 談判中斷的理由也不是釣魚島問題，而是霸權問題。從日方的談判記錄看，雙方對釣魚島等領土問題幾乎沒有議論，可以認為這是雙方達成的擱置領土問題的諒解的結果。在談判中，中方的議論集中在反霸及第三國條款問題上，貫徹了"在原則問題上不做讓步"的精神，而日方則因擔心刺激蘇聯，對寫入霸權條款猶豫不決。所以，説美國的對華及對蘇政策是推動日本下決心締約的關鍵，似乎更合乎情理。

同年 6 月 26 日，《日韓大陸架協定》交換批准書，中國外交部發表聲明警告，對"日本不顧中國政府的堅決反對，侵犯中國主權的行為，表示無比的憤慨和強烈抗議，也是絕對不會同意的。日本政府不顧中國政府多次表明嚴正立場，與南朝鮮當局（當時中韓兩國尚未建交）交換批准書。中國政府嚴正聲明，《日韓大陸架協定》完全是非法的，無效的。任何國家和個人如果肆意在該'協定'劃定的'共同開發地區'進行開發活動，都必須對由此而產生的一切後果負完全責任。"㉚ 也就是説，在這個時期，中日之間除領土問題以外還存在很多問題，但是中國政府沒有受到上述問題的影響，決心推動友好條約的締結，最重要的原因是由中國自己的全球戰略決定的。

第 三 節
締 約 談 判

一、次官級會談

1978 年 7 月 21 日，正式談判終於開始了。根據日本外務省公開的談判記錄，人們可以了解到，談判的最大焦點集中在反霸條款上，而對友好條約的基本性質沒有甚麼具體的議論。由於雙方外交理念的對立，談判過程並不順利，休會時間也越來越長。[30] 需要指出的是，日方史料中的會議記錄主要公佈的是中方的議論，而對日方自己的立場説明及提案等很多部分則沒有公佈，因此論證整個談判過程就不能不出現偏重中方的傾向。以下是談判過程的概要（根據日方史料翻譯，筆者負文責）。

第一次談判，7 月 21 日下午 3：00~5：00（含休息），地點：中國外交部賓館（三號館）。日方代表：駐華大使佐藤正二（以下簡稱佐藤）；中方代表：外交部副部長韓念龍（以下簡稱韓）。

談判開始，韓念龍按照準備好的稿子發言："1974 年 11 月談判開始以來，已經過了三年半的時間，1975 年 3 月及 4 月雙方曾交換了各自的條約方案。締約談判沒有取得進展的主要理由是反霸條款問題。""《聯合聲明》是締結和平友好條約的依據和基礎，該條約必須以《聯合聲明》為基礎進行談判。決不能從《聯合聲明》原則上後退。""（1）反對霸權是《聯合聲明》非常重要的原則之一，中方反對霸權的立場是一貫的、明確的。日方也應非常清楚。（2）在《聯合聲明》中規定的不謀求霸權，也反對爭取霸權的努力這兩個方面的意思，都應該照樣寫入條約之中。（3）中日兩國鞏固和發展和平友好關係，不是針對第三國的。中日雙方不在亞太地區謀求霸權，也反對任何國家或國家集團在該地區謀求這種霸權的努力，不管是誰搞霸權都反對。（4）反霸權條款不是字面表述的問題，而是關係中日關係能否健康發展的實質性問題。"針對中方的發言，日方也陳述了"冒頭見解"（初步意見，內容未公開）。（日方代表團第 1371 號電報　極秘　大至急）（限定配發）

22 日下午 3：00~5：00（含休息），第二次會談。針對日方前日的"冒頭見解"，中方反駁，韓："中方的態度是，第一，中方理解日方關於在日本的對外關係中，日美關係佔據特別地位，面對現實威脅，日本安全需要《日美安全條約》的立場。與日美關係相比，中日關係處於第二位，但這決不意味着中日關係處於無關緊要，任何人可以任意干涉，或可以被任意左右的地步。在中國看來，所謂等距離外交實際上是不可能的……在締約中最重要的，是肯定雙方的共同點。中日兩國締結本條約不損害第三國的利益，同時也決不能允許任何第三國對中日兩國的問題橫加指責和干涉。第二，關於反霸條款，昨天大使發言中提到日本政府對《聯合聲明》第七款的立場不變。對此我們非常重視。在大使的發言中多次提到'特定的第三國'的詞語，直截了當地說就是指蘇聯。我們的條約並沒有指名蘇聯，也沒有必要在條約使用'特定的第三國'的代名詞。"佐藤則是照本宣讀日方的《新的條約方案說明》（未公開），並對各項進行了解釋。（第 1384 號電報，極秘　大至急　往電）（限定配發）

　　24 日下午 3：00~5：00（含 35 分鐘休息），第三次會談。佐藤開始反駁中國觀點："我國說日美關係是我國外交政策的基軸，這並不是說日中關係就是不值一提的關係。我國把維持日中間和平友好關係作為我國外交的重要支柱之一……我三次使用了'特定的第三國'一詞，三次意思各有不同。（1）條約不是為敵視'特定的第三國'而締結的，是指該條約專門是以鞏固、發展日中間的和平友好關係為目的的，是這個原則的必然歸結。（2）為了否定可能中傷日中兩國為建立霸權的努力而言，直截了當地說這裏的'特定的第三國'是指蘇聯。（3）反對霸權絕不應預先設定一個'特定的第三國'。"韓："日方的新草案在最重要的反對霸權條款上依然沒有正確反映《聯合聲明》的精神和實質，對照《聯合聲明》，日方草案不是日方所說的（與《聯合聲明》精神）基本相同，而是相去甚遠。為此我們不得不明確地說，我們不能同意日方提出新草案中關於反霸條款的文字表述。這個條約談判之所以被大大推遲沒有進展，原因主要是反霸條款的問題……當然在其他條文上也並不是完全沒有問題。不過如果雙方首先能就反霸條款達成協議，其他問題恐怕都不難解決。該條約的反霸條款應該將《聯合聲明》中反對霸權主義內容原封不動地寫入，不能有絲毫的削弱。關於第三國問題，日方的新草案提出'本條約不針對特定的第三國'……首先，我們決不會主動針對別人……但是如果對方搞霸權主義的話，我們就不能不反對。從這個意義上說，反霸條款也是針對其他人的。只要我們反對霸權主義，不僅制約着中日雙方，而且必然會產生第三者的問題。你一方面說反對霸權，另一方面又說不針對任何人，不是自相矛盾的嗎？所以，'不針對第三國'的說法在邏輯上不通，只能削弱反霸條款的精神和實質，或者使其沒有意義。我認為日方提出的'特定的'一詞，是節外生枝，完全沒有必要……關於反對（動名詞，日語：反対である—筆者註）與反對（動詞，日語：反対する—筆者註）的問題，決不僅僅是日語問題，《聯合聲明》中的'也反對（動詞）霸權'一句是經過中日雙方嚴肅認真的討論之後決定的結果，所以不應該更改（即應繼續用動詞的反對—筆者註）。"（第 1396、1398 號　極秘　大至急）（限定配發）

　　25 日 3:00~4:45（含 45 分鐘休息），第四次會談。佐藤："第一，本條約……不是同盟條約，也不是為了針對特定的第三國的。日方的草案是要首先明確這一點。第二，我們的想法是，反對霸權與'本條約不針對第三國'的提法並不是自相矛盾的……而且，也沒有任何削弱反霸條款的問題。第三，中方認為'特定的'一詞沒有必要加入。反對霸權問題並不是首先特定某個第三國然後再對該國採取反對立場的問題。最後，關於反對的名詞或動詞使用問題，日方完全沒有變更《聯合聲明》精神的意思。而且在反霸條款最初設定的《中美上海公報》中，也採用了（each is opposed），《聯合聲明》的英譯本也是採用了（each is opposed）的文字表述。該文字表述在翻譯成日語時，（動名詞的）反對比（動詞的）反對更正確。日方還是認為日方的草案是最佳方案。"（同時，日方再次詢問中方對其他條款的看法，要求非正式地就其他問題交換意見）。韓："反霸條款不能解決的話，無助於解決其他問題。即使是非正式地交換意見也應該圍繞主要問題的反霸條款進行。"（第 1407/1408 號　極秘　大至急）（限定配發）

　　27 日下午 3:00~6:00（含 40 分鐘休息），第五次會談。韓："我們認為雙方在反霸條款問題的分歧依然非常大。我們也不能同意大使的幾個觀點。第一，中日兩國締約不損害第三國利益。第二，寫入反霸條款的條約不僅首先約束中日雙方，同時也針對謀求霸權，或者要謀求霸權的第三國，但決不針對不謀求霸權的國家。第三，中日兩國締約是中日兩國的事情，決不允許第三國橫加指責，或任意干擾。遺憾的是，中國的上述觀點還沒有得到日方的正確理解……當然，中國並沒有強迫要求日方接受中方的所有觀點，更沒有要與日方採取共同行動，或者建立軍事同盟的問題，但是維護和遵守《聯合聲明》的精神和原則是雙方的共同責任，中方絕不從《聯合聲明》的立場上倒退。在這個原則問題上，中國沒有讓步的餘地。"佐藤："很遺憾，我認為日方的想法沒有被中方所完全理解。第一，在有謀求霸權或者要謀求霸權的國家出現的情況下採取反對立場，與本條約規定不針對特定的第三國之間並沒有任何矛盾。在有謀求霸權國家出現時，反對這種努力，和預先特定第三國，並採取對抗立場並不是一件事。第二，本條約是為了廣泛謳歌日中兩國世代傳承的和平友好關係。考慮到這一點，我們並沒有在反霸條款中只將蘇聯對號。我們有必要明確只要是謀求霸權的國家，不管是誰，都應該反對的立場。"韓："在《聯合聲明》中，中日兩國明確自己不稱霸的同時，反對任何國家或國家集團確立霸權的努力……《聯合聲明》規定應該締結五個協定或條約，現在已經有四個簽訂了，尚未完成只剩下友好條約……我們沒有把難題強加給日方，因為我們認為這樣不會得到任何利益。只要是合乎情理的事情，我們就同意，但是不能接受的事情也將坦率地表示拒絕。"佐藤："條約是在彼此諒解，也只有在諒解的基礎上才能締結。只有在這種情況下締結的《日中和平友好條約》才是理想的。雙方在基本問題上是一致的，但是在是否表述，如何表述的問題上存在分歧。"韓："並不單純是如何表述的問題，而是實質問題。如果日方的想法不符合《聯合聲明》的精神我們就不能同意。"（第1433/1434 號電　極秘　大至急）（限定配發）

　　28 日下午 3:00~5:50（含 45 分鐘休息），第六次會談。佐藤："到目前為止，我們的共同點有五點：（1）本條約不是同盟條約，也不損害第三國利益。（2）日中兩國不謀求霸權。（3）我們反對任何國家，無論是誰試圖謀求霸權的努力。（4）本條約不指名蘇聯。（5）日本了解中國的對蘇政策，中國也了解日本的對蘇政策，並且互不干涉。雙方意見分歧的實質問題是關於‘對甚麼怎麼做’的表述，或不表述的問題。”王曉雲（亞洲司副司長）：“本來在《聯合聲明》發表時不是問題的問題，現在日方出現了各種問題，給人以‘特定的第三國’就是蘇聯的印象。在這種情況下，‘特定的第三國’的文字寫入條約是不適當的。反霸不僅限於蘇聯。”佐藤：“日本的立場在《聯合聲明》發表時和現在沒有任何變化。雖然與中國的立場有差異，並沒有從《聯合聲明》立場上後退。”中江要介（日本外務省亞洲局局長）：“我們知道解決第三條（反霸條款）很重要，不過其他各條早晚也要討論，中方在哪一點上有不同意見希望能告訴我們。”（中方沒有答覆，休會）。（第 1448 號電　極秘　大至急）（限定配發）

這裏看來，日方多次徵求中方對自己草案的不同意見，似乎其他條款的談判主要是以日方草案為討論基礎的。

31 日下午 3:00~5:20（含 35 分鐘休息），第七次會談。佐藤：“我整理了雙方的共同點之後，認為其中第五點雙方感到存在現實威脅，這一威脅中方不認為來自日方，日方也不認為來自中方。”韓：“我們雙方各自總結的共同點都有五條，其中雙方的意見還有不同之處。關於日方的第四點，‘本條約不指名蘇聯’，與其説是我們雙方的共同點，不如説是我們的分歧所在。剛才大使的發言提到有必要將日本的外交政策思想寫入本條約，在我們看來，無論是兩國間的聲明，還是條約，都應該反映雙方的共同點，或者説一致性。”（第 1446/1465 號　極秘　大至急）（限定配發）

8 月 1 日下午 3:05~5:07（含 65 分鐘休息），第八次會談，日方提交新的草案。（第 1488/1489 號電　極秘　大至急）

8 月 2 日下午 3：30~4：45（含 30 分鐘休息），第九次會談。韓：“日方的新草案沒有甚麼新的內容，不過是在原來草案的基礎上把‘特定的’改為‘某一個’，我們的結論是這不過是替換同義詞。中國有句古語叫做‘換湯不換藥’，日方的新草案，是中方完全不能考慮的。總之，對於任何從《聯合聲明》精神倒退的內容無論是用甚麼表現形式，寫入條約甚麼地方，中方都絕對不能同意。中方認為，目前談判進入了關鍵時刻，為了使條約談判早日完成，中方在這裏提出一個重要的、建設性的提議，把反霸條款第一款修改為：'締約雙方根據本條約鞏固和發展和平友好關係不是針對第三國的。'但這項提案有一個前提條件，即應將 7 月 23 日日方提議的'本條約的目的是鞏固和發展締約雙方的和平友好關係'刪除。中方的新提案是從政治角度出發，着眼於大局，充分考慮了日方意見之後提出的。中方已經做出最大讓步，我們衷心希望日方也以同樣積極的態度做出政治決斷。"佐藤："我認為雙方例舉各種道理反復爭論的階段已經過去，已接近做出政治決斷的階段。"（第 1502 號電　極秘　大至急）

　　在這天的會談中，中國在刪除"特定的""某一個"的同時，提出了"不針對第三國"的妥協案，看來是使雙方的距離拉近了。日方也表示"到了接近做出政治決斷的階段"，不過形勢還並不明朗。

　　11 月 3 日下午 3:35-5:10（含 50 分鐘休息），第十次會談。佐藤："很遺憾，我們不能同意昨天中方的提案。我們認為，第一，不能不說這個新提案與 1975 年中方草案第二條第一句的內容基本沒有改變。本條約有必要明確在整體上不敵視任何國家，也不損害其利益。日方的想法在根本問題上至今沒有改變，中方的新提案沒有反映上述思想。第二，日方第一條是照舊記載了《聯合聲明》第八款關於和平友好條約的目的，在條約本文的開頭，明確規定已經達成協議的條約目的是極為自然的事情。我們不能同意刪除該條款。"韓："(1)⋯⋯中方的新提案已經做出了最大的讓步，我們相信日方也能對此滿意。但中方富有誠意而且切實可行的提案被日方拒絕了，我們不能不深感遺憾。(2) 中方堅決扼守《聯合聲明》精神的決心不會改變，也不會有絲毫動搖。中方不可能考慮任何試圖削弱，或否定反霸條款精神和實質的，或使其空洞化的企圖。坦率地說，日方提出的'特定的第三國''某一個第三國'的提法都是從《聯合聲明》精神上的倒退，不過是所謂'宮澤四原則'的翻版。直說就是屈服於蘇聯的壓力。中國對這樣明顯試圖倒退的文字表述，過去、現在及將來都不會同意。中方衷心希望條約能早日締結……但是，這決不意味着可以無視原則，急於求成。在原則問題上，中方沒有妥協的餘地。"（第 1512/1513 號電　極秘　大至急）（限定配發）

4 日下午 3:30~5:00（含 60 分鐘休息），第十一次會談。佐藤："日方沒有說反對霸權不是針對蘇聯的，今後也不會這樣說。無論是蘇聯，還是其他任何國家，只要有謀求霸權的國家就反對，這是《聯合聲明》中明確寫入的日中兩國的立場，我國的立場也不會改變。"（第 1530/1531 號電　極秘　大至急）（限定配發）

6 日 3:30~5:20（40 分鐘休息），第十二次會談。韓："日方的新建議有不少問題，不能說是好的提案。第一，無論是聲明，還是條約都應該反映雙方的共同點，不能是偽善的。日方提案強調甚麼'不能理解為'，這種說法會給人甚麼印象是不言而喻的。第二……雙方草案中關於和平共處五項原則的內容已經在條款中得到反映，如果按照日方新草案那樣，單獨寫入條約就會畫蛇添足，反而給人一種中日有甚麼隔閡的感覺，所以我們認為對雙方是不利的。第三，我們留意到，日方說沒有說過反霸權不是針對蘇聯的話，今後也不會說，並對此表示評價（原日文：標價，疑是同音字的轉換錯誤—筆者註），日方的新提案被認為仍然有討好蘇聯的意味也是沒有辦法的。第四，日方新提案的文字表述帶有解釋性感覺，甚至有辯解的語氣，所以我們認為這種文字寫入條約並不合適。日方提案中的（動名詞）反對，大大弱化了文字表現力，中方對此不能同意。必須是（動詞的）反對。這個問題不單單是一個文字表述上的問題，無論是日語，還是漢語中（名詞的）反對，和（動詞的）反對都有語調的差異。"佐藤："改成（動名詞的）反對，第一是日語的問題，第二是使用（動詞的）反對時，在日語中具有伴隨某種行動的意思，所以有問題。該表述的英語是 to be opposed 或者 each is opposed，我們想讓日語和英語一致起來。"（第 1550 號電　極秘　大至急）（限定配發）

7 日下午 4:00~4:45（應中方要求舉行，無休息），第十三次會談。佐藤："非常遺憾，因為日前張香山提到條約問題，所以使我們很難考慮中方提案了。只要向外部透露這是中方的提案，我方就會發生同樣的困難。我們對把條約談判的內容透露給外界表示非常遺憾。"韓："第一，張香山發言並不等於公佈了中方提案。第二，中國朋友與日本朋友見面，日方首先提出條約問題的情況更多。大使稱非常遺憾，我們認為，日方把我們之間會談情況透露出去，使我們感到困難的情況更多。可以説不能保守秘密、泄露秘密的情況，日本的次數更多、更明顯。張香山並沒有説錯甚麼。所以日方並沒有稱因此而使該問題的處理變得困難，或感到遺憾的理由。關於條約談判的內容，日本的新聞及廣播報道的最多，這十多天連續日夜報道。中方在《人民日報》及其他廣播中並沒有報道。日方的新聞很多是與事實無關，與事實不符，或推測性的報道。不過我們對這種情況已經習慣了，所以沒對大使提及此類事情。這類報道中還有捏造的，例如昨天的廣播中，我並沒有説過的話，卻被説成是我説的。因此，關於這個問題，甚麼使日方處理困難，甚麼遺憾等等既沒有這種必要，也沒有根據。我認為在保守秘密方面，日方更困難一些，對此我不多説了。"佐藤："我也不再多説了。不過是想強調作為談判當事人，我自己感到困擾。"（在副部長級談判中，雙方的主張基本上是各説各的，席間日方提出"第三國"新提案。）（第 1569 號電　極秘　大至急）（限定配發）

8 日下午 3:00~3:20，第十四次會談，僅 20 分鐘。日方詢問中方對 7 日第十三次會談時日方的建議有何意見，中方表示還在研究之中。因 9 日將開始外長會談，所以副部長級會談暫時結束。（第 1582 號　極秘　大至急）（限定配發）

10 日上午 9:00~12:00（含兩次 30 分鐘休息），與外長會談平行舉行第十五次會談。在 9 日舉行的外長會談中，中方表示接受日方關於"第三國"提案，副外長會談就文字進行具體磋商。此外關於條約有效期限問題，中方："根據我方的方案，説的極端一點，如果在條約生效後一年就馬上採用廢除條約的條款就能使其失效。所以中方認為，不具體限定條約有效期限，也不設定廢除條款，即採用 1975 年日方提出的有關條約相關條款；或者如加入廢除條款就應該規定有效期限，如果 10 年覺得短的話，20 年、30 年也可以。"日方："經過研究，同意按照中方 1975 年第一次提案處理。對雙方達成協議的部分，我方提議為了把日文和中文表述進行對照和必要校對，組成（條約）起草委員會。對此中方表示同意。日方由田島（中國課課長）、東鄉、齋藤三人，中方由丁民（日本處處長）、條法司處長（日語發音：Sho Fukukyo—筆者註）及王效賢（日本處副處長）等三人組成。"（第 1617 號電　極秘　大至急）（限定配發）

11 日上午 10:20~10:55，第十六次會談。日方表示同意把動名詞的反對改成動詞的反對。（第 1643 號電　極秘　大至急）

至此雙方對立完全消除。

從上述副部長級談判過程可以看出，雙方談判的焦點始終圍繞反霸條款進行，中方反復強調"反霸條款上的分歧不是單純文字修辭的問題，而是事關是否有決心使中日關係繼續發展的實質性問題"，並堅持不能容忍從《中日聯合聲明》精神上後退的做法。而對條約的其他問題，儘管日方多次要求討論其他問題，但都被中方婉拒，堅持就反霸條款進行討論。在與反霸條款相關聯平行討論的"第三國"問題上，日方要求將"本條約不是針對特定的第三國的"內容寫入反霸條款的前半部分，中方則堅決反對，中方提出的反建議是"本條約不是針對不謀求霸權的第三國的"。其結果，核心問題並沒有在副部長級會談中得到解決，最後只能等待通過兩國外長級會談的政治決斷加以解決。整個會談都沒有涉及媾和及戰爭處理問題。

二、外長會談

為打破副外長級會談的僵局，8 月 6 日，福田、園田及安倍晉太郎（官房長官）在箱根（著名避暑區）會談，[32] 決定派遣園田直外長緊急訪華，以實現締約。

8 月 10 日，十八號賓館，上午 9:30~12:20（含 30 分鐘休息），第一次外長會談。黃華外長（以下簡稱黃）："1972 年 9 月 29 日中日兩國政府發表《聯合聲明》以來，馬上就六年了。《聯合聲明》記載的重要任務之一就是締結《和平友好條約》，我們必須完成這個任務。從雙方開始談判也已經有三年以上，到目前為止的會談加深了相互理解，使雙方在很多問題上達成了一致。希望雙方堅持《聯合聲明》的原則，早日締結友好條約。談判的焦點是反霸條款。我方反復指出，這不是文字表述的問題，而是能否扼守《聯合聲明》原則，使中日關係向着更好的方向發展的實質問題。如果從世界大局看問題，從政治的高度去思考，包括反霸條款在內的所有問題都不難解決。我相信只要我們扼守《聯合聲明》的原則，本着求大同存小異的精神，就沒有克服不了的障礙。"

園田直外務大臣（以下簡稱園田）："我一直關注着兩國代表團進行的 14 次會談，我認為這些談判有助於我們加深相互理解。我想本條約的早日締結不僅對日中兩國，而且對亞洲繁榮也有意義。我高度評價到目前為止進行的談判，並感到滿足。我想說日本國民也對佐藤—韓會談的進展感到高興。在評價這些會談時，我想坦率地說，雙方對彼此的理解和信賴都還不夠。也就是說，對日方的提案，中方認為是屈服於蘇聯的壓力，對中方的提案，日方也感到受到了某種束縛。相互之間坦率地對話，佐藤—韓會談就能順利進行。請允許我坦率地說實話。"

黃："我們想先集中精力討論反霸條款。在當前的國際形勢下，雙方的外交政策及立場有共同點，也有分歧，但這些分歧不應該成為早日締結條約的障礙。"

園田："我想就與其相關的問題說幾句。我們在對外聲明中，提到美國也希望日中條約成功。卡特總統、萬斯國務卿都表示希望日中積極促成條約締結。其理由貴部長是清楚的。第一，是美國想同貴國實現邦交正常化……但國內還有反對派，如果日中條約搞成了，也有利於美國政府說服國內輿論。第二，明顯有對蘇聯的考慮。日中之間的條約與美中之間的邦交正常化目的不同，但想法一樣……眾所周知，蘇聯政府及新聞都不斷地對日中條約提出強烈的抗議和非議……再一個問題是外交基本方針問題，貴國與日本之間有若干差異，日本憲法第九條㉝正是最好的反霸體現。1972年《聯合聲明》發表時雖然出現了霸權主義的詞語，但是人們還不太熟悉的詞彙。孫文最後離開日本時曾說：'日本的友人們，不要放棄王道搞霸道。'日本國內現在也還有王道、霸道的說法，所以《聯合聲明》發表時，新聞界看到霸權一詞便引起很大議論。不過，六年後反霸權的概念正在日本生根，日本人對於依靠實力進行威脅是堅決反對的。不過事先決定好一個國家為霸權國，並對其採取敵對政策是不會被日本國民接受的，這並不是要討好蘇聯。我們希望日中條約能夠在日本國民祝福、心悅誠服的氛圍中締結。"

　　黃："中國外交的根本原則不是敷衍塞責的，而是坦率地、單刀直入地表明自己的觀點。在《中日和平條約》（原文如此—筆者註）談判過程中我們始終貫徹了這一方針。《聯合聲明》的原則是兩國關係發展的準則和基礎，《和平友好條約》是為了發展《聯合聲明》的精神，而不是使其倒退，更不能削弱《聯合聲明》的原則。反霸權條款反映了現實世界的形勢。"

　　園田："不削弱《聯合聲明》原則，不使其倒退，應該早日締結友好條約等，我們沒有異議。我今年一月訪問了蘇聯，我告訴他們，'日本希望中蘇關係緩和，日本決不會與蘇聯攜手威脅中國。同樣，也不想與中國合作以蘇聯為敵。'關於亞洲的問題，在上次戰爭中，日本給亞洲國家添了麻煩，是不對的。日本曾經犯過各種錯誤，其中一個就是認為'亞洲是一樣的'。其實亞洲並不是一樣的，國家大小、強弱、歷史、傳統、習慣、宗教、政治形態各自不同，相互之間必須理解、尊重、站在對方的立場上考慮才行。霸權問題也是如此。如果彼此理解對方的真實意圖，中方站在日方的立場上考慮，日方站在中方的立場上考慮，我想雙方就能夠在此問題上達成一致。"

　　黃："我們積極評價大臣剛才提到的日方沒有削弱，或使《聯合聲明》

反霸權精神倒退的意思，並希望條約早日締結。關於《中蘇同盟條約》，我們中方的態度是，認為它早就有名無實了。大臣是肩負着談判條約的重要責任而來中國的，我們希望在此，日方就和平友好條約中最關鍵的問題表明日本政府的想法。"

園田："我是為了推動佐藤—韓會談，並在此基礎上簽訂條約而訪華的。關於霸權問題，如果有霸權行為，當然應該反對……但是絕不捲入中蘇對立，這是大多數日本國民的想法……反霸權最重要的是日中兩國互不侵犯，這是反霸的出發點。上次東南亞外長會議上，東南亞的外長都承認蘇聯的威脅，但同時對中國的未來感到不安也是事實。對於亞洲國家來說，貴國是大國，而且貴國在努力爭取繁榮。在東南亞國家的邊境爭端問題；各國內的反體制運動；反政府遊擊隊等問題中（有中國的影響），各國對中國能否永遠不搞霸權，與各國友好相處還感到不安。所以包括緬甸在內的東南亞國家歡迎日中條約的締結，也非常關心究竟簽訂甚麼形式的條約，特別是反霸條款究竟以甚麼形式寫入，這關係到中國是否尊重對方的立場來締結條約。而且，並不是全部日本人都對中國放心、信任。中國對我國來說是重要的國家，日中兩國友好對亞洲的未來有好處。到目前為止日中友好協會作了很多工作，日本對中國的感情好轉了，但是坦率地說，到目前為止並不是沒有問題，假如在日本說華國鋒、鄧小平不好，中國人民能信任日本嗎？而中方人士卻常常批判日本總理不好。每次出現這種情況日本國民就會對中國是否真的不干涉內政感到不安。反對成田機場鬥爭已經變為反體制鬥爭，在日本無論是自民黨還是共產黨都不支持，而中方招待這個組織的委員長訪華並鼓勵他們。像這樣的事兒，老實說持公平想法的日本國民都會對中國真的不干涉內政，中國今後強大了不會威脅日本感到懷疑……再加上美國的想法。日本希望締結一個能使日本國民都能心悅誠服地感到高興的條約。中國也希望日本、東南亞、美國、世界各國都能高興，並心悅誠服的締結條約。"（第 1606 號電　極秘　大至急）

10 日下午 4:20~5:20，第二次外長會談。黃："《和平友好條約》的反霸條款，首先是約束中日雙方的。中日雙方已經宣佈不稱霸，不僅現在，將來經濟發展了也如此。中國的這種態度為亞洲及世界人民所周知，在條約中寫入反霸條款也顯示了中國不稱霸的決心。的確，東南亞國家……歡迎中日條約首先是由於存在着蘇聯的威脅，其次是因為從歷史經驗中對日本也抱有戒心。東南亞國家同中國一樣，遭受了帝國主義的侵略，所以理解中國的反霸政策。坦率地說，我們對於日本軍國主義是否會再現還有不安。為此中國再三對日本朋友說，締結包括反霸條款在內的條約有利於改善日本的印象……我想宣佈為了使條約早日實現，中方原則同意日方 8 月 7 日的方案。反霸條款改寫為'本條約不影響締約各方對第三國的立場。'這表現了中方為締結條約做出巨大努力。"

園田："我在過去 20 多年裏對日中問題採取了一貫的立場。在就任外長時就感到締結《和平友好條約》非我莫屬。因此，我這次是豁出生命和政治命運訪華的。我作為日本的政治家是出於熱愛貴國，更熱愛日本、熱愛亞洲、反省戰爭的願望。我對剛才貴外長表態，朝締約方向大大前進了一步表示深深地謝意。我將坦率地告訴日本的朋友，我會負責任地用我自己的話向日本國民說，這次條約能夠達成協議是中國朋友、中國人民表現了對日本的友情，真心為了亞洲和平而做出政治決斷的結果。首先（中國）極為坦率地對我們日本表現的關照，我作為朋友表示衷心地喜悅。關於蘇聯威脅，我完全同意（中方的看法）。東南亞國家對日本所抱有的疑慮、不安，也是我們應該反省的問題。今後對中國、對東南亞，日本應該在中國及東南亞的繁榮中尋求發展，並表現出誠意和行動來，以行動體現日本軍國主義不會再起。日本的確有一些反對條約的人，但是民意調查顯示贊成無條件地締結條約的只有近 30%。剩下的是所謂謹慎派的人，他們知道日中友好是亞洲和平的基礎，這些人對於日中條約的結果究竟真是為了兩國發展和亞洲和平，還是為了中國對蘇戰略的一環表示懷疑。"（第 1608 號電 極秘 大至急）

12 日上午 11:00~11:45，第三次外長會談。雙方就共同關心的問題交換意見。園田：“《聯合國憲章》當中還有敵國條款，我國認為，我國已經加入聯合國，締結了《舊金山條約》、《日中聯合聲明》、《日蘇共同宣言》等，與當事國建立關係，所以敵國條款已不適用於我國。貴國對此如何考慮？”黃：“《聯合國憲章》是第二次世界大戰結束時寫成的，此後國際形勢發生了很大變化，當中一些已經不適用了……中國認為應該儘早修改《聯合國憲章》。”園田：“有幾件事想向貴國提出來。首先是國籍問題。在日方看來，有日本國籍，中方不承認雙重國籍的日本人有四千人。其中目前還有雙方看法對立的情況。希望能就明確這些人的國籍問題與中方進行磋商。第二，我想建立與日中關係相適應的日本大使館。按照日本的標準，想借用 3 萬 2 千平方米的用地。第三，我們希望在建立廣州總領事館、上海總領事的官邸問題上得到中方的協助。最後還有一個重要問題是在即將進行的聯合國安理會非常任理事國選舉，日本已經申請競選，希望中國支持。《和平友好條約》締結了，彼此緊緊握手了，如果還得不到中國的支持，我這個外長在國內就沒面子，所以請務必支持。”黃：“國籍問題同意大臣的意見……安理會選舉問題，牽涉到亞洲地區很多國家的權利和利益。想與亞洲地區國家好好協商，根據具體情況來研究。”（第 1675 號電 極秘 大至急）

就這樣，副部長級會談中，中日雙方就“技術性”問題反復交鋒爭論，外長會談則着重強調各自的外交原則，在反霸條款問題上雙方坦率交換意見，包括對彼此的不安和疑慮，也在相互牽制。即使在 1978 年通過美國，雙方之間存在着“准戰略合作關係”時期，中日雙方對彼此的信任氣氛有限，彼此戒備的氛圍十分濃厚。最重要的是，通過外長會談，中日雙方確認了各自外交政策和對彼此的看法，為最終締結甚麼水平的友好條約打下了基礎。中方在第二次外長會議上表示接受 8 月 7 日日方關於第三國提案，對締約談判的進展起到決定性作用，而中方明確把反霸條款作為友好條約的“最關鍵的問題”。

曾成為中日關係障礙的《中蘇同盟條約》問題也值得一提。近年俄國史料公開後，當年中蘇首腦會談中關於與日本關係的內容也已曝光。據蘇方史料記載，中方對蘇方提出的條約案"沒有任何原則性修改意見"。中蘇雙方僅在有關旅順、大連及中長鐵路的主權問題形成尖銳對立。在日本問題上有過幾次議論，首先是 1950 年 1 月 16 日毛澤東、斯大林會談，斯大林對締結中蘇條約表現消極，毛澤東要求締結中蘇新條約的理由是"舊條約[34] 的主體已經變了，即國民黨政權已經崩潰，日本已經戰敗。舊條約是關於合作對日作戰的，新條約是防止日本準備新的戰爭而加強中蘇合作關係的。"斯大林："舊條約第三條（聯合國在承擔起未來防止日本新的戰爭準備之前，本條約一直有效）還保留嗎？"毛澤東："這也不必保留。"中方起草的"蘇軍對旅順、大連的使用期限為《對日媾和條約》簽署後或本條約締結後最遲到 1952 年底終了了"都強烈暗示了《對日媾和條約》締結的時期問題，可以看到《中蘇同盟條約》與日本的關係。[35]

中日談判的結果，"反霸條款"最後成為友好條約第二條"締約雙方表明：任何一方都不應在亞洲和太平洋地區或其他任何地區謀求霸權，並反對任何其他國家或國家集團建立這種霸權的努力。""第三國條款"為條約第四條"本條約不影響締約各方同第三國關係的立場。"可見該條約還是雙方妥協的產物。

第四節
友好條約的妥協與條約性質

一、雙方觀點的整理

首先，日方同意以寫入反霸條款為前提，重新開始談判，說明日方的原則讓步。

第二，副部長級談判的焦點是反霸條款的具體表述方式和第三國條款問題。日方強烈要求寫入第三國條款。談判中，中方不同意寫入第三國條款，認為日方草案的內容，特別是"特定的第三國"等過分暗示蘇聯而不予接受。8 月 6 日決定日本外長訪華説明日方已經下決心就反霸及第三國等"原則問題"做出政治決斷,並簽署條約。7 日,在舉行第一次外長會談前,日方就第三國條款提出了兩種妥協方案,"第一,本條約不影響締約各方對第三國的立場;第二,締約雙方通過締結本條約旨在鞏固和發展兩國和平友好關係,沒有損害第三國利益的意圖。"即刪除"特定的"或者"某一"的提法。中方認為,第二種方案的文字表述與以前的草案大同小異,仍帶有解釋性的意思,是辯解性的,不適合寫入條約之中,而第一種方案沒有"特定、任何"等字眼,相對比較容易接受。

第三,中方認識到園田外長的訪華是"為了締結條約",體現了日方決心締結友好條約的誠意,也準備採取投桃報李的方式,用某種方式表現誠意。會談中,雙方確認了彼此外交原則,在相互牽制的同時,也承認彼此間的分歧,為 10 日第二次外長會談中,中方宣佈接受日方第一種"第三國條款"妥協案打下基礎。中方強調"這是中國為締結條約所做出的巨大努力的體現",也是使雙方立場迅速接近的關鍵所在。

第四,在中方接受日方第三國條款妥協案之後,日方於當日舉行的第十五次副部長級會談中也表現出讓步,同意按照中方的意見把動名詞的反對改成動詞的反對(即把日語:反对である,改成 反对する)。由此雙方幾乎在所有問題上達成了妥協。在雙方的讓步下,歷時四年多的友好條約談判終於有了結果,《中日和平友好條約》於 1978 年 8 月 12 日正式簽署(同年 10 月 23 日生效)。

第五,日方在反霸條款上有抵觸感,並在談判中對中國未來的可能霸權表示不安,中方也同樣對日本未來的霸權,或軍國主義再起表示不安。意味深長的是,雙方在條約談判過程實際上就已經在彼此身上開始"活用"反霸條款了。中日雙方在一系列外交問題上展開了交鋒,相互牽制,其中反映出彼此的打算與戰略側重不同的考量和缺乏互信的真實情感。

在此之前的 8 月 10 日,鄧小平會見園田直。這次會談也促進了條約談判的進程,看到了達成協議的前景。鄧小平在提及條約性質和意義時指出："和平友好條約的重要性在於反霸權,這個具有決定中日關係方向的性質。"8月14日發表的《人民日報》社論指出："反對霸權主義是當前保衛和平事業的一個主要任務,也是《中日和平友好條約》中的一項重要內容";"中日兩國承擔不謀求霸權的義務,鮮明地把'反霸條款'載入《中日和平友好條約》,這是國際條約中的一項創舉⋯⋯在國際事務中必將產生深遠的影響。"

二、條約內容的再確認

《中日和平友好條約》由前文及五條組成,其中前言部分"上述《聯合聲明》是(中日)兩國間和平友好關係的基礎,確認《聯合聲明》所表明的各項原則應予嚴格遵守,確認《聯合國憲章》的原則應予充分尊重,希望對亞洲及世界的和平與安定做出貢獻;為了鞏固和發展兩國間的和平友好關係而締結條約。"第一條是"根據和平共處五項原則及《聯合國憲章》的原則,用和平手段解決一切爭端,而不訴諸武力或武力威脅";第二條是"反對謀求霸權";第三條是"促進經濟文化關係的發展和交流";第四條是"不影響與第三國關係"的立場;第五條是"批准與終止"。有效期十年,繼續延長。可在一年以前,以書面通知締約另一方終止條約。

三、條約的性質 —— 日本政府的答辯

此後,日本政府在日本國會審議《中日和平友好條約》時,就條約的性質、中日戰爭終止的時間等問題做出了值得關注的答辯,也反映了日本政府的基本立場。

首先,關於《友好條約》是不是媾和條約問題。1978年9月30日,在野黨方面提出《友好條約》並不像政府所說的那樣,應該不是一個單純的推進友好關係的,而是兼具媾和條約性質的條約,並要求政府做出答辯。該條約名稱中有"和平"兩字恰恰證明了上述觀點。對此福田總理表示:"這裏的和平並沒有甚麼特別的意思,本條約是表明和平友好感情的條約,

不是所謂法律上所説的和平條約，其宗旨也不是。"㊱ 明確否定了《友好條約》具有和平條約的性質。

第二，對於中日兩國戰爭狀態何時終止的問題。10 月 3 日眾議院預算委員會上，福田總理表示："我國的見解是通過《日華和平條約》解決了一切戰爭處理問題，相反，中國方面認為是通過《聯合聲明》完成了戰爭處理問題。這之間是存在差異的。總之，通過《聯合聲明》全部解決了。"㊲ 這裏福田既不否定中方的主張，又要堅持日本政府自己的主張，試圖用模棱兩可的方式來搪塞。

接着在 10 月 13 日眾議院外務委員會上，公明黨議員中川嘉美問："《日中和平友好條約》毫無疑問地不是處理戰爭問題的和平條約，而是確認日中兩國友好關係的條約。如果是這樣的話，只能理解為日中之間的戰爭問題已經通過 1972 年《聯合聲明》加以解決了。對此請確認。"園田外長答辯："完全正確。"中川："不過如果是這樣的話，這與傳統的戰爭處理方式若干不同，是到目前沒有的方式。這樣將來是否會因此出現新的問題？"園田："不一定今後就不會出現問題了，但以本條約為基礎，通過兩國對話，不會使問題朝着壞的方向發展，而向相互理解的方向發展。"同日，在答覆共產黨議員寺前嚴關於中日戰爭狀態問題時，外務省條約局局長大森誠一稱："關於日中之間的戰爭狀態問題，在法律上，我國的立場是我們與中華民國之間的戰爭狀態通過《日華和平條約》第一條終止了。在日中邦交正常化時，我國向中方充分説明了我國的基本立場，即我們不能接受《日華和平條約》從一開始就無效的中方主張，為了日中邦交正常化這一大目標，日中雙方為了克服在此基本立場上困難的法律問題，才達成了《聯合聲明》的文字表述。就這樣，日中之間的戰爭終止問題通過《日中聯合聲明》最終得到解決。"寺前："你現在的説明，一般來説，在性質上終止戰爭狀態是通過條約來解決的問題，所以在這一點上目前日中方式是有差異的……總理在 10 月 3 日預算委員會上答辯説對這個問題日中之間存在分歧，日本政府的立場是 1952 年的《日華和平條約》終止了戰爭狀態。日本政府現在仍然採取這種立場嗎？即基本上是 1952 年的《日華和平條約》解決的，最終是由 1972 年《日中聯合聲明》解決的？"大森："是的。"[38] 這裏外務省的解釋掩蓋了一個基本事實，就是儘管日方向中方充分說明了日方的基本立場，但中方並沒有表示贊同日方的立場，而且日方被迫按照中方的要求廢除了《台日條約》。

10 月 14 日，眾議院外務委員會上針對議員提問："日中兩國間的終止戰爭及恢復邦交的問題，從法律關係上說是通過本條約前言部分解決的？"園田外長："是的。"[39] 16 日在同一委員會上，園田外長表示："戰後處理在《聯合聲明》時就已經全部完畢，但該《聯合聲明》沒有經過國會批准。（《和平友好條約》）也許有這種（戰爭處理的）性質。"[40] 日本政府對友好條約的性質採取了"也許有戰爭處理的性質"這一曖昧說法來間接承認，這明顯是矛盾的。日方既想繼續堅持《台日條約》為"日中媾和條約"的基礎，又想找到與中國的"共識"，但兩者勢不兩立。

第三，關於反霸條款的性質，有議員問："因為中日雙方都同意不謀求霸權，所以該條約是否具有一種不可侵犯條約的性質。"對此，亞洲局局長中江要介稱："不是以往所說的那種互不侵犯條約。"[41] 而條約局局長大森誠一則說："本條約第一條宣稱互不侵犯，從其意思上看，也可以說是互不侵犯條約。"[42]

如上所述，日本政府在堅持《台日條約》的同時，充分認識到僅僅靠《聯合聲明》缺乏法律上的意義，所以重視《友好條約》的法律意義，間接承認《友好條約》有戰爭處理的性質。不過這樣的話，日本政府主張還是矛盾的，因為《聯合聲明》是以《台日條約》無效為前提才能成立的。日本政府如果承認《聯合聲明》是與中國政府之間的"戰爭處理性質"文件，那麼日本政府至今主張的"通過《日華條約》日中之間的戰爭處理已經結束"的政治解釋就不能成立，兩者只能擇一。

毫無疑問，所謂"因《台日條約》而使中日間戰爭處理完畢"論在《聯合聲明》發表之日就已經被徹底否定。《聯合聲明》中有不少關於戰爭處理的內容，例如日方反省戰爭，痛感責任；中方放棄對日本的戰爭索賠都是戰爭處理的規定。如果真的中日間戰爭處理早在 1952 年就已經完畢，《聯合聲明》這些規定就都是多餘的了，日本政府肯定會拒絕，是不可能出現的。所以只能說，因為《台日條約》沒能處理中日戰爭問題，才有 1972 年《聯合聲明》中關於戰爭處理的內容。

更重要的是，如果《台日條約》真的是對全中國有效的法律文件，為甚麼中日邦交正常化的結果要使這個"對全中國有效，有意義"的"條約失去存在的意義"了呢？很明顯，恰恰是由於《台日條約》不可能對全中國有任何效力，並被中國中央政府完全否定，所以日本政府才不得不宣佈"終了"的。日本政府為了保持《台日條約》"法律上的整合性"，在邦交正常化時反對，並要求中方不對中日間的法律問題進行清算，認為"中日兩國在此問題上既沒有必要，也不可能弄清法律上的誰是誰非。"結果是至今中日之間在戰爭處理這樣極為重大的法律、政治問題上難以達成共識。

值得一提的是，《友好條約》的焦點 —— 反霸條款，在日本國會審議中幾乎沒有成為問題，園田外長在答辯中僅宣稱："（日中兩國）反對霸權根據各自立場進行，該條並沒有束縛各自的基本外交政策。"[43] 對於如果霸權行為不是來自第三國，而是日中之間某一方的情況下，該條約是否還繼續存在的問題，中江要介表示："在發生這種情況下，涉及的是是否違反反霸條款的問題，並不馬上直接成為本條約能否繼續存在的問題。"[44] 受到日本政府重視而制定的反霸條款，在締約一方實行霸權行為，被認定為違反了反霸條款的情況下，也解釋為"不影響條約的繼續存在"，這種解釋意味深長。因為，這一立場有可能出現"反霸條款與締約國中日兩國無關"，或者是"中日兩國不受約束"的結果。既然反霸條款規定"締約雙方不應謀求霸權"，就應首先束縛締約雙方的行為，如果締約方有霸權行為，當然會危及條約存在。既然設定了 10 年有效期和廢除條款，那麼在一方違反條約時，當然要考慮廢除或終止條約的問題。

另外，根據日方公佈的談判記錄，在 8 月 10 日第十五次會談中，中方主張不設具體的條約有效期限，也不設廢除條款，日方則要求設置廢除條款。中方認為日方廢除條款的內容可能使"條約在生效後立刻動用廢除條款被廢除"。在日方提出設廢除條款後，中方又提出"如果設廢除條款，就應該規定有效期限，如果覺得 10 年短，可規定 20、30 年都行"的靈活建議。從中方靈活建議的情況看，可以想見最終設定有效期十年是日方的提議。這裏反映了中日各自想法的差異。不過，日方設定有效期建議本身有肯定《友好條約》不是媾和條約性質的意思。因為所有和平條約都是不設有效期的，只有在兩國重新開戰時和平條約才會被廢除。

四、中方的解釋

中方是如何看待《友好條約》的呢？大多數中方學者在強調《友好條約》的重要性的同時，都沒有從戰後中日媾和條約的角度思考《友好條約》，也很少有人提及其有否和平條約的性質問題。[45]

1978 年 8 月 14 日的《人民日報》社論《中日兩國人民要世代代友好下去》指出："《中日和平友好條約》是迄今兩國關係的政治總結，也是發展兩國睦鄰關係的新起點。""條約規定中日兩國建立持久的和平友好關係，並在相互關係中，用和平手段解決一切爭端，而不訴諸武力和武力威脅。擁有近十億人口的中日兩國建立和發展這種持久地友好合作關係，對於整個亞洲和太平洋地區的和平、安全、穩定與繁榮，必將是一個強有力的積極因素。"

10 月 23 日鄧小平在與福田首相的會談中指出："這次由於福田總理的政治決斷，使戰後兩國各種關係得以在法律上、政治上加以概括。特別是在政治上明確地肯定了和平友好關係是十分重要的。這對亞洲和世界和平都是有利的。"[46] 鄧的發言談到總結了戰後中日間的法律、政治關係顯然有重要意義，但最終不過是"戰後的總結"，並不認為它是兩國間的媾和條約。

福田赳夫在其回憶錄裏談到："這個《日中和平友好條約》是田中內閣

時期的《日中聯合聲明》的條約化，沒有追加任何新的東西。不是媾和條約，而是和平友好條約。"⑰

五、條約的意義

《友好條約》不是媾和條約，但是該條約的締結確認了《聯合聲明》的各項原則應予嚴格遵守。中日兩國把"政府間文件"的政治關係上升到條約規定的法律關係水平。和平、友好是中日關係的最大公約數。通過這個條約，至少使兩國長期存在的互不信任和敵對狀態得到較大程度的緩解，給中日兩國至少帶來了久違的和平與友好氣氛，其意義無疑是十分重大的。日本前總理中曾根康弘曾對筆者說："《友好條約》是對田中、周會談內容的再確認及條約化。"⑱

在分析中日關係的現狀時，有必要重新思考友好條約的意義。由於當初中日雙方在《聯合聲明》及《友好條約》的兩次談判中都有意迴避了媾和條約和戰爭狀態終止等核心問題，使兩國間的戰爭處理在友好條約階段沒有解決，兩國民眾的真誠和解與互信也沒能實現。

通過上述實證研究說明，中日之間在國際法意義上，以甚麼文件，或者說哪個條約規定兩國關係，特別是戰爭與和平關係的？還沒有達成共識，雙方似乎也不拘泥於是否有共識。自從《友好條約》提出的 1972 年邦交正常化談判，到 1978 年《友好條約》的締結以及條約審議等各個階段，雙方都沒有把《友好條約》當作媾和條約。從《友好條約》的內容也可以看出，儘管它確認《聯合聲明》所表明的各項原則應予以嚴格遵守，但它尚不具備媾和性質和職能，不是中日媾和條約（和平條約）。

註　釋　【End notes】

① 田桓主編《戰後中日關係文獻集 1945~1970》，中國社會科學出版社，1996 年，150~151 頁。

② 同註 ①，312~313 頁。

③ 同註 ①，682~683 頁。

④ 同註 ①，737~741 頁。

⑤ 日本外務省中國課監修《日中關係基本資料集 1949~1970》，霞山會，1971 年，306~308 頁。

⑥ 同註 ①，21 頁。

⑦ 〈竹入メモ〉，石井明等編著《記錄與考證　日中邦交正常化—日中和平友好條約締結交涉》，岩波書店，2003 年，11 頁。

⑧ 張香山〈中日締結和平友好條約的前提〉，《日本學刊》，1998 年第四期。

⑨ 朝日新聞等。

⑩ 吳學文等著《當代中日關係 1949~1994》，時事出版社，1995 年，191 頁。

⑪ 同註 ⑩，193 頁。

⑫ 同註 ⑩，209 頁。

⑬ 田中明彥《日中關係 1945~1990》，東京大學出版會，1991 年，85 頁。

⑭ 古澤健一《昭和秘史—日中和平友好條約》，講談社，1988 年，130 頁。

⑮ 2006 年 2 月 17 日，筆者採訪日中協會會長、日本眾議院議員野田毅時，野田的談話。

⑯ 《第 85 屆國會眾議院預算委員會會議錄》，第 3 號，12 頁。

⑰ 同註 ⑧。

⑱ 同註 ⑬，90 頁。

⑲ 前引古川萬太郎《戰後日中關係史》，402 頁。

⑳ 林曉光〈1970 年代的中日關係〉，石井明等編著《記錄與考證　日中邦交正常化—日中和平友好條約締結交涉》，岩波書店，2003 年，383 頁。

㉑ 張香山《中日關係管窺與見證》，當代世界出版社，1998 年，77~78 頁。

㉒ 1950 年 2 月締結的《中蘇友好互助同盟條約》中規定 "以日本及與日本相勾結的國家為假設敵國"，建立 "反抗日本侵略的同盟" 等內容。

㉓ 所謂 "宮澤四原則" 是指：(1) 不僅在亞太地區，在世界任何地區都反對霸權主義；(2) 反對霸權不針對特定的第三國；(3) 反對霸權不意味着日中兩國採取共同行動；(4) 不能接受與《聯合國憲章》相矛盾的內容。

㉔ 詳情請參照殷燕軍著〈1970 年代中美戰略對話與中日美關係〉，日本關東學院大學《經濟經營研究所年報》第 28 集，2006 年 3 月號。

㉕ 同註 ⑬，98 頁。

㉖ 同註 ⑬，99 頁。

㉗ 同註 ⑬，101 頁。Sadako Ogata, Normalization with China, A Comparative Study of U.S. and Japanese Process（Berkeley: Institute of East Asian Studies. Univ. California, 1988.）

㉘ 指 1978 年 4 月中國漁船在中日之間有爭議的釣魚島（日方稱尖閣列島）附近大量集結，以宣示釣魚島是中國領土的事情。日方提出抗議，中方曾向日方解釋這是 "偶發事件"。

㉙ 同註 ⑬，94 頁。

㉚ 同註 ⑤，179~180 頁。

㉛ 同註 ⑩，222 頁。

㉜ 談判期間暫時回國述職的中江要介大使 8 月 6 日在箱根向福田總理等匯報締約談判情況，中江分析，華國鋒總理 18 日訪歐之前達成締約協議的可能性很大，由此決定派遣園田外長 8 日訪華。中江提到其理由時表示，"訪歐時中國總理的包裹有沒有明確寫入反霸條款內容有天壤之別"（中江要介回憶錄《日中和平友好條約談判時》，前引石井明等著《記錄與考證 日中邦交正常化一日中和平友好條約締結交涉》，300 頁）。不過，在筆者看來，鄧小平在 1977 年 10 月就表示 "簽訂條約一秒鐘就能解決"，說明中方始終十分積極，與當時已經成為 "名義首腦" 的華國鋒訪問歐洲並不一定有直接關係。

㉝ 日本憲法第九條規定，日本不得保有戰力，即軍隊。否定戰爭，不承認日本國家的交戰權，不得以武力解決爭端。

㉞ 指 1945 年 8 月，國民政府與蘇聯之間簽訂的《中蘇同盟條約》。

㉟ 參照《中共黨史研究》1998 年第 2、3 期。

㊱ 1978 年 9 月 30 日《國會參議院本會會議錄》，第 4 號，11 頁。

㊲ 1978 年 10 月 3 日《國會眾議院預算委員會會議錄》，第 3 號，12 頁。

㊳ 1978 年 10 月 3 日《國會眾議院外交委員會會議錄》，第 1 號，32 頁。

㊴ 1978 年 10 月 14 日《國會眾議院外務委員會會議錄》，第 2 號，21 頁。

㊵ 1978 年 10 月 16 日《國會眾議院預算委員會會議錄》，第 3 號，17 頁。

㊶ 1978 年 10 月 13 日《國會眾議院外務委員會會議錄》，第 1 號，22 頁。

㊷ 1978 年 10 月 13 日《國會眾議院外務委員會會議錄》，第 1 號，22 頁。

㊸ 1978 年 10 月 2 日《國會眾議院外務委員會會議錄》，第 2 號，32 頁。

㊹ 1978 年 10 月 13 日《國會眾議院預算委員會會議錄》，第 1 號，22 頁。

㊺ 如前引吳學文等《當代中日關係 1945~1994》（時事出版社，1995 年）、宋成有等《戰後日本外交史》（世界知識出版社、1995 年）、馮昭奎等《戰後日本外交 1945~1995》（中國社會科學出版社，1996 年）等。

㊻ 同註 ⑤，191 頁。

㊼ 福田赳夫《回顧九十年》，岩波書店，1995 年，304 頁。

㊽ 2006 年 2 月 16 日，筆者對中曾根康弘原首相的採訪。

第八章　結　論

　　媾和 —— 和平條約是在戰爭當事國之間為結束戰爭、恢復和平，建立新關係而締結的國際法條約。本書以實證研究的方式，證明中國與日本兩國經歷了多年的戰爭後至今沒有締結中日和平條約，至少可以説沒有兩國政府都認可的，並能共同遵循的和平條約，雙方也沒能正式宣佈戰爭狀態的結束。兩國政府都清楚地了解這一點，並認為中日間幾乎"不可能"締結這樣的和平條約。日方早在 1972 年邦交正常化談判時就已斷言中日雙方在戰爭與和平的法律地位認識上不可能，也沒必要一致。到 2006 年日方也認為"現在簽訂新的和平條約也並非上策"。[①] 鑒於日方的反對，中方在邦交正常化時也認識到在中日之間簽訂和平條約"在現實上不太可能"。

　　今天，中日兩國關係處於新的轉折時期，沒有和平條約的後遺症依然可見，並必將給未來的中日關係留下隱患，罩上巨大的陰影。現在兩國之間使用"友好"一詞似乎並不那麼積極，和平問題卻再次成為重要課題，友好條約能否適應新的時代要求，完成歷史的重任，對兩國領導人的政治智慧都是嚴峻的考驗。[②] 日本政府雖強調中日雙方在和平與戰爭問題上的法律共識"不可能，也沒必要"建立，卻敢不顧事實地單方面宣稱中日之間戰爭處理問題"已解決完畢"，而日本各級法院也跟着日本政府的説法，還在對大量中國民間對日戰爭索賠案件做出缺乏法律根據（沒有中日雙方都認可的處理戰爭問題的法律文件），或單方面解釋的政治性判決，以協助日本政府繼續逃避戰爭責任造成的法律、政治及道義責任。

　　戰後中日兩國雖都發生了巨大變化。大日本帝國變為日本國，絕對天皇制變為資本主義議會民主制，天皇成為"日本國和日本國民統合的象徵"。中華民國變為中華人民共和國，資本主義制度變為社會主義制度。

戰爭與和平這個事關中日兩國間最基本、最重要的問題沒有改變。中日兩國的媾和問題不僅對中日兩國，而且與亞太及世界和平都緊密相關。

到目前為止，在中日兩國之間缺乏關於中日媾和問題的系統研究，而主要集中在對戰後兩國關係的概括性研究上，諸如戰後關係、外交史等等，所以，作為一本從外交史角度系統研究中日和平條約的專著，本書可以說是第一次嘗試。通過這個研究，基本了解到作為聯合國主要成員、對日作戰主戰場、也是對日抗戰最早、時間最長、戰爭損失最大的中國在戰時、戰後初期及對日媾和時期是如何進行的，得到怎樣的結果。通過這一研究基本弄清日本是如何與國民政府，以後又與台灣當局、中國政府進行關於戰爭與和平的媾和外交談判的。

筆者試圖對戰後中日兩國關係最大的懸案 —— 媾和問題進行探討。研究的目的是對戰後中日關係的起點 —— 中日媾和的全過程進行的全面研究。通過研究試圖回答 “戰爭與和平” 這一事關中日兩國人民最敏感，也是最重要的課題是否得到解決，怎麼解決的，以及存在的疑點和矛盾等問題。筆者從中日外交史、國際政治學的角度對中日各自的外交政策，戰後中日之間（包括台日間）幾次主要外交談判過程去概括和分析。本書利用目前為止公開的中（包括台灣當局）日兩國史料及已有的研究成果，通過實證研究的方式對自中日戰爭爆發後，戰時、戰後初期的戰爭處理、《台日條約》締結談判、中日邦交正常化談判及締結《中日和平友好條約》談判等一系列重大外交實踐進行了分析探討，主要焦點就是中日間的媾和是否已經實現，兩國間和平條約是否存在，兩國戰爭狀態在法律上是否宣佈結束。

在戰後聯合國《對日媾和條約》（《舊金山條約》）締結過程中，由於冷戰，以及中美在朝鮮戰場的軍事對峙，美國把對日媾和作為自己全球戰略，同時也是遏制中國的重要一環去利用，公然不履行作為主持對日媾和條約國的義務，非法把最有資格參與對日媾和的盟國中國排斥在該條約之外。現在日本仍把《舊金山條約》框架作為其與聯合國媾和的基準。毫無疑問，這個基準不可能適用於中國，因為中國不是該條約締約國，當然也不受其束縛。中國政府從來也不承認《舊金山條約》有任何合法性，任何試圖用"《舊金山條約》框架"解釋中日媾和問題的企圖都是沒有法律依據的，都是單方面的和無效的。中日之間的媾和只能通過中日兩國政府間的談判，並由兩國政府達成共識才能有效。不被中國政府承認的任何其他"條約"、"協定"都不可能成為中日之間媾和問題的合法基礎。

通過以上研究大體可以得出以下幾點結論：

一、日本政府自 1931 年發動"九‧一八事變"到 1945 年 8 月投降的十四年對華侵略戰爭中，從來沒有對中國正式宣戰。日本政府在整個戰爭期間從來沒有承認過與中國處於戰爭狀態，所有對華侵略戰爭都是在"處理事變"的軍事、政治、經濟侵略中推進和擴大的。只是在其戰敗，被佔領和與盟國進行媾和時期才被迫承認與中國之間的戰爭狀態。日本政府在發動對華全面侵略戰爭同時，迅速通過修改大本營條例，建立"處理事變的大本營"，以便組織全面對華侵略戰爭，並在中國佔領區不斷組織傀儡政權來肢解、分裂中國，試圖達到永遠霸佔中國領土的目的，並以此為前提摸索"和平"道路。正是由於日本政府不承認與中國進行的戰爭，所以在整個戰爭期間，特別是 1941 年 12 月 9 日中國政府正式對日宣戰之前，日軍在中國進行了無視國際戰爭法規的、大規模的武力犯罪、屠殺、三光政策及其細菌戰、化學戰等嚴重違反國際法公約的犯罪。在國際法意義上屬於日本國家組織的國家刑事犯罪行為，也是國家級恐怖活動，完全是非正義和非法的暴力犯罪行為和恐怖行為。不進行這種定性就無法解釋中國正式對日宣戰前，日本國家及其軍隊在中國的所有侵略暴行的性質。

國民政府於 1941 年 12 月 9 日對日正式宣戰，並廢除所有中日之間條約。中國軍民按照國際法對日本戰俘給與人道主義待遇體現了中國是負責任大國的風範。與整個戰爭期間日本國家無視國際戰爭法規，大規模屠殺戰俘（如南京大屠殺等）及無數恐怖罪行形成鮮明對照。

在戰時，日本政府宣佈"不以國民政府為對手"，而通過其自己炮製的傀儡政權來欺騙本國和世界人民。中國政府鑒於日本侵略對中國造成的極為嚴重的人員傷亡和財產損害，早在全面抗戰開始不久就開始認真探討制訂處罰日本侵略戰犯、要求日本賠償及其他戰後對日處理政策。而且中國政府強烈意識到與上次戰爭——甲午戰爭的關聯性，即收復失地（台灣等）和賠償，遂在 1941 年 12 月對日宣戰中，明確宣佈廢除所有中日條約，追溯到甲午戰爭。在戰後對日媾和的政策制定和具體實施中，把恢復領土及對日索賠作為重點。中國政府在 1943 年 11 月開羅中美首腦會談中提出一系列戰後對日處理方案及領土、賠償政策，通過《開羅宣言》公諸於世，並經《波茨坦公告》得以確認，迫使日本接受並實施，而且，這些政策對戰後盟國對日政策也具有重要影響。還要指出的是，開羅會議是戰時聯合國唯一一次專門研究對日作戰及戰後對日處理政策的首腦會議，其宣言關於戰後對日處理的相關規定得到切實履行。中國政府制定的對日媾和政策不僅在各盟國之間取得共識，並通過實施細則的制定，在戰時就開始實施。

二、戰後初期，國民政府迅速確定了對日政策框架，不僅向各盟國提出自己的對日處理政策，並通過遠東委員會及對日委員會等國際組織對盟國整體的對日政策及實施施加影響。日本投降書簽訂同日，中國政府就宣佈沒收所有日本在華公私財產，並採取具體措施加速日軍受降及解除武裝、收復失地的工作。特別是 1945 年 10 月 25 日對台灣、澎湖列島的恢復主權，以及中國東北主權的接收等，是對甲午戰爭及日俄戰爭以來中國主權的全面恢復。在中國領土上的戰犯逮捕及審判，200 萬日軍及 100 多萬日本平民的遣返工作等，在規模上和速度上都是史無前例的。

領土、賠償、懲罰戰犯及處理傀儡政權的漢奸等問題，是中日媾和的基本問題，也是事關中國人民感情的敏感問題。中國政府的對日政策不僅是外交問題，也是重要的內政問題。以日本對華十四年侵略戰爭而造成重大人員傷亡和財產損失為背景，考慮到中日之間歷史上的戰爭及媾和經歷、民眾感情，國民政府在強調對日寬大政策的同時，當然必須切切實實地進行收復失地、懲罰戰犯及漢奸、戰爭索賠等一系列重大行動，而且是中日結束戰爭狀態、恢復和平的前提條件，這是中國政府與民眾的基本共識。可以說戰後初期對日政策中，領土、賠償及處罰戰犯都是在"有節制的""合理寬大"基礎上嚴格執行的。③ 在日本人看來這些措施可能是"嚴屬"的，並與"寬大政策"不符的，但是在中國民眾看來，這些政策都"太輕了"，遠不能補償中國的戰爭損失，不能滿足中國民眾感情的要求，其中實施的 30% 日本中間賠償計劃，對中國戰時損失而言不過是"九牛一毛"，遠不能彌補。

在對待日本天皇及天皇制存廢問題上，國民政府則採取了相當慎重和靈活的政策，並貫徹了"由日本人民自己決定"的原則。對於將昭和天皇裕仁作為戰犯起訴問題，儘管政府內部及社會各界有普遍要求，但從與同盟國協調及重視未來中日關係等角度考慮，國民政府的歷次戰犯名單中，都沒有把裕仁的名字放進去。在使投降 200 萬日軍及 100 多萬日本民間人士遣返回國問題上，國民政府做出了最大的努力，體現了中國的人道主義及寬大精神。可以說，中國政府在處理沖繩等領土、天皇制及日僑回國等問題上表現出寬大政策對戰後中日關係有重大影響。

戰後初期國民黨政府的對日政策特別重視日本軍國主義的復活，及對日本的學校教育制度、社會結構改造等問題。在這些方面，無論是共產黨還是國民黨，其看法十分相近，體現了中國社會精英超越意識形態的一致。

三、《台日條約》締結談判的焦點集中在該條約是否適用於中國大陸，台灣當局能否代表全中國等問題上。日本政府在締結該條約的整個過程中堅持否定台灣當局代表全中國，堅持《台日條約》不是中日媾和條約的原則立場。本書對戰後中日關係中，《台日條約》的法律地位等問題進行了全面論證。儘管中國政府從來不承認《台日條約》有任何合法性，並堅持其非法和無效，但日本政府堅持《台日條約》是"中日和平條約"的立場，這一立場至今也沒有變。筆者的結論是，從當時中國的現實及締約者（台灣當局及日本未獨立）的資格；《台日條約》的限制性條款；日本政府的政策審議說明等等各方面去判斷，《台日條約》在國際法上，在現實上，都不具備能滿足中日和平條約的任何國際法要件。所以日本政府自 1965 年以後主張的"適用於全中國"的追加性政治解釋只能説是沒有國際法依據的，也是不能成立的。

（一）1952 年 4 月，"中華民國"早已被中華人民共和國所取代，《台日條約》的審批機構"中華民國立法院"當然也早已沒有代表全中國人民的資格，更不是中國的合法立法機構。而且台灣當局的基本性質還是依靠外國勢力武力扶植，利用自然地理條件 —— 台灣海峽才得以勉強維持的地方反政府組織，締結的所謂"條約"，當然不可能被承認為對全中國合法有效。同時，台灣當局不具備履行"條約義務"的能力和資格。日本政府與一個不能統治中國大陸，不能履行有關全中國的條約義務的組織締結"條約"，本身就是對該條約合法性和有效性的諷刺與徹底否定。

（二）《台日條約》締結時，日本政府從一開始就不承認台灣當局代表全中國，吉田茂內閣堅持認為"《日華條約》不是與中國全面和平條約，不過是與中國媾和的一步。"正是出於這種見解，日本政府堅持在《台日條約》中寫入條約適用範圍條款，明確規定該條約只適用於"中華民國政府"（台灣當局）控制的地區。

（三）台日關係的撮合者美國也逼台灣當局自己炮製出限制自己"主權"的條約適用範圍條款。日本政府在整個締約談判拒絕對適用範圍條款做出哪怕一個字的讓步，反復強調適用範圍條款是《台日條約》的前提條件。就是説，《台日條約》之所以能締結，就是因為有規定它不適用於中國大陸的條款。日本政府希望為今後與中國中央政府建立關係留下後路，才如此堅決地拒絕承認台灣當局對全中國的代表性。

（四）中華人民共和國政府從來不承認《台日條約》的有效性，並堅持其非法、無效，必須廢除的立場，還把廢除《台日條約》作為中日建交的前提條件。

（五）日方在沒有重新宣戰的情況下"終止《台日條約》"本身就是對該條約所謂"和平條約"性質的完全否定。這也説明日本政府從來就沒有把

《台日條約》當作媾和條約。

上述各點都足以説明《台日條約》不可能是中日和平條約，不能解決中日之間的媾和問題，中日之間沒有和平條約，沒有宣佈戰爭狀態結束和沒有完成戰爭處理的局面沒有改變。而且恰恰是由於《台日條約》的締結，嚴重破壞了中日關係的政治氣氛，使中日兩國解決媾和及和平條約締結，終止戰爭狀態等戰爭與和平問題進程被大大推後了。

四、本書分析了自 1952 年開始到 1972 年 20 年的中日"不戰不和"局面，重新考察了中日兩國對這個時期認識上的分歧，媾和問題未解決的狀況，恢復中國在聯合國合法席位的意義以及與《台日條約》的關係等問題。

在中日兩國學者的研究中，往往把 1950~1960 年代説成是"半官半民"關係（中方觀點）或者"事實上承認"（日方觀點）的關係，筆者對上述兩種觀點進行了重新考證。自岸信介內閣開始（1957 年），日本政府才公開承認台灣當局"代表中國"，這主要是根據當時國際形勢變化及中美對立、中日關係惡化等形勢而做出的。日方終於把對台灣當局的"局部承認"變為"全面承認"，但這時也還沒有正式宣稱"《日華條約》是與全中國的媾和條約"。日本政府此時承認台灣當局的依據是台灣當局繼續霸佔中國在聯合國的席位。此後，日本政府為了確保《台日條約》的"法律整合性"和虛構的對華政策的"合理性"，在聯合國拼命為保住台灣當局席位而奔走，並試圖阻止恢復中國的合法席位。因為台灣當局失去在聯合國的席位，日本政府就會完全喪失繼續"承認"台灣當局的"名分"。此舉與其說是為了台灣當局，不如說是為了日本政府自己。

本書考察了 1971 年 10 月 25 日聯合國大會第 2758 號決議的意義，該決議按照《聯合國憲章》恢復中國在聯合國的一切合法權利，同時，確定台灣當局自 1949 年 10 月以後在聯合國的狀況是非法性佔據，並將其代表立刻驅逐出聯合國及其所有相關機構，具有強烈的可追溯性。聯合國在此之前由於美國等國的把持而沒有按照憲章辦事，而驅逐台灣方面代表的提法就是對"中華民國"或者台灣當局的否定。聯合國決議所具有的創建國際法的效益為國際社會的共識，也等於認定：1949 年 10 月以後失去中國政府合法性的台灣當局與任何外國簽署的所有關於中國的"條約"和"協定"都是虛構的和非法的。這種認識並不是意識形態上的認定，而是基於國際法、中國外部環境的實際情況及中國內部現實的。任何沒有本國民眾支持的，或者僅僅靠外國勢力支持，又對本國絕大部分領土不能實施有效控制的政權都無法被承認是代表這個國家的。也許有人會反駁說："中國政府現在也沒有控制台灣地區"，在主權不容分割原則下，本着"一國兩制"的精神，中國政府事實上承認台灣當局對中國領土台灣地區控制的現實，而且"中華民國憲法"至今也把中國本土及台灣地區都規定為中國領土。可以靈活地認為，現實是台灣當局是為中國政府代行對台灣地方的統治，這一事實只能強化台灣是中國一部分的主張。

五、邦交正常化談判與《聯合聲明》的性質。在中日邦交正常化談判過程中，中國政府提出的復交三原則，明確規定《台日條約》是非法的、無效的，必須廢除。而日本政府也表示"站在充分理解復交三原則的立場上謀求日中邦交正常化"。廢除《台日條約》是中日建交的大前提。本書根據雙方史料對中日首腦會談、外長會談以及《聯合聲明》的內容等進行分析，思考《聯合聲明》的性質及其與中日媾和的關係。《聯合聲明》的性質是中日兩國以邦交正常化為目的發表的政府間協定（日方也這樣認為），它沒有經過雙方國會（立法機關）的批准，不是條約，不具備和平條約的職能。日方為了堅持"《聯合聲明》與《台日條約》的法律整合性"，反對在《聯合聲明》中明確寫入宣佈兩國戰爭狀態結束等一系列關於戰爭處理的內容，只寫入"兩國間的不正常狀態結束"，使兩國戰爭狀態沒能明確宣佈結束。

對於《台日條約》非法性的認定，日方反復向中方表明"充分理解"復交三原則的立場，中方也採取了"照顧日方困難"的方式，在《聯合聲明》中沒有直接涉及復交三原則的具體內容，這就避免了日方的尷尬。日方被迫按照中方的要求廢除了《台日條約》（日方宣佈該條約"終了"，使其無效的結果是一樣的），這只能解釋為日本自己否定了《台日條約》。

結果是，在中日邦交正常化階段，由中日雙方否定了"日本與控制中國台灣地區的台灣地方當局簽署的地方性協議"，但中日之間並沒有就締結以媾和為目的的和平條約達成協議。

(一)《聯合聲明》解決的主要問題

1、結束了不正常狀態，中日建立外交關係。

2、日台"斷交"，並保持民間關係。

3、中日採取了使《台日條約》無效化的措施。事實上明確了《台日條約》不可能對全中國有效的基本原則。

4、日方不挑戰中國在台灣問題上的立場，並向中方提出關於台灣問題的四項一攬子政策，確定兩國在台灣問題的基本原則。

5、儘管不完全，但涉及了戰爭處理問題，包括：日方反省戰爭，中方放棄賠償等。

6、雙方同意為締結友好條約進行談判。

(二)《聯合聲明》沒有解決的問題

1、中日之間戰爭與和平的最大懸案 —— 兩國戰爭狀態沒有明確宣佈終止。由於雙方立場分歧，《聯合聲明》沒有明確中日之間的戰爭狀態是在甚麼時候終止的，或者有沒有終止。雙方宣佈的結束了不正常狀態在國際法上還無法解釋成結束戰爭狀態。

2、日方表明理解和尊重中方對《台日條約》的立場，"自發地終了"《台日條約》。但是一方面因為沒有直接認定《台日條約》的非法性和無效性，另一方面由於中日雙方沒有就媾和問題達成協議，使中日之間沒能媾和的狀況被"固定化"。

3、包括賠償在內的有關戰爭處理內容在日方的反對下，失去原有的法律意義。日方堅持這些戰爭處理的提法不過是中方單方面的政治宣言，"值得讚賞，但不直接影響《日華條約》效力。"結果是中日之間至今缺乏處理戰爭問題的法律依據，中國戰爭受害者及其遺屬還在不斷向日本政府及企業提起戰爭損害補償要求的訴訟，中日間戰爭處理問題還遠沒有解決。

4、中日之間沒有締結和平條約的共識，是極為嚴重的問題。清算戰爭問題仍然是兩國間的艱巨課題。使人不能不對中日之間尚未正式宣告戰爭狀態結束，沒有和平條約的狀況感到擔憂。至少中日雙方在甚麼法律文件決定結束戰爭狀態問題上至今還根本對立。

5、日方利用《聯合聲明》沒有直接認定《台日條約》非法的空子，繼續宣稱《台日條約》"有效"，繼續堅持日本只是"尊重中方在台灣問題的立場"，但不是承認該立場。日方一些人更是以此宣稱"台灣地位未定論"。必須重申，《中日聯合聲明》是在徹底否定《台日條約》的基礎上成立的，《聯合聲明》與《台日條約》是兩者擇一的關係，兩者不僅不可能保持任何"法律上的整合性"，而且勢不兩立。任何用《台日條約》解釋中日關係的做法都是與《聯合聲明》相抵觸的，也是違反《聯合聲明》精神的。

《中日聯合聲明》的性質與 1956 年《日蘇共同宣言》基本接近。雖然都有戰爭處理的內容，如放棄賠償、結束戰爭狀態（不正常狀態）、恢復邦交等等，但這兩者都不是和平條約。與日俄一樣，中日之間至今還缺乏一個最終處理戰爭與和平的媾和條約。

六、《友好條約》的性質和意義。如前所述，《友好條約》在其提出之始，即邦交正常化談判時，就被定位為"面向未來的"友好條約，而不是處理戰爭問題的、"向後看的"和平條約。在締結《友好條約》的談判過程中，雙方爭論的焦點始終集中在"反霸條款"上，而對該條約與和平條約的關係等重大問題沒有涉及，也沒有對中日間一系列懸而未決的戰爭、領土問題的議論，僅在前言"確認了《聯合聲明》的各項原則必須嚴格遵守"。對《友好條約》的性質，中日雙方儘管承認其與《聯合聲明》的緊密關係，但是也都認為《友好條約》是沒有媾和性質的條約。《友好條約》規定了十年有效期和廢除條款，這本身也否定了其具有和平條約的性質。

第一，中日之間不存在雙方都承認的、能夠處理中日戰爭與和平問題的和平條約。第二，中日之間在哪個外交文書決定了戰爭狀態終止問題上沒有共識。儘管中日雙方通過各自的政治解釋認為戰爭狀態已經結束，但雙方在法律上由哪個文件終止了戰爭狀態的問題上分歧很大，解釋也是矛盾重重。必須指出僅僅依靠"解釋媾和"，"解釋終止戰爭狀態"是缺乏法律依據的，其基礎也是十分脆弱的。

總結以上研究可得出如下結論：在中日媾和問題上，中日兩國各自立場和解釋不同，甚至對立。從現存的中日兩國間外交文書看，第二次中日戰爭——十四年戰爭至今沒有正式宣佈戰爭狀態的結束，能夠束縛中日兩國的和平條約至今沒能締結，即中日媾和尚未完成。

從上述史實可以看出，戰後中日之間媾和問題之所以經歷了曲折複雜的過程，並至今不能徹底完結，首先與中國至今存在着"暫時尚未完全統一"的局面有關。日本及其他國家，如美國等等都在利用中國這個局面牟利。在 1952 年締結《台日條約》時期，日本政府就不承認台灣當局代表全中國，更不承認《台日條約》是與全中國的媾和條約，但又改變策略，試圖把所有與中國相關的戰爭處理問題強加給無法實施的台灣當局，讓台灣當局吞下"限制主權""喪權辱國"的苦果。此後隨着國際形勢的變化，日本政府又通過政治解釋"承認台灣當局代表中國"。

1972 年邦交正常化時期，日方又利用其對台關係及《台日條約》，主張與中國的媾和問題已經通過《台日條約》"解決完畢"，不同意與中國政府一起宣佈結束戰爭狀態，不同意與中國政府簽訂實現媾和的中日和平條約，甚至不承認中國有戰爭賠償要求權。儘管日本政府的這種主張不過一面之詞，對中國並不具有任何國際法效力，但結果是《聯合聲明》沒能寫入關鍵的"結束戰爭狀態和恢復和平"的正式宣言，日本政府認為中日之間沒有必要在法律上解決這一分歧，那麼沒有共識的和平條約問題怎麼可能是"解決完畢"了呢？

日本政府利用"中國尚未完全統一"的局面，先後同台海兩岸對手那裏得到了放棄賠償要求的"利益"，但是日本國家及國民失去了與中國國家及人民實現真正和解的機會。這也成為今天中日兩國之間歷史認識問題爭論不休的遠因。中日兩國自 1972 年實現了邦交正常化已 47 年過去了，遺憾的是，兩國遠沒有建立起"成熟關係"，而且現狀依然不樂觀。雙方都承認中日關係的重要性，但是兩國要建立相互信任的關係還有很長一段路要走。

戰後中日媾和問題受到意識形態、國際形勢及各自政治外交政策的左右至今沒能徹底解決。現在，日本對中國的迅速崛起、資源開發等利害關係抱有強烈的對手意識，中國對日本的歷史認識及參拜靖國神社、《日美安全條約》適用台灣海峽，以及東海、南海等問題抱有戒心，雙方圍繞國家利益的對立日益明顯。加上受到領土爭端、彼此威脅論的影響，中日兩國民眾之間互不信任和感情惡化自邦交正常化以來沒有消除。出現這些問題的根本原因，與中日之間沒能正式媾和，沒有和平條約和明確宣佈戰爭狀態結束，即與中日之間媾和的法律手續不完備有直接關係。筆者認為，雙方在戰爭與和平上沒有共識，戰爭處理的紕漏是重要原因。

目前，中日兩國對彼此的評價過低。現實的日本與現實的中國都沒能很好地通過媒體傳播給對方民眾。日本自明治維新以後建立起來的中國形象與現實中國相差甚遠，對中國政府的不信任情緒和負面形象通過日本媒體被日本人所普遍接受。

甲午戰爭以來受到日本侵略的中國社會與民眾，對現實的日本也同樣抱有傳統的戒心。日本社會爭取和平和否定戰爭的努力被日本政要及右翼否定侵略歷史，甚至為侵略翻案的言行不斷推翻，一個"不反省不認罪"，"具有重新擴張野心"的日本形象植根於中國民眾之中。今天的中日關係是一種相互批判和戒備的關係，最大的現實問題是中日民眾之間不存在互信。日方在批判中方"不民主"的同時，又通過官方渠道要求中國政府以非民主方式堵住民眾批判日本的網站和言論。這種做法與其宣示的"民主"精神是不相符的。問題實質是無視中國民眾的民主和感情，對日批判與其說來自中國政府，不如說是中國民眾。這並不是由於中國政府的"反日教育"，而是來自日本侵略中國的歷史事實及其現實對華政策。十四年戰爭的痛苦記憶，中國民眾的重大犧牲和財產損失絕不會輕易從民眾的頭腦中消失，而加害者一方否定侵略歷史，甚至讚美侵略等言行，只能加深和更新這種記憶。此外，如果說中國進行的歷史教育、愛國主義教育是"反日教育"的話，那麼在日本進行的大量"和平教育"（通過宣傳廣島原子彈及空襲等戰爭"被害"經歷來宣傳和平）也都應該被稱為"反美教育"，對納粹大屠殺的展示等就是"反德教育"了。中國與其他國家（原帝國主義國家）的關係沒有受到愛國主義教育的影響，為甚麼唯獨與日本的關係受到影響，不能不引人深思。如果日方沒有正視歷史的勇氣，那麼中日之間的真的和解和"面向未來"都只能是空話。另外，從某種意義上說，日本社會出現的"厭中情緒"也可被認為是其"反中教育"（媒體及學界言論）的結果。

的確，應該正當評價戰後日本社會進行的反戰及和平努力，但這種努力往往被一些政要否定侵略歷史的言行所抵消。國家主要領導人參拜或祭拜祭奉有甲級戰犯（還有乙丙級戰犯等）的靖國神社，本身就是這種言行的代表作。日本政府如何評價侵略戰爭成為日本與亞洲國家關係的試金石。另外，日本目前進行的海外派遣及對亞太地區未來可能的軍事干預（如在台海問題上是否與美軍協作等）會喚起人們對日本會不會重新走軍國主義老路的疑慮。日本的"和平建設"和"反省和清算侵略歷史"如果不能同步進行，就不可能得到鄰國，特別是遭受過日本侵略的國家的信任。迴避包括賠償在內的戰爭責任的結果，使日本國家及其國民不得不長期背負着沉重的歷史重負，並將繼續背負下去。

本書是關於中日媾和 —— 戰後中日關係起點的研究。對中日兩國究竟有沒有和平條約的問題，答案只能是：沒有。中日之間是否正式宣佈戰爭狀態結束，答案也只能是：沒有。這些都是必須認真對待的重大課題。中日兩國在戰爭處理問題上的不完全性與兩國經常處於"不正常狀態"緊密相關。考察戰後數次外交談判（包括台日談判）還可得知，中日之間十四年戰爭的媾和問題，無論從現存的法律文件，還是從政治文件說都還沒有解決完畢。通過締結和平條約開創新關係的中日媾和至今還沒有實現，以此也導致了中日關係的脆弱性。

從 1945 年日本投降至今，70 多年過去了，中日兩國間至今沒有實現媾和，更遺憾的是，中日兩國至今還沒能從戰爭陰影下走出來，有時緊張關係再次可能處於"不戰不和"的狀態中。日本還沒有真正準備承擔起應負的戰爭責任，處理好歷史認識及戰爭遺留問題。早稻田大學名譽教授毛里和子認為"日中關係 80% 是日本問題。在戰爭責任問題上，日本人依然是曖昧的，應該做個了結了。"④ 在處理與鄰國間戰爭責任問題上，德國是日本的一面鏡子。2018 年 10 月 4 日德國總理默克爾訪問耶路撒冷的大屠殺紀念館，表示"德國永遠有責任銘記這些罪行"。⑤ 相比之下，日本社會需認真思考為何不能實現與鄰國的真正和解。核心的問題是能否承認並接受第二次世界大戰的結果，包括《開羅宣言》、《波茨坦公告》及《聯合國家宣言》等國際原則與戰後安排，還是修正或挑戰戰後國際秩序和國際法結構的問題。這一點在日本社會或許還沒確立共識。迄今日本與主要鄰國（中、朝、韓、俄）之間都存在領土問題。無論是 1985 年中曾根康弘的"戰後總決算"，還是 2018 年 9 月 11 日安倍晉三說的"戰後外交總決算"都說明對於日本與亞洲鄰國而言，戰爭與和平問題還沒清算，大量戰爭遺留問題依然存在。中日媾和、日俄媾和都需要了結，日本與朝韓間因殖民統治造成的後遺症需要消除，這些對於尚未準備真正接受二戰結果的日本而言，的確是任重道遠。

為了建立健全的中日關係與持久和平，兩國政府完全有必要正式宣佈兩國間終止戰爭狀態，確立恢復和平的法律及政治共識，完成媾和。在此基礎上，建立歷史認識的共識，為建立互信關係打下基礎。

筆者認為，在 21 世紀初的今天恰恰是我們重新回到戰後中日關係的起點，正視和解決媾和問題的歷史機遇期。正確認識歷史對於今天以及未來都具有重要意義。國家關係中最重要的不僅僅是法律、政治問題，更重要的是人民之間的信任。中日兩國正視戰爭歷史，努力建立使雙方人民都能信服的解決戰爭遺留問題的法律和政治機制，對今天和未來的中日關係是不可缺少的。

註　釋　【End notes】

① 2006 年 2 月 17 日筆者對日中協會會長，日本參議院議員野田毅的採訪記錄。

② 2006 年 10 月 19~21 日新中日友好 21 世紀委員會第五次會議上，關於締結"中日不戰條約"再次成為議題（10 月 21 日 NHK 新聞廣播）。説明目前中日之間的法律框架，僅靠友好條約還不夠，還需要"不戰條約"，這恰恰説明中日兩國之間的媾和問題沒有解決，更應該再次回到解決兩國戰爭與和平問題的和平條約上。不締結和平條約，僅僅兩國政府沒有共識的政治解釋，怎麼可能使兩國間的和平關係有可靠的法律基礎呢？兩國和平怎麼能持久呢？直到 2018 年年初，中日關係才出現回暖跡象，但兩國間長期缺乏互信，並互相遏制的狀況並沒有改變。

③ 1945 年 8 月 15 日，國民政府主席蔣介石曾經發表抗戰勝利演講，提出對日"以德報怨"的寬大政策。不過就中國傳統哲學思想看，"以德報怨"並不一定與其一致。實踐也説明"以德報怨"並不一定能取得了良好的結果。

④ 毛里和子《日中漂流》，岩波書店，2017 年，246~247 頁。

⑤ 澎拜新聞，2018 年 10 月 5 日。

中日媾和資料集

資料一

國民政府對日宣戰佈告

出處：中國人民抗日戰爭紀念館

　　日本軍閥夙以征服亞洲，並獨霸太平洋為其國策。數年以來，中國不顧一切犧牲，繼續抗戰，其目的不僅在保衛中國之獨立生存，實欲打破日本之侵略野心，維護國際公法、正義及人類福利與世界和平，此中國政府屢經聲明者也。

　　中國為酷愛和平之民族，過去四年餘之神聖抗戰，原期侵略者之日本於遭受實際之懲創後，終能反省。在此時期，各友邦亦極端忍耐，冀其悔禍，俾全太平洋之和平，得以維持。不料殘暴成性之日本，執迷不悟，且更悍然向我英、美諸友邦開釁，擴大其戰爭侵略行動，甘為破壞全人類和平與正義之戎首，逞其侵略無厭之野心，舉凡尊重信義之國家，咸屬忍無可忍。茲特正式對日宣戰，昭告中外，所有一切條約、協定、合同，有涉及中、日間之關係者，一律廢止，特此佈告。

主席　林森

中華民國三十年十二月九日

《開羅宣言》

出處：中華人民共和國外交部網站

1943 年 11 月 22 日至 26 日，中國、美國和英國三國政府首腦在埃及首都開羅舉行會議，簽署了《開羅宣言》，並於 12 月 1 日公佈。

羅斯福總統、蔣委員長、丘吉爾首相偕同各該國軍事與外交顧問人員，在北非舉行會議，業已完畢，茲發表概括之聲明如下：

三國軍事方面人員關於今後對日作戰計劃，已獲得一致意見，我三大盟國決心以不鬆弛之壓力從海陸空各方面加諸殘暴之敵人，此項壓力已經在增長之中。

我三大盟國此次進行戰爭之目的，在於制止及懲罰日本之侵略，三國決不為自己圖利，亦無拓展領土之意思。

三國之宗旨，在剝奪日本自從一九一四年第一次世界大戰開始後在太平洋上所奪得或佔領之一切島嶼；在使日本所竊取於中國之領土，例如東北四省、台灣、澎湖羣島等，歸還中華民國；其他日本以武力或貪慾所攫取之土地，亦務將日本驅逐出境；我三大盟國稔知朝鮮人民所受之奴隸待遇，決定在相當時期，使朝鮮自由與獨立。

根據以上所認定之各項目標，並與其他對日作戰之聯合國目標相一致，我三大盟國將堅忍進行其重大而長期之戰爭，以獲得日本之無條件投降。

資料三

波茨坦公告（全文）

出處：中華人民共和國外交部網站

中英美三國波茨坦宣言

—— 一九四五年七月二十六日發表

（一）余等美國總統、中國國民政府主席及英國首相，代表余等億萬國民，業經會商並同意對日本提出勸告，予以一機會以向三國無條件投降，免日本全體人民遭受戰爭之慘禍。

（二）三國陸海空部隊已增強多倍，其由西方調來之軍隊及空軍即將予日本以最後之打擊。彼等之武力受所有聯合國之決心之支持，對日本全面作戰，不至其停止抵抗不止。

（三）德國無效果及無意識抵抗全世界自由人民之力量所得之結果彰彰在前，可為日本人民之殷鑒。此種力量，當其對付抵抗納粹時，不得不將德國人民全體之土地工業及其生活方式摧殘殆盡。但現在集中對付日本之力量則較之更為龐大不可衡量，吾等之軍力加以吾人之堅決意志為後盾，若予以全部使用，必將使日本軍隊完全毀滅，無可逃避，而日本之本土亦終必全部殘毀。

（四）時機業已到來，日本必須決定一途：其將繼續受其一意孤行計算錯誤而將日本帝國陷於完全毀滅之境之軍人統制？抑或走向理智之路？

（五）以下為吾人之條件，吾人決不許更改，亦無其他另一方式。猶豫遷延，更為吾人所不容許。

（六）欺騙及錯誤領導日本人民使其妄欲征服世界者之權威及勢力必須永久剷除，蓋吾人堅持非將負責之窮兵黷武主義驅出世界，則和平安全及正義之新秩序勢不可能建立。

（七）直至如此之新秩序成立時，及直到日本製造戰爭之力量業已毀滅而有確實可信之證據時，日本領土須經盟國之軍隊予以佔領，俾吾人在此陳述之基本目的得以完成。

（八）《開羅宣言》之條件必將實施，而日本之主權必將限於本州、北海道、九州、四國及吾人所決定其可以領有之小島在內。

（九）日本軍隊在完全解除武裝以後，將被允許其返鄉，得以和平從事生產生活之機會。

（十）吾人無意奴役日本民族或消滅其國家，但對於戰罪人犯（包括虐待吾人俘虜者在內）將處以法律之裁判。日本政府必須將阻止日本人民民主趨勢之復興及增強之所有障礙予以消除，言論宗教及思想自由以及對於基本人權之重視必須成立。

（十一）日本將被許維持其經濟所必需及可以償付賠款所需要之工業，但可以使其重新武裝作戰之工業不在其內。為此目的，可准其獲得原料（別於統制原料）。日本最後參加國際貿易關係當可准許。

（十二）上述目的達到時，日本得依人民自由表示之意志成立一保障和平及負責之政府，屆時三國佔領之軍隊即撤退。

（十三）吾人勸告日本政府立即宣佈所有日本武裝部隊無條件投降，並對此種行動誠意實行予以適當之各項保證。除此一途，日本即將迅速完全毀滅。

（據中國第二歷史檔案館館藏中文抄本）

資料四

吉田茂致杜勒斯的信（《吉田書簡》） 1951 年 12 月 24 日

出處：田桓主編《戰後中日關係文獻集》1945~1970，中國社會科學出版社，117 頁。

杜勒斯閣下：

　　在國會的參議院和眾議院辯論對日和約和美日安全條約時，關於日本將來對中國的政策，提出了許多問題，發表了許多談話。有些話，被人斷章取義、離開背景地來看，因此引起了許多誤解。在這裏我願加以解釋。

　　日本政府很願意與中國 —— 日本的近鄰 —— 在政治上完全和平相處，並且通商。在目前，我們希望能夠與中華民國國民政府建立這種關係，因為它在聯合國中有着席位、發言權和投票權，它在一定的領土上行使實際的統治權力，並與聯合國的大多數會員國保持着外交關係。因此，日本政府於 1951 年 11 月 17 日徵得了中國國民政府的同意，在台灣設立了日本政府的海外代理機構。現在，這是在多邊和約生效前日本可以與其他國家建立的關係的最高形式。日本政府駐台灣的海外機構的人員都很重要，這反映出日本政府重視與中華民國國民政府間的關係。日本政府準備一俟法律允許就與中國國民政府 —— 如果它願意的話 —— 締結條約，以便按照多邊和約中提出的原則，重建兩國政府間的正常關係。關於中華民國方面，這個雙邊條約的條件將適用於現在，或以後可能屬中華民國國民政府管轄的全部領土。我們很快就要與中國國民政府研究這個問題。

　　至於中共政權，那個政權實際已被聯合國譴責為侵略者，聯合國因此已經對它採取了某些措施；日本現在正協助執行這些措施，並希望在多邊和約生效時，依照第五條一款（三）項的規定繼續執行這些措施。該項規定，日本「對於聯合國依憲章規定而採取之行動，應盡力予以協助，並於聯合國對於任何國家採取防止或執行行動時，對該國家不得給予協助。」況且，1950 年在莫斯科締結的《中蘇友好同盟條約》實際上是針對着日本的一個軍事同盟條約。事實上，有許多理由可以認為中國共產黨政權正在支持日本共產黨進行其旨在以暴力推翻日本的立憲制度和目前的政府的計劃。由於這些考慮，我可以向你保證，日本政府無意與中國共產黨政權締結一個雙邊條約。

吉田茂

資料五

《**中華民國與日本國間和平條約**》《台日條約》1952 年 4 月 28 日

出處：中國國民黨中央黨史委員會編《中華民國重要史料・抗日戰爭時期・戰後中國》

（四），1062~1069 頁。

一、中日和平條約

　　中華民國與日本國鑒於兩國由於其歷史及文化關係及領土臨近而產生之相互睦鄰願望：了解到兩國之密切合作，對於增進其共同福利及維持世界和平與安全，均覺重要；均認由於兩國間因戰爭狀態之存在而引起之各項問題，亟待解決；爰經決定締結和平條約。並為此各派全權代表如下：

　　中華民國總統閣下：葉公超

　　日本國政府：河田烈

　　各該全權代表經將其所奉全權證書提出相互校閱，認為均屬妥善，爰議定各條款如下：

　　第一條　中華民國與日本國間之戰爭狀態，自本約發生效力之日起，即告終止。

　　第二條　茲承認依照一九五一年九月八日於美利堅合眾國之舊金山市所簽訂之《對日和平條約》（以下簡稱《舊金山和約》）第二條，日本國業已放棄對於台灣及及澎湖羣島，及南沙羣島及西沙羣島之一切權利、名義與要求。

　　第三條　關於日本國及其國民在台灣及澎湖之財產，及其對於在台灣及澎湖中華民國當局及居民之請求權（包括債權在內）之處置，及該中華民國當局及居民在日本國之財產，及其對於日本國及日本國國民所作要求（包括債權在內）之處置，應由中華民國國民政府與日本國政府間另商特別處理辦法。本約任何條款所用"國民"及"居民"等名詞，均包括法人之內。

第四條　茲承認中華民國與日本國在中華民國三十年即公曆一九四一年十二月九日以前所締結之一切條約、專約及協定，均因戰爭結果而歸無效。

第五條　茲承認依照《舊金山和約》第十條之規定，日本國業已放棄在中國之一切特殊權利及利益。包括由於中華民國紀元前十一年即公曆一九〇一年九月七日於北京所簽訂之最後議定書與一切附件及補充之各換文暨文件所產生之一切利益與特權；並同意就關於日本國方面廢除該協議書、附件、換文及文件。

第六條　（甲）中華民國及日本國在其相互關係上，願各遵《聯合國憲章》第二條之各項原則。（乙）中華民國及日本國願依《聯合國憲章》之原則彼此合作，並將願經由經濟方面之友好合作，促進兩國之共同福利。

第七條　中華民國與日本國願儘速商訂一項條約或協定，藉以將兩國貿易、航業及其他商務關係，置於穩定與友好之基礎上。

第八條　中華民國及日本國願儘速商訂一項關於民用航空運輸之協定。

第九條　中華民國及日本國願儘速締結一項為規範或限制捕魚，及保存暨開發公海漁業之協定。

第十條　就本約而言，中華民國國民，應認為包括依照中華民國在台灣及澎湖所已實施或將來可能施行之法律規章，而具有中國國籍之一切台灣及澎湖之居民，及前屬台灣及澎湖之居民及其後裔。中華民國法人，應認為包括依照中華民國在台灣及澎湖所已施行或將來可能施行之法律規章所登記之一切法人。

第十一條　除本約及其補充文件另有規定外，凡在中華民國與日本國間，因戰爭狀態之結果而引起之任何問題，均應依照《舊金山和約》之有關規定予以解決。

第十二條　凡因本約的解釋及適用可能發生之爭執，應以磋商或其他和平方式解決之。

第十三條　本約應予批准，批准文件應儘速在台北互換。本約應自批准文件互換之日生效。

第十四條　本約應分繕中文、日文及英文。遇有解釋不同，以英文本為準。

本約共繕兩份，於中華民國四十一年四月二十八日，即日本國昭和二十七年四月二十八日，即公曆一九五二年四月二十八日訂於台北。

中華民國代表：葉公超（簽字）

日本國代表：河田烈（簽字）

二、協議書

署名於後之雙方全權代表，於簽署本日《中華民國與日本國間和平條約》（以下簡稱"本約"）時。議定下列各條款，各該條款應構成為本條約內容之一部分，計開：（一）本約第十一條之實施，應以下列各項了解為準：

（甲）凡在《舊金山和約》內有對日本國所負義務或承擔而規定時期者，該項時期，對於中華民國領土之任一地區而言，應於本條約一經適用於該領土之該地區之時，開始計算。

（乙）對於日本人民表示寬大及友好之意起見，中華民國自動放棄依據《舊金山和約》第十四條甲項第一款日本國所應供應之服務之利益。

（丙）《舊金山和約》第十一條及第十八條不在本約第十一條實施範圍之內。

（二）中華民國與日本國間之商務及航業應以下列辦法為準繩。

（甲）雙方將相互以下列待遇給予對方之國民、產品及船舶。

（子）關於關稅、規費、限制及其他施行於貨物之進口及出口或與其有關之規章，給予最惠國待遇。

（丑）關於船運、航行及進口貨物，及關於自然人與法人及其利益，給予最惠國待遇；該項待遇包含關於徵收課稅賦及徵收、起訴及應訴、訂立及執行契約、財產權（含無形財產，但礦業權除外）、參加法人社團，及通常關於除金融（包括保險）業及任何一方專為其國民所保留之各種職業活動以外之各種商業及職業活動之一切事項。

（乙）關於本項（甲）款（丑）節所載之財產權，參加法人及商業及職業活動之行為，凡遇任何一方所給予對方之最惠國待遇，在事實上臻於國民待遇之程度時，並無給與較諸彼方依照最惠國待遇所給予之待遇更高待遇之義務。

（丙）國營貿易企業之對外購買及出售，應僅以商務考慮為基礎。

（丁）在適用本辦法時，雙方了解：

（子）中華民國之船舶包括依照中華民國在台灣及澎湖所已施行或將來可能施行之法律規章所登記之一切船舶；中華民國之產品應認為包括發源於台灣及澎湖之一切產品。

（丑）如某項差待遇辦法，係基於適用該項辦法一方之商約中通常規定之一項例外，或基於保障該方之對外財政地位（除涉及海運及航行者外），或基於其保持其主要安全利益，又如該項辦法係隨情勢推移，且不以獨斷或不合理之方式適用者，則該項差別待遇辦法不得視為對於以上規定所應給予之各待遇有所減損。

本項所規定之辦法，自本條約生效之日起，一年之期限內繼續有效。

於中華民國四十一年四月二十八日即日本國昭和二十七年四月二十八日即公曆一九五二年四月二十八日）訂於台北。

　　　　　　　　　　　　　葉公超　　　河田烈

三、照會第一號

（一）

日本國全權代表致中華民國全權代表照會

敬啟者：有關本日簽訂之中華民國與日本國之間的和平條約，本代表謹代表本國政府提及貴我雙方所成立之了解，即：本約各條款關於中華民國之一方，適用於現在中華民國控制下或將來在其控制下之全部領土。

上述了解，如荷貴代表惠予證實，本代表當深感紉。本代表順向貴代表表示崇高之敬意。

此致

中華民國全權代表　葉公超閣下

河田烈（簽字）

昭和二十七年四月二十日於台北

（二）

敬啟者：中華民國全權代表覆日本國全權代表照會

有關本日簽字之中華民國與日本國間和平條約，頃准貴代表本日照會內開："關於本日簽訂之《日本國與中華民國間和平條約》，本代表謹代表本國政府提及貴我雙方所成立之了解，即：本約各條款，關於中華民國之一方，應適用於現在中華民國控制下或將來在其控制下之全部領土。上述了解，如荷貴代表惠予證實，本代表當深感紉。"本代表代表本國政府證實，貴代表來照所述之了解。本代表順向貴代表表示崇高之敬意。

此致

日本國全權代表 河田烈閣下

葉公超（簽字）

中華民國四十一年四月二十八日於台北

四、照會第二號

（一）

中華民國全權代表致日本國全權代表照會

本代表茲謹聲述，本國政府了解，在本日簽署之《中華民國與日本國間和平條約》第八條，所規定之協定為締結以前，《舊金山和約》之相關規定應予適用。本代表謹請貴代表惠予證實；此亦係日本政府之了解。本代表順向貴全權代表重表崇高之敬意。

此致

日本國全權代表　河田烈閣下

葉公超（簽字）

中華民國四十一年四月二十八日於台北

（二）

日本國全權代表致中華民國全權代表照會

敬啟者：關於本日簽訂之《日本國與中華民國間和平條約》，頃准貴代表本日照會內開："本代表茲謹聲述，本國政府了解，在本日簽署之《日本國與中華民國間和平條約》第八條所規定之協定未締結之前，《舊金山條約》之相關規定應予適用。本代表謹請貴代表惠予證實；此亦係日本政府之了解。"本代表謹證實此亦係日本國政府之了解。本代表順向貴全權代表重表崇高之敬意。

謹此並向貴全權代表表示敬意。

此致

中華民國全權代表　葉公超閣下

河田烈（簽字）

昭和二十七年四月二十八日於台北

（以下部分史料在《戰後中國》（四）中沒有記載，筆者根據日方公佈史料日本外務省中國課監修《日中關係基本資料集》翻譯填補。）

照會（交換文件）

敬啟者：有關本日簽字之日本國與中華民國之間的和平條約，本全權代表能代表本國政府提出日本國對有關一九四五年九月二日以後被中華民國逮捕或扣留之日本國漁船的請求權，感到光榮。此等請求權已成為聯合國最高司令部及日本國政府與中華民國政府談判之主題。因此，謹提議：此項談判繼續進行，且其解決與本日簽字之日本國與中華民國之間的和平條約所做之相關規定無關。

貴全權代表若能代表中華民國政府對上項提議表示接受，則甚感榮幸。

謹此並向貴全權代表表示敬意。

此致

中華民國全權代表　葉公超閣下

一九五二年四月二十八日於台北

河田烈（簽字）

敬啟者：有關本日簽字之日本國與中華民國之間的和平條約，本全權代表確實已收到貴全權代表如下之書函，甚感榮幸。

"有關本日簽字之日本國與中華民國之間的和平條約，本全權代表能代表本國政府提出日本國對有關一九四五年九月二日以後被中華民國逮捕或扣留之日本國漁船的請求權，感到光榮。此等請求權已成為聯合國最高司令部及日本國政府與中華民國政府談判之主題。因此，謹提議：此項談判繼續進行，且其解決與本日簽字之日本國與中華民國之間的和平條約所做之相關規定無關。貴全權代表若能代表中華民國政府對上項提議表示接受，則甚感榮幸。"

本全權代表能代表本國政府，對上項提議表示接受。甚感光榮。

謹此並向貴全權代表表示敬意。

此致

日本國全權代表　河田烈閣下

一九五二年四月二十八日於台北

葉公超（簽字）

五、同意記錄

（壹）

中華民國全權代表：本人了解，本日第一號換文中所用"或將來在其……"等字樣，可認為具有"及將來在其……"之意。是否如此？

日本國全權代表：然，確係如此。本人確告貴代表，本約對於中華民國所控制之全部領土，蓋予實施。

（貳）

中華民國全權代表：本人了解，凡因中華民國二十年即公曆一九三一年九月十八日所謂"瀋陽事變"之結果組設之偽政權，如"滿洲國"、"汪精衛政權"，其在日本國之財產，權利或利益，應於雙方依照本約及《舊金山條約》有關規定成立協議後，移交中華民國政府，是否如此？

日本國全權代表：確係如此。

（叁）

中華民國代表：本人了解，《舊金山和約》第十四條（甲）項第 2（二）（丑）內之任何規定，不得解釋為對於自中華民國二十年即公曆一九三一年九月八日（十八之誤，原文如此一筆者註）以來，未經中華民國同意而一度自稱為日本國政府在中華民國之外交或領事機構所使用之不動產，家具及裝備及各該機構人員使用之家具、設備及其他私人財產，予以除外。是否如此？

　　日本國代表：確實如此。

（肆）

　　日本國代表：本人了解，中華民國既已如本約協議書第一項（乙）款所述，自動放棄服務補償，依據《舊金山和約》第十四條（甲）項之規定日本國須給予中華民國之唯一利益，即為該條約第十四條（甲）項第二款所規定之日本國在其本國外之資產。是否如此？

　　中華民國代表：確實如此。

葉公超（簽字）

河田烈（簽字）

周恩來總理和日本公明黨竹入義勝委員長關於中日邦交正常化會談的要點 (竹入筆記) 出處：田桓主編《戰後中日關係文獻集 1971~1995》

(一) 第一次會談 1972 年 7 月 27 日

周總理（以下簡稱周）：田中首相對中日問題很努力，認為恢復中日邦交是一件大事，我們對此也要做出回答。

竹入委員長（以下簡稱竹入）：周總理的口信（給田中首相的）是使田中首相下決心的原因。

周：首先，下決心突破困難是一件大事。第二，必須去掉黨內的反對意見。第三，需要得到在野黨和人民的支持。在野黨的立場是田中首相如果做得正確就支持，不正確就反對，是這樣嗎？

竹入：在野黨在日中問題上當然是合作的。

周：共產黨也是表面上不能反對就在暗地裏搞破壞吧，內心想的是希望葛羅米柯（蘇聯外長）儘快訪日吧。即使中日問題是排他性的，也不會挑撥日美關係，我們問基辛格（時任美國總統特別助理）是否反對中日友好，回答說不反對。

竹入：有句老話叫"好事多磨"，我認為恢復邦交，建立外交關係是愈快愈好。

周：大平外相估計蔣介石將撤回大使，靠得住么？

竹入：靠得住的。

周：有反對的人吧。田中首相在自民黨日中正常化協議會上一提出 10 條，岸信介就提出了 14 條。岸、賀屋（興宣）想製造兩個中國。表面上沒法反對。雖然翻不起大浪，可盡搗亂。岸就是這種人吧？

竹入：是這種人。岸繼承了吉田（茂）的衣缽，如果日中邦交恢復了，岸就不行了。

周：日本對台灣的關照是經濟和僑民問題嗎？以前有統計說日本婦女

和中國人結婚的有 6000 人。如果邦交不能恢復，就擔心不能再回（日本）去了。戰犯問題已經解決，全都讓回國了。日本和台灣的經濟關係是投資問題吧。

竹入：戰後的投資和政府借款以及全年達 8 億美元的貿易關係。

周：貿易和友好關係密切。田中首相根據和平五原則想建立邦交，我完全贊成，締結和平條約也是可能的，但我希望締結和平友好條約。此外，可以把和平五原則加進去，美國和蘇聯都不能反對。中日之間如果真能和平友好，在遠東捲入衝突的諸多具體問題就能解決。田中首相肯定地說中日邦交正常化的時機已經成熟，自民黨日中正常化協議會把它作為基本原則，對這種精神我們也有同感。

王曉雲（中國外交部亞洲司副司長）：昨天自民黨日中協有兩點安排已初步取得了共識。先是發表《聯合聲明》、恢復邦交；其後再締結和平條約。

周：要是這樣，基本上和我們的意見一致。我想請田中首相、大平外相來北京，提出《聯合宣言》（《聯合聲明》也行），締結和平友好條約。有三個問題請田中首相、大平外相放心，（1）不涉及《日美安保條約》。中日邦交如能恢復，對中國的安保的效力就消失了。（2）也不涉及 1969 年的《佐藤與尼克松聯合聲明》，發表《聯合宣言》就可到達和平友好條約。其餘的可讓法學家去辦。（3）"日蔣條約"問題。田中首相多次說理解中國主張的復交三原則，是尊重的意思么？

竹入：是的。從發表《聯合聲明》，建立外交關係的瞬間起，《日台條約》就失效了。

周：有一個問題。田中首相說中華人民共和國是正統，是合法的意思嗎？

竹入：是這個意思。

周：在中國，合法的反面叫非法、不合法，蔣政府是不合法的。田中內閣的法律家們對正統這個詞是賦予了某種意義的吧。

竹入：我想沒有，田中首相和大平外相、三木（武夫）先生有協定，其中包含有復交三原則，是默認的。但現狀是，國內尚有不甚明朗的事情。如果採取《日台條約》本來就是不合法、不恰當的立場，就會促使日本國內產生混亂，這一點請再次給予理解。

周：因為只是個名詞問題好解決。就請用合法這種說法可以嗎？

竹入：準備告訴他們就那樣改吧。

周：第三個問題要研究一下。（1）、（2）簡單。還有一個問題，台灣是中國領土的一部分這一點，《中美聯合聲明》也是承認的，日本對此有甚麼問題嗎？

竹入：我想沒有問題。以下的事情想要確認一下。田中首相訪華發表聯合聲明時，（1）中華人民共和國是唯一的合法政府；（2）台灣是中國領土的一部分。這兩點有加以明確的必要嗎？

周：這一點請讓我再想一想。向毛主席報告，在黨內進行討論。毛主席說放棄賠償要求。4億美元左右，現在不是甚麼大數額，但讓人民負擔不好。聯合聲明裏也可以寫上放棄要求賠償權。

竹入：萬分感謝。

周：這是當然的。我們決不出難題。為了早日恢復邦交，還是早一點來好。竹入委員長說9月份合適，我們歡迎。要在日美會談之後了，沒有問題。簽訂個航空、漁業協定吧。通商與航海比較麻煩，實際上現在也正在搞。

竹入：對戰爭結束宣言是怎樣考慮的？

周：有必要擬定一個草案吧。只要內閣作了決定，草案的準備工作要不要派可以信賴的人來，由田中首相裁定。

竹入：田中首相、大平外相直接來中國，我想國內也會順利通過的。

周：田中首相的對華政策變得明朗了，但美國不會扯後腿么？

竹入：先聽聽美國的意見，然後再下決斷的事我想是沒有的，即使有，也會拒絕美國的要求。

周：對台灣，我們努力盡可能和平解放。美國也知道如果蔣介石打過來那又另當別論。時機成熟就會自然解決。對安保和《日美聯合聲明》不會有影響。像《中美聯合聲明》中寫的那樣，中國不謀求霸權。但兩個超級大國就很難說不爭奪霸權了。

（二）第二次會談　1972 年 7 月 28 日

竹入：我和大平外相交換了意見，外相判斷說，在田中首相訪華建立了邦交的階段，台灣准會撤出。

周：假如台灣不撤走呢？

竹入：現有撤走駐日使館，留下貿易公司的動向。在田中首相訪華建立了外交關係，互派大使時，日台間的邦交就消失了。因此進入昨天周總理講的那個和平友好條約的想法沒有變。雖然還留下一些小問題，但主要的問題不能再拖了。

周：釣魚島的問題也沒有必要涉及。它和恢復邦交相比，就算不了甚麼問題。現在來談日美關係，美國因為自己還沒有和小國恢復邦交，所以有想讓日本等一等的想法，是吧？

竹入：我想是有的。

周：美國已承認了一個中國。台灣問題的解決是中國自己的事，美國沒有異議。台灣的美軍隨着越南戰爭結束將逐漸撤回，這是秘密。在《聯合聲明》中，是按照隨着遠東形勢的緩和而撤離的方式寫的。《中美聯合聲明》與越南有關。台灣比越南先解決，是對不起越南兄弟的。這件事我和尼克松、基辛格談過，他們説要對形勢緩和負責。但是因為美軍仍在越南進行戰爭，所以我們支持越南，尼克松承認我們的意見是公正的。所以尼克松説即使指責美國，他也不説甚麼。

與中美問題比，中日問題是另一個問題。美國敵視中國，但中日之間 20 餘年來交往不斷。還有友好、備忘錄貿易和文化交流。美國和台灣訂有軍事條約，日本和蔣介石雖訂有和平條約，但沒有軍事條約。中日建交和美國不同，這一點有必要說服美國。田中首相是理解的，如果要求美國理解，由中國對美國去說。

基辛格說他贊成中日友好。美國將會扯一些後腿，要做說服工作。並不是中日兩國先搞的，而是步他們的後塵，是能夠讓他們接受的。

竹入：外相說美國可能會有些意見。我想首相、外相即使會見了尼克松，決心也不會變，會妥善處理的。對美國來說，會認為日中恢復邦交之後他們就難以使用日本的基地了。還有一點，就是對給予南朝鮮和東南亞各國的影響有些擔心吧。

周：是的，是在擔心。南北朝鮮想要統一，這是好事。和北朝鮮的交流會促進南北統一，對日本是件好事。這一點希望能勸說田中首相。

竹入：日中恢復邦交後，南朝鮮會變成個甚麼樣，美國似乎有些擔心。

周：中美兩國關係正常化不僅對中美兩國而且對世界和平有利。中日關係也一樣。我想能用《中美聯合聲明》去說服美國就好了。就說是像美國說的那樣去做的，怎麼樣？

（三）第三次會談　1972 年 7 月 29 日

周：第一次第二次會談是交換意見。現在我想說一下我們的意見的要點。當田中首相、大平外相訪華時最好發表《聯合聲明》或《聯合宣言》。

竹入：同意。

周：已想到的有這麼幾個問題。如果田中、大平兩位認為比這多一點或者少一點為好，可以交換意見。（1）戰爭結束的問題。我們想用這樣的表述："中華人民共和國和日本國之間的戰爭狀態，自本聲明公佈之日起結束。"這裏所說的這一天是指《聯合聲明》或《聯合宣言》發表的日期。

竹入：這個要放進《聯合聲明》中去嗎？

周：是的。用這樣的表述大家都放心。（2）邦交問題。我想這樣表述："日本政府充分理解中華人民共和國政府提出的中日恢復邦交的三原則。承認中華人民共和國政府是代表中國的唯一合法政府。在這個基礎上兩國政府建立外交關係並互派大使。"在竹入先生看來，田中首相方面有困難嗎？

竹入：我想沒有困難。因為這是田中首相歷來的說法。

周：以下就簡單了。（3）雙方聲明，中日兩國建立邦交，符合兩國人民的長期願望，也符合世界各國人民的利益。這一條是從《中美聯合聲明》中拿過來的，是雙方共同強調的第一點。（4）雙方同意在互相尊重主權和領土完整，互不侵犯，互不干涉內政，平等互利，和平共處五項原則基礎上，處理中日兩國的關係。中日兩國的糾紛，根據五項原則，通過和平協商解決，不訴諸武力或以武力相威脅。上面的一段也是《中美聯合聲明》中有的，是基辛格感到得意的地方。（在美國接受了中國的和平共處五項原則的意義上）寫進了《中美聯合聲明》中的。但我們兩國先行付諸實施吧。日本放棄了台灣、澎湖島。我們支持日本恢復日本北方四島，這是田中首相根據五項原則發表過的。

竹入：對此，全世界的人中不會有反對的吧！

周：不能反對。（5）雙方聲明，中日兩國的任何一方不在亞洲、太平洋地區謀求霸權，反對任何一方與任何國家或國家集團建立這種霸權的企圖。這也是《中美聯合聲明》的第二點，是很有意義的。如果田中首相認為這種提法為時尚早，可以商量。因為這是中美兩國達成一致的，所以他們也就不能反對。中日兩國接近，美國不能反對，不過，如果有甚麼國家要出來反對也沒辦法。

竹入：能就這一表述進行商量值得高興。對這一點能否接受，我去和田中首相、大平外相談。

周：總之，旗幟要鮮明。我們合作，如果有人要謀求霸權，我們就聯合起來反對。

竹入：即使按這種方式去表述，或者再緩和一些，蘇聯也會施加高壓的吧。

周：無論他們怎樣高壓，我們都有準備，他們也就無能為力。我們在北方派駐有百萬大軍。

竹入：周總理的體諒人的這個提議我向田中首相轉達。

周：我不想過分勉強田中首相。那麼接着往下談。（6）雙方同意，兩國在建立了外交關係之後，根據和平共處五項原則，締結《和平友好條約》。（7）為了中日兩國人民的友誼，中華人民共和國政府對日本國放棄要求戰爭賠償權。（8）中華人民共和國政府和日本國政府為進一步發展兩國之間的經濟和文化關係，擴大人員交往，在《和平友好條約》簽字前，在必要和現已商定的基礎上分別締結通商、航海、航空、氣象、漁業、科學技術等的協定。要等《和平友好條約》簽字後再締結這些協定就太遲了。和美國不同的是，我們兩國之間這樣的協定已經有了。中日兩國的漁業協定比蘇聯執行得順利，我們現在想到的就是這 8 條，日本方面如果想到的更多，那也好。

竹入：我通過廖（承志）先生向總理提出的幾點都包含在裏面了，因此我想日本政府也提不出更多的了。

周：比如，其中對霸權的提法，如果認為太苛刻，可以改變説法，不放進去也行，等將來寫進《和平友好條約》也可以。要不這樣，將來《和平友好條約》就沒甚麼好寫的了。

竹入：在我們最為擔心的台灣的領土問題、《日台條約》問題上多蒙關照，十分感謝。

周：雙方來規定幾項默契事項如何，默契事項不寫進宣言或聲明，能同意嗎，請商量一下。現在有三點，田中首相、大平外相也許會説想再多來幾項的。（1）"台灣是中華人民共和國的領土，解放台灣是中國的內政問題。"（2）《聯合聲明》發表後，日本政府從台灣撤走其大使館、領事館，並採取有效措施，讓蔣介石集團的大使館、領事館撤出日本。"

竹入：日本政府和台灣有一直繼續着邦交的事實。因前面已用了台灣的字樣，在這裏也能用台灣的大使館這種説法就好了。還有餘地嗎？在這一點上無論如何希望能給田中首相、大平外相留一些考慮的餘地。

周：我想可以。（3）"戰後，日本的團體和個人在台灣的投資和企業，在台灣解放之際，要給予適當的照顧。"我們舉出三點。田中首相方面如果還想加點別的甚麼，可以商量。無論在這個《聯合聲明》的條文裏，或《日美安保條約》，以及《佐藤與尼克松聯合聲明》的"台灣條款"裏都要避免把《日台條約》寫進去。你既然來了，就讓它成功。邦交如能恢復，一切就成為過去。這是從政治的角度說的，法律就不適用。恢復中日邦交和人民的政治願望有密切關係。

　　竹入：這樣，所有的懸案都解決了。

日中共同聲明日本側案の對中説明

出處：日本外務省公開史料《日中國交正常化交渉の件》中日邦交正常化談判記録；
石井明等編《記録と交渉　日中國交正常化・日中平和友好條約》（日）岩波書店，
2003 年，110~116 頁。

（註）以下は、9 月 26 日午前の第 1 回外相會談において、高島條約局長が読み上げたものである。日本側案については別添 1 中國側「大綱」については別添 2 をそれぞれ参照ありたい。

日本側が準備した日中國交正常化に関する共同聲明案は、先般中國側から非公式に提示された「日中共同聲明文案大綱」を基礎にして、同大綱に示されている中華人民共和國政府の見解を尊重しつつ、若干の重要な點に関する日本政府の立場も反映されるように配慮したものである。以下、中國側の「大綱」と対比しつつ、共同聲明案本文の各項についての日本側の考えを説明する。

1 第 1 項は、中國側の「大綱」と同様に、日中両國間の戦争状態の終結問題をとり上げている。「大綱」との相違は、日中両國政府による戦争状態終了の確認という形式をとつていること及び戦争状態の終了時期が明示されていないことの 2 點である。この相違は、日本側としてきわめて重要視する點であるので、この機會に、この問題に関する日本政府の基本的立場を説明し、これに対する中國側の理解を得たいと考える。

日中間の戦争状態終結の問題は、いうまでもなく、日華平和條約に対する雙方の基本的立場の相違から生じたものである。この點は、昨日大平大臣から説明したとおりであるが、繰り返し説明したい。中國側が、その一貫した立場から、わが國が台灣との間に結んだ條約にいつさい拘束されないとすることは、日本側としても十分理解しうるところであり、日本政府は、中華人民共和國政府がかかる立場を変更するよう要請するつもりは全くない。しかしながら、他方において、日本政府が、自らの意思に基づき締結した條約が無効であつたとの立場をとることは、責任ある政府としてなしうることではなく、日本國民も支持しがたいところ である。したがつて、わが國と台灣との間の平和條約が當初から無効であつたとの前提に立つて、今日未だに日中両國間に法的に戰爭狀態が存在し、今回發出さ れるべき共同聲明によつて初めて戰爭狀態終了の合意が成立するとしか解する餘地がない表現に日本側が同意することはできない。

　第 1 項の表現は、このような考慮に基づいて書かれたものである。これまでの日中関係に対する法的認識についての雙方の立場に関して決著をつけることは必要 ではなく、また、可能でもないので、それはそれとして、今後は、日中両國間に全面的に平和関係が存在するという意味で、戰爭狀態終了の時期を明示すること なく、終了の事實を確認することによつて、日中雙方の立場の両立がはかられるとの考えである。表現については、中國側の提案をまつてさらに檢討したい。

　2 第 2 項は、日本政府による中華人民共和國政府の承認であり、中國側の「大綱」第 2 項の前段に相當する。「大綱」は、まず承認問題を含む中國側の三つの原則 的立場に対する日本政府の態度を包括的かつ抽象的に述べた後に、具體的に承認問題に言及する構成をとつているが、日本側は、本項においては、承認問題のみ をとり上げ、これに対する日本政府の明確な態度を示すことが適當と信ずるものである。その他の二つの問題（すなわち、台灣問題と日華平和條約問題）につい ては、それぞれ別途に処理することとしたい。中國と諸外國との間の共同聲明においても、承認と台灣問題とは切り離して処理されていると承知しているので、このように、三つの問題を個別に解決していく方式については、中國側にも特に異存はないものと考えた次第であるが、昨日の周総理の發言に関連し、この點に 関する中國側の見解を伺いたい。

3　第3項は、外交関係の開設、大使の交換及び外交使節団の設置に関する日中間の合意に関するものであり、中國側の「大綱」第2項の後段に相当する。「大綱」に比してその内容がより詳細なものとなつているが、本項の表現は、中國と諸外國との間の共同聲明を先例として参考にしたものであるので、特に補足的な説明を要しないであろう。

　なお、日中両國間の外交関係開設は、この共同聲明発出の日と同日付けで行なわれるべきであるというのが日本側の考えであり、中國側も同様の見解と了解している。

　この項の内容は、日中両國政府の正式の合意を必要とする事項であり、わが方としては、國内手続上、共同聲明とは別個の事務的な合意文書を必要とするので、中國側に特に異存がない場合には、別途同趣旨の簡単な覚書を做成し、共同聲明ではこの合意を確認するという形にしたいと考える。

　4　次の第4項は台灣問題に関する部分であり、中國側の「大綱」別添の「黙約事項」の一に対応する。

　すでに中國側も理解しているとおり、日本側は、日中國交正常化に際しては、いつさい秘密了解のごとき文書を作るべきではないと考えており、台灣問題についても、他の項目と同様に、日中雙方が合意しうる表現を見出だし、これを共同聲明に含めることとしたい。

　台灣問題に関する日本政府の立場については、この機會にこれを要約すれば次のとおりである。

　サン・フランシスコ平和條約によつて、台灣に対するすべての権利を放棄したわが國は、台灣の現在の法的地位に関して獨自の認定を下す立場にない。中國側が、サン・フランシスコ條約について、日本と異なる見解を有することは十分承知しているが、わが國は、同條約の當事國として、右の立場を崩すことはできない。しかしながら、同時に、カイロ、ポツダム両宣言の経緯に照らせば、台灣は、これらの宣言が意図したところに従い、中國に返還されるべきものであるとい うのが日本政府の変わらざる見解である。わが國は、また、「中國は一つ」との中國の一貫した立場を全面的に尊重するものであり、當然のことながら、台灣を再び日本の領土にしようとか、台灣獨立を支援しようといつた意圖は全くない。したがつて、わが國としては、將來台灣が中華人民共和國の領土以外のいかなる 法的地位を持つことも予想していない。

このような見地から、日本政府は、台灣が現在中華人民共和國政府とは別個の政権の支配下にあることから生ずる問題は、中國人自身の手により、すなわち、中 國の國內問題として解決されるべきものと考える。他方、わが國は、台灣に存在する國民政府と外交関係を維持している諸國の政策を否認する立場になく、ま た、米中間の軍事的対決は避けられなくてはならないというのがすべての日本國民の念願である以上、台灣問題はあくまでも平和裏に解決されなくてはならない というのが日本政府の基本的見解である。

共同聲明案の第 4 項第 2 文の「日本國政府は、この中華人民共和國政府の立場を十分理解し、かつ、これを尊重する。」との表現は、右に述べたような日本側の考えを中國側の立場に対応して簡潔に表わしたものである。

5 中國側の「大綱」第 4 項に述べられている日中関係に適用されるべき基本原則については、日本側としても、その內容に特に異存がないので、これを若干ふえんした形で第 5 項において確認することとしたい。

なお、本項後段において、両國間の紛争の平和的解決及び武力不行使と並んで、日中雙方が自由に自國の國內制度を選択する固有の権利を相互に尊重する旨をう たつているが、これは、前段で強調されているように、「両國間に平和的かつ友好的関係を恆久的な基礎の上に確立」するためには、日中両國が、それぞれの政 治信條に基づき、異なる政治、経済、社會制度を有している事実を相互に認め合い、これを許容するという基本的姿勢がきわめて重要であると考えられるからで ある。

　6 第6項は、中國側の「大綱」第5項と同じ内容であるので、日本側から特に補足すべき點はない。

　7 賠償の問題に関する第7項は、本來わが方から提案すべき性質の事項ではないので、括弧內に含めてある。その内容は、中國側の「大綱」第7項とその趣旨において変わりがないが、若干の表現上の修正が行なわれている。すなわち、日本政府は、わが國に対して賠償を求めないとの中華人民共和國政府の〇を率直に評価 するものであるが、他方、第1項の戦争状態終結の問題と全く同様に、日本が台灣との間に結んだ平和條約が當初から無効であつたことを明白に意味する結果と なるような表現が共同聲明の中で用いられることは同意できない。日本側提案のような法律的ではない表現であれば、日中雙方の基本的立場を害することなく、問題を処理しうると考えるので、この點について中國側の配慮を期待したい。｛文中の〇は空白｝

　8 最後の第8項においては、中國側の「大綱」第6項と第8項を一項にまとめ、國交正常化後日中間において締結交渉が予想される平和友好條約及びその他若干の 諸取極が例示的にあげられている。本項において觸れられていない他の分野に関する取極については、日本側として、これを積極的に排除する意図はないが、當 面その締結の必要性につき確信がえられないのであえて言及しなかつた次第である。

　なお、本項に関連して、日本側としては、二つの點について、中國側との間に誤解がないように確認しておきたい。

　まず、平和友好條約に関しては、日本側は、中國側が予想している條約の内容を具體的に承知していないが、日本政府としては、この條約が、將來の日中関係が よるべき指針や原則を定める前向きの性格のものである限り、その締結のために適当な時期に中國側の具體的提案をまつて交渉に入ることに異存はない。戦爭を 含む過去の日中間の不正常な関

係の清算に関連した問題は、今回の話合いとその結果である共同聲明に
よつてすべて処理し、今後にかかる後向きの仕事をいつさ い殘さないよ
うにしたい。

　　次に、個個の実務的分野を対象とする取極については、既存の民間
ベースの取極がある場合、從來これが果たしてきた役割を否定するもの
ではないが、やはり政 府間の取極ということになれば、民間取極の內
容をそのまま取り入れることができない場合もありうると考えられるの
で、政府がこれに拘束されるかのように解 される表現を共同聲明におい
て用いることは避けたい。

　　9 日華平和條約に関するわが國の基本的立場は、すでに第 1 項の戰
爭狀態終了の問題に関連して述べたとおりであるが、他方、日中國交正
常化が達成されれば、日華平和條約は實質的にその存續意識を完全に失
うこととなるので、日本政府としては、今後の日中関係が全く新しい基
礎の上に出發することを明確にする意味 で、なんらかの適當な方法によ
り同條約の終了を公けに確認する用意がある。

　　10 なお、中國側の「大綱」別添の「黙約事項」においては、台灣問
題のほかに、わが國と台灣との間の大使館、領事館の相互撤去及び戰後
の台灣に対する日本の投 資に対する將來の中國側の配慮の 2 點が言及さ
れているが、このうちの第 1 點に関しては、これが日中國交正常化の必
然的歸結と認識しており、妥當な期間內に 當然實現されるものであるの
で、このようなことのために、公表・不公表を問わず、あえて文書を做
成する必要はなく、中國側において日本政府を信用してもら いたい。ま
た、第 2 點に関しても、秘密文書を做成しないとの基本方針に基づき、
これを口頭での了解にとどめておくべきものと考える。

資料八

周恩來總理在田中總理大臣舉行的答謝宴會上的祝酒詞
（節選） 1972 年 9 月 28 日

出處：田桓主編《戰後中日關係文獻集 1971~1995》，108~109 頁。

田中首相這次來我國訪問，時間很短，但是取得了豐碩的成果。

我們雙方舉行了多次會談，就實現中日邦交正常化和雙方共同關心的問題，進行了認真、坦率和友好的討論。本着互相諒解和求大同存小異的精神，我們在有關中日邦交正常化的一系列重要問題上達成了協議。

我們即將結束兩國間迄今存在的不正常狀態。戰爭狀態的結束，中日邦交的正常化，中日兩國人民這一長期願望的實現，將打開兩國關係中的新篇章，並將對和緩亞洲緊張局勢和維護世界和平，做出積極的貢獻。

我熱烈祝賀我們會談的圓滿成功，並高度評價田中首相和大平外相為建立中日邦交做出的重要貢獻。

我們取得的成就應當歸功於我們兩國人民。我相信，他們一定會為我們的成就而感到非常高興。

在這一歷史性時刻，我願代表中國人民，對那些長期以來為促進中日友好和實現中日邦交正常化做出貢獻甚至不惜犧牲自己生命的日本各界朋友，表示衷心的感謝和敬意。

中日兩國是社會制度根本不同的國家。但是，我們雙方富有成果的會談證明，只要雙方都具有信心，兩國間的問題，是可以通過平等協商得到解決的。

我相信，只要我們雙方信守和平共處五項原則，我們兩國的和平友好關係定能不斷得到發展，我們兩國偉大的人民定能世世代代地友好下去。

資料九

中華人民共和國政府和日本國政府聯合聲明 1972 年 9 月 29 日於北京
出處：田桓主編《戰後中日關係文獻集 1971~1995》，110~111 頁。

　　日本國內閣總理大臣田中角榮應中華人民共和國國務院總理周恩來的邀請，於 1972 年 9 月 25 日至 9 月 30 日訪問了中華人民共和國。陪同田中角榮總理大臣的有大平正芳外務大臣、二階堂進內閣官房長官以及其他政府官員。

　　毛澤東主席於 9 月 27 日會見於田中角榮總理大臣。雙方進行了認真、友好的談話。

　　周恩來總理、姬鵬飛外交部長和田中角榮總理大臣、大平正芳外務大臣，始終在友好氣氛中，以中日兩國邦交正常化問題為中心，就兩國間的各項問題，以及雙方關心的其他問題，認真、坦率地交換了意見，同意發表兩國政府的下述聯合聲明：

　　中日兩國是一衣帶水的鄰邦，有着悠久的傳統友好的歷史。兩國人民切望結束迄今存在於兩國間的不正常狀態。戰爭狀態的結束，中日邦交的正常化，兩國人民這種願望的實現，將揭開兩國關係史上新的一頁。

　　日本方面痛感日本國過去由於戰爭給中國人民造成的重大損害的責任，表示深刻的反省。日本方面重申站在充分理解中華人民共和國政府提出的"復交三原則"的立場上，謀求實現日中邦交正常化這一見解。中國方面對此表示歡迎。

　　中日兩國儘管社會制度不同，應該而且可以建立和平友好關係。兩國邦交正常化，發展兩國的睦鄰友好關係，是符合兩國人民利益的，也是對緩和亞洲緊張局勢和維護世界和平的貢獻。

　　（一）自本聲明公佈之日起，中華人民共和國和日本國之間迄今為止的不正常狀態宣告結束。

　　（二）日本國政府承認中華人民共和國政府是中國的唯一合法政府。

（三）中華人民共和國政府重申：台灣是中華人民共和國領土不可分割的一部分。日本國政府充分理解和尊重中國政府的這一立場，並堅持遵循《波茨坦公告》第八條的立場。

（四）中華人民共和國政府和日本國政府決定自 1972 年 9 月 29 日起建立外交關係。兩國政府決定，按照國際法和國際慣例，在各自的首都為對方大使館的建立和履行職務採取一切必要的措施，並儘快互換大使。

（五）中華人民共和國政府宣佈：為了中日兩國人民的友好，放棄對日本國的戰爭賠償要求。

（六）中華人民共和國政府和日本國政府同意在互相尊重主權和領土完整，互不侵犯，互不干涉內政，平等互利，和平共處各項原則的基礎上，建立兩國間持久的和平友好關係。

根據上述原則和《聯合國憲章》的原則，兩國政府確認，在相互關係中，用和平手段解決一切爭端，而不訴諸武力和武力威脅。

（七）中日邦交正常化，不是針對第三國的。兩國任何一方都不應在亞洲和太平洋地區謀求霸權，每一方都反對任何其他國家或國家集團建立這種霸權的努力。

（八）中華人民共和國政府和日本國政府為了鞏固和發展兩國間的和平友好關係，同意進行以締結和平友好條約為目的的談判。

（九）中華人民共和國政府和日本國政府為進一步發展兩國間的關係和擴大人員往來，根據需要並考慮到已有的民間協定，同意進行以締結貿易、航海、航空、漁業等協定為目的的談判。

中華人民共和國	日本國
國務院總理	內閣總理大臣
周恩來（簽字）	田中角榮（簽字）
外交部長	外務大臣
姬鵬飛（簽字）	大平正芳（簽字）

資料十

中華人民共和國和日本國和平友好條約 1978 年 8 月 12 日於北京

出處　田桓主編《戰後中日關係文獻集 1971~1995》，228~229 頁。

　　中華人民共和國和日本國滿意地回顧了自 1972 年 9 月 29 日中華人民共和國政府和日本國政府在北京發表《聯合聲明》以來，兩國政府和兩國人民之間的 友好關係在新的基礎上獲得很大的發展；確認上述《聯合聲明》是兩國間和平友好關係的基礎，《聯合聲明》所表明的各項原則應予嚴格遵守；確認《聯合國憲章》的原則應予充分尊重；希望對亞洲和世界的和平與安定做出貢獻；為了鞏固和發展兩國間的和平友好關係；決定締結和平友好條約，為此各自委派全權代表如下：

　　中華人民共和國委派外交部長黃華；

　　日本國委派外相園田直。

　　雙方全權代表互相校閱全權證書，認為妥善後，達成協議如下：

　　第一條

　　一、締約雙方應在互相尊重主權和領土完整，互不侵犯，互不干涉內政，平等互利，和平共處各項原則的基礎上，發展兩國間持久的和平友好關係。

　　二、根據上述各項原則和《聯合國憲章》的原則，締約雙方確認，在相互關係中，用和平手段解決一切爭端，而不訴諸武力和武力威脅。

　　第二條

　　締約雙方表明：任何一方都不應在亞洲和太平洋地區或其他任何地區謀求霸權，並反對任何其他國家或國家集團建立這種霸權的努力。

　　第三條

　　締約雙方將本着睦鄰友好的精神，按照平等互利和互不干涉內政的原則，為進一步發展兩國之間的經濟關係和文化關係，促進兩國人民的往來而努力。

第四條

本條約不影響締約各方同第三國關係的立場。

第五條

一、本條約須經批准，自在東京交換批准書之日起生效。本條約有效期為 10 年。10 年以後，在根據本條第二款的規定宣佈終止以前，將繼續有效。

二、締約任何一方在最初 10 年期滿時或在其後的任何時候，可以在一年以前，以書面預先通知締約另一方，終止本條約。

雙方全權代表在本條約上簽字蓋章，以昭信守。

本條約於 1978 年 8 月 12 日在北京簽訂，共兩份，每份都用中文和日文寫成，兩種文本具有同等效力。

中華人民共和國全權代表　　日本國全權代表

黃　華　　　　　　　園田　直

（簽字）　　　　　　　（簽字）

本條約自 1978 年 10 月 23 日起生效

中日媾和相關年表

---------- 1931 ----------

9.18　"九·一八事變"爆發。當夜（19 日零時 20 分以後）日本關東軍司令本莊繁命令關東軍全軍出擊，並將司令部遷至奉天（瀋陽），電告朝鮮軍（日駐朝鮮軍隊）配合。

9.19　中國外交部向日本駐華公使重光葵提出緊急抗議（下午 6 時），要求日軍停止一切軍事行動。同時，國民政府向駐國聯大使發出訓令，命其將"九·一八事變"真相報告國聯。

9.20　國民政府第二次向日本駐華公使提出抗議，要求日軍從所有佔領地區撤出。

國民黨中常會決定對日在軍事上退讓，但在談判中決不鬆弛。

張學良向東北各軍發出暫時忍讓的"不抵抗"命令。

9.21　中國駐國聯代表施肇基向國聯理事會要求對中國東北事態採取措施，制止事態擴大，恢復原狀及賠償。

日軍佔領吉林省會，日本朝鮮軍一個旅越過中朝邊境，到達奉天。

9.22　國聯理事會通過決議，要求中日兩國防止事態的擴大；兩國軍隊撤退；將事態通知美國。

美國國務卿史汀遜（Henry Stimson）警告日本，"九·一八事變"已經觸犯了《九國公約》及《非戰公約》。

9.23　中國外交部向日本提出第三次抗議（由於日本政府對中國政府前兩次抗議沒有任何答覆）。國民政府發表《告國民書》，並要求全國降半旗，停止娛樂活動，為奉天被陷致哀。

日本關東軍在奉天發出佈告，宣示對中國東北的永久佔領。

9.25　國聯中國代表施肇基，在國聯理事會要求中立委員會監視日軍撤軍。

9.26 上海舉行抗日救國大會，要求政府有期限地要求日軍撤退，否則就與日本斷交、宣戰。南昌、寧波十萬人抗日救國大會。

10.22 中國在國聯理事會提出第七個決議案，要求日軍撤出東北。

10.24 國聯理事會以 13 票對 1 票（日本）通過該決議。

10.25 日本陸軍大臣南次郎發表聲明拒絕國聯決議。

10.26 中國駐日公使蔣作賓向日本政府要求，日軍應在 11 月 16 日前從東北撤出。日本政府發表聲明稱 "國聯決議不能成立"。

10.31 日本政府向中國政府發出不撤兵的照會。

11.11 國民黨四中全會在南京舉行，要求國聯採取對日制裁措施。

11.10-11.13 土肥原賢二等日本特務挾持清廢帝溥儀從天津至營口，18 日送旅順。

11.14 日本照會中國，要求中國軍隊撤出天津。外交部對日抗議復照，要求天津日租界當局制止一切暴力。

12.10 國聯理事會為調查 "九・一八事變" 組成李頓調查團。

1932

1.2 日軍佔領錦州，中國軍隊撤至關內，至此，東北三省大部淪陷。

1.26 日本駐上海領事就 19 日日方陰謀製造的暗殺日本僧侶事件向中方發出最後通牒。

1.27 日軍在上海登陸，悍然侵略上海，28 日 "一・二八事變" 爆發。

1.29 中國外交部發表自衛宣言，要求《九國公約》國制止日本的軍事侵略。

2.5 關東軍召開 "建國幕僚會議"，密謀 "滿洲國"。同日，日軍攻陷哈爾濱。

3.1 日本炮製的傀儡政權 "滿洲國" 發表 "建國宣言"。

3.9 溥儀出任 "滿洲國執政"。

8.17 外交部長羅文干指關東軍司令兼駐偽滿大使，是日本踐踏國際法。

9.15 日本政府正式承認 "滿洲國"，16 日本政府發表 "承認滿洲國之宣言"。

2.24　國聯大會決議不承認"滿洲國"。

2.24　國聯理事會以 41 比 1（日本）通過決議，要求日本限期從滿洲撤軍。中國取得反抗日本侵略東北的外交勝利。

3.23　日軍開始進攻熱河省。

3.27　日本政府發表退出國聯宣言。

4.10　日軍越過長城線侵入山海關。

5.29　日本在華北駐屯軍要求國民黨機關從河北省撤出。

7.6　何應欽與梅津美治郎簽署"何梅協定"。中方接受日方無理要求，日本以武力實現華北"特殊化"。

11.25　日本在河北省炮製傀儡"冀東防共自治委員會"，以肢解中國。

8.7　日本內閣決定在中國華北五省建設"防共親日滿地帶"。

12.12　西安事變爆發，中國要求國共一致抗日的呼聲高漲。

7.7　"七‧七事變"爆發，日本發動全面侵華戰爭。

8.25　中國國民政府發表《對日自衛抗戰宣言》。

12.13　日軍佔領南京，多達 30 萬人以上的中國戰俘及平民慘遭殺害，製造震驚中外的南京大屠殺慘案。

1.11　日本御前會議決定"支那事變處理根本方針"，決定中止與中國的和平談判。

1.11　日本政府發表《不以國民政府為對手》的聲明（第一次近衛聲明），把
　　　戰火燒到全中國。

1939

3.30　日本炮製的南京汪精衛傀儡政權成立。

9.1　德國開始入侵波蘭，第二次世界大戰爆發。
　　　日本支持"蒙疆聯合自治政府"成立，加速肢解中國。

1940

9.27　日德意三國法西斯同盟建立。

1941

3.11　美國總統簽署《武器租借法》。

4.13　《日蘇中立條約》簽字。

6.22　德國進攻蘇聯，蘇德開戰。

7.25　美國凍結日本在美國資產。

7.25-7.26　美英軍事協議會在重慶召開。

8.14　美英大西洋憲章簽署。

10.18　日本東條英機內閣成立。

12.7　日本偷襲珍珠港，日本對美英宣戰。

12.8　美英對日宣戰。

12.9　中國對日宣戰，同日對德意宣戰。

12.12　日本內閣決議，將"北支事變"改稱為"支那事變"。

12.26　中美英軍事同盟成立。

1942

1.1　中美英等 26 國簽署《聯合國家宣言》，決定不對軸心國單獨媾和。
　　　日本內閣決定，把對美英戰爭的稱呼改為"大東亞戰爭"。

3.30　中美英澳四國軍事會議在華盛頓召開。

8.12-8.15　莫斯科外長會議。

10.28　中美英蘇召開東亞作戰會議。

11.8　盟軍在北非登陸。

─────── 1943 ───────

1.14-1.25　卡薩布蘭卡會議。

3.14　國民政府公佈《敵產處理委員會組織規程》，"敵產處理委員會"同日開始工作。

7.1-8.24　第一次魁北克會議。

9.8　意大利投降。

10.2　美國國務院設立遠東地區委員會（FEAC）。

10.30　中美英蘇簽署《莫斯科宣言》。

11.23-11.26　中美英開羅首腦會議。

11.23　中美開羅首腦會談，確定盟國戰後對日政策基本原則。

11.28-12.1　德黑蘭會議建議設立維護和平的國際機構。

12.1　中美英《開羅宣言》發表，確定了戰後對日本的處理原則。

12.7　國民政府發表《敵產處理條例》，同日生效。

─────── 1944 ───────

1.15　美國國務院內設立戰後計劃委員會（PWC），研究戰後政策。

3.7　國民政府公佈《敵產處理條例實施細則》，同日生效，開始接收在中國本土的日本資產。

7.1　中美英布林頓森林會議（決定聯合國框架）。

7.8-7.22　塞班日本守軍全軍覆滅"玉碎"。

9.11-9.16　第二次魁北克會議。

10.2　美軍佔領菲律賓。

11.24　美軍 B 29 第一次轟炸東京。

2.4　美英蘇雅爾塔會談，《雅爾塔協定》簽署，蘇聯承諾對日參戰。

3.9-3.10　美軍對日本東京實施大空襲。

5.7　德國無條件投降。

7.26　中美英發表《波茨坦公告》。

8.6　美軍在日本廣島投下第一顆原子彈。

8.8　蘇聯宣佈加入《波茨坦公告》，對日參戰。

8.9　美軍在日本長崎投下第二顆原子彈。

8.10　日本政府通告中美英蘇表示接受《波茨坦公告》。

8.13　美國參謀長聯席會議決定成立聯合國盟軍總司令部（SCAP）。

8.14　美國任命麥克阿瑟元帥為盟軍總司令。日本昭和天皇裕仁發佈接受
　　　《波茨坦公告》詔書。

8.15　蔣介石發表對日寬大政策談話。同日中午昭和天皇裕仁發表"玉音
　　　廣播"。

8.18　偽滿洲國"皇帝"溥儀退位，"滿洲國"解體。

8.23　日本政府設立終戰處理會議及終戰事務聯絡委員會。

8.25　日本政府終戰聯絡事務局開始工作。

8.28　美軍先遣隊登陸日本，日首相東久邇稔彥（Naruhiko Hoigashikuni）
　　　會見記者稱："維持國體，一億總懺悔"。

8.29　美國政府向麥克阿瑟發佈《初期對日方針》的訓令。

8.30　麥克阿瑟到達日本，GHQ 正式開始工作，向日本政府頒佈包括解散
　　　日本陸海軍，停止所有軍需工業等在內第一號指令。

9.2　密蘇里戰艦上舉行日本政府及大本營投降簽字儀式。中國政府通告
　　　美英蘇三國，沒收在華全部日本公私財產。

9.8　麥克阿瑟司令部進駐東京。美軍進駐南朝鮮。

9.9　中國戰區舉行日本投降簽字儀式（南京），中國戰區總司令蔣介石對
　　　在華日軍頒佈第一號指令，在華日軍開始解除武裝。

9.11 盟軍開始在日本逮捕戰犯嫌疑人（首批東條英機等 39 人）。

9.20 日本政府頒佈《關於接受波茨坦公告而發佈的命令件》。中美蘇英法五大國外長會議上，蘇聯外長莫洛托夫提出成立管理日本四國委員會方案，美國政府頒佈美國《投降後初期對日方針》。

9.27 日皇裕仁赴盟軍司令部拜會麥克阿瑟元帥，表示願承擔戰爭責任。

10.4 麥克阿瑟提出修改大日本帝國憲法，GHQ 發佈民主化指令，解散特高課警察，釋放政治犯等。

10.15 盟總廢除治安維持法，婦女解放等。

10.25 台灣光復，台北舉行日本投降簽字及中國恢復對台灣主權儀式。

10.28 盟軍總部發表關於使日本軍需工廠轉換為和平目的之備忘錄。

11.1 美國政府向麥克阿瑟發佈《為日本佔領及管理對聯合國軍最高統帥的初期指令》。

11.13 美國鮑萊賠償調查團開始對日本及遠東地區調查。

12.6 盟總逮捕近衛文麿、木戶幸一等 9 名戰犯嫌疑人。近衛服毒自殺。

12.7 開始審判日本 B.C 級戰犯。美國鮑萊調查團發表日本賠償的中間報告。

12.16 美蘇英外長會議討論媾和與中國問題等。日本外務省內設立賠償委員會。

12.23 遠東特別國際軍事法庭成立。

12.27 莫斯科外長會議決定成立遠東委員會及聯合國對日理事會，並改組遠東諮詢委員會。

--- 1946 ---

1.2 SCAP 指令限制日本政府的行政職權範圍。

1.1 昭和天皇發表否定其 "神格" 的敕書《人間宣言》。

1.4 GHQ 頒佈驅逐軍國主義領導人公職，解散超國家主義團體指令。

1.31 英聯邦軍隊參加日本佔領工作。SCAP 頒佈指定日本 389 個工廠作為第一批預定賠償之命令。

2.26 遠東委員會第一次會議。

3.1 美國政府對蘇聯拆除在中國東北之日本設施發出警告。

3.5 英首相丘吉爾發表"鐵幕"演說,東西方冷戰開始。

3.12 蘇聯答覆美國政府,將拆除之中國東北工業設施稱為"戰利品"。

3.23 鮑萊賠償調查團到中國調查。

4.1 遠東委員會設立賠償分科委員會。鮑萊製成賠償計劃最終報告。

4.5 對日委員會第一次會議。

5.3 遠東國際特別軍事法庭開庭。鮑萊調查團發表日本賠償方針。

5.13 遠東委員會決定第一次中間賠償計劃。

5.23 遠東委員會決定第二次中間賠償計劃。

6.12 遠東委員會決定第三次中間賠償計劃。

6.20 美國政府向中英蘇提出日本非武裝條約案。鮑萊發表關於續存日本平和工業的日本索賠方針。

7.20 GHQ 與中國政府交換中國軍隊參加對日佔領的備忘錄。

9.12 中國駐美大使顧維鈞向美國提出提前實施賠償計劃的中間指令案。

9.16 日本設立日本在外資產調查會。

10.1 日本政府把賠償委員會改為外務省賠償局。

11.3 頒佈由美國起草的《日本國憲法》。

11.16 鮑萊發表最終賠償報告,勸告美國政府撤出四分之三的日本鋼鐵工業及工作機械生產設施,船舶保有量為 150 萬噸等。

12.13 美國發表關於蘇軍拆除中國東北設施的鮑萊特別報告。

―――――――― 1947 ――――――――

1.28-2.19 斯托萊克賠償調查團訪日,美國的日本賠償政策開始轉變。

2.10 斯托萊克向 GHQ 發表賠償問題調查報告。

3.10-4.24 莫斯科外長會議。

3.12 美國發表杜魯門主義。

3.17 麥克阿瑟發表早日對日媾和談話。

4.3 美國政府向麥克阿瑟發出立即提前執行日本賠償中間計劃 30% 賠償的指令，同時美國代表在遠東委員會就該指令發表聲明。

4.19 遠東委員會發表應允許日本保留其 1930~1934 年經濟水平的方針。

5.2 GHQ 設立賠償局。

5.8 遠東委員會第 57 次會議決定日本賠償各國分配基準。

5.16 美政府對遠東委員會成員國提出召開對日媾和預備會議的提案。

5.20 遠東委員會發表日本賠償基本方針。

5.22 GHQ 宣佈設立聯合國賠償技術諮詢委員會。

6.4 中國政府日本賠償及歸還物資接收委員會會宣佈在抗日戰爭中中國的直接損失達 313 億美元，間接損失達 200 億美元。

6.2 GHQ 公佈新的對各國日本賠償賠償分配額度。

6.19 遠東委員會通過《日本投降後對日基本方針》。

7.1 日本軍艦作為賠償一部分，從日本佐世保港出發交付有關國家。

7.22 發表對日媾和四國外長會議提案。

8.26-9.2 英聯邦召開有關對日媾和會議。

8.10 斯托萊克賠償調查團再次訪日。

8.10 GHQ 發佈允許重新開始日本民間貿易指令。

8.13 美國拒絕蘇聯提出的對日媾和外長會議方式。

8.25 美國國務院提出日本賠償各國分配比例。

8.29 蘇聯發表關於對日媾和問題的對美備忘錄。

9.16 國民政府發表關於對日媾和問題致美蘇英的備忘錄。

9.27 美國政府提出早日對日媾和的方針。遠東委員會確定中間賠償 30% 提前交付的第一期指定工場。

10.4 英軍撤出日本。

11.20 美國向遠東委員會提出日本賠償分配比例的新提案。

12.5 國民政府發表關於中國東北地區拆除工業設施問題對蘇備忘錄。

12.24 發表賠償 30% 提前預付計劃第二次抽籤結果（工業設備總數 19,054 台，總額 115,781,323 日元）。

1.6　美國陸軍部長羅亞爾發表對日政策的聲明。

1.16　賠償提前預付計劃實施的第一號中國船 "海康號" 向中國出發。

1.21　美國代表麥考爾發表對日經濟政策講話。

2.26　美國發表第二次斯托萊克報告書。

3.1　羅亞爾陸軍部長發表斯托萊克報告書的部分內容。

4.27　日本公佈海上保安廳設置法。

5.18　發表強斯頓賠償報告書。

8.15　大韓民國成立宣言。

9.9　朝鮮民主主義人民共和國成立宣言。美國國家安全保障會議決定緩
　　　和對日政策（NSC13/2）

9.19　蘇聯宣佈從北朝鮮撤軍。

9.28　美國拒絕從南朝鮮同時撤軍。

10.7　美國發表對日佔領政策政策聲明。

11.12　遠東國際軍事法庭對日本甲級戰犯作出最終判決。

12.23　對東條英機等 7 名甲級戰犯執行絞刑。

2.24　遠東委員會決定終止對日本其他甲級戰犯的判決。

4.27　美國國務院頒佈關於日本賠償方針（終止賠償）決定 NSC13/3。

5.12　美國發表《關於日本賠償及工業水平的麥考伊聲明》（終止日本中間
　　　賠償計劃的聲明）。

5.19　遠東委員會中國代表李唯果發表聲明反對終止日本賠償。

10.1　中華人民共和國成立。

10.2　蘇聯承認中華人民共和國政府，與國民黨當局 "斷交"。

10.12　美國國務卿艾奇遜提出承認中華人民共和國的三個條件。

10.24　GHQ 指令日本自 12 月開始出口，1950 年 1 月開始進口等民間貿易。

11.1　美國國務院聲明正在討論對日媾和條約問題。

11.15 中國外長周恩來致電聯合國秘書長，強調只有中華人民共和國政府是代表中國人民的唯一合法政府，要求取消國民黨當局在聯合國席位。

11.11 吉田茂總理在參議院答辯稱與其無條約，不如單獨媾和。

1950

1.6　英國承認中華人民共和國，國民黨政權與英國"斷交"。

1.13　美國總統杜魯門聲明不介入台灣問題。

2.14　中蘇締結《友好同盟互助條約》。

4.22　蘇聯塔斯通信社發表聲明稱日本俘虜已經送還完畢。

4.26　日本在野黨外交對策協議會主張永久和平中立、全面媾和。

5.10　日本中間賠償 30% 提前交付最後一船出發去菲律賓。

5.18　美國國務院任命杜勒斯為對日媾和大使。

5.18　美國總統杜魯門表示希望早日開始對日媾和談判。

6.1　日本外務省發表戰後第一次外交白皮書，提出單獨媾和方針。

6.21　杜勒斯訪日。

6.23　美國國務卿艾奇遜再次表示不介入台灣政策不變。

6.25　朝鮮戰爭爆發，聯合國安理會通過譴責北朝鮮侵略的決議，蘇聯缺席。

6.27　杜魯門命令美國陸海空軍出兵朝鮮，同時派遣第七艦隊赴台灣海峽，對菲律賓、印度尼西亞進行軍事援助。

6.27　聯合國安理會向各成員國提出對韓國進行武力援助的勸告。

6.28　周恩來外長發表聲明譴責美國侵略台灣。

9.14　美國國務院通告遠東委員會成員國，開始與各國個別就對日媾和問題進行非正式討論 。

9.15　美軍在仁川登陸，正式介入朝鮮戰爭。

9.21　杜勒斯開始與遠東委員會各成員國代表就對日媾和問題非正式會談。

10.8 毛澤東命令中國人民志願軍入朝作戰。

10.11 日本外務省準備《日美安全條約》草案。

10.22 杜勒斯就對日媾和問題與台灣政權代表會談。美國發表對日媾和七原則，提出不賠償原則。

10.25 中國志願軍正式在朝鮮戰場參加戰鬥。

10.26 杜勒斯向蘇聯提交對日媾和七原則。

11.20 蘇聯就對日媾和講問題提出對美國的備忘錄。

1951

1.9 英聯邦外長會議提出希望早日實現對日媾和。

1.18 中國宣佈東北地區蘇聯資產移交中國的工作已經完成。

1.22 台灣當局發表聲明提出有條件地放棄對日索賠。

2.2 杜勒斯發表美國對日媾和意見。

4.11 美總統杜魯門解除麥克阿瑟元帥的盟軍總司令職務，由李奇維中將接任。
英政府向美國提出邀請中國參加對日媾和會議的提案。

4.13 美政府拒絕英國邀請中國參加的提案。

4.18 杜魯門發表日本安全問題聲明。

4.23 杜勒斯在美國聯合國協會發表演講反對全面媾和。美國軍事援助顧問團到達台灣。

5.7 蘇聯致美英法備忘錄中要求就美國媾和草案召開四國會議。

5.18 第五次聯合國大會通過對中朝戰略物資禁運決議。

5.19 美國答覆蘇聯備忘錄，拒絕蘇聯提案。

5.22 中國外交部發言人譴責聯合國決議。

5.23 蘇聯發表對日媾和問題備忘錄。

6.10 蘇聯提出召開全面媾和會議。

6.14 杜勒斯／莫里斯會談，達成不邀請中國參加對日和會的共識。

7.5 美國向有關各國發表媾和條約改定草案。

7.6　美國國務院宣佈將於 9 月 4 日至 8 日在舊金山舉行對日媾和會議。

7.10　朝鮮停戰會談開始。日本政府接受美國的和平條約草案。

7.11　杜勒斯發表對日和平條約草案。

7.12　美英發表對日媾和共同草案，排斥中國參加對日和會。

7.18　杜勒斯拒絕韓國參加對日媾和會議要求。

7.26　朝鮮停戰談判就五個議題達成協議。美英兩國政府向對日參戰的 49
　　　國（除中國外）發出媾和會議邀請函。

8.13　美英對各國發出對日媾和最終確定草案。

9.4　聯合國對日和會、條約簽字（9.8），蘇聯等拒絕簽字。

9.17　美國駐台 "公使" 藍欽要求台灣當局接受適用範圍條款。

9.22　台灣當局被迫決定提出《台日條約》適用範圍的甲 / 乙選擇方案。

10.19　美國對台灣選擇案作出答覆，原則接受乙案。

12.18　杜勒斯 / 吉田會談中，提出台方乙案作為《台日條約》的基礎。

1952

1.17　《吉田書簡》發表。

2.16　為談判締約，日本全權代表河田烈赴台北。

2.20　《台日條約》談判第一次正式會議開始，台方提出條約草案。

3.1　日方提出第一次條約草案。

3.12　日方全權河田提出日方最終案，談判陷入僵局。

3.21　葉公超提出以放棄賠償換取日方在其他條款上的讓步。

3.27　日本政府拒絕妥協，談判中斷。

4.12　談判在賠償條款及適用範圍文字表述上再次陷入僵局。

4.27　日方同意在適用範圍文字上接近台方希望使《台日條約》得以實現。
　　　台灣政權宣佈 "自發放棄賠償"。

4.28　《台日條約》在《舊金山條約》生效前數小時簽署；《舊金山對日和
　　　約》、《日美安全條約》生效。

8.27　《台日條約》生效。

1971

7.15　美國總統尼克松訪華公報發表。

10.25　聯合國大會通過第 2758 號決議，恢復中國在聯合國合法席位，同時
　　　　驅逐台灣當局代表。

1972

2.21-2.25　美國總統尼克松訪華，中美上海公報發表，提出一個中國原則。

7.7　　田中內閣成立，田中宣佈中日邦交正常化的時機已經成熟。

7.27-7.29　周恩來與竹入義勝會談，確定不締結和平條約。

9.25-9.29　田中角榮總理訪華，就中日建交及媾和問題舉行會談。

9.29　《中日聯合聲明》發表，中日建交，台日"斷交"。

1974

11.13　《中日和平友好條約》第一次預備會議開始。

1975

1.16　《中日和平友好條約》第二次非正式預備會談開始。

2.14　第三次預備性談判。

4.24　陳楚大使與東鄉次官開始正式談判。

9.28　宮澤喜一外長與喬冠華副外長在紐約會談，日方提出"宮澤四原
　　　　則"，談判中斷。

1978

5.26　日本自民黨總務會決定重開條約談判。

5.31　佐藤正二大使向中方提出重開談判的要求。

6.14　中方答覆自 7 月上旬重開談判。

7.21 中日副部長級會談開始，在反霸條款及第三國條款的文字表述上爭執不休。

8.8 園田直外長訪華，中日外長會談，相互確認各自的締約底線。

8.12 談判達成協議，中方在第三國條款問題上同意日方修改案，日方則在反霸條款的表述上作出部分讓步，《中日和平友好條約》簽字。

10.18 鄧小平副總理對日本進行正式訪問，中日之間交換友好條約批准書，中日條約關係確定，而不締結媾和條約狀態也被確定。

參考資料：

郭廷以《中華民國史事日誌》第 3 卷、第 4 卷，（台）中央研究院近代史研究所編印，1984 年、1985 年。

田桓主編《戰後中日關係史年表 1945~1993》，中國社會科學出版社，1994 年。

袁旭等編著《第二次中日戰爭紀事 1931.9~1945.9》，檔案出版社，1988 年。

日本歷史學研究會《日本史年表》，岩波書店，1991 年。

《近代日本綜合年表》，岩波書店，1984 年。

後　記

殷燕軍

在本書稿付梓之際，有幸獲張海鵬教授（中國社會科學院學部委員、中國史學會前會長）欣然賜序，並就日本侵華意圖與中日宣戰關係，中國政府繼承等重要問題提出極具啟發性的獨到觀點，為本著添彩頗多，不勝感激。在編輯出版過程中，承蒙香港商務印書館之支持與幫助。同時對眾多同仁朋友及家人的幫助和關心，謹表衷心謝忱。

2019 年 7 月

中日媾和研究——戰後中日關係的原點

作　　者：殷燕軍

責任編輯：徐昕宇

裝幀設計：涂　慧

排　　版：高向明

校　　對：趙會明

出　　版：商務印書館（香港）有限公司
　　　　　香港筲箕灣耀興道 3 號東滙廣場 8 樓
　　　　　http://www.commercialpress.com.hk

發　　行：香港聯合書刊物流有限公司
　　　　　香港新界大埔汀麗路 36 號中華商務印刷大廈 3 字樓

印　　刷：美雅印刷製本有限公司
　　　　　九龍觀塘榮業街 6 號海濱工業大廈 4 樓 A

版　　次：2019 年 12 月第 1 版第 1 次印刷
　　　　　© 2019 商務印書館（香港）有限公司
　　　　　ISBN 978 962 07 5819 5
　　　　　Printed in Hong Kong